高等教育财经类核心课程系列教材
高等院校应用技能型精品规划教材
高等院校教育教学改革融合创新型教材

资产评估基础
Essentials of Asset Valuation

(第三版)

理论·实务·案例·实训

李 贺 ◎ 编著

视频版·课程思政

上海财经大学出版社
上海学术·经济学出版中心

图书在版编目(CIP)数据

资产评估基础:理论·实务·案例·实训/李贺编著.—3版.
—上海:上海财经大学出版社,2024.1
高等教育财经类核心课程系列教材
高等院校应用技能型精品规划教材
高等院校教育教学改革融合创新型教材
ISBN 978-7-5642-4288-6/F·4288

Ⅰ.①资⋯　Ⅱ.①李⋯　Ⅲ.①资产评估-高等院校-教材
Ⅳ.①F20

中国国家版本馆 CIP 数据核字(2023)第 217559 号

□ 责任编辑　汝　涛
□ 书籍设计　贺加贝

资产评估基础
——理论·实务·案例·实训
(第三版)

李　贺 ◎编著

上海财经大学出版社出版发行
(上海市中山北一路 369 号　邮编 200083)
网　　址:http://www.sufep.com
电子邮箱:webmaster@sufep.com
全国新华书店经销
上海华教印务有限公司印刷装订
2024 年 1 月第 3 版　2024 年 1 月第 1 次印刷

787mm×1092mm　1/16　21.5 印张　592 千字
印数:11 001—14 000　定价:65.00 元

第三版前言

《资产评估基础》(第三版)注重课程思政元素挖掘,以教育部《关于印发〈高等学校课程思政建设指导纲要〉的通知》(教高〔2020〕3号)为指导依据,课程思政建设内容围绕坚定学生理想和信念来展开。在介绍资产评估基础理论、实务和方法的同时,本教材重点将从业人员职业道德、社会主义核心价值观的内容融入课程教学全过程,实现"知识传授"和"价值观引领"的有机统一,以培养高质量发展的合格资产评估人才。变革融合是资产评估行业运用新技术、融入新时代、实现新突破的必由之路。科教兴国战略、人才强国战略、创新驱动发展战略是中共二十大报告中提出的需要长期坚持的国家重大战略,是事关现代化建设高质量发展的关键问题。本书编者结合应用技能型院校的教学特色,体现二十大精神,以基于工作过程的"项目引领、任务驱动、实操技能"的特色为导向,按照"必需、够用"的原则进行本次修订。

党的二十大报告指出,"教育是国之大计、党之大计。培养什么人、怎样培养人、为谁培养人是教育的根本问题。育人的根本在于立德。全面贯彻党的教育方针,落实立德树人根本任务,培养德智体美劳全面发展的社会主义建设者和接班人"。落实立德树人根本任务,必须将价值塑造、知识传授和能力培养三者融为一体、不可割裂。为此,本次修订立足我国现实,展望未来和前沿,并兼顾最新发展动态,比较全面、系统地阐释基本理论与基本方法;注重吸收当前学术前沿的一些新知识和新方法,使理论和实践有机地结合起来,旨在培养学生发现问题、分析问题、解决问题的能力。

《资产评估基础》(第三版)把知识要素、技能要素、素质要素和思政元素落实到具体内容中,实现了课堂教学与企业岗位的零距离对接,并兼顾"就业导向"和"生涯导向",紧紧围绕中国"经济发展新常态"下高等院校和应用技能型人才培养的目标,依照"原理先行、实务跟进、案例同步、实践到位"的原则,全面展开资产评估课程的内涵,坚持创新创业和改革的精神,体现新课程体系、新教学内容和新教学方法,以提高学生整体素质为基础,力求做到:从项目引导出发,提出问题,引入概念,设计情境,从"是什么""为什么""怎么做""做什么""谁来做"的视角,进行详尽解读。

在教育部相关文件和《资产评估法》《资产评估行业财政监督管理办法》等法律法规和执业准则的指引下,编者总结多年教学实践经验,修订了这本具有较强系统性、完整性、实操性和创新性的应用技能型教材。本教材共有12个项目、53个任务。每一个项目的开篇都有"知识目标""技能目标""素质目标""思政目标""项目引例"和"课程思政",项目结尾编排了"应知考核"(包括单项选择题、多项选择题、判断题、简述题)、"应会考核"(包括观念应用、技能应用、案例分析)和"项目实训"(包括实训项目、实训内容、实训目的、实训反思、实训报告),以使学生在学习每一个项目时做到有的放矢,增强学习效果。本教材可以使学生加深对资产评估的理解,并学会在实际工作中运用资产评估的基本理论和实操技巧。

作为普通高等教育应用技能型财经类核心课程系列教材,本教材具有以下特色:

1. 内容全面,体系规范。资产评估不仅是会计、资产评估专业的主干课程,而且是每一名财会专业方向的学生应当学习和了解的课程。通过学习,可以树立现代资产评估的基本理念,全面认识资产评估的内容体系和知识结构、资产评估师的职能和职责,掌握资产评估的基本方法与技巧,从而在整体上具有系统思考、分析和解决资产评估问题的能力。

2. 结构新颖,栏目丰富。为便于读者学习,本教材力求在结构上有所突破,激发读者的学习兴趣和学习热情。每一个项目都有清晰的"知识目标""技能目标""素质目标""思政目标""项目引例""课程思政""学中做""做中学""视频",课后又编排了"应知考核""应会考核"和"项目实训",以呼应本教材的实践性、应用性的特色。

3. 与时俱进,紧跟政策。随着《资产评估法》的实施,我国资产评估行业管理体制发生了一些改变。在保持原书基本结构不变的基础上,教材增加了《资产评估法》实施后资产评估职业环境变化的新内容,如体育无形资产评估(中评协〔2022〕1号)、数据资产评估(中评协〔2023〕17号)、资产评估准则术语2020(中评协〔2020〕31号)、职业道德准则(中评协〔2017〕30号)、中国资产评估协会会员管理办法(中评协〔2023〕13号)、知识产权(中评协〔2023〕14号)、知识产权侵权损害评估(中评协〔2023〕21号)、计算机软件著作权资产评估(中评协〔2023〕23号)等,同时国际评估准则、美国评估准则、欧盟评估准则等也为我国资产评估行业提供了借鉴,由于以上的变化,编者对原有项目的相关知识进行更新。

4. 学练结合,学以致用。鉴于本课程实践应用性较强的特点,为了便于学生及时复习所学的知识内容,提高学习效率,每一个项目的开篇和结尾都做了精心设计,引导学生"学中做"和"做中学",把学和做有机结合,以做促学,做学合一,做到学思用贯通、知信行统一,提高自己的职业道德素养。

5. 校企合作,接近实际。为培养应用技能型人才及实施"1+X"证书制度,实现知行合一,本教材以校企为依托,把实践教学作为深化教学改革的关键环节,推动校企共同修订培养模式、共同开发课程、共建实训项目,发展创新创业教育,开展校企合作育人。本教材对接最新职业标准、行业标准和岗位规范,融合职业岗位所需知识、技能和素养的人才培养方案及课程标准,体现校企一体化。

6. 课证融合,双证融通。本教材能满足学生对资产评估师考试基础知识学习的基本需要。为适应国务院人力资源社会保障行政部门组织制定职业标准,实行"1+X"证书制度,夯实学生可持续发展基础,鼓励院校学生在获得学历证书的同时,积极取得多类职业技能等级证书,拓展就业创业本领,缓解结构性就业矛盾。为提高新时代资产评估行业高素质应用型、复合型人才的研究能力和实务水平,本教材将全国资产评估大赛的内容融入教材。本教材的内容与资产评估师执业资格考试大纲相衔接,做到了岗课赛证、考证对接、课证融通。

6. **理实一体,素能共育**。在强化应用技能型教育特色的同时,特别注重学生人文素养的培养。我们力求在内容上有所突破,在注重培养的同时,把社会主义核心价值观教育融入教材内容,以课程思政工作全过程,营造全员育人环境,全面提升人文素质,以培养和提高学生在特定业务情境中提出问题、发现问题、分析问题和解决问题的能力,从而强化学生的职业道德素质。

7. **课程资源,多元立体**。为了使课堂教学达到多元立体化,编者开发了教学资源(含有教师课件、相关政策、习题答案、教学大纲、学习指南、习题指导、模拟试卷、教师教案、课程标准、项目小结等);为学生学成技能培养配备了以"主要的纸质教材为主体,线上学习平台为载体",多种教学资源混合(课件、学习任务、习题题库、教学视频、教学案例等)的立体化数字教学资源体系。

本教材由李贺编著。校企行合作单位的资产评估师张世国和肖静同志给予了业务指导。哈尔滨商业大学胡举超负责全书文字底稿的编辑与审阅。赵昂、李虹、武岩、王玉春、李洪福5人负责全书教学资源包的制作。本教材适合应用技能型教育层次的会计、资产评估、国际会计、审计、财务管理等专业方向的学生使用,同时也可作为资产评估专业人员的参考资料。另本套图书包括与资产评估师考试相互配套的资产评估相关知识,即财务会计、财务管理和经济法,参见封底。本教材在编写过程中,参阅了相关领域专家和学者们的教材与著作,同时得到了上海财经大学出版社的大力支持,在此一并表示衷心的感谢。由于编写时间仓促,加之编者水平有限,本教材难免存在一些不足之处,恳请专家、学者批评指正,以便我们不断地更新、改进与完善。

编 者

2023年12月

内容更新与修订

目 录

第一篇 资产评估理论

项目一 资产评估总论 ············ 003
- 任务一 资产评估的产生与发展 ············ 004
- 任务二 资产评估的基本概念、功能和作用 ············ 011
- 任务三 资产评估的基本要素 ············ 016
- 任务四 资产评估的相关关系 ············ 019
- 任务五 资产评估相关当事人 ············ 022
- 任务六 资产评估法律与准则 ············ 025
  - 应知考核 ············ 035
  - 应会考核 ············ 036
  - 项目实训 ············ 037

项目二 资产评估基本理论 ············ 039
- 任务一 资产评估的目的 ············ 040
- 任务二 资产评估的价值类型 ············ 042
- 任务三 资产评估假设与原则 ············ 045
- 任务四 资产评估的依据与程序 ············ 048
  - 应知考核 ············ 052
  - 应会考核 ············ 053
  - 项目实训 ············ 054

项目三 资产评估基本方法 ············ 056
- 任务一 市场法 ············ 057
- 任务二 收益法 ············ 061
- 任务三 成本法 ············ 065

任务四　资产评估方法的选择……073
　　　应知考核……074
　　　应会考核……076
　　　项目实训……077

项目四　资产评估行业管理……078
　　任务一　资产评估行业监督管理……079
　　任务二　资产评估机构管理……085
　　任务三　资产评估从业人员管理……089
　　任务四　资产评估执业质量管理……093
　　　应知考核……098
　　　应会考核……099
　　　项目实训……100

第二篇　资产评估实务

项目五　机器设备评估……103
　　任务一　机器设备评估概述……104
　　任务二　机器设备评估的成本法应用……108
　　任务三　机器设备评估的市场法和收益法应用……125
　　　应知考核……130
　　　应会考核……131
　　　项目实训……132

项目六　房地产评估……134
　　任务一　房地产评估概述……135
　　任务二　房地产评估的市场法应用……139
　　任务三　房地产评估的成本法应用……154
　　任务四　房地产评估的收益法应用……164
　　　应知考核……175
　　　应会考核……176
　　　项目实训……177

项目七　无形资产评估 · · · · · · 179
任务一　无形资产评估概述 · · · · · · 180
任务二　知识产权和侵权损害评估 · · · · · · 193
任务三　专利权和非专利技术评估 · · · · · · 197
任务四　商标权评估 · · · · · · 204
任务五　著作权评估 · · · · · · 208
任务六　商誉评估 · · · · · · 213
任务七　体育无形资产评估 · · · · · · 215
任务八　数据资产评估 · · · · · · 219
任务九　计算机软件著作权资产评估 · · · · · · 222
应知考核 · · · · · · 226
应会考核 · · · · · · 227
项目实训 · · · · · · 228

项目八　长期投资性资产评估 · · · · · · 229
任务一　长期投资性资产评估概述 · · · · · · 230
任务二　长期债券性投资评估 · · · · · · 231
任务三　长期股权性投资评估 · · · · · · 233
任务四　长期投资基金评估 · · · · · · 237
应知考核 · · · · · · 238
应会考核 · · · · · · 239
项目实训 · · · · · · 240

项目九　流动资产评估 · · · · · · 241
任务一　流动资产评估概述 · · · · · · 242
任务二　实物类流动资产评估 · · · · · · 244
任务三　其他流动资产的评估 · · · · · · 248
应知考核 · · · · · · 252
应会考核 · · · · · · 253
项目实训 · · · · · · 254

项目十　特殊资产评估 · · · · · · 255
任务一　森林资源资产评估 · · · · · · 256
任务二　珠宝首饰资产评估 · · · · · · 262
任务三　金融不良资产评估 · · · · · · 268

任务四　二手车资产评估⋯⋯⋯⋯⋯⋯⋯⋯⋯⋯⋯⋯⋯⋯⋯⋯⋯⋯⋯⋯⋯⋯⋯⋯⋯⋯⋯ 272
　　　　应知考核⋯⋯⋯⋯⋯⋯⋯⋯⋯⋯⋯⋯⋯⋯⋯⋯⋯⋯⋯⋯⋯⋯⋯⋯⋯⋯⋯⋯⋯⋯⋯⋯ 278
　　　　应会考核⋯⋯⋯⋯⋯⋯⋯⋯⋯⋯⋯⋯⋯⋯⋯⋯⋯⋯⋯⋯⋯⋯⋯⋯⋯⋯⋯⋯⋯⋯⋯⋯ 279
　　　　项目实训⋯⋯⋯⋯⋯⋯⋯⋯⋯⋯⋯⋯⋯⋯⋯⋯⋯⋯⋯⋯⋯⋯⋯⋯⋯⋯⋯⋯⋯⋯⋯⋯ 280

项目十一　企业价值评估　281

　　任务一　企业价值评估概述⋯⋯⋯⋯⋯⋯⋯⋯⋯⋯⋯⋯⋯⋯⋯⋯⋯⋯⋯⋯⋯⋯⋯⋯⋯ 282
　　任务二　企业价值评估方法⋯⋯⋯⋯⋯⋯⋯⋯⋯⋯⋯⋯⋯⋯⋯⋯⋯⋯⋯⋯⋯⋯⋯⋯⋯ 288
　　任务三　企业价值评估披露要求⋯⋯⋯⋯⋯⋯⋯⋯⋯⋯⋯⋯⋯⋯⋯⋯⋯⋯⋯⋯⋯⋯⋯ 298
　　　　应知考核⋯⋯⋯⋯⋯⋯⋯⋯⋯⋯⋯⋯⋯⋯⋯⋯⋯⋯⋯⋯⋯⋯⋯⋯⋯⋯⋯⋯⋯⋯⋯⋯ 299
　　　　应会考核⋯⋯⋯⋯⋯⋯⋯⋯⋯⋯⋯⋯⋯⋯⋯⋯⋯⋯⋯⋯⋯⋯⋯⋯⋯⋯⋯⋯⋯⋯⋯⋯ 300
　　　　项目实训⋯⋯⋯⋯⋯⋯⋯⋯⋯⋯⋯⋯⋯⋯⋯⋯⋯⋯⋯⋯⋯⋯⋯⋯⋯⋯⋯⋯⋯⋯⋯⋯ 301

项目十二　资产评估报告与档案　303

　　任务一　资产评估报告概述⋯⋯⋯⋯⋯⋯⋯⋯⋯⋯⋯⋯⋯⋯⋯⋯⋯⋯⋯⋯⋯⋯⋯⋯⋯ 304
　　任务二　资产评估报告的内容⋯⋯⋯⋯⋯⋯⋯⋯⋯⋯⋯⋯⋯⋯⋯⋯⋯⋯⋯⋯⋯⋯⋯⋯ 306
　　任务三　资产评估报告的编制⋯⋯⋯⋯⋯⋯⋯⋯⋯⋯⋯⋯⋯⋯⋯⋯⋯⋯⋯⋯⋯⋯⋯⋯ 310
　　任务四　资产评估报告的使用⋯⋯⋯⋯⋯⋯⋯⋯⋯⋯⋯⋯⋯⋯⋯⋯⋯⋯⋯⋯⋯⋯⋯⋯ 312
　　任务五　资产评估档案⋯⋯⋯⋯⋯⋯⋯⋯⋯⋯⋯⋯⋯⋯⋯⋯⋯⋯⋯⋯⋯⋯⋯⋯⋯⋯⋯ 314
　　　　应知考核⋯⋯⋯⋯⋯⋯⋯⋯⋯⋯⋯⋯⋯⋯⋯⋯⋯⋯⋯⋯⋯⋯⋯⋯⋯⋯⋯⋯⋯⋯⋯⋯ 319
　　　　应会考核⋯⋯⋯⋯⋯⋯⋯⋯⋯⋯⋯⋯⋯⋯⋯⋯⋯⋯⋯⋯⋯⋯⋯⋯⋯⋯⋯⋯⋯⋯⋯⋯ 321
　　　　项目实训⋯⋯⋯⋯⋯⋯⋯⋯⋯⋯⋯⋯⋯⋯⋯⋯⋯⋯⋯⋯⋯⋯⋯⋯⋯⋯⋯⋯⋯⋯⋯⋯ 323

附录　325

参考文献　333

第一篇

资产评估理论

项目一　资产评估总论

● **知识目标**

理解：资产评估的产生及发展阶段；资产评估的功能和作用。
熟知：资产评估与清产核资、会计计价、审计的联系与区别。
掌握：资产评估的概念、内容与特点；资产评估的基本要素；资产评估相关当事人。

● **技能目标**

在掌握资产评估八大基本要素的基础上，能够在具体的案例操作中，灵活地运用资产评估的基本要素，对资产评估的对象进行科学、合理的估价。

● **素质目标**

通过对本项目的学习，加强对资产评估的基本认识，明确资产评估的基本概念和相关内容，为以后项目的学习和将来的资产评估工作打下基础，把学和做有机结合，做到学思用贯通、知信行统一，提高自己的职业道德素养。

● **思政目标**

能够正确地理解"不忘初心"的核心要义和精神实质；树立正确的世界观、人生观和价值观，做到学思用贯通、知信行统一；通过资产评估总论知识，树立公正、严谨的评估意识，严格遵守法律法规、评估准则；坚定理论自信、制度自信和文化自信。

● **项目引例**

泰山体育产业集团的资产评估

泰山体育产业集团最初只是一个生产体操垫子的家庭式作坊。在政府的倾力帮扶下，它不断加大科技创新力度，先后与山东大学、华东理工大学合作，建立起两个国家级研发中心，成功研制并开发出全国领先的纳米材料人工草丝和30多种新型体育器材。2008年，泰山体育产业集团正式签约北京奥组委，为北京奥运会提供体操、柔道、跆拳道、摔跤、拳击和田径六大类200多种体育产品，成为奥运史上一次性提供体育器材最多的企业。

昔日的小作坊，如今已经发展成年产值20多亿元、利税4亿多元、出口创汇3 000多万美元的大型现代化民营企业，其"泰山"品牌经国家权威评估机构评估，价值高达118亿元。时任国家体育总局局长、中国奥委会主席刘鹏评论说:"这是中国唯一,也是亚洲唯一。"

引例导学:上述是一个关于无形资产的评估案例。那么,什么是资产评估?资产评估有什么特点?又与哪些基本知识有联系呢?通过对本项目的学习,你将得到解答。

● 课程思政

> 通过本项目中六个任务的学习,能够理论联系实际,培养学生公正、法治、爱国的社会主义核心价值观;加强学生爱岗敬业、诚实守信、办事公道、服务群众的社会主义职业道德与规范修养。明确资产评估应该以广大人民的利益为出发点,把握新时代的中心任务;在资产评估工作中提升敬业精神,增强职业归属感;应当将诚实守信放在首位,诚实履行职业责任,提供诚信可靠的专业服务。

任务一　资产评估的产生与发展

一、资产评估的产生与发展阶段

(一)资产评估的产生

资产评估是商品经济发展到一定阶段的必然产物。随着人类社会商品交易的产生和发展,生产商品的资产交易也随之产生并得到发展,这就产生了资产评估的需要。特别是随着市场经济制度的产生,资产交易不断得到发展和扩大,为保证交易的科学性和合理性,对资产评估的需要和要求也随之大大提高。

(二)资产评估的发展阶段

1. 原始评估阶段

在原始社会后期,生产的进一步发展促使剩余财产的出现,这是私有制产生的物质基础。随着私有制的实现,出现了商品生产和商品交易,而生产商品的资产交易也随之产生并得到发展,于是产生了资产评估的客观需要。在房屋、土地及珠宝等贵重财产的交易过程中,由于这些财产的价值具有不确定性的特点,交易双方往往对价格难以达成一致的意见,这时双方会找一个略有经验并共同信得过的第三者进行评判,从而达成一个公平价格,使得买卖成交。这个第三者在协调过程中需要用各种理由和方法给出一个双方都能接受的价格,实际上扮演了类似于现在评估人员的角色。

原始评估阶段的资产评估主要具有以下特点:

(1)直观性。评估仅仅依靠评估人员的直观感觉和主观偏好进行,没有借助其他测评设备。

(2)非专业性。评估人员并不具备专业的评估手段和技能,也未受过专门训练,往往是由资产交易双方或一方指定的人员来进行评估,甚至由那些并不懂多少评估知识却在一定程度上德高望重的人员来进行评估。

(3)无偿性。资产交易双方不需要支付评估人员报酬,评估人员也不需要对评估结果负法律责任。

2. 经验评估阶段

随着经济的进一步发展以及商品、资产交易频率的提高,资产评估业务也逐步向专业化和规范化方向发展,从而也就产生了一批具有一定评估经验的评估人员。这些评估人员由于积累了较丰富的评估经验,因而专业水平更高,接受的委托评估业务也较频繁,实行有偿服务,并逐步向职业化方向发展。

与原始评估阶段相比,经验评估阶段的评估结果更为可靠,但还未能实现评估工作的规范化和评估方法的科学化。从时间上看,前资本主义阶段的资产评估基本上处于经验评估阶段。

经验评估阶段的资产评估主要具有以下特点:

(1)评估的准确性主要取决于评估人员积累的经验。

(2)评估人员对评估业务进行有偿服务。

(3)评估方法较为单一,一般根据类似商品的成交价确定被评估资产的价格。

3. 科学评估阶段

蒸汽机的轰鸣声宣告了产业革命的到来。产业革命促使资本主义经济飞跃发展,生产要素市场日渐发达。这样,社会对资产评估的需要就越来越迫切,要求也越来越高,从而推动资产评估逐渐发展成为一种职业。在现代资产评估行业中,评估机构通过为资产交易双方提供评估业务,积累了大量的资产评估资料和丰富的资产评估经验,形成了符合现代企业特点的管理模式,产生了一大批具有丰富评估经验的评估人员。具备了这些方面的条件,公司化的资产评估机构就产生了。通常,资产评估公司集中了许多具有相当专业化水平的评估人员,这些人员既可以是评估公司的员工,也可以是评估公司的兼职人员。在科学评估阶段,资产评估业务的范围是极其广泛的,包括有形资产评估和无形资产评估,甚至可以细分为机械设备评估、自然资源评估、房地产评估等。

在科学评估阶段,资产评估的理论研究也得到了很大发展。新古典经济学派的阿尔弗雷德·马歇尔率先将价值理论引入估价工作中,并对销售对比法、成本法、收益现值法这三种主要的评估技术进行了研究。其后,美国颇有影响力的经济学家埃尔文·费雪对马歇尔提出的这三种评估技术作了进一步的探讨,并着重研究了收益的价值理论,发展并完善了收益法。这些理论准备促使资产评估方法走向科学化,提高了资产评估的准确性和科学性。

科学评估阶段的资产评估主要具有以下特点:

(1)评估机构公司化,即评估机构是自负盈亏的独立企业法人。

(2)评估手段和方法科学化,即将大量现代科学技术和方法应用到资产评估中,提高了资产评估的准确性和科学性。

(3)资产评估的范围大大扩展了,即资产评估的内容更加丰富,不仅包括有形资产评估和无形资产评估,而且细化到专项资产、金融资产等方面的评估。

(4)资产评估人员专业化,即资产评估人员以资产评估作为自己的职业来从事,他们对资产评估的业务知识和理论有相当程度的掌握与了解。

(5)评估结果法律化,即资产评估结果通常要经过法律部门的公证,评估机构和评估人员对体现资产评估结果的资产评估报告要负法律责任甚至是连带责任。

总之,科学评估阶段的资产评估已成为市场经济体系中一个不可或缺的社会中介行业,对于维持市场经济秩序具有重要的作用。

4. 大数据资产估价阶段[①]

近年来,数字经济发展速度之快、辐射范围之广、影响程度之深前所未有,数据成为数字经济时代的基础性战略资源和革命性关键要素。在数字经济大背景下,数据资产正式成为第五大生产要素,数据资产化则成为推动经济发展的重要方式。云计算、区块链、物联网等新技术不断涌现以及其应用场景不断丰富,加速了大数据的产生。大数据是指容量大、范围广且难以使用传统工具和技术来处理的数据集。数据资产是指某组织或个人拥有或控制的,能够实现保值或增值的网络空间数据集,即权益主体以满足自身及其他相关主体的数据效用需求,进而在自身运用的过程中获得使用价值,或者在出让交易的过程中取得市场化的价值变现。

---

① 朱晓琴,王宣童. 数字经济背景下数据资产评估研究述评与展望[J]. 财会月刊,2023,44(6):78-84.

数据资产价值评估发展路径分为以下三个阶段：第一阶段为数据资产兴起阶段（2015—2018年），以关键词"数据市场""竞争优势""价值""影响因素"等为主。随着科技的不断发展，数据成为企业的竞争优势，对数据估值是大势所趋。该阶段国内主要关注影响数据资产价值的因素等，国外开始展开对数据资产定价方法的研究。第二阶段为探索阶段（2019—2020年），此阶段国内研究以"数据安全""信息生态""资产价值"等为主，主要侧重于数据资产管理的研究，国外研究以 personal data（个人数据）、neutral network（神经网络）、dynamic pricing（动态定价）等关键词为主。该阶段国外学者开始探索如何对数据资产进行定价，即探索数据资产定价方法、数据价值管理等。第三阶段为蓬勃发展阶段（2021—2022年），国内以"数据治理""数据交易""数据定价"等关键词为主。该阶段国内逐渐有学者对数据资产的评价指标体系、评估方法、定价模型等展开系统研究，并取得一些研究成果，国外以 machine learning（机器学习算法）、demand（需求）、prediction（预测）等关键词为主，开始探索计算机领域与数据资产价值评估方法的结合，并关注其预期价值。总体来看，国外学者对数据资产价值评估方法的研究在每一个阶段都早于国内学者。

大数据资产估价的特点如下：

（1）大数据资产估价对象的组合性。所谓组合性，由于权利主体、形成时间的不同及使用功能的相对独立性，大数据资产估价对象通常由多个部分组合而成，不同部分可以分割或者组合后使用和交易。大数据资产估价对象的组合性要求大数据估价时须考虑各个部分及整体大数据价值之间的关系，即需要一种机制对大数据资产价值进行合理的分割。

（2）大数据资产估价要考虑买方的使用特性。大数据的价值稀疏性特点决定大数据的使用依赖于使用者对大数据的分析处理能力。不同购买者由于其具备大数据分析技术能力的差异和不同的使用目的，导致了大数据资产价值的差异。因此，大数据资产估价应充分考虑购买者的使用能力和使用价值。

（3）大数据资产估价不同于大数据资产定价。由于大数据资产估价理论不成熟，又因为大数据产业尚处于初始阶段，目前通常采用的是大数据定价方法。随着大数据产业的发展，大数据估价的社会需求会快速增长。大数据定价是基于卖方视角，针对大数据资产市场价值的研究。大数据估价则是基于大数据的资产属性，充分考虑买方大数据分析技术和使用价值，基于资产评估理论分析得出的一种公允价格。

（4）大数据资产估价对估价人员的专业要求高。大数据资产估价要求估价人员不仅要掌握资产评估理论与方法，而且要求估价人员掌握与待评估大数据相关的专业技术背景，熟悉大数据资产价值实现的可能及发展前景。与传统资产估价实务相比，大数据估价实务对估价人员的专业要求要高得多。

大数据资产估价阶段的资产评估主要具有以下特点：

（1）注重对数据资产价值的时效性。由于数据资产在应用和流通中可能会发生价值增值，使得数据资产的评估值有效期限较有形资产短，其评估值仅能代表评估时点的价值。具体而言，可以通过不断升级迭代数据分析的方法，如利用分类分析、回归分析、相关性分析、聚类分析等分析工具，提升找到数据规律和数据背后隐藏价值的效率，及时发现未知的或者主观经验判断失误的信息，及时调整数据资产的评估值。

（2）注重对数据资产的应用场景。数据资产的价值和其应用场景紧密相关，在不同应用场景中影响价值的因素不同，数据资产的价值也就不同，且对于不同的应用场景，数据资产所贡献的经济社会价值也不同。建立不同领域或行业的数据应用场景库，使得待估数据资产可以与特定的应用场景相结合，从而构建数据资产定价的商业模式。

（3）将数字化技术融入传统资产评估方法中。收益法、市场法、成本法仍是主流的评估方法，对数据资产进行评估时,在运用传统方法的基础上结合数字化技术,使之更适合数据资产的价值评估。总体来说,两个阶段:以调整性应用为主、以成熟的数字技术为辅,来满足当前数据资产市场的估价需求阶段;逐步过渡到全面应用数字化估值定价技术阶段。这两个阶段是相互关联的,是在不断量变的过程中积累直至发生质的改变。

二、发达国家资产评估

资产评估是市场经济条件下资产交易和其他业务发展的产物。市场经济越发达,资产评估业务的规模越大,评估的成熟程度和发达程度就越高。发达国家的资产业务十分发达,其评估行业也因此发展起来,它代表着国际范围内资产评估行业的先进程度。当前,世界发达国家资产评估的基本现状具有以下特点:

(一)资产评估主体的公司化

所谓公司化,是指评估机构以自主经营、自负盈亏的企业法人形式进行经营管理。这些评估机构通常是产权明晰、权责明确、政企分开、管理科学的现代企业,并完全符合一般服务性企业的特点。其客户就是参与资产业务的交易双方,其产品就是为客户提供优质的评估结果(以评估报告的形式提交给客户)。发达国家的资产评估公司可以分为两大类:一类是专业化的资产评估公司;另一类是兼营资产评估业务的各类管理咨询公司。前者能为客户提供几乎所有的资产评估业务,专业化程度较高;后者在从事其他有关业务的同时,如财务管理、战略管理、人力资源管理等,也从事资产评估业务,另外,会计师事务所等也兼营评估业务。

(二)资产评估管理的科学化

资产评估管理的科学化主要表现在评估管理机构健全、评估规则统一和监测评估结果三个方面。发达国家一般设有全国性的资产评估协会,负责资产评估的行业管理和自律工作。全国性的资产评估协会还制定了严格、统一的资产评估规则,其主要内容涉及评估公司的组织、评估师的资格认证及晋升、评估师的职业道德规范以及资产评估中应该遵循的一般原则等。监测评估结果的主要目的是防止评估人员在评估中违反职业道德,恶意损害一方利益的情况发生。评估人员必须在共同完成的评估报告上签字,作为追诉的法律依据,如果评估结果因恶意而出现法律纠纷,则评估人员必须为此承担法律责任。有些国家还采用评估人员之间互相负连带责任的制度来规范评估人员的行为。

(三)资产评估行业从业人员的多层次化

资产评估行业具有知识密集型的特点,从业人员的知识和技能相对其他行业比较突出。从这个角度来说,从业人员可以分为行业管理人员和企业经营人员。前者是指在资产评估协会工作的人员,后者是指在资产评估公司工作的人员。

在资产评估公司工作的人员又可分为三类:第一类是评估公司的董事、经理和其他管理人员,这是公司的管理阶层,他们主要负责公司的经营管理工作;第二类是评估公司的销售人员,其主要职责是通过各种方式把公司的优质服务推销出去,为公司承揽业务;第三类是专业评估人员,主要由专业技术人员组成,大多是各行各业的工程师和具有相当职称的专家,其中以会计师居多,他们的主要任务是完成公司资产评估业务的技术性工作,所以是资产评估公司的主要技术力量。

(四)资产评估业务的多元化

在发达国家,资产评估业务表现出多元化的趋势,大到航天飞机、国家级工程项目,小到螺丝钉、边角料,都是评估对象。资产评估公司都十分注重创建自己的公司品牌,所以只要客户有合理的委托和要求就尽量满足。评估公司之间有时也为一项业务展开激烈的竞争,但每一家评估公司都有自己的特色,有的精于无形资产评估,有的擅长有形资产评估,有的擅长在建工程评估等。

三、中国资产评估

由于曾长期实行计划经济体制,资产评估在我国还是一个新兴的行业。在计划经济条件下,企业的资产都是国有资产,产权属于国家,资产的转移都通过国家计划调拨的方式进行。在这种条件下,资产交易主要表现为少量的民间交易和少量的对外经济交易,资产业务规模小,制约了资产评估行业的发展。我国的资产评估行业是在改革开放以后逐渐发展起来的,是一个较为年轻的行业。

20世纪80年代末,随着我国社会主义市场经济的逐步形成,企业逐渐成为相对独立的经济实体。在这种情况下,企业的生产要素不再仅仅通过国家计划进行调拨,而是通过市场在企业间进行交换、流动。企业通过联营、兼并、股份制改组、资产转让、交易等多种方式来提高企业资产的运营效益。为了保障交易双方的权益不受损害,防止国有资产流失,资产评估行业应运而生。

我国的资产评估行业自20世纪80年代末期兴起以来,已取得了许多可喜成绩。

(一)建立和健全了评估规章

1989年,国有资产管理局下发了《关于国有资产产权变动时必须进行资产评估的若干暂行规定》,这是我国第一部涉及评估问题的政府文件。1990年7月,国有资产管理局成立资产评估中心,其职能是对全国国有资产的评估工作进行管理和监督。资产评估中心自成立以来,一方面,按照国务院和国有资产管理局的要求积极开展有关资产评估的各项管理工作,进行评估理论和方法的研究;另一方面,积极制定资产评估法规和各项规章。1990年底后,省级国家资产管理部门陆续成立评估中心,管理地方的资产评估工作。至此,资产评估在全国全面开展起来。

1991年11月,国务院以第91号令颁布了《国有资产评估管理办法》,该办法已经根据2020年11月29日《国务院关于修改和废止部分行政法规的决定》(2020年国务院令第732号)进行了相关修订,对包括总则、组织管理、评估程序、评估方法、法律责任等方面作了系统的规定。国有资产管理局制定了一系列配套的规章制度,地方省(市)人民政府也制定了一些地方评估管理的法律条例,为促进全国资产评估活动的有序开展和逐步形成全国统一的资产评估服务体系提供了法律保证。

(二)成立了行业组织

1993年12月,中国资产评估协会成立。评估协会的成立标志着我国资产评估行业由政府直接管理,开始向在政府监督指导下行业自律性管理过渡。资产评估组织作为社会公正性的中介服务组织,必须坚持独立、客观、公正的原则,其不仅要承担维护国有资产所有者权益的责任,还要承担维护其他产权主体权益的责任。中国资产评估协会的主要职责是:负责协会会员管理,制定评估准则和标准,代拟行业管理法规,开展评估理论及政策的研究,创立刊物,开展教育培训、国际交流、信息服务,调解仲裁纠纷,维护会员合法权益。评估协会是一个行业自律性的组织。

1995年3月,中国资产评估协会代表中国资产评估行业加入国际评估标准委员会,使中国资产评估行业开始走向世界。在1999年北京国际评估准则委员会年会上,中国成为国际评估准则委员会常务理事国。目前,全国各省、自治区、直辖市和计划单列市几乎都成立了资产评估协会,形成了较完整的组织体系,截至2023年8月,地方协会共计35家。

(三)建立了注册资产评估师制度

随着我国社会主义市场经济的发展,评估项目越来越多,规模越来越大,涉及范围越来越广,技术复杂程度也越来越高。1995年5月10日,国家人事部、国有资产管理局联合颁布了《注册资产评估师执业资格制度暂行规定》和《注册资产评估师执业资格考试实施办法》,并规定注册资产评估师由国家人事部和国有资产管理局共同管理。注册资产评估师是指经资产评估师职业资格考试合格,取得《资产评估师职业资格证书》并经中国资产评估协会登记的资产评估专业管理人员,主要从事资产评估工作。根据国务院2014年8月12日发布的《国务院关于取消和调整一批行政审批项目等事项的决定》(国发〔2014〕27号)取消了注册资产评估师职业资格许可和认定。2015年4月27日,人力资源和社会保障部、财政部《关于印发〈资产评估师职业资格制度暂行规定〉和〈资产评估师职业资格考试实施办法〉的通知》(人社部发〔2015〕43号),已对资产评估师职业资格制度作出了新的规定。2017年4月21日,财政部制定印发的《资产评估行业财政监督管理办法》(财政部令第86号)第二章第九条第二款指出:资产评估师是指通过中国资产评估协会组织实施的资产评估师资格全国统一考试的资产评估专业人员。

资产评估师职业资格增加珠宝评估专业,其资格名称为资产评估师(珠宝)。资产评估师(含珠宝评估专业)职业资格(以下统称资产评估师职业资格)实行全国统一大纲、统一命题、统一组织的考试制度。

中国资产评估协会负责资产评估师职业资格考试的组织和实施工作。组织成立资产评估师职业资格考试专家委员会,研究拟定资产评估师职业资格考试科目、考试大纲、考试试题和考试合格标准。

资产评估师(含珠宝评估专业)职业资格考试成绩实行4年为一个周期的滚动管理办法。在连续4年内,参加全部(4个)科目的考试并合格,可取得相应资产评估师职业资格证书。

免试部分科目人员的考试成绩,以应试科目数量确定其合格成绩管理滚动有效期限。参加3个科目考试其合格成绩以3年为一个滚动管理周期;参加2个科目考试其合格成绩以2年为一个滚动管理周期。免试部分科目的人员,必须在连续3年或者2年内取得应试科目的合格成绩,方可取得相应资产评估师职业资格证书。

资产评估师职业资格考试合格,由中国资产评估协会颁发人力资源和社会保障部、财政部监制,中国资产评估协会用印的《中华人民共和国资产评估师职业资格证书》。该证书在全国范围有效。

资产评估师职业资格证书实行登记服务制度。登记服务的具体工作由中国资产评估协会负责。中国资产评估协会定期向社会公布资产评估师职业资格证书的登记情况,建立持证人员的诚信档案,并为用人单位提供取得资产评估师职业资格证书人员的信息查询服务。

【提示】2021年12月起,根据《人力资源和社会保障部办公厅关于推行专业技术人员职业资格电子证书的通知》,注册资产评估师在专业技术人员职业资格中推行电子证书。

(四)资产评估执业标准体系正在逐渐形成

2001年9月1日,《资产评估准则——无形资产》颁布并实施,它是我国资产评估第一个具体执业准则。它的颁布与实施标志着我国资产评估向规范化和法制化迈进了重要的一步。2004年2月25日,《资产评估准则——基本准则》和《资产评估职业道德准则——基本准则》颁布并实施,标志着我国资产评估执业标准体系进入稳健的发展阶段。

2014年8月12日,国务院发布《关于取消和调整一批行政审批项目等事项的决定》(国发〔2014〕27号),取消了注册资产评估师等11项职业资格许可和认定事项。2014年8月13日,人力资源和社会保障部印发《关于做好国务院取消部分准入类职业资格相关后续工作的通知》(人社部函〔2014〕44号),将资产评估师职业资格调整为水平评价类职业资格。

2016年7月2日,十二届全国人大常委会第二十一次会议审议通过了《资产评估法》,自2016年12月1日起施行。《资产评估法》对资产评估机构和资产评估专业人员开展资产评估业务,资产评估行业实施行政监管和行业自律管理,资产评估相关各方的权利、义务、责任等一系列重大问题作出了明确规定,全面确立了资产评估行业的法律地位,对促进资产评估行业发展具有重大历史和现实意义。2016年12月9日,财政部《关于贯彻实施〈中华人民共和国资产评估法〉的通知》明确提出,根据《资产评估法》的要求,财政部将加快出台资产评估行业财政监督管理办法和资产评估基本准则等相关管理制度,确保《资产评估法》落到实处。该通知要求各级财政部门和中国资产评估协会抓紧修订与《资产评估法》不一致的规定,并按照《资产评估法》的要求,建立新的管理规范和工作流程;要求中国资产评估协会按照《资产评估法》的要求,制定并不断完善资产评估执业具体准则和职业道德具体准则,指导和监督会员执业行为。当前,财政部和中国资产评估协会发布了以基本准则为基础、由执业准则和职业道德准则组成的准则体系,资产评估准则共 30 余项,覆盖主要执业流程和执业领域。

2018 年 5 月 15 日,《中国资产评估协会会员执业行为自律惩戒办法》经中评协第五届常务理事会第八次会议审议通过。修订后的惩戒办法与《资产评估法》、资产评估准则、评估实际紧密衔接,全面涵盖会员执业行为、科学划分惩戒种类,是资产评估行业贯彻落实《资产评估法》的重要举措,为加快推进资产评估行业依法依规执业提供了重要保障。

2018 年 10 月 29 日,中评协在财政部的指导下,根据《资产评估基本准则》,对《资产评估执业准则——资产评估报告》《资产评估执业准则——资产评估程序》《资产评估执业准则——资产评估档案》《资产评估执业准则——企业价值》进行了修订并重新发布,及时有效地满足了监管和执业需求。

2019 年 5 月 15 日,为贯彻落实党中央、国务院规范行业协会商会管理的要求,中评协修订《中国资产评估协会会费管理办法》,调整了原有会费定率与定额相结合的收取方式,对会费采取四档定额收取,增加了会费减免规定,调整了会费开支范围。

2019 年 8 月 28 日,中评协印发《关于在全国范围内开展资产评估报告统一编码管理工作的通知》,要求自 2019 年 10 月 1 日起,所有资产评估机构出具的资产评估报告,均应严格按照要求进行统一编码。

2019 年 12 月 4 日,中评协印发《资产评估执业准则——资产评估方法》,规定了资产评估方法选择和运用的一般要求,归纳了可以选择一种资产评估方法的情形,实现了《资产评估法》与资产评估准则在资产评估方法选择和运用方面相关规定的对接。

2020 年 12 月 7 日,中国资产评估协会印发《企业并购投资价值评估指导意见》,明确了投资价值、协同效应、投资价值评估的内涵,规定了投资价值评估程序、评估结论区间值形式和评估报告内容,有助于规范资产评估机构执行投资价值评估业务,推动资产评估服务于企业并购决策和监管。

2021 年 2 月 3 日,财政部办公厅印发《加强资产评估行业联合监管若干措施》,财政部监督评价局、中国资产评估协会建立行政监管和行业自律监管相结合的联合监管机制,明确"六个统一""三个并重""一查双罚"等基本原则,实现行政监管与行业自律监管融合促进。

2021 年 3 月 4 日,中国资产评估协会发布《关于试运行会员信用档案管理信息系统的通知》,上线会员信用档案管理模块,落实《资产评估法》有关要求,推动《中国资产评估协会会员信用档案管理办法》有效实施。

2021 年 12 月 23 日,中国资产评估协会印发《中国资产评估协会资产评估业务报备管理办法》,落实财政部办公厅印发的《加强资产评估行业联合监管若干措施》要求,健全资产评估业务报备制度,提升业务监管能力和行业治理效能。

2022 年 1 月 4 日,资产评估行业管理统一信息平台正式上线资产评估业务报备管理系统。作为资产评估行业管理统一信息平台的重要组成部分,改进后的业务报备管理系统和机构备案管理模块,操作更加便利,监管更加有效,共享更加及时。

2022 年 1 月 12 日,中国资产评估协会印发《体育无形资产评估指导意见》,对体育无形资产的识别、不同类别价值影响因素、评估资料收集、方法选用和参数确定等进行规范,有助于推动资产评估机构更好地服务体育产业高质量发展。截至 2022 年底,资产评估准则体系中的准则项目已达 32 项。

任务二　资产评估的基本概念、功能和作用

一、资产

（一）资产的概念及其特点

资产是评估客体中最重要的组成部分，且是一个内涵丰富，具有多角度、多层面的概念。资产可以是单项资产，也可以是若干项资产的组合体；有的是某一资产的所有权，有的则是资产的使用权等。

1. 会计学中资产的概念及其特点

美国财务会计准则委员会（FASB）在《财务会计概念公告》第 6 号中对资产的定义是："资产是可能的未来经济利益，它是特定个体从已经发生的交易或事项中所取得的或加以控制的。"

我国在 1992 年颁布的《企业会计基本准则》中首次对资产进行了定义，在 1996 年财政部颁布的《企业财务会计报告条例》中对资产的概念做了进一步修订。目前，企业会计制度中使用的资产概念为："资产是指过去的交易、事项形成并由企业拥有或控制的资源，该资源预期会给企业带来经济利益。"从会计学的角度来看，尽管国际上不同国家和组织对资产概念的表述略有不同，但对资产的基本解释是趋于一致的。也就是说，对于一项资源，只有其具备以下基本特点时，才能被认为是会计上的资产：

（1）资产是由于过去的交易或事项所形成的。资产必须是现实的资产，而不能是预期的资产，是企业在过去的一个时期里，通过交易或事项所形成的结果。对于未来交易或事项以及未发生的交易或事项可能产生的结果，则不属于现在的资产，不得作为企业的资产。

（2）资产是企业所拥有或者控制的。通常情况下，企业应当对其资产拥有所有权，企业可以按照自己的意愿使用或处置该项资产，其他企业或个人未经同意，不能擅自使用。但在某些情况下，对于一些通过特殊方式形成的资产，如融资租入固定资产，企业虽然对其不拥有所有权，但实际上能够对其实施控制，按照实质重于形式的原则，也应当视为企业的资产。

（3）资产预期会给企业带来经济利益，这也是资产的最重要的特征。所谓预期会给企业带来经济利益，是指直接或间接地增加流入企业的现金或现金等价物的潜力，这种潜力可以单独或与其他资产结合起来产生净现金流入。预期不能带来经济利益的，就不能作为企业的资产。同样，对于企业已经取得的某项资产，如果其未来经济利益已经不复存在，就应该将其剔除。

2. 经济学中资产的概念及其特点

资产在经济学中比在会计学中具有更广泛的概念。经济学中的资产泛指一切财产，即一定时点的财富总量，由一定数量的物质资料和权利构成。

从经济学的角度来看，资产应当具有以下特点：

（1）效用性。经济资源能够给当事人带来某种程度的满足，这是资产的自然属性。效用是一个相对的或存在比较意义的概念，而不是一个绝对的概念。具有效用的经济资源，无论是有形的还是无形的，也无论是单项的还是整体的，都具备作为资产的必备条件。效用是经济资源成为资产在自然属性上的必要条件。

（2）稀缺性。稀缺性是资产的社会属性。稀缺性意味着获得经济资源要付出代价，它与该项经济资源的最初形成和控制是否要付出代价没有本质的联系。稀缺性是经济资源成为资产在社会属性上的充分条件。

3. 法学中资产的概念及其特点

资产在法学中主要是强调财产主体的财产权利,即对财产享有的所有权、使用权、收益权和处置权等一组权益。这组权益的核心是所有权和收益权,即依所有权而产生的收益或利益剩余索取权。

从资产评估活动自身的特点来看,作为资产评估对象的资产与会计学及法学中资产的概念是有区别的。

会计学中的资产是各种被占用或运用的资金存在形态,强调的是资金的实际投入和运用,没有资金的投入和运用就没有资产,对于那些在实际经济生活中确实存在的,但没有占用或耗费资金或者资金耗费无法估量的资产则被排除在核算内容之外,如自创商誉、人力资源等。而资产评估强调的是资产的现实存在性,只要是现实存在的、能给企业带来未来经济利益的资源均应纳入评估对象范围,资产评估中的资产范围比会计学中的资产范围要宽泛。此外,会计学对资产的计价强调历史成本原则,通常反映资产的取得成本,对一些资产的现实价值则不能完全有效地反映出来,而资产评估强调的是资产在模拟市场条件下的现实价值。因此,会计学中资产的范围并不能完全包含资产评估的对象。

法学中的资产强调资产的产权,即资产所有权以及与所有权相关的财产权,资产所有权是资产产权的主体,其他形式的产权是由所有权派生出来的。资产评估中的资产不应仅以所有权作为界定资产的依据,对于企业中那些只有控制权而无所有权的资产,如开采权、经营特许权等,由于能够直接影响企业的产出和收益水平,也应作为企业的资产。因此,对于一切财产物资、债权和其他各种权利,只要归企业控制并能为企业带来持续的利益就是企业的资产,而不论企业是否对其拥有所有权。可见,资产评估中的资产边界应以经济资源的控制权为依据,而不应以所有权划定资产边界。

【提示】资产评估中的资产是指既有自然属性上的效用性又有社会属性上的稀缺性的经济资源,应当服从于经济学中资产的概念。

(二)资产的种类

通常情况下,按照不同的标准可将资产分为不同的种类。

1. 按存在形态不同,可将资产分为有形资产和无形资产

(1)有形资产是指那些具有实体形态的资产,如机器设备、建筑物、库存商品、材料等。由于这类资产具有不同的功能和特性,通常具有较强的专业性,在评估时应根据资产的不同特点分别进行评估。

(2)无形资产是指那些没有实物形态,但在很大程度上制约着企业物质产品生产能力和生产质量,且直接影响企业经济效益的资产,主要包括专利权、商标权、非专利技术、土地使用权、特许权、商誉等。无形资产通常具有较强的综合性,影响因素较为复杂,评估难度也较大。

2. 按是否具有综合获利能力,可将资产分为单项资产和整体资产

(1)单项资产是指单台、单件的资产,如一台设备、一栋房屋等。

(2)整体资产是指由一组单项资产组成的具有整体获利能力的资产综合体,如一个具有正常经营活动能力的企业的所有资产、一个独立的部门或车间的资产等。

【注意】在一般情况下,企业各单项资产价值之和并不一定等于企业的整体资产价值,也就是说,在企业整体资产中,有一部分资产无法以单项资产的形式存在。

整体资产评估所评估的是其获利能力,其价值除了包括各项资产的价值外,还包括不可确指的资产——商誉。商誉是在整个资产预期收益率高于社会平均收益率情况下产生的,在资产评估工作中,区分单项资产和整体资产便于合理安排评估人员,顺利完成资产评估任务。

3. 按能否独立存在，可将资产分为可确指的资产和不可确指的资产

（1）可确指的资产是指能独立存在的资产，前面所列示的有形资产和无形资产（除商誉以外）都是可确指的资产。

（2）不可确指的资产是指不能脱离企业有形资产而单独存在的资产，如商誉。商誉是指企业基于地理位置优越、信誉卓著、生产经营出色、劳动效率高、历史悠久、经验丰富、技术先进等原因，所获得的投资收益率高于一般投资收益率而形成的超额收益资本化资源。商誉是一种特殊的无形资产，它不能以独立的形式存在，通常表现为企业整体资产与各单项资产之和的差额。

4. 按与生产经营过程的关系不同，可将资产分为经营性资产和非经营性资产

（1）经营性资产是指处于生产经营过程中的资产，如企业中的机器设备、厂房、交通工具等。经营性资产又可按是否对盈利产生贡献分为有效资产和无效资产，区分有效资产和无效资产是开展资产评估工作的一项重要内容。

（2）非经营性资产是指处于生产经营活动以外的资产，如政府机关用房、办公设备等。

二、资产评估

在市场经济条件下，资产持有人的经济活动十分复杂，持有人可以将自己的资产全部转让，也可以部分转让；交易的资产可以是机器设备、库存商品等有形资产，也可以是商标、技术等无形资产。不管交易的资产属于什么类型，交易双方必须准确掌握资产的合理价格，因为进行交易的资产由于已使用过一段时间或其他原因，其合理价格需要重新评估。因此，在市场经济条件下，资产持有者在凭借自己所持有的资产进行各种业务活动时，如资产的转让和继承、企业的分立与合并等，通常要进行资产评估。

（一）资产评估的概念

产品交换过程中的价值判断是经济学研究中不可回避的问题。而资产评估属于价值判断的范畴。本书所谓的资产评估，是指由专门机构和人员，依据国家规定和有关资料，根据特定的目的，遵循适用的原则和标准，按照法定的程序，运用科学的方法，对资产进行评定和估价的过程。

资产进行市场交易时，市场参与者大多会依据自己所掌握的知识和信息，对交易对象进行价值判断，从而确定交易价格，在此过程中可能会自觉或不自觉地运用资产评估的理论、方法从事相关价值判断。

社会分工和商品经济的发展催生了对专业资产评估服务的需求。资产评估作为一种执业行为，其专业水准和职业公信力会对委托人等当事人的权利保障和市场秩序的维护产生较大影响。因此，立法部门及相关政府管理部门、行业管理机构通过立法、制定准则等方式，对资产评估的主体、行为和责任等加以规范。

2016年7月2日第十二届全国人民代表大会常务委员会第二十一次会议通过了《资产评估法》[1]，自2016年12月1日起施行。《资产评估法》所规范的资产评估是指资产评估的执业行为。

《资产评估法》从资产评估执业角度，对资产评估的概念界定为："评估机构及其评估专业人员根据委托对不动产、动产、无形资产、企业价值、资产损失或者其他经济权益进行评定、估算，并出具评估报告的专业服务行为。"《资产评估法》对资产评估的程序作出了明确规定，要求评估机构及相关评估专业人员对所出具的评估报告依法承担责任。

---

[1] 《中华人民共和国资产评估法（修订征求意见稿）》财办资〔2022〕19号）由财政部于2022年11月公布。

（二）资产评估的内容

一般认为，资产评估应当包括以下基本内容：①资产评估工作是由专门从事资产评估的机构和人员进行的；②资产评估是对拟发生产权交易或变动的资产进行的评估；③资产评估是评估人员依据有关的法律法规和在对被评估资产有关信息全面了解的基础上作出的价值判断；④资产评估具有明确的目的；⑤资产评估应当遵循一定的原则；⑥资产评估必须按照一定的程序进行；⑦资产评估价值类型；⑧资产评估方法。

（三）资产评估的特点

资产评估是资产交易等资产业务的中介环节，是市场经济条件下资产交易和相关资产业务顺利进行的基础。这种以提供资产价值判断为主要内容的经济活动与其他经济活动相比，具有以下鲜明的特点：

1. 市场性

资产评估是市场经济发展到一定阶段的产物，没有资产产权变动和资产交易的普遍进行，就不会有资产评估的存在。资产评估一般要估算的是资产的市场价值，因此，资产评估专业人员必须凭借自己对资产性质、功能等的认识以及市场经验，模拟市场对特定条件下的资产价值进行估计和判断，评估结果是否客观，并需要接受市场价格的检验。资产评估结论是否经得起市场检验，是判断资产评估活动是否合理、规范以及评估人员是否合格的重要标准。

2. 公正性

资产评估的结果密切关系着资产有关各方的经济利益，如果背离客观、公正的基本要求，就会使资产业务的一方或几方蒙受不必要的损失。这就要求评估人员采取客观、公正、中立的态度，不屈服于任何外来的压力和任何一方的片面要求，客观、公正地进行资产评估。公正性对评估机构而言是十分重要的。评估机构只有以客观、公正的评估结果为客户提供优质服务，才能赢得客户的信任，逐步树立自己的品牌；否则必将丧失信誉、失去市场，最终走向破产。

要保证资产评估的公正性，一方面，要强调资产评估机构和评估人员保持超然独立的地位，与资产交易各当事人没有任何利益和利害关系，这是公正性的组织基础；另一方面，资产评估必须按公允、法定的准则和规程执业，遵守公允的行为规范和业务规范，这是公正性的技术基础。

3. 技术性

资产评估人员在对被评估资产价值作出专业判断的过程中，需要依据大量的数据资料，经过复杂细致的技术性处理和必要的计算，如果不具备相应的专业知识就难以完成评估工作。资产评估的技术性要求评估人员队伍应当由具备一定专业知识的专业技术人员构成，如建筑、土地、机电设备、经济、财务等相关专业人员。

4. 咨询性

资产评估结论是评估人员在评估时根据所能搜集到的数据资料，模拟市场对资产价值所作出的主观推论和判断。不论评估人员的评估依据有多么充分，评估结论仍然是评估人员的一种主观判断，而不是客观事实。因此，资产评估不是一种给资产定价的社会经济活动，它只是一种经济咨询或专业咨询活动。评估结果本身并没有强制执行的效力，评估人员只对评估结论的客观性负责，而不对资产交易价格的确定负责。评估人员只是为资产交易业务提供一个参考价值，最终的成交价格取决于交易双方在交易过程中的讨价还价能力。

5. 综合性

综合性是指资产评估工作需要综合应用多方面的知识，所以评估人员必须具有多方面的综合素质，同时，需要了解被评估资产的综合性能和属性。具体来说，评估人员必须全面了解被评估资产的自然属性、社会属性以及市场价格和内在价值，了解被评估资产的相关外界环境，由此能基本预测其未来的性能、效用和收益。评估工作的综合性是非常突出的,评估小组的人员构成要尽可能综合化,既有熟知工程技术的专家,又有经济学、管理学等方面的专家,还要有相应的预测人员对经济走势和其他方面进行科学的预测。

6. 责任性

责任性是指资产评估机构和评估人员对资产评估结果必须承担相应的法律责任。通常,在市场经济发达的国家,参与评估的评估人员要承担连带责任,这就要求评估人员必须具有良好的职业道德素质,必须充分考虑一切应评估的重要因素。同时,资产评估人员必须在评估报告上签字并加盖所在评估机构的公章,评估结果方为有效。评估结果一旦生效,评估人员和评估机构就必须承担相应的法律责任。

(四)资产评估的种类

按照不同分类标准可将资产评估分为下列几种形式:

1. 按工作的内容不同,资产评估可分为一般评估、评估复核和评估咨询

一般评估是指正常情况下的资产评估,通常以资产发生产权变动、产权交易以及保险、纳税或其他经济行为为前提。一般评估包括市场价值评估和市场价值以外的价值评估,如企业上市资产评估、组建合资企业资产评估、企业股份制改造资产评估、企业资产抵押贷款资产评估等。

评估复核是指在对被评估资产已经出具评估报告的基础上,由其他评估机构和评估人员对同一被评估资产独立地进行评定与估算并出具评估报告的行为及过程。

评估咨询是一个较为宽泛的术语。确切地讲,评估咨询一般不是对评估标的物价值的估计和判断,它更侧重于对评估标的物的利用价值、利用方式、利用效果的分析和研究,以及与此相关的市场分析和可行性研究等。

2. 按资产评估与评估准则的关系不同,资产评估可分为完全评估和限制评估

完全评估一般是指完全按照评估准则的要求进行资产评估,不适用准则中的背离条款。完全评估中的被评估资产通常不受某些方面的限制,评估人员可以按照评估准则和有关规定,根据评估资料对被评估资产的价值作出判断。

限制评估一般是指根据背离条款,或在法律法规允许的前提下未完全按照评估准则或规则进行的资产评估,评估结果受到某些特殊因素的影响。

3. 按评估对象和适用原则分类不同,资产评估可分为单项资产评估和整体资产评估

单项资产评估是指评估对象为单项可确指的资产的评估。通常,机器设备评估、土地使用权评估、房屋建筑物评估、商标权评估、专利权评估等均为单项资产评估。由于单项资产评估的对象为某一类资产,不考虑其他资产的影响,所以通常由在某一方面具有专业水准的评估人员参加即可完成资产评估工作。

整体资产评估是指以由若干单项资产组成的资产综合体所具有的整体生产能力或获利能力为评估对象的资产评估,如以企业全部资产为评估对象的企业整体价值评估(或称企业价值评估)、以企业某一部分或某一车间为评估对象的整体资产评估、以企业全部无形资产为评估对象的无形资产整体评估等。企业价值评估是整体资产评估中最常见的形式。整体资产评估不同于单项资产评估,其关键之处就在于,在整体资产评估工作中要以贡献原则为中心,考虑不同资产的相互作用以及它们对企业整体生产能力或总体获利能力的影响。

三、资产评估的功能

评价和评值是资产评估最基本的内在功效和能力。资产评估源于人们希望了解和掌握在一定条件下资产的价值的需要。随着人们对在各种条件下了解资产价值的需求的不断增加,资产评估

也在不断发展，其评价和评值的功能得到不断完善。

（一）评价功能

评价功能是指资产评估可以对企业资产的经营效果进行评价，反映不同时间、地域、经济背景条件下的资产价值与运营绩效的差异性，以此检查、考核评价对象的经营状况和管理绩效。例如，开展企业承包、租赁的资产评估，可以客观地评价承包方、租赁方的经营业绩和资产增值情况，进一步加强、改善企业资产管理工作，提高企业经济效益。

（二）评值功能

评值功能是指资产评估主要对资产价值的内在功效和能力进行评定估算，为资产业务提供基础数据与决策依据。由于价值规律与市场供求等因素的作用和影响，资产的价格具有变动性，资产的账面价值难以反映其真实价值，资产现时价值才是资产交易双方真正的利益所在。因此，只有通过评估而确定的资产现时价值才能满足资产业务交易的需要。

四、资产评估的作用

在不同的历史时期和不同的社会经济条件下，资产评估可能会发挥不同的作用。结合当前的社会经济条件，资产评估主要发挥着以下基本作用：

（一）咨询作用

资产评估的咨询作用是指资产评估结论为资产业务提供专业化估价意见，该意见本身并无强制执行的效力。它只是给相关当事人提供有关资产交换价值方面的专业判断或专家意见，资产评估不能也不应该取代资产交换当事人的交易决策。

（二）管理作用

资产评估的管理作用是指国家或政府在利用资产评估过程中所发挥的特殊作用。在社会主义市场经济初级阶段的某一时期，作为国有资产所有者代表的国家，不仅把资产评估视为提供专业服务的行业，而且将其作为保护国有资产、促使国有资产保值增值的工具和手段。在资产评估开展初期，国家通过制定申请、资产清查、评定估算和验证确认的国有资产评估管理程序，使得资产评估具有管理的作用。但是，资产评估的管理作用并不是与生俱来的，它只是国有资产评估在特定历史时期的特定作用。它会随着国家在国有资产评估管理体制方面的变化而加强或弱化。

（三）鉴证作用

资产评估的鉴证作用是指资产评估结果的合法性、真实性和公平性可以为资产业务的顺利进行提供一定的可信度保障，减免法律纠纷，为资产业务当事人提供重要的决策依据。鉴证由鉴别和举证两个部分组成。鉴别是专家依据专业原则对经济活动及其结果做出的独立判断；而举证则是为该判断提供理论与事实支撑，使之做到言之有理、持之有据。

【提示】评估结论不应当被视作对评估对象可实现价格的保证。资产评估师执行资产评估业务，应当关注评估对象的法律权属，并在评估报告中对评估对象法律权属及其证明资料来源予以必要说明。评估师不得对评估对象的法律权属提供保证。

【注意】资产评估从事的是价值鉴证，而不是权属鉴证。

任务三　资产评估的基本要素

从资产评估的产生和发展中可以看出，科学的资产评估是指由专门机构和专业人员，依据国家有关规定和数据资料，按照特定的目的，遵循一定的计价标准、原则和程序，运用科学的方法，对资产价值进行评定估算的过程。根据资产评估的概念，资产评估包含以下基本要素：

一、资产评估的主体

资产评估的主体是指进行资产评估活动的组织者和操作者，即评估人。评估人包括法人（评估机构）和自然人（评估专业人员）。其中，评估机构是由一定数量的评估专业人员所组成的从事资产评估业务的专业机构；评估专业人员是在评估机构从事资产评估业务的具有专业知识和评估经验的评估从业人员。

【注意】评估机构和评估专业人员是一个有机的整体，评估机构必须是由具有一定数量评估专业人员组成的机构，评估专业人员不能脱离评估机构而独立从事评估活动，不能把二者割裂开来，单纯地将评估主体理解为评估机构或评估专业人员。

【提示】评估专业人员包括评估师和其他具有评估专业知识及实践经验的评估从业人员。评估师是指通过评估师资格考试的评估专业人员。国家根据经济社会发展需要确定评估师专业类别。

资产评估工作的政策性强、技术复杂、工作量较大，所以必须由合法的资产评估机构和具有资产评估资格的人员来承担，并负有法律责任。

合法的资产评估机构是指持有国务院或省、自治区、直辖市人民政府国有资产行政管理部门颁发的国有资产评估资格证书的，正式登记注册并领有工商营业执照的资产评估机构。具有资产评估资格的人员是指经过严格的考试或考核，具有资产评估能力并取得资产评估资格的人员。在我国，资产评估人员必须通过全国统一考试取得注册评估师资格，才能承担资产评估的工作。

目前，我国资产评估工作已收到了相当明显的成效，各种类型的资产评估机构正在逐步建立和完善。这些资产评估机构从组织形式上可分为如下三种：

（1）专业性资产评估机构。此类机构如房地产评估事务所等。这类机构专门从事某一方面的资产评估业务，具有精通这一方面的专门人才，但这些人才也需要通过资产评估的专业培训，取得"国有资产评估资格证书"后才能承担本资产评估业务。

（2）兼营性资产评估机构。此类机构如会计师事务所、财务咨询公司等。它们原先已有较强的专业技术力量，只要增加或临时聘请一些必需的、有关方面的专业技术人员，经过一定的资产评估知识培训和考试考核，在取得"国有资产评估资格证书"后就可以承担资产评估业务。

（3）综合性资产评估机构。此类机构如资产评估公司、资产评估事务所。其特点是实行独立核算的企业化经营，遵循独立性、职业性和专业性原则，承担各行业与各部门的资产评估业务，这种类型的机构拥有各类与评估业务相关的专业人员，具有雄厚的资产评估技术力量。

二、资产评估的客体

资产评估的客体又称为资产评估的对象，是指被评估的资产。会计学所称的资产是指企业过去的交易或事项形成的、由企业拥有和控制的、预期会给企业带来经济利益的资源，包括各种财产、债权和其他权利。作为资产评估对象的资产比会计学上所称的资产具有更广泛的概念：它不仅包括具有独立实体形态的有形资产，也包括不具有独立实体形态的无形资产；既包括各种单项资产，也包括一组具有获利能力的综合资产，即整体资产。资产评估的客体如图1—1所示。

从图1—1可以看出，资产评估的客体多种多样，而且在运营中的作用各不相同，产生的效益也有很大差别，这些都决定了资产评估是一项极其复杂的工作。

三、资产评估的依据

资产评估是由专业人员对被评估资产在某一时点的价值量大小所作的判断，但这种判断不是

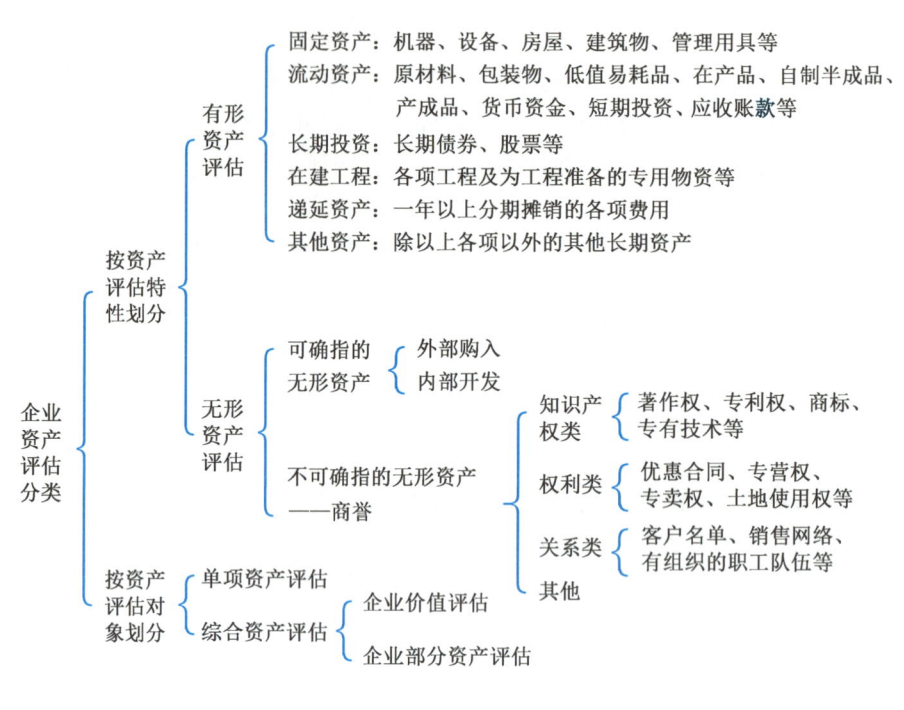

```
                                    ┌ 固定资产：机器、设备、房屋、建筑物、管理用具等
                                    │ 流动资产：原材料、包装物、低值易耗品、在产品、自制半成品、
                            ┌ 有形 ─┤          产成品、货币资金、短期投资、应收账款等
                            │ 资产  │ 长期投资：长期债券、股票等
                            │ 评估  │ 在建工程：各项工程及为工程准备的专用物资等
                            │       │ 递延资产：一年以上分期摊销的各项费用
                  ┌ 按资产 ─┤       └ 其他资产：除以上各项以外的其他长期资产
                  │ 评估特  │
                  │ 性划分  │                           ┌ 外部购入
                  │         │        ┌ 可确指的 ───────┤
                  │         │        │ 无形资产         └ 内部开发    ┌ 知识产 ─ 著作权、专利权、商标、
  企业                      │ 无形 ─┤                                │ 权类     专有技术等
  资产 ─────────┤ 资产  │
  评估                      │ 评估  │                                │ 权利类 ─ 优惠合同、专营权、
  分类                      │        │ 不可确指的无形资产             │         专卖权、土地使用权等
                  │         └        └ ──商誉                         │
                  │                                                   │ 关系类 ─ 客户名单、销售网络、
                  │                                                   │         有组织的职工队伍等
                  │                                                   └ 其他
                  │
                  │         ┌ 单项资产评估
                  └ 按资产 ─┤                  ┌ 企业价值评估
                    评估对   └ 综合资产评估 ───┤
                    象划分                     └ 企业部分资产评估
```

图 1—1　资产评估的客体

随意的估算，必须具有科学的依据。

一般情况下，资产评估的依据包括四方面内容：①与资产评估相关的法律、法规；②反映资产评估经济行为的文件；③与被评估资产相关的重大合同协议；④与被评估资产有关的取费标准和其他参考资料。

四、资产评估的目的

资产评估的目的是指资产业务引发的经济行为，如企业进行股份制改造、上市、资产抵押贷款等。资产评估的目的反映了资产评估结果的具体用途，它直接决定和制约资产评估的价值类型与评估方法的选择。

五、资产评估的原则

资产评估的原则是资产评估的行为规范，是调节评估当事人各方关系、处理评估业务的行为准则。评估人员只有在一定的评估原则指导下作出的评估结果才具有可信性。

六、资产评估的程序

资产评估的程序是指资产评估工作从开始准备到最后结束的工作顺序。为了保证资产评估结果的科学性，任何一项资产评估业务，无论是规模较大的企业整体资产，还是单独的一台设备，在进行资产评估工作时，都必须按照国家有关规定进行财产清查、市场调研、评定估算、验证结果等工作程序，否则将影响资产评估的质量。

七、资产评估的价值类型

资产评估的价值类型是指资产评估价值质的规定性，即价值内涵，是对资产评估结果价值属性的抽象和归纳。《国际评估准则》中将价值类型分为两大类：一类是市场价值，另一类是市场价值以外的价值。中国资产评估协会于2017年10月1日起施行的《资产评估价值类型指导意见》明确了资产评估价值类型包括市场价值和市场价值以外的价值类型。市场价值是指自愿买方和自愿卖方在各自理性行事且未受任何强迫的情况下，评估对象在评估基准日进行正常公平交易的价值估计数额。市场价值以外的价值类型包括投资价值、在用价值、清算价值、残余价值等。

八、资产评估的方法

资产评估的方法主要有三种，即成本法、市场法和收益法。这三种方法分别从不同的角度对资产价格进行评定估算。成本法是基于资产重新购置或建造的价格或成本，通常适用于机器设备、房地产等固定资产的评估以及资产补偿的评估。市场法是基于同类资产或类似资产在市场上的成交价来估算评估对象的价格，适用于流动资产、房地产等交易活跃的资产估价。收益法是基于资产的未来获利能力对资产进行估价，适用于能单独测算其未来收益的资产估价。

任务四　资产评估的相关关系

一、资产评估与清产核资

清产核资是清查企业财产、核实企业资金的过程，是国家为了"摸清家底"，了解现有资产的实际存量和价值状况，解决企业的账面价值与实际价值严重不符等问题而进行的一项管理活动。新中国成立以来，先后进行过5次全国性的清产核资工作。清产核资与资产评估在许多方面具有相同的内容，因此，往往容易混淆。为了更好地理解资产评估，必须正确区别资产评估与清产核资。

（一）资产评估与清产核资的联系

1. 资产评估与清产核资都属于资产管理的范畴，是资产业务的一种形式

在市场经济条件下，作为资产业务范畴的资产管理具有多种多样的形式，但其目的无非是提高资产的运营效率，使有限的经济资源发挥最大的经济效力。作为资产管理的内容，资产评估和清产核资分别是两种不同的手段。

2. 资产评估和清产核资都是以资产作为对象的资产管理方式

资产评估是对拟发生交易或产权变动的资产的价值进行的估算，作为资产评估对象的资产既可以是会计资料中已经确认的有形资产或无形资产，也可以是尚未在会计账簿中予以确认但能够给企业带来预期经济效益的资源。清产核资只是对企业已入账的部分有形资产进行清查核实、重估调账，主要以实物资产为主，对于尚未入账或已入账的无形资产、流动资产等则一般不作为清产核资的对象。尽管两者在资产的范围上有一定的区别，但它们的行为指向的都是资产。

3. 资产评估和清产核资都要对资产进行清查和核实等工作

资产评估前期工作的一项重要内容就是与被评估单位一起对被评估资产的现有数量和质量状况进行清查和核实，在现场工作阶段，评估人员还要逐项勘察、检测，以确定被评估资产的价值状况。开展清产核资工作的主要目的是摸清资产主体所占有资产的历史价值及其变化情况，不对资产进行清查和核实就难以达到其目的。

（二）资产评估与清产核资的区别

1. 目的不同

资产评估的目的在于通过评定估算资产的现时价值，适应资产产权的变动与交易，促进资产产权的合理流动，维护资产业务有关各方的合法权益。而清产核资的主要目的则是摸清企业的家底，

为企业管理和核算提供基础与依据,促进企业管理的科学化。

2. 方法不同

资产评估是由专门的评估机构和专业评估人员按照严格的评估程序、运用规范的评估方法进行的,评估结果通常以评估报告的形式提交给委托方,具体包括市场法、成本法和收益法三种基本评估方法,任何评估机构或评估人员都不得违反程序。而清产核资则一般没有法定的、严格的评估方法和评估程序,在进行中可以根据实际情况灵活掌握。

3. 价值尺度不同

清产核资只考虑资产本身的价值,按照资产的历史成本原则计价。而资产评估不仅必须考虑资产使用的收益以及资产占有单位各类资产的匹配情况,还必须考虑货币的时间价值等,主要反映企业资产的获利能力和现时价值。

4. 范围不同

清产核资通常仅对企业的有形资产即实物资产、各种款项、债权和债务进行清理核实。而资产评估还必须对无形资产如商誉、商标、专利以及土地使用权等进行评定估算,其范围比较宽泛。

5. 主体和功能不同

清产核资一般在上级有关部门的指导下,由企业内部财务人员进行,因此不具有客观性和公正性。而资产评估必须由企业之外专门的资产评估机构和人员进行,资产评估提供的服务属于社会中介服务,具有独立性,因此资产评估既具有评值功能,也具有评价功能和公证功能。

6. 结果的效力不同

清产核资的结果只能在企业自身经济核算时以及向上级反映企业经营状况时使用,其结果不具有法律效力。而资产评估的结果则可以作为企业股东或其他利益主体维护自己合法权益的法律依据,评估机构和评估人员对资产业务的有关方面承担相应的法律责任。因此,资产评估结果的效力比较强。

二、资产评估与会计计价

由于资产评估产生于对资产价值进行估算的客观需要,资产评估所需要的数据资料有相当一部分是来源于企业的财务会计数据,而会计也涉及对资产价值进行计量的问题,因此,有人认为,资产评估是现代会计发展到一定阶段后分离出来的一种社会经济活动,资产评估与会计计价有一种密不可分的关系。从会计与资产评估自身的发展来看,两者确实存在着许多联系,但它们之间也存在着根本的区别,只有科学地认识它们之间的不同点,才能充分发挥资产评估和会计在社会经济中的不同作用。

(一)资产评估与会计计价的联系

1. 资产评估的结论为会计计价提供依据

我国《公司法》及相关法律法规规定,当投资方以非货币资产投资时,应当对非货币资产进行资产评估,以资产评估结果为依据,确定投资数额,并以此作为公司会计入账的重要依据。当企业进行联合、兼并、重组等产权变动经济行为时,也需要对拟发生产权变动的资产进行评估,评估结果可以作为产权变动后企业重新建账、调账的重要依据。此外,为了消除通货膨胀等因素的影响,使财务报表使用者正确理解和使用财务报表数据,《国际会计准则》及许多国家的会计制度中,也提倡或允许同时使用历史成本和现行公允价值对有关资产进行记账与披露,而公允价值一般可通过资产评估得到。

【提示】在特定条件下,资产会计计价和财务报告需要利用资产评估结论。鉴于此,《国际评估准则》对资产评估与会计之间的联系给予了充分的考虑,对"以会计报表为目的的资产评估"方面的内容作出了规定。

2. 资产评估结论的形成依赖于会计提供的有关数据资料

资产评估结论的形成需要大量的数据支持，评估中所依据的许多数据资料来源于企业的会计资料和财务数据，特别是续用前提下的资产评估。如企业会计账簿中记录的取得资产的原始凭证，是资产评估工作中确定资产产权和原始价值构成的重要证明资料；对固定资产修理和损耗情况的记录，是资产评估工作中判断其实际贬值、确定成新率指标的重要参考；资产评估工作中对资产的预期收益、预期风险的测算都离不开企业的财务会计数据。另外，由于资产评估结论的形成依赖于会计提供的有关数据资料，这些企业会计数据资料的准确性在一定程度上也会对资产评估结果的质量产生影响。

无论是特定条件下会计计价利用资产评估的结果，还是资产评估需要参考会计数据资料，都说明资产评估与会计有着一定的联系，而且这种联系会随着投资者对企业披露资产现值要求的不断提高而更加紧密。

(二) 资产评估与会计计价的区别

尽管资产评估与会计计价之间存在着一定的联系，但从本质上来说，两者属于不同的经济活动领域，有着明显的区别。

1. 性质和基本职能不同

会计是一项以记账、算账和报账为基本手段，连续系统地反映和监督企业生产经营、财务收支及其成果的社会活动，是企业组织管理中的一个重要组成部分，其基本职能是对会计主体经济活动的反映和监督。而资产评估则是一种以提供资产价值判断为主要内容的咨询活动，是一种社会中介服务活动，其基本职能是估值和评价。

2. 确定资产价值的依据不同

会计账簿中为了能够清楚地反映资产的取得成本，主要是以历史成本为依据记录资产的价值，对于没有发生实际耗费的资产，通常情况下不予确认。但在资产评估中，判断一项资产是否有价值以及价值的大小，则不能简单地以是否发生历史成本为标准，必须以资产的效用和市场价值为依据。对于那些虽有历史成本发生，但在评估基准日及其以后不能再给企业创造收益的资产，或没有市场需求的资产，从资产评估的角度来看，则没有价值；而对于那些虽没有发生实际支出，但能给企业带来预期收益的项目，仍然可以对其价值进行评估。

3. 计价方法不同

现代会计理论为了解决通货膨胀因素的影响，使会计资料更好地反映资产的现时价值，对于资产计价方法在历史成本计价的基础上，又提出了重置成本、变现价值、收入现值和清算价值等多种新的会计计量标准。但到目前为止，世界各国普遍采用的资产计价方法仍然以历史成本为主。而资产评估中的资产价值评估除了可以利用核算方法外，还广泛应用收益法、市场法等多种技术方法。

4. 计价目的不同

会计与资产评估虽然都要对资产的价值进行确认和计量，但两者的计价目的不同。会计计价的总体目标是全面反映企业的历史和现实资产状况，为企业管理服务。而资产评估的总体目标则是为资产交易提供估值服务。

三、资产评估与审计

(一) 资产评估与审计的联系

资产评估与审计都是通过专业机构和人员为社会提供中介服务，两者在业务上有一定的联系。从我国的实际情况来看，资产评估与审计的联系主要表现在以下几个方面：

1. 使用的方法有相同之处

审计的主要工作之一是对反映企事业单位经济活动的财务资料及其相关资料的真实性、公允性与合理性等方面作出判断，属于"事实判断"的范畴，因此审计中主要运用的方法是分析和证实法，如对期初余额的分析性复核、对应收账款的函审、对存货的监盘等。资产评估虽然是对被评估资产的价值作出判断，具有"价值判断"的性质，但在资产评估工作中也会广泛运用分析和证实法。如在资产评估中的资产清查阶段，需要对委托方申报的评估对象进行核实和界定，就要用到证实的方法；对应收账款价值的判断，通常也会向债务人发询证函；对存货的数量和价值判断，必须依赖于评估人员对存货的检测和盘点；等等。可以说，资产评估中很多方法是借鉴了审计的方法，特别是对流动资产的评估。

2. 资产评估与审计相互配合开展工作

在实际工作中，资产评估与审计通常情况下是相互配合的。企业经过审计后，剔除了财务资料中的虚假成分，使其公允性得到证实，在此基础上开展资产评估工作，可以大大减少资产评估的工作量，如评估前期的财产清查、企业整体资产评估中的流动资产评估等，审计结果为评估提供了基础数据。企业经过资产评估后，对资产的现存数量及其产权进行了核实，对资产的现实价值进行了估算，这些资料也都为审计财务报表提供了重要参考。

（二）资产评估与审计的区别

资产评估与审计虽同为专业服务性质的活动，但两者有着本质的区别，主要表现在以下方面：

1. 产生的社会条件和活动的本质不同

审计是在现代企业两权分离背景下产生的，旨在对企业财务报表所反映的企业财务状况和经营成果的真实性和公允性作出事实判断，具有明显的公证性特征。资产评估是在市场经济充分发展的条件下，为适应资产交易、产权变动的需要而产生的，旨在为委托人与有关当事人的被评估资产作出价值判断，具有明显的咨询性特征。

2. 执业过程中遵循的原则不同

审计人员在执业过程中，要自始至终地贯彻公证、防护和建设三大专业原则。而资产评估人员在执业过程中，必须遵循供求、替代、贡献和预期等基本经济原则。

3. 专业基础不同

审计的主要工作是围绕着会计及相关法规进行的，开展审计工作所需的专业知识主要以会计、税法及其他经济法规等知识为基础，因此，审计人员主要由具有财务方面知识的人员构成。而开展资产评估工作所需的专业知识，除了经济学、法律、会计等社会科学知识外，工程技术等方面的自然科学知识也是其重要的组成部分，资产评估体现了专业知识的综合性。

4. 与会计原则的关系不同

尽管现代审计的业务范围不断扩大，但对会计报告的审计仍然是审计的基本业务，审计会计报表及其相关业务的标准与会计是一致的，如对资产价值的计量都以历史成本原则为主，凡是违背了这一会计原则的，审计都将给予查处。而资产评估虽然与会计有着密切的联系，但在资产价值计量标准上却有很大区别，会计强调资产的历史成本，而资产评估则强调资产的现时价值，注重资产的重置成本、市场价值和未来收益的价值。

任务五　资产评估相关当事人

一、评估委托人

资产评估是一项委托或受托的民事事项，资产评估需要签订委托合同，委托合同的委托方就是评估委托人,受托方则是评估机构,两者是民事合同的当事双方。

(一)评估委托人的概念

《资产评估法》规定,资产评估委托人应当与评估机构订立委托合同。也就是资产评估作为一项民事经济活动,是建立在委托契约基础上的。与资产评估机构就资产评估专业服务事项签订委托合同的民事主体,就是资产评估的评估委托人。

委托人可以是一个,也可以是多个;可以是法人,也可以是自然人。一旦委托合同签订,该评估委托合同就受《民法典》规范,评估委托人和资产评估机构享有委托合同中规定的权利,同时也都要严格履行委托合同约定的义务。

《资产评估法》规定,评估分为法定评估和非法定评估。为法定评估的,委托人的确定需要符合国家有关法律、法规的规定;为非法定评估的,委托人可以在自愿协商的原则下确定。

(二)评估委托人的权利与义务

1. 评估委托人的权利

评估委托人可以根据委托合同的约定,享有合同中规定的相关权利。《资产评估法》对评估委托人的权利有以下规定:

(1)评估委托人有权自主选择符合《资产评估法》规定的评估机构,任何组织或者个人不得非法限制或者干预。

(2)评估委托人有权要求与相关当事人及评估对象有利害关系的评估专业人员回避。为了保证资产评估的公正性,当发现参与评估工作的评估机构中有与相关当事人或资产评估对象存在利害关系的评估专业人员,或者评估机构安排的评估专业人员与相关当事人或资产评估对象存在利害关系的,评估委托人有权要求有利害关系的机构或人员回避。

(3)当评估委托人对资产评估报告结论、评估金额、评估程序等方面有不同意见时,可以要求评估机构解释。评估委托人认为评估机构或者评估专业人员违法开展业务的,可以向有关评估行政管理部门或者行业协会投诉、举报,有关评估行政管理部门或者行业协会应当及时调查处理,并答复评估委托人。

2. 评估委托人的义务

评估委托人在享有必要权利的同时,还必须承担评估委托合同约定的义务。《资产评估法》对委托人的义务有以下规定:

(1)评估委托人不得对评估行为和评估结果进行非法干预。评估委托人不得串通、唆使评估机构或者评估专业人员出具虚假评估报告。为了保证资产评估的客观公正性,任何人都不允许对资产评估机构或者评估专业人员的评估工作进行非法干预,更不能串通、唆使评估机构或评估专业人员出具虚假评估报告。

(2)评估委托人应当按照合同约定向评估机构支付费用,不得索要、收受或者变相索要、收受回扣。

(3)评估委托人应当对其提供的权属证明、财务会计信息和其他资料的真实性、完整性和合法性负责。提供真实、完整、合法的权属证明、财务会计信息和其他资料是资产评估业务正常开展的基础。所谓真实,是指提供的相关资料的内容必须反映评估对象的实际情况,不得弄虚作假;所谓完整,是指提供的相关资料种类应当齐全,内容应当完整,不得有遗漏;所谓合法,是指提供的相关资料的内容和形式应当符合法定要求。评估委托人对其提供的权属证明、财务会计信息和其他资料的真实性、完整性和合法性负责是其最基本的义务。

(4)评估委托人应当按照法律规定和评估报告载明的使用范围使用评估报告,不得滥用评估报告及评估结论。《资产评估准则》要求资产评估报告明确该评估报告的评估目的。评估委托人使用评估报告应当符合评估目的的要求,不得将评估报告的结论用作其他目的,或者提供给其他无关人员使用。除非法律法规有明确规定,评估委托人未经评估机构许可,不得将资产评估报告全部或部分内容披露于任何公开的媒体。

二、评估机构

(一)评估机构的概念

评估机构是资产评估委托合同①的受托人,是出具资产评估报告的主体,也是对资产评估报告承担法律责任的法人(或非法人组织)主体。

根据《资产评估法》的规定,资产评估机构是对不动产、动产、无形资产、企业价值、资产损失或者其他经济权益进行评定、估算,并出具评估报告的专业服务机构。

评估机构是依法成立的享有独立民事责任的法人组织。评估专业人员从事评估业务,应当加入评估机构,并且只能在一个评估机构从事业务,不能私自接受委托从事资产评估业务。资产评估机构一般都会加入评估行业协会,接受行业协会的自律管理。

中国资产评估协会是资产评估行业的全国性自律组织,依法接受财政部和民政部的指导、监督。评估机构加入资产评估协会可以及时掌握行业的政策及动态,通过参加行业的继续教育培训提高执业水平、规范执业行为,提高专业服务的社会公信力,通过与会员单位的交流提高管理水平,在出现执业纠纷的情况下,行业协会可以最大限度地保护机构的合法权利。

目前,我国资产评估机构的组织形式主要为有限责任公司制和合伙制两种模式,由于历史原因,绝大部分机构在法律形式上选择的是有限责任公司制模式。但从内部管理的实质来看,部分评估机构在法律形式上采用有限责任公司制,而在实际分配和管理模式上采用的是合伙制模式。

(二)评估机构的权利与义务

1. 评估机构的权利

评估机构依法享有评估委托合同中约定的权利。我国《资产评估法》对资产评估机构应享有的权利有以下规定:

(1)评估委托人拒绝提供或者不如实提供执行评估业务所需的权属证明、财务会计信息和其他资料的,评估机构有权依法拒绝其履行合同的要求。

(2)评估委托人要求出具虚假评估报告或者有其他非法干预评估结果情形的,评估机构有权解除合同。

评估机构享有的上述权利可以使评估机构在签订评估委托合同后,如果发现委托人拒绝提供或者不如实提供执行评估业务所需的权属证明、财务会计信息和其他资料,或者评估委托人要求出具虚假评估报告或者有其他非法干预评估结果情形,可以拒绝出具评估报告或单方面解除评估委托合同,而无须为此承担责任。

上述规定是杜绝由于委托人或产权持有人(或被评估单位)不提供相关评估资料,或者提供虚假信息资料导致评估机构出具虚假或不实评估报告的重要举措,同时也是对评估机构诚信的一种保护。

2. 评估机构的义务

评估机构依法承担评估委托合同中约定的义务。《资产评估法》对资产评估机构的义务有如下规定:

---

① 《资产评估执业准则——资产评估委托合同》(2017)规定:资产评估委托合同,是指资产评估机构与委托人订立的,明确资产评估业务基本事项,约定资产评估机构和委托人权利、义务、违约责任和争议解决等内容的书面合同。

(1)评估机构及其评估专业人员开展业务应当遵守法律、行政法规和评估准则,依法独立、客观、公正开展业务,建立健全质量控制制度,保证评估报告的客观、真实、合理。

(2)评估机构应当建立健全内部管理制度,对本机构的评估专业人员遵守法律、行政法规和评估准则的情况进行监督,并对其从业行为负责。

(3)评估机构应当依法接受监督检查,如实提供评估档案以及相关情况。评估档案的保存期限不少于15年;属于法定评估业务的,保存期限不少于30年。

三、产权持有人

所谓产权持有人,是指评估对象的产权持有人。当评估对象为股权或所有者权益时,产权持有人是指股权或所有者权益的拥有者。与相关股权或所有者权益对应的被投资单位则称为被评估单位。

【注意】委托人与产权持有人可能是同一主体,也可能不是同一主体,资产评估的委托人并不一定是评估对象的产权持有人。

例如,按照国有资产评估管理法规的规定,国有企业法人转让财产权需要由产权持有人委托评估机构,这时的委托人与产权持有人为同一主体;国有企业收购非国有资产,如果被收购方不同时作为委托人,评估委托人与评估对象的产权持有人则不是同一主体。

四、报告使用人

(一)报告使用人的概念

报告使用人是指法律、法规明确规定的,或者评估委托合同中约定的,除评估委托人之外有权使用资产评估报告或评估结论的其他资产评估当事人。

对法律、法规中没有明确规定,也未在评估委托合同中约定且未经过评估机构书面同意,得到或利用资产评估报告或者结论的其他单位和个人,并不作为评估报告使用人。

(二)报告使用人的权利与义务

评估报告使用人有权按照法律规定、资产评估委托合同约定以及资产评估报告载明的使用范围和方式使用评估报告或评估结论。

评估报告使用人未按照法律、法规或资产评估报告载明的使用范围和方式使用评估报告的,评估机构和评估专业人员将不承担责任。

评估机构和评估专业人员不承担非评估报告使用人使用评估报告的任何后果和责任。

【做中学1-1】 A公司委托评估机构B对X公司股权进行评估,评估报告载明的评估委托人是A公司,报告使用人为A公司及其关联公司C公司,评估目的是为A公司和C公司增资X公司提供X公司股权的价值。在上述经济行为实施过程中,出现一家D公司,其也需要对X公司增资,但是在评估委托合同上没有约定D公司为评估报告使用人,国家法律、法规也没有明确规定D公司是评估报告的法定使用人,D公司可能因实施的经济行为与A、C公司一致,借用评估机构B出具的评估报告。

但是,评估机构B仅对A、C公司按照约定要求使用评估报告产生的后果承担责任,不会对D公司使用评估报告的后果承担责任,D公司将对自己使用评估报告的行为及后果承担责任。

任务六 资产评估法律与准则

为规范资产评估行为,保护资产评估当事人的合法权益和公共利益,促进资产评估行业的健康发展,维护社会主义市场经济秩序,2016年7月2日,全国人大常委会审议通过《资产评估法》,并于 2016 年 12 月 1 日起施行。这是我国社会主义市场经济法律体系建设的一项重要成果,也是资产评估行业发展的一个重要里程碑,标志着我国资产评估行业进入了依法治理的新时代。

《资产评估法》的施行,有利于进一步完善国家基本经济制度,可为各类产权交易提供公允的价值尺度,既维护国有资产权益、防止国有资产流失,也维护多方非国有投资者权益;有利于完善市场经济机制体制的运行,实现市场机制对生产要素的有效配置;有利于评估行政管理部门统一监管尺度,划清行政监管部门权力边界,规范资产评估行业健康有序发展。

一、《资产评估法》

(一)立法的宗旨和重点

《资产评估法》旨在规范资产评估行为,保护资产评估当事人的合法权益和公共利益,促进资产评估行业健康发展,维护社会主义市场经济秩序。

1. 明确资产评估当事人的权利与义务,规范资产评估行业基本制度

明确评估师、评估机构、委托人的权利与义务以及他们之间的法律关系,将制定评估基本准则、资格考试制度、执业登记制度、行业监管制度、行业自律制度等作为立法重点,对评估业务的专业性、操作性问题仅作原则性规定。

2. 坚持资产评估行业的市场属性,使其既符合国情,又要与国际通行准则接轨

明确资产评估行业是一个以市场价值理念为基础的综合性现代高端服务业的定位,坚持市场配置资源的原则。资产评估立法既要充分考虑我国社会主义市场经济发展的要求和资产评估行业发展的现状,也要借鉴成熟市场经济国家的经验,反映《国际评估准则》的基本精神,还要适应行业发展趋势,具有一定的前瞻性。

3. 建立部门协调配合机制,逐步完善行政管理体制

针对目前政出多门、执业标准不统一的问题,按照"统分结合"的原则,在实行统一市场准入、统一基本准则和统一法律责任的基础上,实行不同评估类别之间既有区别也有融合,各有关行政管理部门在协调配合机制框架下的部门分工负责制,明确行业自律职责和监管责任,为今后进一步理顺资产评估行业管理体制、促进行业健康发展奠定基础。

4. 加强行政监管,增强行业自律

资产评估不仅涉及资产所有者或交易当事人的权益,在很多情况下还涉及国家利益和社会公众利益,必须加强对评估行业的行政监管,增强行业自律能力。行政监督重点应放在加强注册资产评估师和评估机构的资格、资质认证以及依法执业的管理上。

(二)《资产评估法》的主要内容

1. 关于资产评估的内涵

《资产评估法》所称资产评估,是指评估机构及其评估专业人员根据委托对不动产、动产、无形资产、企业价值、资产损失或者其他经济权益进行评定、估算,并出具评估报告的专业服务行为。《资产评估法》中评估主体为评估机构和评估专业人员;评估业务属于委托性质,自然人、法人或者其他组织需要确定评估对象价值的,可以自愿委托评估机构评估(《资产评估法》第三条);评估对象为不动产、动产、无形资产、企业价值、资产损失或其他经济权益,涵盖了现有的包括资产评估、房地产估价、土地估价、矿业权评估、旧机动车鉴定估价和保险公估在内的六类评估领域,资产评估简称"评估"。

2. 关于法定评估

一般来说,某资产是否需要评估,取决于资产所有者和资产交易双方的意愿。对于特定资产评估,如国有资产、涉及公共利益的资产等相关法律规定必须委托评估的,称为法定评估。考虑到相

关法律法规,如《中华人民共和国公司法》《中华人民共和国证券法》《国有资产评估管理办法》等已有这方面的规定,《资产评估法》没有采用逐项列举的方式,而是规定"涉及国有资产或者公共利益等事项,法律、行政法规规定需要评估的,应当依法委托评估机构评估"(第三条)。对于法定评估,《资产评估法》还特别规定"应当依法选择评估机构"(第二十二条)。

3. 关于评估专业人员

为了规范评估师的专业胜任能力,保证评估执业质量,《资产评估法》指出,"评估师是指通过评估师资格考试的评估专业人员。国家根据经济社会发展需要确定评估师专业类别"(第八条)。《资产评估法》还明确指出评估师在执业过程中应享有的权利和应履行的义务。

4. 关于评估机构

评估机构是指具备相应资质条件、依法设立并从事评估业务的专业机构。《资产评估法》提出,"评估机构应当依法采用合伙或者公司形式,聘用评估专业人员开展评估业务"(第十五条)。这样规定主要是考虑到资产评估师的工作类似职业律师和会计师,其机构的组织形式符合资产评估行业的职业特点。为了严格评估机构的准入,《资产评估法》还规定,"设立评估机构,应当向工商行政管理部门申请办理登记。评估机构应当自领取营业执照之日起三十日内向有关评估行政管理部门备案。评估行政管理部门应当及时将评估机构备案情况向社会公告"(第十六条),"评估机构应当依法独立、客观、公正地开展业务,建立健全质量控制制度,保证评估报告的客观、真实、合理"(第十七条)。

5. 关于行业自律

为了规范资产评估行业自律,《资产评估法》对行业自律组织的职责范围分别作了规定。评估行业协会是评估机构和评估专业人员的自律性组织,依照法律、行政法规和章程实行自律管理。同时规定资产评估行业自律组织应履行的职责(第三十六条),且应当建立沟通协作和信息共享机制,根据需要制定共同的行为规范,促进评估行业健康有序发展(第三十七条)。

6. 关于行政监管

资产评估不仅涉及资产所有者或交易当事人的权益,而且在很多情况下还涉及国家利益和社会公众利益,必须加强对评估行业的行政监管,把其重点放在加强评估机构的合法运营上。《资产评估法》指出,"设区的市级以上人民政府有关评估行政管理部门依据各自职责,负责监督管理评估行业,对评估机构和评估专业人员的违法行为依法实施行政处罚,将处罚情况及时通报有关评估行业协会,并依法向社会公开"(第四十条),"评估行政管理部门对有关评估行业协会实施监督检查,对检查发现的问题和针对协会的投诉、举报,应当及时调查处理"(第四十一条)。

7. 关于法律责任

资产评估当事人承担的法律责任包括民事责任、行政责任和刑事责任三类,责任主体包括评估师、评估机构,还有委托人、行业管理部门及自律组织等。《资产评估法》对各种主体、各类责任均作了相应规定,具体包括以下几条:

《资产评估法》第四十四条　评估专业人员违反本法规定,有下列情形之一的,由有关评估行政管理部门予以警告,可以责令停止从业六个月以上一年以下;有违法所得的,没收违法所得;情节严重的,责令停止从业一年以上五年以下;构成犯罪的,依法追究刑事责任:①私自接受委托从事业务、收取费用的;②同时在两个以上评估机构从事业务的;③采用欺骗、利诱、胁迫,或者贬损、诋毁其他评估专业人员等不正当手段招揽业务的;④允许他人以本人名义从事业务,或者冒用他人名义从事业务的;⑤签署本人未承办业务的评估报告或者有重大遗漏的评估报告的;⑥索要、收受或者变相索要、收受合同约定以外的酬金、财物,或者谋取其他不正当利益的。

《资产评估法》第四十五条　评估专业人员违反本法规定,签署虚假评估报告的,由有关评估行政政管理部门责令停止从业两年以上五年以下;有违法所得的,没收违法所得;情节严重的,责令停止从业五年以上十年以下;构成犯罪的,依法追究刑事责任,终身不得从事评估业务。

《资产评估法》第四十六条　违反本法规定,未经工商登记以评估机构名义从事评估业务的,由工商行政管理部门责令停止违法活动;有违法所得的,没收违法所得,并处违法所得一倍以上五倍以下罚款。

《资产评估法》第四十七条　评估机构违反本法规定,有下列情形之一的,由有关评估行政管理部门予以警告,可以责令停业一个月以上六个月以下;有违法所得的,没收违法所得,并处违法所得一倍以上五倍以下罚款;情节严重的,由工商行政管理部门吊销营业执照;构成犯罪的,依法追究刑事责任:①利用开展业务之便,谋取不正当利益的;②允许其他机构以本机构名义开展业务,或者冒用其他机构名义开展业务的;③以恶性压价、支付回扣、虚假宣传,或者贬损、诋毁其他评估机构等不正当手段招揽业务的;④受理与自身有利害关系的业务的;⑤分别接受利益冲突双方的委托,对同一评估对象进行评估的;⑥出具有重大遗漏的评估报告的;⑦未按本法规定的期限保存评估档案的;⑧聘用或者指定不符合本法规定的人员从事评估业务的;⑨对本机构的评估专业人员疏于管理,造成不良后果的。

评估机构未按本法规定备案或者不符合本法第十五条规定的条件的,由有关评估行政管理部门责令改正;拒不改正的,责令停业,可以并处一万元以上五万元以下罚款。

《资产评估法》第四十八条　评估机构违反本法规定,出具虚假评估报告的,由有关评估行政管理部门责令停业六个月以上一年以下;有违法所得的,没收违法所得,并处违法所得一倍以上五倍以下罚款;情节严重的,由工商行政管理部门吊销营业执照;构成犯罪的,依法追究刑事责任。

《资产评估法》第四十九条　评估机构、评估专业人员在一年内累计三次因违反本法规定受到责令停业、责令停止从业以外处罚的,有关评估行政管理部门可以责令其停业或者停止从业一年以上五年以下。

《资产评估法》第五十条　评估专业人员违反本法规定,给委托人或者其他相关当事人造成损失的,由其所在的评估机构依法承担赔偿责任。评估机构履行赔偿责任后,可以向有故意或者重大过失行为的评估专业人员追偿。

《资产评估法》第五十一条　违反本法规定,应当委托评估机构进行法定评估而未委托的,由有关部门责令改正;拒不改正的,处十万元以上五十万元以下罚款;情节严重的,对直接负责的主管人员和其他直接责任人员依法给予处分;造成损失的,依法承担赔偿责任;构成犯罪的,依法追究刑事责任。

《资产评估法》第五十二条　违反本法规定,委托人在法定评估中有下列情形之一的,由有关评估行政管理部门会同有关部门责令改正;拒不改正的,处十万元以上五十万元以下罚款;有违法所得的,没收违法所得;情节严重的,对直接负责的主管人员和其他直接责任人员依法给予处分;造成损失的,依法承担赔偿责任;构成犯罪的,依法追究刑事责任:①未依法选择评估机构的;②索要、收受或者变相索要、收受回扣的;③串通、唆使评估机构或者评估师出具虚假评估报告的;④不如实向评估机构提供权属证明、财务会计信息和其他资料的;⑤未按照法律规定和评估报告载明的使用范围使用评估报告的。

前款规定以外的委托人违反本法规定,给他人造成损失的,依法承担赔偿责任。

《资产评估法》第五十三条　评估行业协会违反本法规定的,由有关评估行政管理部门给予警告,责令改正;拒不改正的,可以通报登记管理机关,由其依法给予处罚。

《资产评估法》第五十四条　有关行政管理部门、评估行业协会工作人员违反本法规定,滥用职权、玩忽职守或者徇私舞弊的,依法给予处分;构成犯罪的,依法追究刑事责任。

二、《资产评估准则》

（一）国际资产评估准则

1. 国际评估准则理事会

国际评估准则理事会（International Valuation Standards Council，IVSC）前身为国际评估准则委员会（International Valuation Standards Committee，IVSC），是联合国一个非政府组织成员，是20世纪80年代以来在世界各国资产评估专业团体的推动下逐步发展起来的重要国际性评估专业组织，于1985年5月被联合国经济与社会理事会认可。其与各成员国和地区，以及诸如世界银行、经济合作与发展组织（OECD）、国际会计师联盟（International Federation of Accountants）、国际会计准则委员会（International Accounting Standards Board）等组织及其他评估业界人士合作，致力于协调和促进世界评估准则的形成和发展。国际评估准则理事会国际总部设在英国伦敦，执行总部通常设在IVSC主席所在地。

国际评估准则理事会致力于制定和推广《国际评估准则》，是目前最具影响力的国际性评估专业团体。IVSC是一个全球性的资产评估行业自律性机构，其宗旨是研究制定国际资产评估标准，为国际资产市场和商业经营服务，为发展中国家及新兴工业化国家实施这些标准服务；其研究各国、各地区资产评估标准的差异，致力于促进国际标准与地区和国家标准的协调。IVSC与国际会计准则委员会、国际会计师联盟、国际审计事务委员会和国际证券组织有着紧密的业务联系，并不断向会计界提供有关资产评估的建议和咨询，在决定和颁布新的国际评估标准过程中，与有关行业组织进行协调。1995年3月15—16日，在南非开普敦召开的第14届年会上，中国资产评估协会成为IVSC的会员。

2. 国际评估准则理事会产生的背景

国际评估准则理事会的诞生有其独特的历史背景，既反映了各国和国际资产评估行业发展的内在需求，也是经济全球化发展等外部推动因素共同作用的必然结果。首先，20世纪80年代以前，资产评估业在世界范围内得到很大发展，英国、美国、澳大利亚、新西兰、加拿大等许多国家陆续成立了资产评估协会、学会等专业性组织，并分别制定了本国资产评估准则和职业道德守则，为成立国际性评估专业团体奠定了行业发展基础。其次，尽管各国资产评估行业有了长足发展，但在国际上资产评估行业尚未形成一个世界性的中心，各国资产评估准则、理论、实务以及专业术语上的差异，都给资产评估业的国际合作和进一步发展带来了很大困难，不能满足日益全球化的资产市场和国际经济界的要求。国家评估业迫切需要制定一部统一的、在国际评估界得到广泛认可的国际评估准则，这也成为促使国际评估准则委员会成立的内在动力。最后，20世纪70年代，随着国际经济和市场全球化的迅速发展，各国经济界越来越重视资产评估在资本市场和促进资产跨国流动中的重要作用，特别是资产评估所具有的在有关企业财务文件中反映资产的现时市场价值、弥补传统会计中历史成本原则缺陷的功能得到了越来越多的关注。国际经济界迫切需要一部"国际认可"的国际评估准则，以促使资产评估业更好地为经济发展服务，这也就成为国际评估准则委员会成立的外部动力。在这些因素的共同推动下，1981年，英国、美国等20多个国家和地区在澳大利亚墨尔本发起成立国际资产评估准则委员会（IAVSC）；1995年，其更名为国际评估准则委员会，开展制定《国际评估准则》的工作。

2008年10月，历时一年的国际评估准则委员会改组工作落下帷幕。改组后的国际评估准则委员会更名为国际评估准则理事会，英文首字母缩写仍为IVSC。IVSC的会员不再局限于评估专业组织，其还吸纳了包括评估机构、非营利性实体和学术界等更为广泛的代表。新组织主要包括3个委员会，即管委会、国际评估准则委员会和国际评估专业委员会。国际评估准则委员会的主要职责是在与评估师、客户方及监管方协商的基础上,制定评估准则。

3. 国际评估准则理事会的宗旨

一是发展真正的国际评估和报告准则,以满足财务报告、国际资本市场和国际经济领域的需要。

二是发展真正的国际评估和报告准则,以满足发展中国家和新兴工业国家的需要,并且推广和完善这些准则。

三是确定国家或地区间准则的差异所在,并致力于国家或地区要求与《国际评估准则》间的协调和统一。

4.《国际评估准则》结构体系

《国际评估准则》于2017年发布,在结构和内容上发生了变化:一是在原准则的基础上增加"术语"部分,删除了"国际评估准则定义"和"评估应用";二是基本准则部分增加了《国际评估准则104——价值类型》和《国际评估准则105——评估途径和方法》两个准则;三是资产准则部分的《国际评估准则233——在建投资性不动产》更名为《国际评估准则410——开发性不动产》;四是对基本准则和资产准则的内容进行了修改。

(1)前言

这一部分在回顾、总结国际资产评估行业发展历史的基础上,重点对国际评估准则理事会的宗旨和工作、《国际评估准则》的起源、《国际评估准则》的结构等进行了介绍。

(2)术语

该部分明确了《国际评估准则》中特定术语的定义。

(3)《国际评估准则框架》

该部分对《国际评估准则》的适用范围、评估师、客观性和独立性、专业胜任能力、背离等方面进行了说明。

(4)基本准则

基本准则适用于所有的资产类型和评估目的,其具体包括5个准则:

①《国际评估准则101——工作范围》。该准则主要包括一般要求和工作范围的变动。

在一般要求中,准则要求评估师以书面形式准备和确认工作范围。工作范围具体包括评估师身份、委托人身份(如有)、报告使用者身份(如有)、评估对象、评估币种、评估目的、价值类型、评估基准日、评估报告使用的限制、评估依赖信息的来源及性质、一般假设和特殊假设、报告形式、报告使用及分发或发布的限制、《国际评估准则》的遵守。

在工作范围的变动中,准则要求在出具评估报告之后,工作范围不可以变动。

②《国际评估准则102——调查和合规》。该部分主要规定了评估实施过程中应注意的相关问题,包括基本原则、调查、评估记录以及遵守其他准则,其中调查是核心内容。评估实施过程,首先应当遵守《国际评估准则》,如果评估师在评估实施过程中受到其他要求的限制,在满足《国际评估准则》的要求后,可以遵守其他要求。在调查中,准则要求评估调查工作必须满足评估主要目的和确定价值类型的要求,确保所收集信息的准确性。本部分也介绍了调查的方法和内容,如果评估师在调查过程中受到限制,则应在工作范围中披露。评估记录要求评估师在评估过程中必须进行记录。

③《国际评估准则103——报告》。该准则主要对资产评估报告应该包含的内容进行了规定。评估报告必须能让报告使用者理解评估结论。该准则包括一般要求、评估报告和评估复核报告。一般要求包括影响报告详细程度的因素、格式、对评估报告编制和复核人员的要求等。通常,评估报告包括工作范围、适用途径、采用方法、使用的关键输入、评估假设、评估结论、报告日期。评估复

核报告至少包括复核工作范围、被复核的评估报告、输入和假设、复核结论、报告日期。

④《国际评估准则104——价值类型》。该准则主要规定《国际评估准则》定义的价值类型和其他准则定义的价值类型，包括引言和价值类型两部分，其中价值类型是该准则的核心内容。引言部分介绍了价值类型的定义和确定依据，价值类型部分介绍了《国际评估准则》定义的价值类型和其他准则定义的价值类型，并解释了其定义、内涵以及适用范围。《国际评估准则》定义的价值类型包括市场价值、市场租金、公允价值、投资价值、协同价值、清算价值。常见的使用前提包括最佳使用、当前用途、现存用途、有序清算、强制出售。

⑤《国际评估准则105——评估途径和方法》。该准则主要规定评估途径和方法。在《国际评估准则》中，基本的评估途径包括市场途径、收益途径、成本途径。无论是评估资产的市场价值还是市场价值以外的价值，评估师都需要根据项目具体情况恰当地选择评估方法。在选择评估方法时，评估师应当考虑三种基本评估途径在具体项目中的适用性，采用多种评估方法时，应当分析、调整运用多种评估方法得出的评估结论，确定最终评估结果。

市场途径是通过将目标资产与相同或相似且价格信息可获取的资产进行比较提供一种价值的途径。市场途径包括可比交易法和上市公司比较法。采用市场途径的同时，还应考虑到流动性折扣、控股权溢价、股票销售折价。

收益途径是通过把未来现金流转换为资本现值提供一种价值的途径。该方法考虑一项资产在使用寿命期限内，将产生的收入通过资本化过程估计价值。收益途径方法只介绍了现金流折现法，内容包括现金流的类型和预测、预测期、终值计算、折现率。

成本途径是基于经济学原理，无论是购买还是建造，买方都将支付不高于等效资产获取价格，除非存在超长时间、不便因素、风险或其他因素。成本途径包括更新重置成本法、复原重置成本法与加和法。通常，被评估资产由于年代或损耗，与替代资产相比不具吸引力。在这种情况下，可能需要根据价值类型对替代资产的成本做出调整，即需要考虑贬值。贬值通常包括实体性贬值、功能性贬值和经济性贬值。

(5) 资产准则

资产准则对具体资产的评估提供指导。该部分是对基本准则要求的细化或者扩充，并说明了基本准则中的规定如何应用到特定资产以及在评估时应特殊考虑的事项。资产准则包括6个准则：《国际评估准则200——企业及企业权益》《国际评估准则210——无形资产》《国际评估准则300——机器设备》《国际评估准则400——不动产权益》《国际评估准则410——开发性不动产》《国际评估准则510——金融工具》。

(二) 我国资产评估准则

2004年2月，财政部正式发布了中国资产评估协会制定的《资产评估准则——基本准则》和《资产评估职业道德准则——基本准则》，初步确立了我国资产评估准则体系。至2016年，我国《资产评估准则》在《资产评估法》的指引下重新修订。《资产评估准则》作为一个有机整体，系统地对评估机构和评估专业人员进行指导和规范。

1. 中国资产评估准则体系建立的指导思想

资产评估准则体系直接影响着各评估具体准则和指南的内容，各国评估界在制定评估准则时都十分重视准则体系的结构设计。鉴于我国资产评估行业发展的综合性，我国《资产评估准则》将涉及各种类型资产、各种评估目的和经济行为，因此更需要设计合理、灵活的准则体系，使其不仅对资产评估中的共性问题进行规范，同时也对各类别、各目的以及各类经济行为的资产评估业务有层次地分别予以指导和规范。因此，在设计我国资产评估准则体系时，主要应遵循以下指导思想：

第一，我国资产评估准则应当是综合性的评估准则体系，包括不动产、动产、机器设备、企业价值、无形资产等各类别资产的评估准则。

第二,我国资产评估准则体系应当高度重视程序性准则与专业性准则。鉴于资产评估行业的特点,我国资产评估准则体系不仅应包括从程序方面规范评估行为的准则,如评估报告、工作底稿、评估程序等,也应包括针对各主要类别资产特点而进行规范的专业性准则,如企业价值评估准则、机器设备评估准则、不动产评估准则等。

第三,在我国资产评估准则体系中,应当将职业道德准则放在与业务性准则同等重要的位置上。基于职业道德在资产评估行业中的重要作用,我国资产评估准则在重视制定规范评估行为的业务性准则的同时,更应当高度重视职业道德准则的作用。

第四,我国资产评估准则体系应当层次清晰、逻辑严密,并具有一定的灵活性。我国资产评估准则体系应当体现各层次准则文件的不同效力和不同规范领域,同时由于资产评估理论与实践在国际上发展的不均衡性,我国资产评估行业的发展尚处于不断完善的过程中,准则制定应考虑评估理论和实践的未来发展趋势。

2. 中国资产评估准则体系的产生与发展

我国资产评估行业是随着经济体制改革、对外开放和社会主义市场经济的发展,在引进国外评估理论和方法的基础上发展起来的。

(1) 初创阶段

20 世纪 80 年代,资产评估行业主要服务于国有企业转制过程中国有资产的产权交易。资产评估行业管理部门以行政规章制度和规范性文件对资产评估行为进行行政管理。随着资产评估行业的逐步发展,中国资产评估协会的自律管理职能也日益凸显,执业标准建设出现了从以政府部门为主导到以行业协会为主体的过渡趋势。中国资产评估协会在准则制定方面做了大量的探索和准备。

(2) 奠基阶段

2001 年,国务院取消财政部门对国有资产评估项目的立项确认审批制度,实行财政部门的核准制或财政部门、集团公司及有关部门的备案制。评估机构和执业人员的责任主体地位进一步凸显。与此相适应,财政部加强《资产评估准则》的制定工作。中国资产评估协会承担了主要的研究起草工作,执业标准的制定主体已由政府部门逐步转变为行业协会。至 2007 年,中国资产评估协会共发布包括 2 项基本准则在内的 15 项评估准则。

(3) 发展完善阶段

2007 年以后,我国评估执业标准建设继续紧跟市场和执业需求,逐步发展完善。2014 年 7 月,国务院取消资产评估师行政许可,将资产评估师由准入类调整为水平评价类职业资格。2016 年 12 月 1 日,《资产评估法》正式实施,其规定了评估准则的制定和实施方式,并对《资产评估准则》的规范主体、表述、评估程序、评估方法以及评估报告等方面做了调整。为了适应行业管理方式改革,满足监督管理需要,配合《资产评估法》的实施,加强与《国际评估准则》的协调,开拓新业务领域,近年来,财政部和中国资产评估协会不断完善《资产评估准则》的体系及内容。目前,财政部和中国资产评估协会发布了以基本准则为基础、由执业准则和职业道德准则组成的准则体系,《资产评估准则》共 30 余项,覆盖主要执业流程和执业领域。

3. 中国资产评估准则体系的作用

《资产评估法》强调了资产评估的专业特性和评估准则的重要性,赋予了评估准则法律效力。《资产评估准则》不但是评估专业人员的职业道德规范和执业行为规范,也是执业监管、纠纷调处、司法仲裁的重要依据。《资产评估准则》已成为传播和推广评估行业专业理念、职业精髓和核心价值的重要平台,极大地提升了我国资产评估行业的专业形象和社会公信力,并在经济活动中发挥越来越重要的作用。

(1)有助于提升行业公信力

《资产评估准则》制定过程中,各方充分参与,评估准则成为各方协调和平衡需求以及相关各方依赖的标准。评估准则发布后,得到各方普遍认同。监管部门、委托方等普遍把是否遵循准则作为判断评估报告质量的依据。同时,评估师受到职业道德准则约束,增强了勤勉尽责、公正服务的意识和能力,其可以依据准则抵制虚假或不合理的评估需求。这些措施增强了评估行业的公信力。此外,《资产评估准则》的出台,扩大了评估行业的影响,使公众对评估行为有了客观评判的依据。

(2)有助于规范执业行为

资产评估作为一项专业性工作,要求评估专业人员具有规范的执业行为和较强的专业能力。这是资产评估行业得以持续、健康发展的重要基础。《资产评估准则》作为资产评估行业的基本职业规范,为评估机构和评估专业人员提供了统一、全面的执业标准,是资产评估行业规范执业行为,塑造独立、客观、公正专业形象的重要前提和保障。

(3)有助于加强行业监管

资产评估关系到国有资产保值增值,委托方及相关方、社会公众的权益和市场经济秩序的稳定。因此,资产评估专业服务水准及评估结论的合理性,历来受到社会各界的关注。对资产评估专业服务的监管,既包括政府监管,也包括行业自律监管。监管需要严格的规范体系,才能做到"监管有据、处罚有据"。作为衡量执业责任的重要标尺,资产评估准则体系的建设尤为重要。评估准则体系的完善为加强行业监管提供了有力支持。

(4)有助于为纠纷调处、司法仲裁提供依据

《资产评估法》强调了资产评估的专业特性和评估准则的重要性,赋予了评估准则法律效力。《资产评估准则》具有综合性的特点,涉及各种类型资产、各种评估目的和经济行为,不仅对资产评估中的共性问题进行规范,而且对各类别、各目的的资产评估业务有层次地分别予以指导和规范。《资产评估法》要求评估机构和评估专业人员遵守评估准则,规定了违反评估准则的法律责任。因此,在涉及纠纷调处、司法仲裁时,可以以《资产评估准则》为依据判断其行为是否违法。

(5)有助于行业更好地服务市场经济

我国资产评估行业随着市场经济发展而出现和发展,多年来为国有资产管理体制改革、各类所有制企业的各种经济行为提供了权威性的专家意见,为资本市场提供了客观、公正的资本价值信息。在资产评估行业发展过程中,陆续制定发布的评估准则对行业和经济社会发展发挥了积极的作用。《资产评估准则》使资产评估的价值发现功能、定价功能更加科学有效。《资产评估准则》的有效实施,使行业成为市场经济运行中一支规范、稳定的专业力量,融入市场经济发展的大潮,赢得更加广阔的发展空间,进而为市场经济的发展作出贡献。

(6)有助于行业国际交流

资产评估服务的需求最初来自改革开放后对外经济合作中对资产的合理定价。资产评估的理念、方法,以及资产定价的公允性需要得到合作双方的认可。对资产评估行为进行指导和规范的《资产评估准则》也就成为各方认可的"国际语言"。在我国资产评估准则建设的过程中,为加快与国际评估界的协调,对国际上资产评估的概念、评估方法、价值类型等进行了借鉴,这一方面加速了我国评估准则的建设进程,同时也促进了我国评估准则与国际主要评估准则的协调,促进了我国评估行业的国际交流。

4. 中国资产评估准则框架体系

根据《资产评估法》规定及准则建立的指导思想,我国资产评估准则体系包括《资产评估基本准则》《资产评估执业准则》和《资产评估职业道德准则》。《资产评估基本准则》由财政部制定,中国资产评估协会根据《资产评估基本准则》制定《资产评估执业准则》和《资产评估职业道德准则》。其

中,《资产评估基本准则》和《资产评估职业道德准则》是单独的准则实体,《资产评估执业准则》是一系列准则的统称,包含不同层次。

(1)《资产评估基本准则》

《资产评估基本准则》是财政部依据《资产评估法》制定的,是资产评估机构、资产评估专业人员执行各种资产类型、各种评估目的资产评估业务的基本规范,是各类资产评估业务中所应当共同遵守的基本规则。《资产评估基本准则》是一般性原则,是搭建资产评估准则体系的龙头,也是中国资产评估协会制定《资产评估执业准则》和《资产评估职业道德准则》的依据。由于我国资产评估行业特殊的发展背景和综合性定位,《资产评估基本准则》在整个评估准则体系中占有极为重要的地位。

(2)《资产评估执业准则》

《资产评估执业准则》包括三个层次:

第一层次为资产评估具体准则。资产评估具体准则分为程序性准则和实体性准则两个部分。

程序性准则是关于资产评估机构、资产评估专业人员通过履行一定的专业程序完成评估业务、保证评估质量的规范,包括资产评估程序、资产评估委托合同、资产评估档案、资产评估报告等。程序性准则的制定需要与目前我国资产评估行业的理论研究和实践发展相结合。资产评估专业人员只有履行必要的资产评估程序,才能在程序上避免重大的遗漏或疏忽,保证资产评估的质量。

实体性准则针对不同资产类别的特点,分别对不同类别资产评估业务中的资产评估机构、资产评估专业人员执业行为进行规范。根据我国资产评估行业的惯例和国际上通用的做法,实体性准则主要包括企业价值评估准则、无形资产评估准则、不动产评估准则、机器设备评估准则、珠宝首饰艺术品评估准则等。

第二层次为资产评估指南。资产评估指南包括对特定评估目的、特定资产类别(细化)评估业务以及对资产评估中某些重要事项的规范。评估专业人员在执行不同目的的评估业务时,所应当关注的事项也各有不同。资产评估指南是对我国资产评估行业中涉及主要评估目的的业务进行规范,同时也涉及一些具体的资产类别评估业务,并对资产评估工作中的一些重要特定事项进行规范。

第三层次为资产评估指导意见。资产评估指导意见是针对资产评估业务中的某些具体问题的指导性文件。该层次较为灵活,针对评估业务中新出现的问题及时提出指导意见,某些尚不成熟的评估指南或具体评估准则也可以先作为指导意见发布,待实践一段时间或成熟后再上升为具体准则或指南。

(3)《资产评估职业道德准则》

《资产评估职业道德准则》对资产评估机构及其资产评估专业人员职业道德的基本要求、专业胜任能力、独立性、与委托人和相关当事人的关系、与其他资产评估机构及资产评估专业人员的关系等方面进行了规范。

5. 我国资产评估准则体系的主要内容

财政部根据《资产评估法》制定并发布了《资产评估基本准则》(以下简称"基本准则")(财资〔2017〕43号),基本准则共6章35条,分别为总则、基本遵循、资产评估程序、资产评估报告、资产评估档案和附则。基本准则根据《资产评估法》的要求,重点在以下方面作出了规定:

(1)对基本准则的规范主体进行重新界定

基本准则的规范主体包括资产评估机构和资产评估专业人员。资产评估机构是指在财政部门备案的评估机构。资产评估专业人员包括资产评估师和其他具有评估专业知识及实践经验的资产评估从业人员。其中,资产评估师是指通过中国资产评估协会组织实施的全国资产评估师职业资格考试的评估专业人员。

(2)对基本准则的规范主体提出了基本要求

基本准则要求资产评估机构、资产评估专业人员开展资产评估业务时应当遵守法律、行政法规和资产评估准则,遵循独立、客观、公正的原则;遵守职业道德规范,维护职业形象;对所出具的资产评估报告依法承担责任;能够胜任所执行的资产评估业务,并且能够独立执业,拒绝委托人或相关当事人的非法干预。

(3)对资产评估程序进行了原则性规范

资产评估程序是资产评估机构和资产评估专业人员在执行资产评估业务、形成资产评估结论的过程中所履行的系统性工作步骤。基本准则对资产评估程序作出了规定,要求资产评估机构、资产评估专业人员开展资产评估业务时,应当根据资产评估业务具体情况履行必要的资产评估程序。基本的评估程序有8项:明确业务基本事项、签订业务委托合同、编制资产评估计划、进行评估现场调查、收集整理评估资料、评定估算形成结论、编制出具评估报告、整理归集评估档案。评估程序的规定有利于规范资产评估机构和资产评估专业人员的执业行为,切实保证评估业务质量。同时,恰当履行资产评估程序也是资产评估机构和资产评估专业人员防范执业风险、合理保护自身权益的重要手段。

(4)对资产评估报告进行了规范

基本准则要求资产评估机构、资产评估专业人员完成规定的资产评估程序后,由资产评估机构出具并提交资产评估报告。资产评估报告的主要内容通常包括标题及文号、目录、声明、摘要、正文、附件。基本准则要求应当在资产评估报告中提供必要信息,使资产评估报告使用人能够合理理解评估结论。在资产评估报告中,评估目的应当唯一,应当载明评估对象和评估范围,选择适当的价值类型,载明的评估基准日应当与资产评估委托合同约定的评估基准日保持一致,合理使用并披露评估假设,以文字和数字形式清晰说明评估结论,并明确评估结论的使用有效期。

(5)对资产评估档案的管理进行了规范

基本准则要求资产评估专业人员执行资产评估业务时,应当编制能够反映评估程序实施情况、支持评估结论的工作底稿,并与其他相关资料一起形成评估档案。工作底稿分为管理类工作底稿和操作类工作底稿,其应当真实完整、重点突出、记录清晰。评估档案由所在资产评估机构按照国家有关法律、行政法规和基本准则规定妥善保管,保存期限不少于15年,属于法定评估业务的,不少于30年。资产评估档案的管理应当执行保密制度。

应知考核

一、单项选择题

1. 评估人员只对评估结论的客观性负责,而不对资产交易价格的确定负责,体现了资产评估的( )特性。
   A. 市场性　　　　B. 咨询性　　　　C. 公正性　　　　D. 现实性

2. 下列各项中,不属于资产评估基本构成要素的是( )。
   A. 评估程序　　　B. 评估假设　　　C. 评估目的　　　D. 评估价值类型

3. 资产评估主体是指( )。
   A. 被评估资产占有人　　　　　　　B. 被评估资产
   C. 资产评估委托人　　　　　　　　D. 从事资产评估的机构和人员

4. 下列各项中,不属于资产评估原始评估阶段特点的是( )。
   A. 直观性　　　　B. 有偿性　　　　C. 无偿性　　　　D. 非专业性

5. 审计是在现代企业两权分离背景下产生的,旨在对企业财务报表所反映的企业财务状况和经营成果的真实性与公允性作出事实判断,具有明显的(　　)特征。
  A. 独立性   B. 预测性   C. 咨询性   D. 公正性

二、多项选择题

1. 资产评估大体经历了(　　)阶段。
  A. 原始评估 B. 探索评估 C. 经验评估 D. 科学评估
2. 经验评估阶段的资产评估特点包括(　　)。
  A. 评估的准确性主要取决于评估人员积累的经验
  B. 评估人员对评估业务进行有偿服务
  C. 评估方法较为单一
  D. 一般根据类似商品的成交价确定被评估资产的价格
3. 资产评估中的资产具有的基本特征包括(　　)。
  A. 必须是有形的   B. 是过去的交易和事项形成的
  C. 预期给企业带来经济利益 D. 企业所拥有或控制
4. 资产评估的特点主要有(　　)。
  A. 市场性   B. 强制性   C. 公正性   D. 咨询性
5. 资产评估机构从组织形式上可分为(　　)。
  A. 专业性资产评估机构 B. 兼营性资产评估机构
  C. 综合性资产评估机构 D. 律师事务所

三、判断题

1. 资产评估一般要估算的是资产的市场价值。(　　)
2. 资产评估的客体等同于资产评估对象,即评估人。(　　)
3. 《资产评估准则》作为一个有机整体,系统地对评估机构和评估专业人员进行指导和规范。(　　)
4. 企业价值评估是单项资产评估中最常见的形式。(　　)
5. 凡是对由多个单项资产组成的资产综合体的评估都是整体资产评估。(　　)

四、简述题

1. 简述资产评估的基本构成要素。
2. 简述资产评估的内容。
3. 简述资产评估是如何进行分类的。
4. 简述资产评估与审计的联系和区别。
5. 简述资产评估与会计计价的联系和区别。

应会考核

■ 观念应用

【背景资料】
  甲公司为上市公司,拥有大量的珠宝首饰,将要进行资产重组。2021年3月,甲公司欲委托A资产评估公司评估其拥有的铝土矿的价值。A资产评估公司为了开拓其在新领域的资产评估业务,在评估机构不具有相关经验的专业人员的情况下,受理了该资产评估业务。由于聘请专家及专业机构花费较多,A资产评估公司不打算聘请有关专家协助工作。A评估公司决定由其法定代表人王某与甲公司订立资产评估委托合同。但是,在订立合同的当天,甲公司法定代表人因公司出现紧急情况不能出席签约。为了显示彼此之间充分的信任,A资产评估公司决定先开展资产评估业务,待甲公司法定代表人有空时再订立资产评估委托合同,甲公司对此无异议。3个月后,甲公司与A资产评估公司正式订立了资产评估委托合同。1个月后,评估项目负责人王某发现双方未约定评估报告的提交期限和方式,于是他联系了甲公司法定代表人,双方在口头上补充了评估报告的提交期限和方式。

资料来源:唐振达.资产评估理论与实务[M].4版.大连:东北财经大学出版社,2021.

【考核要求】

请结合资料,分析回答以下问题:

(1)A资产评估公司应当如何决定是否受理评估业务?A资产评估公司的做法是否恰当?为什么?

(2)在订立资产评估委托合同前,资产评估机构的恰当做法是什么?

(3)资产评估委托合同应当采用何种形式?为什么?

(4)该资产评估委托合同是否成立?资产评估机构和评估专业人员的正确做法是什么?

(5)评估项目负责人王某与甲公司口头补充资产评估委托合同的行为是否恰当?为什么?

■ 技能应用

针对某一资产评估对象,利用资产评估的基本要素对其进行分析。

【技能要求】

资产评估的基本要素有哪些?

■ 案例分析

随着我国经济的日益发展,资产评估业务逐渐规范,行业格局发生改变,从20世纪80年代末期开始,审计与资产评估行业就保持着既相互独立又相互联系的关系。尤其是近年来,在政府审计工作中,对国有企业脱钩改制、破产清算或是财政资金投资及其他所有制资产进行审计监督时,审计部门需要采用资产评估报告中的公允价值确定资产价值,而资产评估机构在进行评估作价时,往往采用与审计方法相同或相似的程序,如监盘、函证、抽样和测试等。

资产的复杂性和多样性决定了评估从业人员必须实行内部分工,而政府审计人员通常不以资产类型分工,因此在一些与资产评估相关联的审计工作中,因受专业分工限制,审计人员很难对资产公允价值的合理性作出估计和判断,而如果直接采用资产评估报告中的公允价值,这就在无形中增加了审计工作的风险。也就是说,如果资产评估报告出了问题,审计工作也很容易出现问题,最后可能会导致政府决策失误或是国有资产流失等严重后果。

【分析要求】

资产评估与审计如何相互配合开展工作?两者有何区别?

项目实训

【实训项目】

初识资产评估。

【实训内容】

资产评估的特点,资产评估与清产核资、会计计价、审计的联系和区别。

【实训目的】

掌握资产评估的基础知识,为后续项目的学习奠定基础。

【实训反思】

(1)作为一个有素质的资产评估师,应如何遵守职业道德？谈谈你的感想。

(2)将实训报告填写完整。

<div style="text-align:center">《初识资产评估》实训报告</div>		
项目实训班级：	项目小组：	项目组成员：
实训时间：　年　月　日	实训地点：	实训成绩：
实训目的：		
实训步骤：		
实训结果：		
实训感言：		
不足与今后改进：		
项目组长评定签字：	项目指导教师评定签字：	

项目二　资产评估基本理论

● **知识目标**

理解：资产评估的目的及价值类型。
熟知：资产评估的假设；资产评估的原则。
掌握：资产评估的依据；资产评估的程序。

● **技能目标**

在掌握资产评估的一般目的和特定目的的基础上，能够充分合理地运用资产评估的基本假设和依据，对个案按照资产评估的程序进行分析，学以致用。

● **素质目标**

通过对本项目的学习，加强对资产评估价值类型的理解，能够运用市场价值与市场价值以外的价值，并在市场价值与市场价值以外的价值中作出选择；在资产评估原则的基础上，能够辨析价值类型的选择与评估目的的关系；把学和做有机结合，做到学思用贯通、知信行统一，提高自己的职业道德素养。

● **思政目标**

能够正确地理解"不忘初心"的核心要义和精神实质；树立正确的世界观、人生观和价值观，做到学思用贯通、知信行统一；通过资产评估基本理论知识，结合职业道德，明确资产评估程序，正确认识资产评估，提高业务能力，增强对创新理论的思想和情感认同。

● **项目引例**

通过评估报告分析资产评估假设和原则

致委托方函

×××有限公司：

受贵方委托，本公司秉着客观、公正、科学、独立的原则对贵方拥有合法产权的位于×××的×××房产价格进行了评估，目的是为确定估价对象在2023年8月15日的公开市场价值，并以此为贵方委托评估标的向银行进行抵押贷款，为确定抵押额提供客观的价值依据。

根据贵方所提供的资料，本公司估价人员依据国家、省、市的相关法律、法规，在对现场实地勘察并收集、整理、分析相关信息的基础上,遵循估价原则,按照必要的估价程序,采用合理的估价方法对估价对象进行评估,在满足本次估价假设和限制条件的前提下,经测算确定贵方委托评估房产在评估基准日的抵押价值为人民币贰仟贰佰陆拾伍万叁仟肆佰元整(2 265.34万元)。

×××房地产评估咨询有限公司
××年××月××日

引例导学:上述是资产评估报告中的一部分内容,在对企业进行资产评估时,应遵循哪些资产评估假设和原则?资产评估时,是按照哪些依据和程序进行的?通过对本项目的学习,你将得到解答。

● **课程思政**

> 毛泽东同志曾经说过:"人是要有点精神的。"这种精神是一种情怀、一种超越,是一种不甘平庸、不甘屈服、不甘落后、不甘得过且过的血性和品格。通过本项目中四个任务的学习,我们要培养自己认真、细致、严谨的工作态度和责任精神,形成良好的工作习惯;明确资产评估中的基本业务要领,努力提高专业技能。不断强化自身专业能力,增强学习的主动性、创造性,开辟资产评估职业发展新领域、新赛道,不断塑造发展新动能、新优势。

任务一 资产评估的目的

资产评估的目的有一般目的和特定目的之分。资产评估的一般目的包含特定目的,而资产评估的特定目的则是一般目的的具体化。

一、资产评估的一般目的

资产评估的一般目的(或资产评估的基本目标)是由资产评估的性质及其基本功能决定的。资产评估作为一种专业人士对特定时点及特定条件约束下资产价值的估计和判断的社会中介活动,它一经产生就具有为委托人以及资产交易当事人提供合理的资产价值咨询建议的功能。不论是资产评估的委托人还是与咨询交易相关的当事人,他们所需要的无非是评估人员对资产在一定时间及一定条件约束下的公允价值的判断。

【提示】如果暂且不考虑资产交易或引起资产评估的特殊需求,资产评估所要实现的一般目的只能是资产在评估时点的公允价值。

从资产评估的角度来看,公允价值是一种相对合理的评估价值,它是一种相对于当事人各方的地位、资产的状况及资产面临的市场条件的合理的评估价值,是评估人员根据被评估资产自身的条件及其所面临的市场条件,对被评估资产客观交换价值的合理估计值。公允价值的一个显著特点是,它与相关当事人的地位、资产的状况及资产所面临的市场条件相吻合,且没有损害各方当事人的权益,也没有损害他人的利益。

二、资产评估的特定目的

资产评估作为资产估价活动,总是围绕特定资产业务的需要而进行。资产业务是指引起资产评估的经济行为。资产评估实践表明,资产业务主要有资产转让、企业兼并、企业出售、企业联营、股份经营、中外合资或合作、企业清算、抵押、担保、企业租赁和债务重组。

(1)资产转让。资产转让是指资产拥有单位有偿转让其所拥有的资产,通常是指转让非整体性资产的经济行为。

(2)企业兼并。企业兼并是指一个独立核算的企业以承担债务、购买和控股等形式有偿接收其他企业的产权,使被兼并方丧失法人资格或改变法人实体的经济行为。

(3)企业出售。企业出售是指独立核算的企业或企业内部的分厂、车间及其他整体资产产权出售的经济行为。

(4)企业联营。企业联营是指国内企业或单位之间以固定资产、流动资产、无形资产及其他形式的资产作为投入,组成各种形式的联合经营实体的经济行为。

(5)股份经营。股份经营是指资产占有单位实行股份制经营方式的行为,包括法人持股、内部职工持股、向社会公开或私募发行股票。

(6)中外合资或合作。中外合资或合作是指我国的企业或其他经济组织与外国企业或其他经济组织或个人,在我国境内开办合资或合作经营企业的行为。

(7)企业清算。企业清算包括破产清算、终止清算和结业清算。

(8)抵押。抵押是指资产占有单位以本单位的资产作为物质保证,进行抵押而获得贷款的经营行为。

(9)担保。担保是指资产占有单位以本企业的资产为其他单位的经济行为作担保,并承担连带责任的行为。

(10)企业租赁。企业租赁是指资产占有单位在一定的期限内,以收取租金的形式将企业全部或部分资产的经营使用权转让给其他经营使用者的行为。

(11)债务重组。债务重组是指债权人按照其与债务人达成的协议或法院的裁决,同意债务人修改债务条件的事项。

上述各类资产业务构成了资产评估的特定目的。就企业资产业务而言,资产评估还包括对企业经营业绩的评价、企业主要领导者变更时对企业资产的评估以及对企业资产交易中的纳税情况进行评估等。就其他资产业务而言,个人遗产继承、个人财产交易和个人担保抵押等也都需要进行资产评估。资产评估仅是资产业务的一个中介环节,它不可能反映资产交易的目的,更不能代表资产业务本身。因此,资产评估机构仅仅是一个资产业务的服务机构,资产评估服务于资产业务,评估只是手段,交易才是目的。

三、资产评估的特定目的的地位和作用

(一)资产评估的特定目的在资产评估中的地位

资产评估的特定目的是界定评估对象的基础。任何一项资产业务,无论产权是否发生变动,它所涉及的资产范围必然受资产业务本身的制约。资产评估委托方正是根据资产业务的需要确定资产评估的范围。评估人员不仅要对该范围内的资产产权予以说明,而且要对其价值作出判断。

资产评估的目的决定了资产评估的方法、程序和应遵守的评估标准。不同的评估目的需要采用不同的评估方法、遵循不同的评估程序并遵守不同的评估标准。例如,企业兼并中的交易双方非常重视企业资产的获利能力,因此,通常采用收益现值法。一个企业兼并另一个企业,必须把被兼并企业看作拥有一定获利能力的有机整体,而不能看作简单的资产堆积。可见,资产评估的特定目的对资产评估的整个工作非常重要。

(二)资产评估的特定目的在资产评估中的作用

资产评估的特定目的是由引起资产评估的特定经济行为(资产业务)所决定的,它对评估结果的性质、价值类型等有重要的影响作用。资产评估的特定目的不仅是某项具体资产评估活动的起点,也是资产评估活动所要达到的目标。资产评估的特定目的贯穿着资产评估的全过程,影响着评估人员对评估对象的界定、资产价值类型的选择等。它是评估人员在进行资产评估时,必须首先明

确的基本事项。

资产评估的特定目的对资产评估的价值类型选择具有约束作用。特定资产业务决定资产的存续条件,资产价值受制于这些条件及其可能发生的变化。资产评估人员在进行资产评估时,要根据具体资产业务的特征选择与之相匹配的评估价值类型。以资产业务的特征与评估结果的价值属性一致性原则进行评估,是保证资产评估趋于科学化、合理化的基本前提。

任务二 资产评估的价值类型

一、资产评估的价值类型的概念

资产评估的价值类型是指资产评估结果的价值属性及其表现形式。不同的价值类型从不同的角度反映资产评估价值的属性和特征。不同属性的价值类型所代表的资产评估价值不仅在性质上是不同的,在数额上往往也存在着较大差异。评估人员必须根据资产业务的特征,即评估目的和资产属性及其存续环境来确定资产业务所应用的类型,以保证资产评估结果的价值内涵和计价基础与资产业务的要求相适应;否则,资产评估就失去了正确反映和提供价值尺度的功能。

资产评估的价值类型也是对资产评估价值的质的规定。根据资产评估所依据的市场条件、被评估资产的使用状态以及评估结论的适用范围,资产评估价值类型分为市场价值与市场价值以外的价值两大类。

二、市场价值

在《国际评估准则》中,市场价值概念如下:"自愿买方与自愿卖方在评估基准日进行正常的市场营销之后,所达成的公平交易中某项资产应当进行交易的价值的估计数额,当事人双方应当各自精明、谨慎行事,不受任何强迫和压制。"

根据我国《资产评估价值类型指导意见》(中国资产评估协会〔2017〕47号),市场价值是指自愿买方和自愿卖方在各自理性行事且未受任何强迫的情况下,评估对象在评估基准日进行正常公平交易的价值估计数额。

一般而言,在特定评估时点的公开市场上,市场价值相对于潜在的买者和卖者来说都是相对公平合理的。因此,根据公开市场的范围不同,市场价值具有区域性,同时市场价值又是区域市场整体认同的公平合理的结果。

以市场价值为基础的资产评估价值类型一般被概括为三种,即重置成本、现行市价、收益现值。①重置成本,是指在现行市场条件下,按功能重置全新资产并使资产处于在用状态所耗费的全部货币总额。重置成本的构成应包括资产购建、运输、安装和调试等建设过程中的全部费用。按重置条件不同,它还可分为复原重置成本和更新重置成本。②现行市价,是指资产在资产评估基准日在公开市场上的交易价格。所谓公开市场,是指有充分的市场竞争,买卖双方都有足够的时间了解实情,而且交易双方都是理性、谨慎、自愿的。③收益现值,是指将资产未来预期收益按适当的折现率折算到评估基准日的现值。收益现值的思路是根据未来获利的大小,按"以利索本"的思维方式来换算应投入的资本。

【提示】 收益现值的基础是收益,而其本质是收益的本金化。

在不同时期、地点和市场条件下,同一资产业务对资产评估结果的价值类型的要求也会有差别。这表明,引起资产评估的资产业务对评估结果的价值类型的要求不是抽象的和绝对的。每一类资产业务在不同的时间、地点和市场环境中发生,因此,对资产评估结果的价值类型的要求不是一成不变的。也就是说,资产业务本身的属性因时间、地点及市场环境的变化而变化。所以,将资产业务的属性绝对化,或是将资产业务与评估结果的价值类型关系固定化,都是不可取的。资产评估结果的价值类型与评估的特定目的相匹配、相适应,指的是在具体评估操作过程中,评估结果的价值类型要与已经确定了的时间、地点、市场环境下的资产业务相匹配、相适应。任何事先划定的资产业务类型与评估结果的价值类型相匹配的关系或模型,都可能会偏离或违背客观存在的具体业务对评估结果的价值类型的内在要求。换句话说,资产的业务类型是影响甚至决定评估结果的价值类型的一个重要因素,但它绝不是决定资产评估结果的价值类型的唯一因素。评估的时间、地点,评估时的市场条件、资产业务各当事人的状况以及资产自身的状态等,都可能对资产评估结果的价值类型起影响作用。

三、市场价值以外的价值

市场价值以外的价值又称非市场价值,《国际评估准则》中没有直接定义市场价值以外的价值,而是指出凡不符合市场价值概念条件的资产价值类型都属于市场价值以外的价值。可见,市场价值以外的价值是若干具体的价值类型的总称。

根据《资产评估价值类型指导意见》的规定,市场价值以外的价值类型包括投资价值、在用价值、清算价值和残余价值。

（1）投资价值。投资价值是指评估对象对于具有明确投资目标的特定投资者或者某一类投资者所具有的价值估计数额,也称特定投资者价值。要注意区分投资价值与投资性资产价值,后者是指特定主体以投资获利为目的而持有的资产在公开市场上按其最佳用途实现的市场价值,两者是完全不同的两个概念。

（2）在用价值。在用价值是指将评估对象作为企业组成部分或者要素资产,按照其正在使用的方式和程度,对其所属企业贡献价值的估计数,而不考虑该资产的最佳用途或变现的情形。在用价值强调的是对整体资产的贡献能力。

（3）清算价值。清算价值是指在评估对象处于被迫出售、快速变现等非正常市场条件下的价值估计数额。

（4）残余价值。残余价值是指机器设备、房屋建筑物或其他有形资产等的拆零变现价值的估计数。

此外,在某些特定评估业务中,评估结论的价值类型可能会受到相关法律、法规或者合同的约束。这些评估业务的结论应当按照相关法律、法规或者合同等的规定,选择评估结论的价值类型;相关法律、法规或者合同没有规定的,可以根据实际情况选择市场价值或者市场价值以外的价值,并予以定义。特定评估业务主要包括以抵（质）押为目的的评估业务、以税收为目的的评估业务、以保险为目的的评估业务、以财务报告为目的的评估业务等。

【提示】与市场价值相比,市场价值以外的价值评估的是非公开市场上的价值,它是局部的市场认同,只对特定的资产业务当事人来说是公平合理的。在满足各自概念及相应使用条件的前提下,对市场价值和市场价值以外的价值的评估结论都是公平合理的。

四、市场价值与市场价值以外的价值的选择

（一）市场价值与市场价值以外的价值的划分标准

不同的价值类型从不同的角度反映资产评估价值的属性和特征。不同属性的价值类型所代表的资产评估价值不仅在性质上是不同的,而且在数量上往往也存在较大差异。因此,合理选择和确定资产评估的价值类型是每一位资产评估人员必须做好的工作。

评估人员主要通过以下三个方面来判断是选择市场价值还是市场价值以外的价值:①资产评

估时的市场条件。这要看是公开市场条件还是非公开市场条件。②资产评估时的资产使用状态。这要看是正常使用(最佳使用)还是非正常使用。③资产评估时所用的信息和参数来源。这要看是公开市场信息还是非公开市场信息。

【提示】如果同时满足以上三个条件,则评估价值类型为市场价值,其余情况均为市场价值以外的价值。

(二)评估价值类型选择

注册资产评估师执行资产评估业务、选择和使用价值类型时,应当充分考虑评估目的、市场条件、评估对象自身条件等因素,并应关注价值类型与评估假设的相关性。可选择的评估价值类型有如下几种:

(1)选择市场价值。当资产评估业务对市场条件和评估对象的使用等并无特别限制和要求,并同时符合上述三个条件时,注册资产评估师通常应当选择市场价值作为评估结论的价值类型。在确定市场价值时,评估人员要清楚同一资产在不同市场上的价值可能存在的差异。

(2)选择投资价值。当评估业务针对的是特定投资者或者某一类投资者,且在评估业务执行过程中充分考虑并使用了仅适用于特定投资者或者某一类投资者的特定评估资料和经济技术参数时,注册资产评估师通常应当选择投资价值作为评估结论的价值类型。

(3)选择在用价值。当评估对象是企业或者整体资产中的要素资产,并在评估业务执行过程中只考虑了该要素资产正在使用的方式和贡献程度,没有考虑该资产作为独立资产所具有的效用及在公开市场上交易等对评估结论的影响时,注册资产评估师通常应当选择在用价值作为评估结论的价值类型。

(4)选择清算价值。当评估对象面临被迫出售、快速变现,或者评估对象具有潜在被迫出售、快速变现等情况时,注册资产评估师通常应当选择清算价值作为评估结论的价值类型。

(5)选择残余价值。当评估对象无法或者不宜整体使用时,注册资产评估师通常应当考虑评估对象的拆零变现,并选择残余价值作为评估结论的价值类型。

五、价值类型的选择与评估目的的关系

关于资产评估价值类型的选择与资产评估目的的关系应从两个方面来认识和把握:

(一)评估目的影响评估价值类型的选择

评估目的包括一般目的和特定目的,而资产评估的特定目的是影响资产评估价值的基础条件,它对价值类型的选择具有约束作用。

特定的资产业务决定了资产的存续条件,资产价值受制于这些条件及其可能发生的变化。资产评估人员在进行资产评估时,一定要根据具体的资产业务特征选择与之相匹配的评估价值类型。按照资产业务的特征与评估结果的价值属性一致性原则进行评估,是保证资产评估趋于科学化、合理化的基本前提。

评估的特定目的不是决定评估价值类型的唯一因素,评估的时间、地点、评估时的市场条件、资产业务各当事人的状况,以及资产的自身状态等,都可能对资产评估结果的价值类型产生影响。

(二)价值类型的合理选择是实现评估目的的重要途径

资产评估的一般目的是要对各种条件下"交易"中的资产的公允价值作出判断,以及给出这些资产在各种条件下的公允价值。而特定目的是一般目的的具体化,其实质是判断具体条件下资产的公允价值。

可见,对某一资产而言,公允价值不是一个确定不变的值,而是一个相对值。当资产处于正常使用及正常市场条件下时,有一个与此条件相对应的合理价值;当其处于非正常使用及非正常市场

条件下时，也有一个与之相对应的合理价值。尽管对于同一资产在不同条件下的合理价值是不同的，但它们都有一个共同的特点，即该价值相对于它们各自的条件都是合理的和公允的。

正是由于资产公允价值的多样性、复杂性和难以把握性，设计、选择并利用科学合理的资产评估价值类型，对于评估人员把握资产评估特定目的及资产在特定条件下的公允价值就显得十分重要。

市场价值和市场价值以外的价值的分类，以及该分类所包含的具体的价值表现形式，对于实现评估目的，特别是把握资产评估中的公允价值也具有极其重要的作用，这种作用突出表现在市场价值上。市场价值在资产评估中的作用主要体现为以下两点：

（1）市场价值是公允价值的坐标。资产评估中的公允价值与市场价值是两个不同层次的概念。资产评估中的公允价值是一个一般层次的概念，它包括正常市场条件和非正常市场条件两种情况下的合理评估结果；而资产评估中的市场价值只是正常市场条件下资产处在最佳使用状态下的合理评估结果。相对于公允价值而言，市场价值更为具体、条件更为明确，在实践中评估人员更容易把握。它是资产评估中最为典型的公允价值。

（2）市场价值在其评估所依据的市场范围内，对任何交易当事人都是相对合理的和公允的。而市场价值以外的价值的相对合理公平性是受到某些条件严格限制的。

任务三　资产评估假设与原则

一、资产评估假设

任何一门学科的建立都要以一定的假设为前提，资产评估也不例外，其理论和方法也是建立在一定的假设条件之上的。需要强调的是，假设是以有限的事实和观察为基础的，因而并不能完全确定，还有待于实践检验和科学论证。资产评估是在资产交易发生之前，通过模拟市场对准备交易的资产在某一时点的价格所进行的估算。事实上，人们是无法完全把握市场的，同一资产在不同用途和不同经营环境下的价格会有所不同，评估人员模拟市场进行资产评估往往借助于若干种假设，以对资产的未来用途的经营环境作出合理的判断。在资产评估中，最基本的假设有四个：交易假设、公开市场假设、持续使用假设和清算假设。

（一）交易假设

交易假设是资产评估得以进行的一个最基本的前提假设，它假定所有待评估资产已经处在交易过程中，评估师根据待评估资产的交易条件模拟市场进行估价。众所周知，资产评估是在资产实施交易之前进行的一项专业服务活动，而资产评估的最终结果又属于资产的交换价值范围。为了发挥资产评估在资产实际交易之前为委托人提供资产交易底价的作用，同时又能够使资产评估得以进行，因此利用交易假设将被评估资产置于"交易"中来模拟市场进行评估是十分必要的。

【提示】交易假设一方面为资产评估得以进行创造了条件；另一方面它明确限定了资产评估的外部环境，即资产是被置于市场交易中的，资产评估不能脱离市场而单独地进行。

（二）公开市场假设

公开市场假设是对资产拟进入的市场的条件，以及资产在这样的市场条件下会受何种影响的一种假定说明或限定。公开市场假设的关键之处在于认识和把握公开市场的实质与内涵。就资产评估而言，公开市场是指充分发达与完善的市场，是一个自愿买卖的竞争性市场。在这个市场上，买者和卖者的地位是平等的，彼此都有获取足够市场信息的机会和时间，买卖双方的交易行为都是在自愿、理性而不是强制或受限制的条件下进行的。事实上，现实中的市场条件未必完全达到上述公开市场的完善程度。公开市场假设就是假定充分发达与完善的市场存在，被评估资产将要在这样一种公开市场中进行交易。当然，公开市场假设也是基于市场客观存在的现实，即是以资产在市场上可以公开买卖这样一种客观事实为基础的。

（三）持续使用假设

持续使用假设是假定被评估资产将按现行用途继续使用或转换用途继续使用，从而可考察它在未来时间能为其持有人带来的经济利益。这一假设要求，一般情况下，不是用将资产拆零出售所得收益之和来评估资产价格，而应该将资产看成一种获利能力。继续使用的方式如下：

（1）在用续用，即处于使用中的被评估资产在产权发生变动或资产业务发生后，按照其现行的用途及方式继续使用下去。

（2）转用续用，即被评估资产在产权发生变动或资产业务发生后，改变资产现在的用途，按照新的用途继续使用下去。

（3）移地续用，即被评估资产在产权发生变动或资产业务发生后，改变资产现在的空间位置，转移到其他空间位置上继续使用。

持续使用假设是对资产使用状态的假定说明。它有两层含义：①被评估资产是处于营运状态的，或已完全具备实际运行的条件；②被评估资产必须继续使用，继续使用就意味着它具有剩余寿命，具有收益能力，能满足所有者的期望。显然，这是资产评估最起码的前提条件，如果某一项资产不能继续使用，不再具备使用价值，则不属于资产评估的范围。

（四）清算假设

清算假设是对资产拟进入市场条件的一种假定说明，具体而言，是对资产在非公开市场条件下被迫出售或快速变现条件的假定说明。清算假设首先是基于被评估资产面临清算或具有潜在被清算可能，然后根据相应数据资料推定被评估资产处于被迫出售或快速变现的状态。由于清算假设假定被评估资产处于被迫出售或快速变现状态下，被评估资产的评估值通常要低于在公开市场假设前提下或持续使用假设前提下同样资产的评估值。因此，在清算假设前提下的资产评估结果的适用范围是非常有限的。当然，清算假设本身的使用也是较为特殊的。

二、资产评估原则

资产评估原则是指评估机构和评估人员在资产评估中必须遵循的准则，也是资产评估工作的指导方针。根据其在资产评估工作中的地位和作用，将资产评估原则分为资产评估的工作原则和资产评估的经济技术原则。

（一）资产评估的工作原则

资产评估的工作原则是规范资产评估主体行为的准则，也是调节资产评估主体与委托人及资产业务有关权益当事人在资产评估中的相互关系的准则。

（1）独立性原则。独立性原则要求资产评估机构和评估人员必须公正无私地进行评估，评估过程自始至终不受外来或内在因素的影响和干扰。评估机构应是独立的社会公正性机构，不能为资产评估业务的任何一方所拥有，评估工作应始终坚持独立、公正的第三者立场。评估人员的利益与评估结论相独立，评估收费只与实际工作量相关，不应与资产估价额挂钩，不能与评估结果运用的实际效果挂钩。评估人员的利益应与资产业务相独立，评估机构和评估人员与资产业务没有任何利益上的联系；如果有，应该回避。

（2）客观性原则。客观性原则是指评估结果应有充分的事实依据，从实际出发，按照客观规律办事。一方面，评估机构在评估操作过程中，要以市场为参照、以现实为基础，预测、推算和逻辑运算等主观判断过程要建立在市场和现实的基础资料上，以求得对资产价值的客观评估；另一方面，被评估单位对被评估的资产或债权等必须提供真实客观的情况，不能夸大也不能隐瞒，从而使评估人员能取得评估所需要的确实可靠的资料和数据。

(3)科学性原则。科学性原则是指评估人员在评估过程中,必须根据特定的评估目的选择恰当的估价标准和科学的评估方法,制订科学的评估方案,使资产评估结果准确可靠。科学性原则具体体现在:在选用评估方法时,不仅要注意方法本身的科学性,而且更重要的是必须严格注意评估方法与评估目的的匹配性,评估目的对评估方法具有约束性;同时,也需要制订科学合理的评估方案。资产评估的具体业务不同,其评估程度也有繁简的差别。因此,应根据评估本身的规律性,结合资产评估的实际情况,确定科学合理的评估方案。这样,既有利于节约评估的人力和物力,降低评估成本,也有利于提高评估效率,保证评估工作顺利进行。

(4)专业性原则。专业性原则是指资产评估必须由经法律认可的专业评估机构和评估人员来操作。为保证资产评估结论的准确可靠,专业性原则要求资产评估机构必须拥有一支由财会、工程、法律、经济、管理等多种学科的专家组成的专业评估队伍,他们应该具备足够的从事资产评估业务所需要的专业知识及工作经验。为了保证对专业性原则的贯彻执行,国家规定,只有经国家法定机构注册登记,并持有资产评估许可证的资产评估公司、会计师事务所、财务咨询公司等机构才具有承办资产评估业务的资格;只有通过国家法定机构统一安排的考试,并持有注册资产评估师证书的专业技术人员才有资格承担资产评估任务。

(二)资产评估的经济技术原则

资产评估的经济技术原则是指在资产评估执业过程中的一些规范和业务准则,实质上是资产评估理论的具体化,它们为评估师在执业过程中的专业判断提供指南。

(1)预期收益原则。资产之所以有价值是因为它能为其拥有者或控制者带来未来经济利益,资产价值的高低主要取决于它能为其所有者或控制者带来的预期收益量的多少。资产价值的评定不是按照过去和现在的生产成本或收益能力来确定的,也不是按照市场销售价格来确定的,而是取决于资产的未来效用和获利能力。预期收益原则要求在进行资产评估时,必须合理科学地预测资产未来的收益能力、风险因素和收益期限。

(2)供求原则。资产评估是对资产的现实价格进行评定估算的过程,供求原则是将被评估资产置于资产市场中来考察其现时价格。按照供求原则,资产的价格随供求状况的变化而变化,这是市场经济的基本法则。对某项资产的需求增加或减少对它的供给,其市场价格会趋于上升;反之,则会下降。供求双方的交互作用构成市场的一大要素,影响资产价格。在进行资产评估时,应充分考虑资产本身的供求状况,正确评估资产的价格。

(3)贡献原则。贡献原则也称重要性原则,它是指某一资产或资产的某一构成部分的价值,取决于它对其他相关资产或资产整体的贡献,或者根据当缺少它时对相关资产或资产整体价值下降的影响程度来确定其评估价值。贡献原则要求在评估一项资产的价值时,必须综合考虑该项资产在资产综合体中的重要性,而不是单独地确定该项资产的购买价或造价。尤其是在对专利权或商标等无形资产进行评估时,如果不坚持贡献原则,有些问题就难以解决。

(4)替代原则。在评估作价时,若同时存在几种效能相同或可以互相替代的资产,而它们的价格又各不相同,则应选择最低的一种,即价格最低的同质商品对其他商品具有替代性。相同效能的商品,对购买者来说,会购买价格最低的一种。对于一项资产,如果市场上存在两种效能相同、可相互替代但价格不同的资产,就以两者价格较低者作为该项资产的评估价格。

(5)估价日期原则。资产的价值是随着时间或环境的变化而相应变化的。资产本身不仅由于实用性损耗和自然力的作用使其价值改变,而且由于社会、经济、技术进步等原因的影响,资产也会发生升值或贬值。如机器设备,一方面其价值会随着使用年限的延长而降低;另一方面又受到通货膨胀的影响而变化,也有可能因性能更好的新设备问世或政府发布严格的环境保护(或能源)法规而贬值。资产价值的形成正是这些因素综合作用的结果。评估人员应全面考虑市场中可能影响资产价值的现有的和预期的种种变化,在资产评估中,必须假定市场条件固定在某一时点,这一时点就是评估基准日,它为资产评估提供了一个时间基准,评估价值只有按评估基准日计算方能有效。

(6) 最佳利用原则。如果资产目前还未达到最佳利用状态,在进行评估时,可以其最佳利用状态为基础估价。最佳利用原则对房地产的评估尤其具有指导意义。房地产的用途具有多样性,不同的利用方式为房地产所有者带来的收益不同,所以房地产价格评估是以确保该房地产充分发挥效用为前提的。但事实上,在很多情况下,现有的房地产使用并不一定是最合理、最充分地发挥其效用,这时,就不应以现有使用情况作为估价基础。

(7) 平衡原则。平衡原则是指当一切有差别的、相对应的和相互作用的因素处于平衡状态时,可以形成并维持资产的最大价值。这个原则适用于资产的各个组成部分的联系。就大多数房地产而言,只有当土地和建筑物的组合为最优(而不是优地劣建或劣地优建)时,经济平衡点才会达到。这时再追加任何资金,都不可能产生边际效益或效用。平衡原则还适用于资产与环境的关系。根据平衡原则,各种类型土地的用途和位置在一个地区内经过适当的经济配置,能创造并维持最大的价值。

(8) 竞争原则。在市场经济条件下,资本总是向利润率最高的行业和地区投入,从而会引起激烈的竞争,导致利润出现平均化的趋向。竞争的效应和利润平均化的趋向,是评估人员在采用收益现值法评估时正确预测资产未来收益需重点考虑的因素。评估人员要正确判断投资者所处的竞争地位,分析被评估资产是处在能够获得超额利润的阶段,还是处在利润已经平均化的阶段。能够产生超额利润的资产,其评估值应适当提高;若竞争过度,则预期收益必定会降低,资产的评估价值应适当降低。

(9) 一致性原则。一致性原则是指当资产性能与市场需求相吻合时,其价值就可以达到并维持在最高水平上。以房地产为例,当某栋建筑物的风格和用途符合各种要求(包括经济承受能力、建筑类型、提供的舒适程度和共同爱好)以及地区规划要求的统一标准时,其市场售价达到最高。而那种单纯追求豪华的房产价格可能会下降,与其建筑、装修成本不相适应。

一致性原则还包括被评估资产与其他资产配套或一致,则其评估价值较高。例如,在商业中心区,往往有许多商店集中在一起,这种高度的集中,通常会吸引大量的顾客光顾,大大增加各商店的收益。这种高度集中的资产使用上的一致性,使得各商店的评估价值上升。

(10) 外部性原则。外部性原则是指资产外部的因素对资产评估价值的高低影响很大,评估人员应慎重考察。例如,当某项资产因技术进步而过时或不适用,或继续使用已不经济时,尽管资产实体本身没有什么损耗,但其评估价值会因这些外部因素的影响而降低。外部因素对房地产价值的影响更加明显。社会、经济、法律和政府政策等方面的因素都会引致房地产的价格上升或下降。资产评估人员在评估过程中,要充分考虑这些外部影响因素,以使资产的评估价值更符合市场的实际情况。

【注意】资产评估的各技术原则是相互联系的,在评估过程中应综合运用这些原则,以保证资产评估工作效率的提高和评估结果的合理。

任务四 资产评估的依据与程序

一、资产评估的依据

资产评估是为评估当事人提供中介服务的一项工作,为保证评估结果的公正、客观,必须有充

分必要的依据。评估事项不同,所需要的评估依据也不相同,资产评估依据虽然多种多样,但大致可以划分为以下四类:

(一)行为依据

行为依据是指评估委托人和评估人员据以从事资产评估活动的依据,如公司董事会关于进行资产评估的决议、评估委托人与评估机构签订的业务约定书等。资产评估机构和评估人员只有在取得资产评估行为依据后,才能正式开展资产评估工作。

(二)法规依据

法规依据是指从事资产评估工作应遵循的有关法律法规依据,如《国有资产评估管理办法》(2020年修订)、《中华人民共和国资产评估法》、《资产评估执业准则——无形资产》(2017年施行)、《资产评估准则——基本准则》(2017年施行)等。

(三)产权依据

产权依据是指能证明被评估资产权属的依据,如国有土地使用证、房屋所有权证等。在资产评估中,被评估资产必须是资产占有方拥有或控制的资产,这就要求评估委托人必须提供此依据,评估人员必须收集被评估资产的产权依据。

(四)取价依据

取价依据是指评估人员确定被评估资产价值的依据。这类依据可分为两部分:一部分是由评估人员收集的市场价格资料、统计资料、技术标准资料及其他参考资料等,如当地政府土地管理部门制定的容积率修正系数表等;另一部分是由被评估单位提供的相关资料,如财务会计资料、工程结算资料等。

【注意】以上只是一般资产评估过程中所需要的依据,评估人员还应根据评估项目的具体情况及特殊需要,决定是否需要收集其他一些依据;同时,评估人员也应在资产评估报告中对评估依据予以详细的披露。

二、资产评估的程序

资产评估的程序是指资产评估机构和评估人员执行资产评估业务、形成资产评估结论所履行的系统性工作步骤。资产评估的程序由具体的工作步骤组成,不同的资产评估业务由于评估对象、评估目的、资产评估资料收集情况等相关条件的差异,评估人员可能需要执行不同的资产评估具体程序或工作步骤。但由于资产评估业务的共性,资产评估基本程序是相同或相通的。

根据各工作步骤的顺序,资产评估的程序通常主要包括以下方面:

(一)明确资产评估业务基本事项

明确业务基本事项是资产评估程序的第一个环节,包括在签订资产评估业务委托合同之前的一系列基础性工作,它对资产评估项目风险评价、项目承接与否以及资产评估项目的顺利实施具有重要意义。由于资产评估专业服务的特殊性,资产评估程序甚至在资产评估机构接受委托前就已开始。资产评估机构和评估人员在接受资产评估业务委托之前,应当采取与委托人等相关当事人讨论、阅读基础资料、进行必要的初步调查等方式,与委托人等相关当事人共同明确以下资产评估业务基本事项:

1. 委托方和相关当事方的基本状况

资产评估机构和评估人员应当了解委托方的基本状况、资产占有方等相关当事方的基本状况。在不同的资产评估项目中,相关当事方有所不同,主要包括资产占有方、资产评估报告使用方、其他利益关联方等。委托方与相关当事方的关系也应当作为重要基础资料予以充分了解,这对于了解评估目的、相关经济行为以及防范恶意委托等十分重要。在可能的情况下,评估机构和评估人员还应要求委托人明确资产评估报告的使用人或使用人范围以及资产评估报告的使用方式。明确评估报告使用人范围，一方面有利于评估机构和评估人员更好地根据使用人的需求提供良好服务，另一方面也有利于降低评估风险。

2. 资产评估目的

资产评估机构和评估人员应当与委托方就资产评估目的达成明确、清晰的共识，并尽可能细化资产评估目的，说明资产评估业务的具体目的和用途，避免出现仅仅罗列出通用资产评估目的的现象。

3. 评估对象及其权益基本状况

资产评估机构和评估人员应当了解评估对象及其权益基本状况，包括其法律、经济和物理状况，如资产类型、规格型号、结构、数量、购置（生产）年代、生产（工艺）流程、地理位置、使用状况、企业名称、住所、注册资本、所属行业、在行业中的地位和影响、经营范围、财务和经营状况等。同时，资产评估机构和评估人员应当特别关注有关评估对象的权利受限状况。

4. 价值类型及概念

资产评估机构和评估人员应当在明确资产评估目的的基础上，恰当确定价值类型，确信所选择的价值类型适用于资产评估目的，并就所选价值类型的概念进行沟通，避免出现歧义。

5. 资产评估基准日

资产评估机构和评估人员应当通过与委托方的沟通，了解并明确资产评估基准日。资产评估基准日是评估业务极为重要的基础，也是评估基本原则中的估价日期原则在评估实务中的具体体现。评估基准日的选择是为了减少和避免不必要的资产评估基准日以后的事项影响，使资产评估结论更有效地服务资产评估的目的。评估机构和评估人员应当根据专业知识和经验，建议委托方根据评估目的、资产和市场的变化情况等因素合理选择评估基准日。

6. 资产评估限制条件和重要假设

资产评估机构和评估人员应当在承接评估业务前，充分了解所有对资产评估业务可能构成影响的限制条件和重要假设，以便进行风险评价，更好地为客户服务。

7. 其他需要明确的重要事项

资产评估机构和评估人员在明确上述资产评估基本事项的基础上，应当分析下列因素，确定是否承接资产评估项目：①评估项目风险。评估机构和评估人员应当根据初步掌握的有关评估业务的基础情况，具体分析资产评估项目的执业风险，以判断该项目的风险是否超出合理的范围。②专业胜任能力。评估机构和评估人员应当根据所了解到的评估业务的基础情况和复杂性，分析本机构和评估人员是否具有与该项目相适应的专业胜任能力及相关经验。③独立性分析。评估机构和评估人员应当根据职业道德要求和国家相关法规的规定，结合评估业务的具体情况分析资产评估机构和评估人员的独立性，确认与委托人或相关当事方是否存在现实的或潜在的利害关系。

（二）签订资产评估业务委托合同

资产评估业务委托合同是指评估机构与委托方签订的，明确评估业务基本事项，约定评估机构和委托方权利、义务、违约责任和争议解决等内容的书面合同。根据我国资产评估行业的规定，注册资产评估师承办资产评估业务，应当由其所在的资产评估机构统一受理，并由评估机构与委托人签订书面资产评估业务委托合同，注册资产评估师不得以个人名义签订资产评估业务委托合同。资产评估业务委托合同应当由资产评估机构和委托人双方的法定代表人或其授权代表签订。资产评估业务委托合同应当内容全面、具体，概念清晰、准确，符合国家法律法规和资产评估行业的管理规定，具体包括以下基本内容：资产评估机构和委托方名称；资产评估目的；资产评估对象；资产评估基准日；出具资产评估报告的时间要求；资产评估报告使用范围；资产评估收费；各方的权利、义务及违约责任；签约时间；双方认为应当约定的其他重要事项。

(三)编制资产评估计划

为高效完成资产评估业务,资产评估机构和评估人员应当编制资产评估计划,对资产评估过程中的每个工作步骤以及时间和人力安排进行规划。资产评估计划是资产评估机构和评估人员为执行资产评估业务拟订的资产评估工作思路与实施方案,对合理安排工作量、工作进度、专业人员调配、按时完成资产评估业务具有重要意义。由于资产评估项目千差万别,资产评估计划也不尽相同,其详略程度取决于资产评估业务的规模和复杂程度。资产评估机构和评估人员应当根据所承接的资产评估项目的具体情况,编制合理的资产评估计划,并根据执行资产评估任务过程中的具体情况,及时修改、补充资产评估计划。

(四)资产勘查与现场调查

资产评估机构和评估人员执行资产评估业务,应当对评估对象进行必要的勘查,包括对不动产和其他实物资产进行必要的现场勘查,对企业价值、股权和无形资产等非实物性资产进行评估时,也应当根据评估对象的具体情况进行必要的现场调查。进行资产勘查和现场调查工作,不仅是基于对资产评估人员勤勉尽责的要求,而且是资产评估操作的必经环节,这样有利于资产评估机构和评估人员全面、客观地了解评估对象,核实委托方和资产占有方提供资料的可靠性,并通过资产勘查过程中发现的问题、线索,有针对性地开展资料收集、分析工作。由于各类资产差别很大以及评估目的不同,不同项目中对评估对象进行资产勘查或现场调查的具体方式和程度也不尽相同。评估师应当根据评估项目的具体情况,确定合理的资产勘查或现场调查方式,并与委托方或资产占有方进行沟通,确保资产勘查或现场调查工作的顺利进行。

(五)收集资产评估资料

在上述几个环节的基础上,资产评估机构和评估人员应当根据资产评估项目的具体情况收集相关资料。资料收集工作是资产评估业务质量的重要保证,也是进行分析、判断进而形成评估结论的基础。由于资产评估的专业性和评估对象的广泛性,不同的项目、不同的评估目的、不同的资产类型对评估资料有着不同的要求。另外,由于评估对象及其所在行业的市场状况、信息化和公开化程度差别较大,相关资料的可获得程度也不同,因此资产评估机构和评估人员的执业能力从一定程度上就体现在其收集、占有与所执行项目相关的信息资料的能力上。资产评估机构和评估人员在日常工作中就应当注重收集信息资料、掌握其来源,并根据所承接项目的情况确定收集资料的深度和广度,尽可能全面、翔实地占有资料,并采取必要措施确保资料来源的可靠性。根据资产评估项目的进展情况,资产评估机构和评估人员应当及时补充并收集所需资料。

(六)评定估算

资产评估机构和评估人员在占有相关资产评估资料的基础上,进入评定估算环节,主要包括分析资产评估资料、恰当选择资产评估方法、运用资产评估方法形成初步资产评估结论、综合分析确定资产评估结论、资产评估机构内部复核等具体工作步骤。

成本法、市场法和收益法是三种国际通用的资产评估基本方法,理论上,在任何资产评估项目中,资产评估人员都应当首先考虑这三种方法的适用性。如果不采用某一种资产评估基本方法,资产评估人员应当予以必要说明。资产评估人员在选择恰当的资产评估方法后,应当根据评估基本原则和规范要求进行评估,形成初步评估结论。

资产评估人员在形成初步资产评估结论的基础上,需要对信息资料以及参数的数量、质量和选取的合理性等进行综合分析,以形成资产评估结论。当采取两种以上资产评估方法时,资产评估人员应当在初步合理性的基础上形成资产评估结论。

另外,资产评估机构应当建立内部复核制度,对资产评估结论进行必要的复核工作。

(七)编制和提交资产评估报告书

资产评估机构和评估人员在执行必要的资产评估程序、形成资产评估结论后,应当按有关资产评估报告的规范编制资产评估报告书。资产评估报告书的主要内容包括委托方和资产评估机构情况、资产评估目的、资产评估结论的价值类型、资产评估基准日、评估方法及其说明、资产评估假设和限制条件等。资产评估机构和评估人员可以根据资产评估业务的性质,并按照委托方或其他评估报告使用者的要求,在遵守资产评估报告书规范和不引起误导的前提下,选择恰当的资产评估报告书提交给委托人。在提交正式的资产评估报告书之前,可以与委托人等进行必要的沟通,听取委托人、资产占有方等对资产评估结论的反馈意见,并引导委托人、资产占有方、资产评估报告使用者等合理理解资产评估结论。

(八)资产评估工作档案归档

资产评估机构和评估人员在向委托人提交资产评估报告书后,应当将资产评估工作档案归档。将这一环节列为资产评估基本程序之一,充分体现了资产评估服务的专业性和特殊性,不仅有利于评估机构应对以后可能出现的资产评估项目检查和法律诉讼,也有利于资产评估机构总结、完善和提高资产评估的业务水平。资产评估机构和评估人员应当将在资产评估工作中形成的、与资产评估业务相关的、有保存价值的各种文字、图表、声像等资料及时予以归档,并按国家有关规定对资产评估工作档案进行保存、使用和销毁。

◆ 应知考核

一、单项选择题

1. 以下原则中,属于资产评估的工作原则的是( )。
   A. 贡献原则　　B. 替代原则　　C. 预期收益原则　　D. 客观性原则
2. 下列原则中,属于资产评估的经济技术原则的是( )。
   A. 贡献原则　　B. 客观性原则　　C. 专业性原则　　D. 科学性原则
3. 资产评估最基本的前提假设是( )。
   A. 交易假设　　B. 公开市场假设　　C. 持续使用假设　　D. 清算假设
4. 在企业兼并时,目标企业(被兼并企业)价值评估的最适用假设是( )。
   A. 清算假设　　B. 公开市场假设　　C. 持续使用假设　　D. 持续经营假设
5. 银行在因债务不能清偿而需要对其受押的抵押房地产进行处置时,该抵押房地产价值评估适用( )。
   A. 清算假设　　B. 公开市场假设　　C. 持续使用假设　　D. 持续经营假设

二、多项选择题

1. 下列各项中,属于资产评估的经济技术原则的有( )。
   A. 预期收益原则　　B. 可行性原则　　C. 供求原则　　D. 贡献原则
2. 适用于资产评估的假设有( )。
   A. 重置成本假设　　B. 公开市场假设　　C. 交易假设　　D. 清算假设
3. 下列可以作为资产评估的特定目的的资产业务有( )。
   A. 个人拥有的股票　　　　　　　　B. 企业拥有的不动产
   C. 政府公布的经济信息　　　　　　D. 中外合资和合作
4. 资产评估业务委托合同包括的主要内容有( )。

A. 资产评估目的、资产评估对象 B. 资产评估限制条件和重要假设
C. 资产评估基准日 D. 资产评估报告使用范围

5. 特定评估业务主要包括(　　)。
A. 以抵(质)押为目的的评估业务 B. 以税收为目的的评估业务
C. 以保险为目的的评估业务 D. 以财务报告为目的的评估业务

三、判断题

1. 对市场价值和市场价值以外的价值的评估结论都是公平合理的。　　　　(　)
2. 资产评估计划一经确定就不得改动。　　　　(　)
3. 资产评估的一般目的是界定评估对象的基础。　　　　(　)
4. 评估人员确定被评估资产价值的依据是产权依据。　　　　(　)
5. 资产评估中的市场价值以外的价值也是公允价值。　　　　(　)

四、简述题

1. 如何理解资产评估的一般目的和特定目的?
2. 简述市场价值与市场价值以外的价值的划分标准。
3. 为什么说对价值类型的合理选择是实现评估目的的重要途径?
4. 资产评估的依据有哪些?
5. 资产评估的程序有哪些环节?

应会考核

■ 观念应用

【背景资料】

S资产评估事务所(简称"S事务所")于2019年在某省设立,主营评估业务;2020年在北京成立总所,原地方所注册为分所。2021年采取"借牌子""过门子"等方法,获取了证券资格。该评估机构的评估资格证在2022年后没有进行年检。成立之初,为了争揽业务,该机构推出了所谓"成本套餐",即收费少一点、人员少派点、底稿少编点。在人手紧张、业务繁忙时期,依然"来者不拒",同时承揽多家大型项目的评估业务,并集中了一批无从业资格的机构和人员进行"兵团作战",外聘"专家"水平参差不齐。在评估过程中,该机构对不同项目的假设都大同小异,评估前提假设、评估环境假设、使用范围假设、利用效果假设都近似,甚至在行业竞争分析方面都有相似的描述。W公司刚注册商标,委托S事务所评估其未来的市场范围以及可能带来的收益,S事务所只对W公司提供的许多"未来"项目进行评估。S事务所在三天时间内便为W公司"炮制"出一份作价4.93亿元的虚高评估报告。评估过程中,既未到相关部门核实土地权属、征地费用、土地等级等一系列资产评估需要的重要依据,也未取得被评估土地所在地政府有关当地土地基准地价的文件,仅凭W公司提供的W公司一宗土地的"国有土地使用证"复印件和另一宗土地的"国有土地使用证正在办理之中的证明"复印件等,就"凭经验"采取基准地价法对W公司1 268亩土地(其中包括部分国家文物保护区范围内的土地)进行所谓的"估算"并出具报告,W公司据此向金融机构骗贷0.7亿元。由于报告时间紧,来不及进行实物现场全面核查,该机构直接在"特别事项说明"中表述"实物资产未进行核实,以账面值作为评估结果"。

【考核要求】

请结合项目一和项目二的相关内容对此进行分析,案例中违反资产评估规定的行为表现在哪些方面?

■ 技能应用

上网调研或实地考察一个你所熟悉的企业,查看企业的基本情况,结合本项目中资产评估的目的及价值类型、资产评估的依据和程序对企业进行资产评估分析,写一篇小论文或进行课堂小组讨论。

【技能要求】

撰写小论文,要求依据、程序合理。

■ 案例分析

ABC钢铁有限责任公司是一家大型国有钢铁产销型企业,是由ABC(集团)公司、GD银行、WY投资公司和CX资产管理公司于2016年正式投资组建成立的有限责任公司。该公司注册资本950 000万元,其中ABC(集团)公司占45%、GD银行占35%、WY投资公司和CX资产管理公司各占10%。该公司2021年在册职工人数为80 000人。该公司主要有四大系列产品:①以重轨、工字钢、310乙字钢等为代表的大型材;②以管线钢、汽车大梁板、热轧酸洗板、冷轧镀锌板、IF钢等为代表的板材;③以五氧化二钒、三氧化二钒、高钒铁、钒钛合金、钛白粉为代表的钒钛制品;④以无缝钢管、高频焊管为代表的管材及优质棒线材。2021年,实际生产生铁4 280 000吨、转炉钢4 000 000吨、轨梁材1 060 000吨、热轧板16 500 000吨、冷轧板730 000吨、五氧化二钒4 000吨、三氧化二钒3 000吨、钛白粉13 000吨。截至2022年12月31日,该公司旗下设有22家二级单位、7家分公司、7家全资子公司和16家控股子公司。

由于GD银行拟转让其所持有的ABC钢铁有限责任公司35%的股权,因此需要对其所涉及的企业整体价值进行评估。

【分析要求】

该案例中,在初步分析企业价值时需要解决哪些关键问题?

项目实训

【实训项目】

资产评估的假设与原则。

【实训内容】

调查苹果、三星等公司的基本信息,假设你是一个资产评估师,在对这些公司进行资产评估时,应遵守哪些假设和原则?

【实训目的】

加强对资产评估的理解,为掌握资产评估的基本方法奠定基础。

【实训反思】

(1)资产评估中,如何合理地运用资产评估的假设和原则?写一篇你的认识或感想小结。

(2)将实训报告填写完整。

《资产评估的假设与原则》实训报告			
项目实训班级：	项目小组：		项目组成员：
实训时间：　　年　　月　　日	实训地点：		实训成绩：
实训目的：			
实训步骤：			
实训结果：			
实训感言：			
不足与今后改进：			
项目组长评定签字：		项目指导教师评定签字：	

项目三　资产评估基本方法

● **知识目标**

> 理解：市场法、收益法和成本法的基本概念、适用范围和优缺点。
> 熟知：市场法、收益法和成本法的前提条件和基本步骤。
> 掌握：市场法、收益法和成本法的基本原理、主要参数和方法的应用。

● **技能目标**

> 在掌握资产评估的市场法、收益法和成本法的基础上，能够在具体的案例操作中合理、灵活地运用这三种基本方法，对资产评估的对象进行价值判断。

● **素质目标**

> 通过对本项目的学习，掌握资产评估的基本方法——市场法、收益法和成本法，掌握对各种资产评估方法的比较和选择。把学和做有机结合，做到学思用贯通、知信行统一，提高自己的职业道德素养和职业认知。

● **思政目标**

> 能够正确地理解"不忘初心"的核心要义和精神实质；树立正确的世界观、人生观和价值观，做到学思用贯通、知信行统一；通过资产评估基本方法知识，履行诚实守信的首要义务，体现"诚信"的要求。正确选择评估方法，勤勉谨慎，体现"敬业"的要求。

● **项目引例**

资产评估方法的选择

假设被评估资产年生产能力为 60 吨，参照资产年生产能力为 80 吨，评估时点参照资产的市场价格为 100 万元，该类资产的功能指数为 0.7，则被评估资产的价值为多少？

资产评估价值 $=100\times(60/80)^{0.7}=81.8$（万元）

引例导学：在资产评估中，评估的方法种类繁多，选择合理的方法至关重要。本项目重点阐述资产评估中的市场法、收益法和成本法。

● 课程思政

通过本项目中四个任务的学习,明确资产评估方法是评定估算资产价值的途径和手段。它主要包括市场法、收益法和成本法三种基本方法。通过对本项目的学习,有助于学生合理地选择资产评估的基本方法,提高专业技能;守正创新,与时俱进,不断更新知识结构,规范在资产评估业务中的行为,遵守《资产评估执业准则》,培养"顾全大局、熟悉法规、依法办事、依法治国"的价值观;激发爱国热情,树立工匠精神的爱国情怀和使命担当。

任务一 市场法

一、市场法概述

(一)市场法的概念

市场法也称比较法、市场比较法,是指通过将评估对象与可比参照物进行比较,以可比参照物的市场价格为基础确定评估对象价值的评估方法的总称。市场法包括多种具体方法,例如,企业价值评估中的交易案例比较法和上市公司比较法,单项资产评估中的直接比较法和间接比较法等。在实际操作中,它通过比较被评估资产与最近售出的类似资产的异同,并将类似资产的市场价格进行调整,从而确定被评估资产的价值。市场法是资产评估中最简单有效、最为直接和最具说服力的评估方法之一。

市场法适用于评估住宅、写字楼、商铺、标准厂房、房地产开发用地等数量较多、经常发生交易的房地产的价值。特殊厂房、机场、码头、学校、纪念馆、古建筑、教堂、寺庙等数量很少或较少发生交易的房地产,难以采用市场法估价。

【学中做3-1】(单项选择题)适用市场法评估的是( )。
A. 标准厂房   B. 学校   C. 码头   D. 纪念馆

(二)市场法应用的前提条件

资产评估专业人员选择和使用市场法时应当考虑市场法应用的前提条件:①评估对象的可比参照物具有公开的市场,以及活跃的交易;②有关交易的必要信息可以获得。

资产评估专业人员应当根据评估对象特点,基于以下原则选择可比参照物:①选择在交易市场方面与评估对象相同或者可比的参照物;②选择适当数量的与评估对象相同或者可比的参照物;③选择与评估对象在价值影响因素方面相同或者相似的参照物;④选择交易时间与评估基准日接近的参照物;⑤选择交易类型与评估目的相适合的参照物;⑥选择正常或者可以修正为正常交易价格的参照物。

【提示】市场法的比较基准通常因评估对象的资产类型、所处行业等差异有所区别,可以表现为价值比率、交易单价等形式。

二、影响市场法的主要因素

影响市场法的主要因素包括资产功能、市场供求、交易条件、资产的实体特征和质量、成新率等。

(一)资产功能

资产功能是资产使用价值的主体,是影响资产价值的重要因素之一。在资产评估中强调资产的使用价值或功能,并不是从纯粹抽象意义上去讲,而是从资产的功能并结合社会需求,从资产实际发挥效用的角度来考虑。就是说,在社会需要的前提下,资产的功能越强,其价值越高,反之则反是。

(二) 市场供求

资产的市场均衡价格是在供求变动中形成的,因而评估主要是考虑参照物成交时与评估时的市场条件及供求关系的变化情况。一般而言,供不应求时,价格会上升;供过于求时,价格会下降。评估专业人员应对市场条件差异而引致的资产价值变化给予足够的关注。

(三) 交易条件

交易条件主要包括交易批量、交易动机、交易时间等。交易批量不同,交易动机及不同时间交易的资产的交易价格都会有差别。

(四) 资产的实体特征和质量

资产的实体特征主要是指资产的外观、结构、役龄和规格型号。资产的质量主要是指资产本身的功能、性能精度、建造或制造工艺水平,也包括由此产生的商品品牌和市场影响力。对资产实体特征及质量的鉴定有时比较复杂,需由有关专业机构或专家进行。

(五) 成新率

由于被评估资产通常并不是全新资产,故其新旧程度、可被再用程度也成了该资产价值的重要标准之一。

【注意】除了上述因素之外,同类资产的现行市价、所处的时间和地域以及通货膨胀等因素也对被评估资产的价值有重要影响。

三、市场法评估的基本步骤

(一) 选择参照物

对参照物的选择主要考虑两方面关键因素:①参照物的可比性。可比性包括功能、市场条件及成交时间等。因为运用市场法评估资产价值,被评估资产的评估值高低在很大程度上取决于参照物成交价格水平,而参照物成交价又不仅是参照物功能自身的市场体现,而且受买卖双方交易地位、交易动机、交易时限等因素的影响。②参照物的数量问题。不论参照物与评估对象如何相似,通常参照物应选择三个以上,以避免某个参照物在个别交易中因特殊因素和偶然因素对成交价及评估值造成影响。

(二) 在评估对象与参照物之间选择比较因素

虽然影响资产价值的基本因素大致相同,如资产性质、市场条件等,但具体到每一种资产时,影响资产价值的因素又各有侧重。如影响房地产价值的主要是地理位置因素,而影响机器设备的主要是设备的技术水平。因而,针对不同种类资产价值形成的特点,选择影响较大的关键因素作为对比指标,在参照物与评估对象之间进行比较。

(三) 指标对比与量化差异

根据前面所选定的对比指标,在参照物及评估对象之间进行比较,并对两者的差异进行量化。运用市场法的一个重要环节就是将参照物与评估对象对比指标之间的上述差异数量化和货币化。例如,资产功能指标,尽管参照物与评估对象功能相同或相似,但在生产能力、产品质量,以及资产运营过程中的能耗、料耗和工耗等方面都可能有不同程度的差异。

(四) 分析确定已经量化的对比指标之间的差异

市场法以参照物的成交价格作为评定估算评估对象价值的基础。在这个基础上,对已经量化的参照物与评估对象对比指标差异进行调增或调减,就可以得到以每个参照物为基础的评估对象的初步评估结果。初步评估结果与所选择的参照物个数密切相关。

（五）综合分析确定评估结果

由于运用市场法通常应选择三个以上参照物，相应地运用市场法评估的初步结果也在三个以上。根据资产评估的一般要求，正式的评估结果只能是一个。这就需要评估专业人员对若干评估初步结果进行综合分析，以确定最终的评估值。当然，如果参照物与评估对象可比性都很好，评估过程中没有明显的遗漏或疏忽，一般可考虑采用算术平均法或加权平均法确定最终结果。

四、市场法评估的方法

市场法评估的方法包括直接比较法、类比调整法和成本市价法等。

（一）直接比较法

直接比较法是指利用参照物的交易价格，将评估对象的特征与参照物的同一特征直接进行比较，在参照物的交易价格的基础上进行修正从而得到评估对象价值的方法。其基本计算公式为：

$$评估对象价值 = \frac{参照物成交价格}{参照物特征} \times 评价对象特征$$

或

$$评估对象价值 = 参照物成交价格 \times \frac{评价对象特征}{参照物特征}$$

直接比较法简单、直观、简洁，但是难以找到完全相同的参照物。直接比较法主要包括现行市价法、市价折扣法、功能价值类比法、价格指数调整法和成新率价格调整法等。

1. 现行市价法

当评估对象本身具有现行市场价格或与评估对象基本相同的参照物具有现行市场价格的时候，可以直接利用评估对象或参照物在评估基准日的现行市场价格作为评估对象的评估价值。在运用现行市价法时要注意，评估对象或参照物在评估基准日的现行市场价格应与评估对象的价值内涵相同。比如：黄金、白银等贵金属具有公开市场价格，可以用评估基准日的收盘价作为评估价值。

2. 市价折扣法

市价折扣法是以参照物成交价格为基础，根据评估专业人员的经验或有关部门的规定，同时考虑到评估对象在销售条件、销售时限或销售数量等方面的因素，设定一个价格折扣率来估算评估对象价值的方法。用公式表达如下：

$$资产评估价值 = 参照物成交价格 \times (1 - 价格折扣率)$$

【做中学 3—1】 在评估基准日与其完全相同资产的正常变现价为 200 万元，经评估师综合的分析，认为折扣率应为 20%。

资产评估价值 = 200×(1-20%) = 160（万元）

3. 功能价值类比法

资产评估的功能价值类比法是以参照物的成交价格为基础，考虑参照物与评估对象之间的功能差异进行调整来估算评估对象价值的方法。根据资产的功能与其价值之间的关系可分为线性关系和指数关系两种情况：

(1)生产能力比例法。资产价值与其功能呈线性关系的情况，通常被称作生产能力比例法。其资产评估价值计算公式为：

$$资产评估价值 = 参照物成交价格 \times \frac{评估对象生产能力}{参照物生产能力}$$

【做中学 3—2】 被评估资产生产能力为 90 吨，评估参照资产的年生产能力为 120 吨，评估基准日参照资产的市场价格为 10 万元，由此确定被评估资产的价值接近于：

资产评估价值 = 10×90÷120 = 7.5（万元）

(2)规模经济效益指数法。资产价值与其功能呈指数关系的情况,通常被称作规模经济效益指数法。其资产评估价值计算公式为:

$$资产评估价值=参照物成交价格×\left(\frac{评估对象生产能力}{参照物生产能力}\right)^x$$

【做中学3—3】 被评估资产生产能力为160吨,参照资产的年生产能力为200吨,评估基准日参照资产的市场价格为40万元,该类资产功能价值指数为0.8。计算该被评估资产价值如下:

$$资产评估价值=40×(160÷200)^{0.8}=33.46(万元)$$

4. 价格指数调整法

价格指数调整法是以参照物成交价格为基础,基于参照物的成交时间和被评估资产的评估基准日的时间间隔引起的价格变化对资产价值的影响,利用价格变动指数或价格指数调整参照物成交价格,从而确定被评估资产的价值的方法。按照价格指数法,评估资产的价值计算公式如下:

$$被评估资产价值=参照物交易价格×(1+价格变动指数)$$

或

$$被评估资产价值=参照物交易价格×价格指数$$

【提示】此方法一般只运用于评估标的与评估参照物之间仅有时间因素存在差异的情况,且时间差异不能过长。但是,此方法稍微做调整可作为市场售价类比法中估测时间差异系数或者时间差异值的方法。

【做中学3—4】 2023年6月,汇信资产评估师事务所采用市场法评估一台机器设备。已知,该类资产在2023年1月份的正常成交价格是100万元,2023年上半年该类资产价格上涨了10%。在不考虑其他因素的情况下,被评估资产的价值是多少?

$$资产评估价值=100×(1+10\%)=110(万元)$$

5. 成新率价格调整法

成新率价格调整法是以评估参照物的成交价格为基础,考虑评估参照物与评估标的新旧程度上的差异,通过成新率调整估算出评估标的的价值。其计算公式为:

$$资产评估价值=评估参照物成交价格×\frac{评估标的成新率}{评估参照物成新率}$$

$$资产的成新率=\frac{资产的尚可使用年限}{资产的已使用年限+资产的尚可使用年限}$$

【提示】此方法一般只运用于评估标的与评估参照物之间仅有成新程度差异的情况。当然此方法略加改造也可以作为确定评估标的与评估参照物成新程度差异调整率和差异调整值的方法。

【做中学3—5】 2023年6月,汇信资产评估师事务所采用市场法评估一台机器设备。已知,参照物在评估基准日的市场价格是100万元,成新率为九成,评估对象的成新率是八成。在不考虑其他因素的情况下,被评估资产的价值是多少?

$$资产价值=100×\frac{80\%}{90\%}=88.89(万元)$$

由于直接比较法对评估参照物与评估标的的可比性要求较高,在具体评估过程中寻找参照物可能会受到局限,因而,运用直接比较法直接评估出某项资产的价值相对会受到一定制约。在资产评估实践中,更多的情况是利用直接比较法估算评估标的与评估参照物在某一价值影响因素上的差异或差异系数(修正系数),然后在评估参照物价格的基础上调整评估标的与评估参照物之间所有的差异,评估出评估标的的价值。

(二)类比调整法

类比调整法是市场法中最基本的评估方法。它是指一项被评估资产,在公开市场上找不到与之完全相同的参照物资产,但在市场上能找到相类似的资产,以此作为参照物,依其成交价做必要的调整后,确定被评估资产的价格。该法通过对比分析调整参照物与评估对象之间的差异,在参照物成交价格的基础上调整估算评估对象的价值。类比调整法具有适用性强、应用广泛的特点。但该法对信息资料的数量和质量要求较高,同时要求评估专业人员有较丰富的评估经验、市场阅历和评估技巧。

1. 应用类比调整法评估资产价值时参照物的主要差异调整因素

(1)时间因素。时间因素是指参照物成交时间与评估基准日时间差异对价格的影响。一般而言,选择参照物时要求参照物为近期成交或标示出的价格。

(2)地区因素。地区因素是指资产所在地区或地段条件对资产(尤其是房地产)价格的影响因素。

(3)功能因素。功能因素是指资产实体功能过剩或不足对价格的影响。

2. 类比调整主要采用市场售价类比法

市场售价类比法是以参照物的成交价格为基础,考虑参照物与评估对象在功能、市场条件和销售时间等方面的差异,通过对比分析和量化差异,调整估算出评估对象的价值。其基本数学表达式为:

资产评估价值＝参照物售价＋功能差异值＋时间差异值＋⋯＋交易情况差异值

或　　资产评估价值＝参照物售价×功能差异修正系数×⋯×时间差异修正系数

(三)成本市价法

成本市价法是以评估对象的现行合理成本为基础,利用参照物的成本市价比率来估算评估对象的价值的方法。其计算公式为:

资产评估价值＝评估对象现行合理成本×(参照物成交价格÷参照物现行合理成本)

上述评估方法作为市场法中的具体方法,使用时必须满足两个最基本的前提条件:①利用参照物进行评估,且参照物与评估对象必须相同或相似,即具有可比性;②参照物的交易时间与评估基准日间隔不能过长。

【注意】上述评估方法也可作为成本法中的具体方法,但使用前提可能会与市场法有所区别。

五、市场法的优缺点

市场法是资产评估中最简单、最有效的方法。其优点是:能够客观反映资产目前的市场情况,其评估的参数、指标可直接从市场获得,评估值更能反映市场现实价格;评估结果易于被各方理解和接受。其缺点是:需要以公开及活跃的市场作为基础,当市场不够成熟活跃时,会因缺少可对比数据而使市场法难以应用;不适用于专用机器设备、大部分无形资产,以及受地区、环境等严格限制的一些资产的评估。

任务二　收益法

一、收益法概述

(一)收益法的概念

收益法,也称权益法或收益现值法,是指通过将评估对象的预期收益资本化或者折现,来确定其价值的各种评估方法的总称。收益法包括多种具体方法。例如,企业价值评估中的现金流量折现法、股利折现法等;无形资产评估中的增量收益法、超额收益法、节省许可费法、收益分成法等。

采用收益法对资产进行评估所确定的资产价值,是指为获得该项资产以取得预期收益的权利所支付的货币总额。资产的评估价值与资产的效用程度密切相关,资产的效用越大,获利能力越强,它的价值也就越大。从收益法概念本身也可以分析确定收益法应用的前提条件。从理论上讲,收益法是资产评估中较为科学合理的评估方法之一。

收益法适用于经营性且有稳定收益的建(构)筑物价值评估,如商场、写字楼、旅馆、公寓等,对于政府机关、学校、公园等非经营性建(构)筑物价值评估大多不适用。

【学中做 3—2】　(单项选择题)下列对象适合应用收益法评估其价值的是(　　)。
A. 政府办公楼　　　B. 学校　　　　C. 公园　　　　D. 写字楼

(二)收益法应用的前提条件

资产评估专业人员选择和使用收益法时应当考虑其应用的前提条件:①评估对象的未来收益可以合理预期并用货币计量;②预期收益所对应的风险能够度量;③收益期限能够确定或者合理预期。

【注意】运用收益法对资产进行评估时,是以资产投入使用后能够连续获利为基础的。资产作为特殊商品,在买卖中,人们购买的目的往往并不在于资产本身,而在于资产的获利能力。如果在资产上进行投资不是为了获利,进行投资后没有预期收益或预期收益很少且不稳定,则不能采用收益法。

二、收益法评估的基本步骤

收益法评估的基本步骤包括:①收集并验证与评估对象未来预期收益有关的数据资料,包括经营前景、财务状况、市场形势,以及经营风险等;②分析、测算被评估对象未来预期收益;③确定折现率或资本化率;④分析、测算被评估资产产生预期收益持续的时间;⑤用折现率或资本化率将评估对象未来预期收益折算成现值;⑥分析确定评估结果。

三、收益法评估的主要参数

收益法的运用不仅在于掌握其在各种情况下的计算过程,而且在于科学、合理地确定所涉及的各项参数。收益法中的主要参数有收益额、折现率、收益期限。

(一)收益额

在运用收益法中,收益额的确定是关键。收益额是指被评估资产在使用过程中产生的超出其自身价值的溢余额。对于收益额的确定,应把握以下两点:

(1)收益额即纯收益,指的是资产使用带来的未来收益期望值,是通过预测分析获得的。无论是所有者还是购买者,首先都应判断该项资产是否有收益。评估时对其收益的判断,不仅要看其现在的收益能力,而且要预测其未来的收益能力。

(2)收益额必须是由被评估资产直接形成的,不是由该项资产形成的收益应分离出来,切莫"张冠李戴"。关于收益额的构成,以企业为例,目前有几种观点:税后利润(即净利润)、现金流量、利润总额。

【提示】至于选择哪一种作为收益额,评估人员应根据被评估资产的类型、特点以及评估目的决定;重要的是科学反映资产收益,并与折现率(或资本化率)保持口径一致。

(二)折现率(或资本化率)

折现率是一种期望投资报酬率,是指在投资风险一定的情况下,投资者对投资所期望的最低报酬。折现率由无风险报酬率和风险报酬率组成。其基本计算公式是:

$$资产折现率=无风险报酬率+风险报酬率$$

上式中,无风险报酬率是指资产在一般条件下的获利水平,风险报酬率是指在风险条件下取得的报酬与资产的比率,一般可以参照同期国库券利率。风险报酬率是指超过无风险报酬率之上的部分投资报酬率。如果存在持续明显的通货膨胀，则还需要考虑通货膨胀对资产收益的影响。通货膨胀率则是指资产受宏观货币环境影响而出现的价格上涨程度。因此，上面的式子可以完善为：

$$资产折现率＝无风险报酬率和风险报酬率＋通货膨胀率$$

【注意】在资产评估中，因资产的行业分布、种类、市场条件等不同，其折现率也不相同。

确定折现率常用的方法有市场比较法、资本资产定价模型法和加权平均资本成本法。

（1）市场比较法。市场比较法可以通过对市场上相似资产投资收益的调查和比较得到有关数据，如在资产交易市场上调查，得到三个与待评估机器设备同类的资产交易事例，经分析它们的投资收益回报率分别为11％、12％、13.6％，则取其平均数12.2％作为被评估资产的折现率。

（2）资本资产定价模型法。资本资产定价模型法是通过一项资本投资的回报率与投资于整个资本市场的回报率的比较，来衡量该投资的风险补偿。当然应该明确的是，该模型确定的折现率是资产的权益成本，而非资本成本。资本资产定价模型法中折现率的确定公式为：

$$资产期望报酬率＝无风险报酬率＋（资产平均回报率－无风险报酬率）×β$$

上式中，资产期望报酬率即我们所要求的折现率；β是一种风险指数，用来衡量个别股票或股票基金相对于整个股市的价格波动情况。

（3）加权平均资本成本法。加权平均资本成本法既考虑权益资本成本，也考虑债务资本成本，同时要考虑债务利息可以抵减所得税的问题。加权平均资本成本公式如下：

$$加权平均资本成本＝权益成本×权益比例＋债务成本×（1－所得税税率）×债务百分比$$

上式中，加权平均资本成本即我们所要求的折现率。

【做中学3－6】 某公司的目标资本结构中负债是60％、权益是40％，债务成本是8％、权益成本是12％、所得税税率是25％，则加权平均资本成本为：

$$12\%×40\%＋8\%×（1－25\%）×60\%＝8.4\%$$

【提示】资本化率与折现率在本质上是没有区别的，只是适用场合不同。折现率是将未来有限期的预期收益折算成现值的比率，用于有限期的预期收益还原；资本化率则是将未来永续性的预期收益折算成现值的比率。

（三）收益期限

收益期限是指资产获利能力持续的期间，通常以年为时间单位。收益期限由评估人员根据未来获利情况、损耗情况等确定，也可以根据法律、法规、合同规定等加以确定。

【提示】运用收益法时，应当关注以下影响评估测算结果可靠性的因素：①无法获得支持专业判断的必要信息；②评估对象没有历史收益记录或者尚未开始产生收益，对收益的预测仅基于预期；③未来的经营模式或者盈利模式发生重大变化。

四、收益法评估的方法

收益法实际上就是对被评估资产未来预期收益进行折现（或资本化）的过程。一般来说，有以下几种情况：

（一）资产未来收益有限期的情形

在资产未来预期收益具有特定时期的情形下，通过预测有限期内各期的收益额，并以适当的折现率进行折现，各年预期收益折现之和即为评估值。其基本公式为：

$$评估值=\sum_{i=1}^{n}\frac{R_i}{(1+r)^i}$$

式中，R_i表示未来第i个收益期的预期收益额，收益期有限时R_i中还包括期末资产剩余净额；n表示收益期；r表示折现率。预期收益很少而且很不稳定时，则不能采用收益法。

【做中学 3—7】 星海公司尚能继续经营 3 年,营业终止后资产全部用于抵债,现拟转让。经预测得出 3 年内各年预期收益和相关数据如表 3—1 所示。

表 3—1　　　　　　　　　　　　星海公司未来 3 年的预期收益

年　度	收益额(万元)	折现率(%)	折现系数	收益折现值(万元)
第 1 年	300	6	0.943 4	283
第 2 年	400	6	0.890 0	356
第 3 年	200	6	0.839 6	167.9

如此可以确定其评估值为:
评估值=283+356+167.9=806.9(万元)

(二)资产未来收益无限期的情形

1. 未来收益年金化的情形

这种情形下,首先预测其年收益额,然后对年收益额进行资本化处理,即可确定其评估值。其基本公式为:

$$资产评估值(收益现值)=年收益额/资本化率$$

上述公式实际是预期收益折现值求和的特殊形式。推导过程如下:

假设未来预期收益分别为 $R_1, R_2, \cdots, R_n$,折现率为 r,折现值之和为 PV,则有:

$$PV=R_1/(1+r)+R_2/(1+r)^2+\cdots+R_n/(1+r)^n$$

当 $R_1=R_2=\cdots=A$ 时,

$$PV=A[1/(1+r)+1/(1+r)^2+\cdots+1/(1+r)^n]$$
$$=A[(1+r)^n-1]/[r\cdot(1+r)^n]$$
$$=A[1-1/(1+r)^n]/r$$

当 $n\to\infty$ 时,$1/(1+r)^n\to 0$,则 $PV=A/r$。

有的资产评估,其预期年收益尽管不完全相等,但生产经营活动相对稳定,各期收益额相差不大,这种情况下也可以采用上述方法进行评估。其步骤如下:

第一步,预测该项资产未来若干年(一般为 5 年左右)的收益额,并折现求和。

第二步,通过折现值之和求取年等值收益额。根据上述计算公式可知:

$$\sum_{i=1}^{n}\frac{R_i}{(1+r)^i}=A\sum_{i=1}^{n}\frac{1}{(1+r)^i}$$

因此,

$$A=\sum_{i=1}^{n}\frac{R_i}{(1+r)^i}/\sum_{i=1}^{n}\frac{1}{(1+r)^i}$$

其中,$\frac{1}{(1+r)^i}$ 为年金现值系数,也可表示为 $(P/A, r, n)$,可查表求得。

第三步,将求得的年等值收益额进行资本化计算,确定该项资产评估值。

2. 未来年收益不等额的情形

首先,预测若干年内(一般为 5 年)的各年预期收益额;其次,假设从若干年的最后一年开始,以后各年预测收益额均相同;最后,将企业未来预期收益进行折现和资本化处理。其基本公式为:

$$资产评估值(预期收益现值)=\sum 前若干年各年收益额\times 各年折现系数$$
$$+以后各年的年金化收益/资本化率$$
$$\times 前若干年最后一年的折现系数$$

【提示】确定后期年金化收益的方法,一般以前期最后一年的收益作为后期永续年金收益,但也可以预测后期第一年的收益作为永续年金收益。

【做中学 3—8】 2023 年,星海公司预计未来 5 年收益额分别是 12 万元、15 万元、11 万元、11 万元和 14 万元。假定从第 6 年开始,以后各年收益均为 14 万元,确定的折现率和资本化率均为 10%。确定该企业在持续经营下的评估值。

解:评估过程可按下列步骤进行:
首先,确定未来 5 年收益额的现值:
现值总额 = $12/(1+10\%) + 15/(1+10\%)^2 + 11/(1+10\%)^3 + 11/(1+10\%)^4$
    $+ 14/(1+10\%)^5$
   = 49.277 7(万元)

计算中的现值系数可从复利现值表中查得。
其次,将从第 6 年起的收益进行资本化处理:
14/10% = 140(万元)
最后,确定该企业评估值:
企业评估值 = 49.277 7 + 140 × 0.620 9 = 136.2(万元)

五、收益法的优缺点

收益法对具有连续性、高效益的资产,特别是整体资产的评估有独特的优越性。其优点是:能较真实和准确地反映企业资本化的价值;与投资决策相结合,应用此法评估的资产价值易为买卖双方所接受。其缺点是:预期收益额预测难度较大,受较强的主观判断和未来不可预见因素的影响,因此在评估中适用范围较小,一般适用于企业整体资产和可预测未来收益的单项资产评估,折现率和资本化率比较难以确定。没有独立收益能力,没有连续性收益,或收益达不到一定水平的资产,不能采用收益法。

任务三 成本法

一、成本法概述

(一)成本法的概念

成本法,也称重置成本法或重置价值法,是指按照重建或者重置被评估对象的思路,将重建或者重置成本作为确定评估对象价值的基础,扣除相关贬值,以此确定评估对象价值的评估方法的总称。成本法包括多种具体方法。例如,复原重置成本法、更新重置成本法、成本加和法(也称资产基础法)等。

根据成本法的概念,成本法的基本计算公式可以表述为:
被评估资产评估值 = 重置成本 − 有形损耗 − 无形损耗
      = 重置成本 − 实体性贬值 − 功能性贬值 − 经济性贬值
      = 重置成本 × 成新率

其中,成新率是反映资产新旧程度的比率。
成本法适用于继续使用原设备的前提下不具备独立盈利能力的单台设备或其他设备的评估。对继续使用原设备的前提下无法用收益法评估的机器设备,也可采用成本法进行评估。

【学中做 3—3】 (单项选择题)在下列资产中,最适宜采用成本法评估的是( )。

A. 房地产　　　　　B. 土地使用权　　　C. 企业整体资产　　D. 旧的专用设备

(二)成本法应用的前提条件

资产评估专业人员选择和使用成本法时应当考虑成本法应用的前提条件：①评估对象能正常使用或者在用；②评估对象能够通过重置途径获得；③评估对象的重置成本以及相关贬值能够合理估算。

【注意】当出现下列情况，一般不适用成本法：①因法律、行政法规或者产业政策的限制使重置评估对象的前提不存在；②不可以用重置途径获取的评估对象。

二、重置成本法的适用范围

重置成本法比较充分地反映了资产在购买与建造过程中的必要花费，也体现了资产的有形损耗和无形贬值，因此，对于以资产重置、补偿为目的的资产评估业务都是适用的，是资产评估中最基本的方法之一。以下情形普遍运用重置成本法评估资产的价值：①通货膨胀造成被评估资产的现行市价比历史成本大幅度提高；②社会技术进步因素导致被评估资产，尤其是生产设备等固定资产出现较大的无形损耗；③因对现有资产进行技术更新或改造，使被评估资产的使用效益大幅度提高；④因被评估资产的使用年限的估计偏大或偏小，而使被评估资产计提的折旧同资产的自然损耗不相吻合；⑤被评估企业财务管理混乱，造成被评估资产的账面历史成本失实。

三、成本法评估的基本步骤

资产评估专业人员运用成本法对被评估资产进行评估时，应当遵循以下程序：①确定待评估资产的范围，并估算重置成本或重建成本；②确定待评估资产已使用年限、尚可使用年限和总使用年限；③确定有形和无形损耗；④计算得出初步评估结果。

四、成本法评估的方法

通过成本法评估资产的价值不可避免要涉及被评估资产的重置成本、实体性贬值、功能性贬值和经济性贬值四大参数，可以通过将其中的某些参数合并估测的方式进行。

(一)重置成本的估算

资产重置成本以功能重置为基本参照，但由于对现行条件的参照要素不同，可分为复原重置成本和更新重置成本。①重置成本是指在现行市场条件下，重新购建一项全新资产所耗费的全部货币支出。②复原重置成本是指运用与原来相同的材料、建筑或制造标准、设计、格式及技术等，以现时价格复原购建这项全新资产所产生的支出。③更新重置成本是指利用新型材料，并根据现代标准、设计及格式，以现时价格生产或购建具有同等功能的全新资产所需的成本。

【提示】复原重置成本适用于评估对象的效用只能通过按原条件重新复制评估对象的方式提供。更新重置成本通常适用于使用当前条件所重置的资产可以提供与评估对象相似或者相同的功能，并且更新重置成本低于其复原重置成本。

选择重置成本时，在可同时获得复原重置成本和更新重置成本的情况下，应选择更新重置成本；在无更新重置成本时，可采用复原重置成本。一般来说，复原重置成本大于更新重置成本，但由此导致的功能性损耗也大。之所以要选择更新重置成本，一方面，随着科学技术的进步、劳动生产率的提高，新工艺、新设计被社会普遍接受；另一方面，新型设计、工艺制造的资产，无论是在使用性能还是成本耗用方面，都会优于旧的资产。

一般来说，重置成本的评估方法包括重置核算法、价格指数法、功能价值类比法、统计分析法。

1. 重置核算法

重置核算法是指按资产成本的构成,把按现行市价计算的全部购建支出计入成本,并将总成本分为直接成本和间接成本来估算重置成本的一种方法。重置成本的构成要素一般包括建造或者购置评估对象的直接成本、间接成本、资金成本、税费及合理的利润。

$$重置成本＝直接成本＋间接成本$$

直接成本是指直接可以构成资产成本的支出部分,如房屋建筑物的基础、墙体、屋面、内装修等项目,以及机器设备类资产的设备购价、安装调试费、运杂费、人工费等项目。直接成本应按现时价格逐项加总。间接成本是指为建造、购买资产而发生的管理费、总体设计制图费等支出。实际工作中,间接成本可以通过下列方法计算。

(1)按人工成本比例法。即按每一元人工成本应分摊间接成本的比率来计算间接成本的方法。其计算公式为:

$$间接成本＝人工成本总额×成本分配率$$

其中:

$$成本分配率＝间接成本额÷人工成本额×100\%$$

(2)单位价格法。其计算公式为:

$$间接成本＝工作量(按工日或工时)×(单位价格÷工日或工时)$$
$$＝工作量(按工日或工时)×单位工作量的间接成本$$

(3)直接成本百分率法。其计算公式为:

$$间接成本＝直接成本×间接成本占直接成本百分率$$

【注意】重置成本应当是社会一般生产力水平的客观必要成本,而不是个别成本。

资产的重置成本应包括开发者的合理收益:①重置成本是按在现行市场条件下重新购建一项全新资产所支付的全部货币总额,应该包括资产开发和制造商的合理收益;②资产评估旨在了解被评估资产在模拟条件下的交易价格,一般情况下,价格都应该含有开发者或建造者的合理收益部分。资产重置成本中的收益部分的确定,应以现行行业或社会平均资产收益水平为依据。

【提示】重置核算法既可以计算复原重置成本,也可以计算资产的更新重置成本。

【做中学3-9】 星海公司2023年重置购建生产设备一台,现行市场价格每台50 000元,运杂费1 000元,直接安装成本800元(其中,原材料300元,人工成本500元)。根据统计分析求得安装成本中的间接成本为单位人工成本0.8元,试求该机器设备重置成本是多少?

解:

直接成本	51 800元
其中:买价	50 000元
运杂费	1 000元
安装成本	800元
其中:原材料	300元
人工	500元
间接成本(安装成本为500×0.8)	400元
重置成本合计	52 200元

【注意】重置核算法能比较真实地计算出被评估资产的重置成本价值,但工作量大,而且忽视了资产的实用性。

2. 价格指数法

价格指数法是利用与资产有关的价格变动指数,将被评估资产的历史成本(账面价值)调整为重置成本的一种方法。这里的账面价值应当能够代表资产购建时的市场价值,或者其代表的价值类型与评估的价值类型一致。计算公式为：

$$重置成本=资产的账面价值\times价格指数$$

或

$$重置成本=资产的账面价值\times(1+价格变动指数)$$

式中，价格指数可以是定基价格指数或环比价格指数。定基价格指数是评估基准日的价格指数与资产购建时点的价格指数之比，即：

$$定基价格指数=(评估基准日价格指数\div资产购建时的价格指数)\times100\%$$

价格变动指数可考虑按下式求得：

$$x=(1+a_1)(1+a_2)(1+a_3)\cdots(1+a_n)\times100\%$$

式中，x 为环比价格指数；a_n 为第 n 年环比价格变动指数，$n=1,2,3,\cdots,n$。

【做中学 3—10】 某待评估资产购建于 2023 年 3 月，账面原值为 1 000 000 元，现评估其 2024 年 3 月 2 日的价值。购建时该资产的定基价格指数为 120%，评估基准日该类资产的定基价格指数为 150%，则：

重置成本＝1 000 000×(150%÷120%)×100%＝1 250 000(元)

【提示】价格指数法建立在不同时期的某一种或某类甚至全部资产的物价变动水平上，价格指数法估算的重置成本，仅考虑了价格变动因素，因而确定的是复原重置成本；而重置核算法建立在现行价格水平与购建成本费用核算的基础上，既考虑了价格因素，也考虑了生产技术进步和劳动生产率的变化因素，因而可以估算复原重置成本和更新重置成本。

3. 功能价值类比法

功能价值类比法是指利用某些资产的功能(生产能力)的变化与其价格或重置成本的变化呈某种指数关系或线性关系，通过参照物的价格或重置成本，以及功能价值关系估测评估对象价格或重置成本的技术方法。当资产的功能变化与其价格或重置成本的变化呈线性关系时，我们称之为生产能力比例法；而非线性关系条件下的功能价值法，我们称之为规模经济效益指数法或规模经济指数法。

(1)生产能力比例法(或功能计价法)，这种方法是寻找一个与被评估资产相同或相似的资产为参照物，计算其每一单位生产能力价格或参照物与被评估资产生产能力的比率，据以估算被评估资产的重置成本。其计算公式为：

被评估资产重置成本＝(被评估资产年产量/参照物年产量)×参照物资产重置成本

【做中学 3—11】 星海公司 2024 年 3 月重置一台全新机器设备的价格为 80 000 元，年产量为 8 000 台。现知被评估资产年产量为 6 000 台，由此可以确定其重置成本：

被评估资产重置成本＝(6 000/8 000)×80 000＝60 000(元)

【注意】运用这种方法的前提条件是资产成本与其生产能力呈线性关系，生产能力越强，成本越高，并且呈正比例关系。应用这种方法估算重置成本时，首先应分析资产成本与生产能力之间是否存在这种线性关系，如果不存在这种关系，这种方法就不适用。

(2)规模经济效益指数法。通过对不同资产的生产能力与其成本之间关系的分析，可以发现，许多资产的成本与其生产能力之间不存在线性关系。当资产 A 的生产能力比资产 B 的生产能力大 1 倍时，其成本却不一定大 1 倍，也就是说，资产生产能力与成本之间只是同方向变化，而不是等比例变化，这是规模经济效益作用的结果。通过对两项资产的重置成本和生产能力作比较，其关系可用下列公式表示：

被评估资产的重置成本/参照物资产的重置成本＝(被评估资产的产量/参照物资产的产量)^x

推导可得：

被评估资产的重置成本＝参照物资产的重置成本×(被评估资产的产量/参照物资产的产量)^x

公式中，x 是一个行业经验数据，称为规模经济效益指数。这个经验数据一般在 0.4～1，不同行业的规模经济效益指数可能有所不同，同一行业在不同时期的规模经济效益指数也可能会有所不同。

【提示】 我国到目前为止尚未有统一的行业规模经济效益指数的经验数据，评估过程中要谨慎使用这种方法。

4. 统计分析法

在使用成本法对企业整体资产及某一相同类型资产进行评估时，为了简化评估业务、节省评估时间，还可以采用统计分析法确定某类资产的重置成本。统计分析法是应用统计学原理估算重置成本的一种方法，这种方法的步骤如下：

(1) 在核实资产数量的基础上，把全部资产按照适当标准划分为若干类型，如房屋建筑物按结构划分为钢结构、钢筋混凝土结构等，机器设备按有关规定划分为专用设备、通用设备、运输设备、仪器仪表等。

(2) 在各类资产中抽样选择适量具有代表性的资产，应用功能价值法、物价指数法、重置核算法或规模经济效益指数法等方法估算其重置成本。

(3) 依据分类抽样估算资产的重置成本与账面历史成本，计算出分类资产的调整系数。其计算公式为：

$$K = R'/R$$

式中，K 表示资产重置成本与历史成本的调整系数；R' 表示某类抽样资产的重置成本；R 表示某类抽样资产的历史成本。

根据调整系数 K 估算被评估资产的重置成本，其计算公式为：

$$被评估资产重置成本 = \sum 某类资产账面历史成本 \times K$$

其中，某类资产账面历史成本可从会计记录中取得。

【做中学 3-12】 评估星海公司某类通用设备，经抽样选择具有代表性的通用设备 5 台，估算其重置成本之和为 600 万元，而这 5 台具有代表性的通用设备的历史成本之和为 400 万元，该类通用设备账面历史成本之和为 8 000 万元。则：

$K = 600/400 = 1.5$

该类通用设备重置成本 $= 8\,000 \times 1.5 = 12\,000$（万元）

【注意】 上述 4 种方法均可用于确定在成本法中的重置成本。至于具体选用哪种方法，应根据具体的评估对象和可以找到的资料确定。这些方法中，对某项资产可能同时都能用，有的则不行，评估时必须注意分析方法运用的前提条件，否则将得出错误的结论。

(二) 实体性贬值的估算

实体性贬值，也称有形损耗，是指由于使用和自然力的作用导致资产的物理性能损耗或者下降引起的资产价值损失。资产实体性贬值的决定因素有使用时间、使用率、资产本身的质量和维修保养程度等。已使用时间越长，资产的有形损耗越大，剩余的价值就越低。使用率（即开工率）越高，资产在过去年限中的使用越充分，其有形损耗也就越大。实体性贬值的估算，一般可以采用观察法、使用年限法、修复费用法这三种技术方法。

1. 观察法

观察法，也称成新率法，是指由具有专业知识和丰富经验的工程技术人员对被评估资产实体各主要部位进行技术鉴定，并综合分析资产的设计、制造、使用、磨损、维护、修理、大修改造情况和物理寿命等因素，将评估对象与其全新状态相比较，考察由于使用磨损和自然损耗对资产的功能、使用效率带来的影响，判断被评估资产的成新率，从而估算出实体性贬值。其计算公式为：

$$资产的实体性贬值＝重置成本×实体性贬值率$$

或

$$资产的实体性贬值＝重置成本×(1－实体性成新率)$$

其中,成新率是反映评估对象的现行价值与其全新状态下的重置价值的比率。

观察法是一种综合判断方法,即将多种复杂因素对资产实体性贬值的混合影响简单定量化,因而这种方法适用面广。在实际应用中,对于简单的单项资产,可以采用总体观察法,直接确定其成新率;对于复杂的资产,则可以将其分解为若干部分,分别对各个部分进行观察,通过专家打分的方式确定不同部分的成新率,再根据各部分的重要性及价值比重进行加权平均,最后求出总体的成新率。

【做中学3－13】 有一大型设备,该设备由三个部分组成。经分析确定,三部分占总成本的比重分别为20%、30%、50%。在评估中,评估专业人员与有关专家一道对该设备进行观察,分别对各部分进行了技术鉴定和磨损估计,确定三部分的实体损耗率分别为20%、30%和25%,试求该设备的实体性贬值率和实体性成新率。

实体性贬值率＝20%×20%＋30%×30%＋50%×25%＝25.5%

实体性成新率＝1－25.5%＝74.5%

2. 使用年限法

使用年限法是利用被评估资产的实际使用年限与其总使用年限的比值来判断其实体贬值率(程度),进而估测资产的实体性贬值。对于某些特定固定资产,如大型稀有机器设备、飞机、船舶等也可采用工作量、工作时间、里程等方法估算;对于一般资产,则可视其状态估算有形损耗,如原材料、在产品和产成品等。其计算公式为:

$$资产的实体性贬值＝(重置成本－预计残值)/总使用年限×实际已使用年限$$

公式中,预计残值是指被评估资产在清理报废时净收回的金额。在资产评估中,通常只考虑数额较大的残值,如果残值数额较小,则可以忽略不计。总使用年限是资产的物理寿命,即资产从使用到报废为止经历的时间,公式可以表达为实际已使用年限与尚可使用年限之和。其计算公式为:

$$总使用年限＝实际已使用年限＋尚可使用年限$$

$$实际已使用年限＝名义已使用年限×资产利用率$$

由于资产在使用中负荷程度不同,必须将资产的名义已使用年限调整为实际已使用年限。名义已使用年限是指资产从购进使用到评估时的年限。名义已使用年限可以通过查询会计记录、资产登记簿、登记卡片确定。实际已使用年限是指资产在使用中实际损耗的年限。实际已使用年限与名义已使用年限的差值可以通过资产利用率来调整。其计算公式为:

$$资产利用率＝\frac{截至评估日资产累计实际利用时间}{截至评估日资产累计法定利用时间}×100\%$$

当资产利用率>1时,表示资产超负荷运转,资产实际已使用年限比名义已使用年限要长;当资产利用率＝1时,表示资产满负荷运转,资产实际已使用年限等于名义已使用年限;当资产利用率<1时,表示开工率不足,资产实际已使用年限小于名义已使用年限。

【做中学3－14】 星海公司的某资产于2013年7月购进,2023年7月评估时名义已使用年限是10年。根据该资产技术指标,正常使用情况下,每天应工作8小时,该资产实际每天使用7.5小时(一年按360天计算)。由此可以计算资产利用率:

$$资产利用率＝\frac{10×360×7.5}{10×360×8}×100\%＝93.75\%$$

由此,可确定其实际已使用年限为9.4年(10×93.75%)。

【提示】实际评估过程中,由于有些企业基础管理工作较差,再加上资产运转中的复杂性,用于计算资产利用率的指标往往很难确定。评估人员应综合分析资产的运转状态,诸如资产开工情况、大修间隔期、原材料供应情况、电力供应情况、季节性生产等因素来确定。尚可使用年限是根据资产的有形损耗因素来预计资产的继续使用年限。

3. 修复费用法

修复费用法是利用恢复资产功能所支出的费用金额来直接估算资产实体性贬值的一种方法。所谓的修复费用,包括资产主要零部件的更换或者修复、改造、停工损失等费用支出。如果资产可以通过修复恢复到全新状态,可以认为资产的实体损耗等于其修复费用。

(三)功能性贬值的估算

功能性贬值是指由于技术进步引起资产功能相对落后造成的资产价值损失,即无形损耗。估算功能性贬值时,主要根据资产的效用、生产加工能力、工耗、物耗、能耗水平等功能方面的差异造成的成本增加和效益降低,相应确定功能性贬值额。同时,还要重视技术进步因素、替代设备、替代技术、替代产品的影响,以及行业技术装备水平现状和资产更新换代速度。

通常,功能性贬值的估算可以按下列步骤进行:

(1)将被评估资产的年运营成本与功能相同但性能更好的新资产的年运营成本进行比较。

(2)计算两者的差值,确定净超额运营成本。由于企业支付的运营成本是在税前扣除的,因此企业支付的超额运营成本会导致税前利润下降、所得税额降低,并使得企业负担的运营成本远远低于其实际支付额。净超额运营成本是超额运营成本扣除所得税以后的余额。

(3)估计被评估资产的剩余寿命。

(4)以适当的折现率将被评估资产剩余寿命内每年的超额运营成本折现,这些折现值之和就是被评估资产的功能性损耗(贬值)。其计算公式为:

$$被评估资产的功能性贬值额=\sum(被评估资产年净超额运营成本\times 折现系数)$$

【做中学 3—15】 对于星海公司机器设备 A,技术先进的设备比原有的陈旧设备生产效率高,能节约工资费用。有关资料及计算结果如表 3—2 所示。

表 3—2　　　　　　　　　星海公司机器设备 A 有关资料及计算结果

项目	技术先进设备	技术陈旧设备
月产量(台)	10 000	10 000
单件工资(元)	0.90	1.40
月工资成本(元)	9 000	14 000
月差异额(元)		14 000−9 000=5 000
年工资成本超支额(元)		5 000×12=60 000
减:所得税(元)(税率25%)		15 000
扣除所得税后年净超额工资(元)		45 000
资产剩余使用年限(年)		5
假定折现率为10%,5年年金折现系数		3.790 8
功能性贬值额(元)		170 586

【注意】新、老技术设备的对比,除对比生产效率影响工资成本超额支出外,还可根据原材料消耗、能源消耗以及产品质量等指标进行对比,计算其功能性贬值。

此外,功能性贬值的估算还可以通过超额投资成本的估算进行,即超额投资成本可视同功能性贬值。其计算公式为:

$$功能性贬值＝复原重置成本－更新重置成本$$

【提示】功能性贬值主要是指由于技术相对落后造成的贬值。在资产评估实践中，并不排除由于资产功能过剩带来的资产功能性贬值。

（四）经济性贬值的估算

经济性贬值是指由于外部条件变化引起资产闲置、收益下降等造成的资产价值损失。计算经济性贬值时，主要是根据由于产品销售困难而开工不足或停止生产而形成资产的闲置，以及价值得不到实现等因素来确定贬值额。评估人员应根据资产的具体情况加以分析确定，当资产使用基本正常时，不计算经济性贬值。经济性贬值额的计算可以采用直接法和间接法。

1. 直接法

直接法可以按下列步骤进行：①计算出被评估资产由于生产能力下降而减少的年收益；②扣除所得税的影响，计算减少的年收益；③将每年减少的年净收益在剩余寿命期内进行折现，折现值之和则为经济性贬值额。经济性贬值额的计算公式可以表示为：

$$经济性贬值额＝资产年收益损失额\times(1-所得税税率)\times(P/A,r,n)$$

式中，$(P/A,r,n)$为年金现值系数。

【做中学 3－16】 由于市场需求等情况的变化，某企业一条生产线预计在其未来 3 年寿命期中每年减产 20 000 件，每件产品的利润为 800 元，假设折现率为 10%，所得税税率为 25%，试求该生产线的经济性贬值额。

$$经济性贬值额＝(20\,000\times 0.08)\times(1-25\%)\times(P/A,10\%,3)$$
$$＝1\,200\times 2.486\,9＝2\,984.28(万元)$$

2. 间接法

间接法可按下列步骤进行：①计算经济性贬值率；②经济性贬值率与被评估资产重置成本的乘积即为经济性贬值。

$$经济性贬值率＝\left[1-\left(\frac{资产预计可被利用的生产能力}{资产原设计生产能力}\right)^{x}\right]\times 100\%$$

$$经济性贬值＝经济性贬值率\times 被评估资产的重置成本$$

其中，指数 x 为功能价值指数，实践中多采用经验数据，数值一般介于 0.6～0.7。

【注意】经济性贬值额的计算应以评估对象的重置成本或重置成本减去实体性贬值和功能性贬值后的结果为基数，按确定的经济性贬值率估测。

【做中学 3－17】 某企业待估生产线设计生产能力为年产 800 套产品，因市场需求结构变化，在未来可使用年限内，每年产量要减少 140 套左右。根据上述条件，该生产线的经济性贬值大约在以下水平上：

$$经济性贬值率＝[1-(660\div 800)^{0.6}]\times 100\%＝11\%$$

五、成本法的优缺点

成本法是在资产评估中最为基础的评估方法，具有一定的科学性和可行性。其优点是：比较充分地考虑了资产的损耗，评估结果更趋于公平合理；使用成本法有利于对单项资产和特定用途资产的评估，在不易计算资产未来收益或难以取得市场参照物时，可广泛地应用，有利于企业资产保值，具有一定的科学性和可行性，可使被评估资产的评估价值接近实际价值，较真实地反映资产的现时价值。其缺点是：这种方法应用起来工作量较大，经济性贬值也不易全面准确计算。用成本法对整体资产进行评估时需要将企业分解为单项资产逐项评估，然后汇总，比较费时。各类贬值因素较抽象，难以准确量化。商誉等无形资产无法单独用成本法进行评估，需要结合其他方法综合评估。

任务四 资产评估方法的选择

一、资产业务与资产评估价格匹配原则

不同资产业务在评估中适用不同的价格标准，特定资产业务的目的不同，在评估其现行价格时具体条件也有所不同，因而评估时依据的价格标准和评估的基本方法也不同。资产评估中的价格标准主要有重置成本、现行市价、收益现值和清算价格。这些价格标准分别适用于不同的评估方法、不同的评估目的和不同的评估条件。另外，不同的评估目的和不同的评估条件也必须选择相应的价格标准和评估方法，这是资产评估科学、合理的重要保证。

二、资产评估各种评估方法的选择

资产评估专业人员应当熟知、理解并恰当选择评估方法。资产评估专业人员在选择评估方法时，应当充分考虑影响评估方法选择的因素。具体而言，应考虑以下几个因素：

（一）与评估价值相适应

资产评估价值类型决定了应该评估的价格类型，资产评估方法作为获得特定价值尺度的技术规程，必须与评估价值类型相适应。资产评估价值类型与资产评估方法是两个不同层次的概念。资产评估价值类型说明"评什么"，是资产评估价值质的规定，具有排他性，对评估方法具有约束性。资产评估方法说明"如何评"，是资产评估价值量的确定，具有多样性和替代性，并服务于评估价值类型。准确地确定资产评估价值类型与科学地匹配资产评估方法，是资产评估价值具有科学性和有效性的重要保证。

（二）与评估对象相适应

评估对象是单项资产还是整体资产，是有形资产还是无形资产，往往要求有不同的评估方法与之相适应。同时，资产评估对象的状态不同，所要求的评估方法也往往不同。例如，一台市场交易很活跃的旧机器设备可以采取市场法进行评估，而旧专用设备通常只能采用成本法进行评估。

（三）受数据资料的制约

各种方法的运用都要根据一系列数据、资料进行分析、处理和转换，没有相应的数据和资料，方法就会失灵。资产评估的过程实际上也就是搜集资料的过程。比如，在资产评估方法运用过程中，国外评估机构大多采用市场法，但在我国，由于受市场发育不完全、不完善的限制，市场法的应用无论是从广度还是从使用效率来看，都落后于发达国家的水平。因此，评估者应根据可获得的资料以及经努力能搜集到的资料满足程度来选择适当的方法。就资产评估来说，方法的科学性依赖于方法运用中指标的确定。

（四）评估途径统筹考虑

在同一评估价值类型约束之下，由于方法的替代性，可能有几种方法都可以使用。在选择方法时，一是要充分考虑资产评估工作的效率，选择简便易行的方法；二是要根据资产评估人员的特长进行选择。一般来说，方法的选择应在评估开始之前予以确定，当然，也可以分别采用几种方法进行评估，分析比较结果的科学性。

【提示】有时，一项资产同时采用两种或两种以上的方法评估，会得出一种或两种以上不同的结论。这种情况是很常见的。这时，我们不能把几种方法得出的评估结果进行简单平均或加权平均作为结论，应该根据评估价值类型以及不同评估结果对市场的适用性来判断选择一种评估结果作为评估结论。

在考虑具体因素的情况下,针对评估对象可以选择下列方法使用:

①对于无形资产,可以根据不同无形资产的具体类型、特点、评估目的及外部市场环境等具体情况,可以选用市场法或收益法、成本法等评估方法。

②对于资源性资产,如涉及地质、矿藏、森林、旅游等资源性资产价值的评估,评估的不是资源本身,而是这些资源某一方面的权利,因此可以根据不同资源性资产的不同权利特性,采用市场法、收益法和成本法进行评估。

③对于企业的整体性资产,这不是企业各单项可确指资产的简单汇集,其价值也不等于各单项可确指资产价值的总额,因为企业整体资产评估所考虑的是其作为一个整体资产的生产能力或获利能力,其价值除了包括各单项可确指资产的价值外,还包括不可确指的资产,即商誉的价值,应采用收益法进行评估。

④对于自制专用设备,通常缺少一个充分发育、活跃的市场条件,因而不适宜采用市场法。同时,机器设备通常很少采用收益法。作为自制专用设备,通常具备较为齐备的历史成本资料,适宜采用成本法。

当存在下列情形时,资产评估专业人员可以采用一种评估方法:①基于相关法律、行政法规和财政部部门规章的规定可以采用一种评估方法;②由于评估对象仅满足一种评估方法的适用条件而采用一种评估方法;③因操作条件限制而采用一种评估方法。操作条件限制应当是资产评估行业通常的执业方式普遍无法排除的,而不得以个别资产评估机构或者个别资产评估专业人员的操作能力和条件作为判断标准。

【提示】资产评估报告应当对评估方法的选择及其理由进行披露。因适用性受限而选择一种评估方法的,应当在资产评估报告中披露其他基本评估方法不适用的原因;因操作条件受限而选择一种评估方法的,应当对所受的操作条件限制进行分析、说明和披露。

三、各种资产评估方法的程序比较

市场法是从相关资产的市场数据出发,通过对一些影响因素的分析和修正,评定、估算出被评估资产按照现行市价标准计价的评估值。

收益法是从被评估资产的历史数据出发,通过对被评估资产收益的预测和折现,结合被评估资产的成新率的确定,评定、估算出按照收益现值标准计价的评估值。

成本法是从被评估资产的历史数据出发,通过财务清点和资产成新率的确定,评定、估算出被评估资产按照成本价格标准计价的评估值。

▼ 应知考核

一、单项选择题

1. 下列各类资产中,适合采用市场法评估的是(　　)。
A. 专用设备　　　　　　　　　　　　B. 受地域、环境等严格限制的资产
C. 大部分无形资产　　　　　　　　　D. 通用设备

2. 当资产利用率大于1时,表示资产(　　)。
A. 实际已使用年限比名义已使用年限长　　B. 实际已使用年限比名义已使用年限短
C. 实际已使用年限等于名义已使用年限　　D. 实际使用年限比总使用年限长

3. 折现率本质上是(　　)。
A. 风险报酬率　　　　　　　　　　　B. 无风险报酬率

C. 特定条件下的收益率　　　　　　　D. 超额收益率
4. 下列资产中,最适宜采用成本法评估的是(　　)。
A. 无形资产　　B. 资源性资产　　C. 企业整体资产　　D. 自制专用设备
5. 按照一般要求,运用市场法通常应选择(　　)个或以上参照物。
A. 2　　　　　　B. 3　　　　　　C. 5　　　　　　D. 10

二、多项选择题

1. 成本法应用的前提条件有(　　)。
A. 需要一个充分发育、活跃的资本市场
B. 评估对象能正常使用或者在用
C. 评估对象能够通过重置途径获得
D. 评估对象的重置成本以及相关贬值能够合理估算
2. 实体性贬值的估算,一般采用的方法有(　　)。
A. 使用年限法　　B. 修复费用法　　C. 观察法　　　　D. 统计分析法
3. 造成资产经济性贬值的主要原因有(　　)。
A. 该项资产技术落后　　　　　　　B. 该项资产生产的产品需求减少
C. 社会劳动生产率提高　　　　　　D. 政府公布淘汰该类资产的时间表
4. 资产评估方法的选择取决于(　　)。
A. 评估的价值类型　　　　　　　　B. 评估对象的状态
C. 可供利用的信息资料　　　　　　D. 市场条件
5. 应用收益法进行资产评估的前提条件有(　　)。
A. 有一个充分发育、活跃的资产市场
B. 评估对象的未来收益可以合理预期并用货币计量
C. 预期收益所对应的风险能够度量
D. 收益期限能够确定或者合理预期

三、判断题

1. 折现率与资本化率从本质上讲是没有区别的。　　　　　　　　　　　　(　　)
2. 在收益法运用过程中,折现率的口径应与收益额的口径保持一致。　　　(　　)
3. 运用市场法评估时,为了减少评估人员的工作量,一般只要求选择一个参照物。(　　)
4. 更新重置成本是指被评估资产的功能变化(更新)后的重置成本。　　　(　　)
5. 收益法涉及的参数主要有三个:收益额、折现率和收益期限。　　　　　(　　)

四、简述题

1. 简述影响市场法的主要因素。
2. 简述市场法评估的基本步骤及其优缺点。
3. 简述收益法评估的基本步骤及其优缺点。
4. 简述成本法评估的基本步骤及其优缺点。
5. 简述资产评估各种评估方法的选择应考虑的因素。

应会考核

■ 观念应用
【背景资料】
某企业有一套自制非标设备。该设备购建于 2013 年 12 月,评估基准日为 2023 年 12 月 30 日。根据设计图纸,该设备的主材为钢材,耗量共 15 吨,钢材利用率 90%,评估基准日钢材的不含税市价为 3 850 元/吨,主要外购件不含税费用为 55 000 元;加工过程中发生人工费 5 000 元,冷加工费 30 000 元,热加工费按钢材耗量净重每千克 2 元,其他费用为主材费的 15%。成本利润率为 15%,设计费率为 14%,产量 1 台,增值税率为 13%,城市维护建设税率为 7%,教育费附加费率为 3%。另外,经工程技术人员现场鉴定,该设备还可使用 10 年。与该企业最近生产的同类设备相比,被评估设备每年多耗电 500 度,每度电 0.5 元,假定该企业所得税率为 25%,企业所在行业平均投资收益率为 10%。

【考核要求】
(1)计算该设备的重置成本;
(2)计算该设备的成新率和功能性贬值额;
(3)计算该设备的评估值。

■ 技能应用
1. 已知资产的价值与功能之间存在线性关系,参照物与评估对象仅在功能方面存在差异,参照物的年生产能力为 2 200 件产品,成交价格为 2 500 元,评估对象的年生产能力为 1 500 件。试问评估对象的价值为多少?
2. 与评估对象完全相同的参照资产 6 个月前的成交价格为 10 万元。半年间,该类资产的价格上升了 5%。试求资产评估价值。
3. 重置购建设备一台,现行市场价格每台 300 000 元,运杂费 3 000 元,直接安装成本 900 元,其中原材料 300 元、人工成本 600 元。根据以往的统计分析,安装成本中的间接成本与直接成本的比率一般为 50%。试求在继续利用条件下该机器设备的重置成本。
4. 星海公司某重置全新的一台机器设备价格为 5 万元,年产量为 5 000 件。现知被评估资产年产量为 4 000 件。试求机器设备的重置成本。
5. 某被评估生产线的设计生产能力为年产 20 000 台。因市场需求结构变化,在未来可使用年限内,每年产量估计要减少 6 000 台,功能价值指数取 0.6。根据上述条件,试求生产线的经济性贬值率。
6. 评估某拟快速变现资产,在评估时点与其完全相同的资产的正常变现价为 10 万元。经评估师综合分析,认为快速变现的折扣率应为 40%,试求快速变现资产评估价值。

【技能要求】
请对上述内容进行计算。

■ 案例分析
被评估成套设备购建于 2013 年 12 月,账面价值为 100 万元,2018 年 12 月对设备进行技术改造,追加投资 20 万元,2023 年 12 月对设备进行评估。经评估机构人员分析得出如下数据:
(1)2013—2018 年,每年该类设备价格上涨率为 10%,而 2018—2023 年设备价格维持不变;
(2)该设备的月人工成本比其替代设备超支 2 000 元;
(3)被评估设备所在企业的正常投资报酬率为 10%,规模经济效益指数为 0.7,所得税率为 25%;

(4)该设备在评估前使用期间的实际利用率仅为正常利用率的80%,经技术检测该设备尚可使用5年,在未来5年中设备利用率能达到设计要求。

【分析要求】
(1)计算被评估设备的重置成本及各项损耗;
(2)计算该设备的评估值(以万元为单位,计算结果保留两位小数)。

项目实训

【实训项目】
资产评估基本方法。
【实训内容】
资产评估的基本程序及评估方法的应用。
【实训目的】
掌握不同评估方法之间的关系和资产评估方法的选择。
【实训反思】
(1)市场法、收益法、成本法的优缺点。
(2)市场法、收益法、成本法的常用计算公式。
(3)运用市场法的基本程序,市场法包括哪些基本方法?
(4)如何区分更新重置成本和复原重置成本?
(5)在成本法应用中,如何确定重置成本?
(6)收益法包括哪些基本参数?如何运用收益法进行价值评估?
(7)在资产评估中,如何选择具体的评估方法?
(8)将实训报告填写完整。

《资产评估基本方法》实训报告

项目实训班级:	项目小组:	项目组成员:
实训时间: 年 月 日	实训地点:	实训成绩:
实训目的:		
实训步骤:		
实训结果:		
实训感言:		
不足与今后改进:		
项目组长评定签字:	项目指导教师评定签字:	

项目四　资产评估行业管理

- **知识目标**

  理解：资产评估行业政府管理和自律管理的主要内容；资产评估道德准则。
  熟知：资产评估从业人员管理；资产评估协会会员。
  掌握：资产评估机构的分类、设立条件；资产评估执业质量管理的主要内容。

- **技能目标**

  在掌握资产评估行业管理的基础上，能够在具体的案例操作中，灵活地运用资产评估的行业管理知识，对资产评估行业进行管理。

- **素质目标**

  通过对本项目的学习，加强对资产评估行业、机构、从业人员、执业质量的管理，把学和做有机结合，做到学思用贯通、知信行统一，提高自己的职业道德素养和行业管理认知能力。

- **思政目标**

  能够正确地理解"不忘初心"的核心要义和精神实质；树立正确的世界观、人生观和价值观，做到学思用贯通、知信行统一；通过资产评估行业管理知识，践行资产评估行业要领，强化工作态度意识，增强社会责任感，立足行业领域，矢志成为国家栋梁。

- **项目引例**

资产评估行业的新环境

我国资产评估行业是现代高端服务业，其特点主要体现为专业技术的复杂性、业务领域的广泛性、服务对象的多样性。国家许多部门将资产评估作为现代服务业的重要组成部分，将资产评估提高到了一个前所未有的高度。随着全面深化改革的稳步推进和各项改革措施的不断出台，资产评估行业面临的环境发生了很大变化，这也对资产评估行业行政管理提出了更高要求。

引例导学： 我国资产评估行业是在经济体制改革和对外开放政策背景下，为满足国有资产管理工作的需要而产生的，并走出了一条适合中国特色社会主义市场经济的评估服务专业之路。这是一个极具发展潜力的行业，也是一个迫切需要发展的行业，同时，资产评估师与注册会计师、律师共同构成了中国三大服务专业人员。本项目将重点对资产评估行业管理进行介绍。

● 课程思政

> 通过本项目中四个任务的学习,认识资产评估行业,熟悉资产评估机构,注重从业人员的职业道德素养和职业荣誉,用习近平新时代中国特色社会主义思想严格要求自己的行为,弘扬中华优秀文化内涵。习近平总书记关于"实现中国梦必须弘扬中国精神"的重要论断,深刻阐明了精神力量对于实现中国梦的重大意义,寓意深远,催人奋进。我们要以客观、公正、爱岗、敬业的奉献精神融入资产评估行业和职业道德中,培养学生坚定的社会主义理想信念、社会主义核心价值观、"四个自信"、工匠精神、创新意识。

任务一 资产评估行业监督管理

一、资产评估行业管理体制变革

资产评估是现代高端服务业,是经济社会发展中的重要专业力量。随着我国资产评估行业的发展以及影响的不断扩大,1995年,经外交部批准,中国资产评估协会代表中国资产评估行业加入了国际评估准则委员会;1999年,中国资产评估协会当选为国际评估准则委员会常务理事,并成为其专业技术委员会的委员;2005年,经外交部批准,中国资产评估协会加入世界评估组织联合会并成为其常务理事。

在国家积极推进简政放权、加快行政体制改革的大背景下,资产评估管理发生重大变革,主要表现在如下几方面:

(一)政府管理

2014年,国务院发布了《关于取消和调整一批行政审批项目等事项的决定》(国发〔2014〕27号),取消了注册资产评估师等准入类职业资格,改为水平评价类职业资格。根据《资产评估法》的规定,评估机构的设立由审批制改为备案制。2021年2月3日,财政部办公厅印发《加强资产评估行业联合监管若干措施》,财政部监督评价局、中国资产评估协会建立行政监管和行业自律监管相结合的联合监管机制,明确"六个统一""三个并重""一查双罚"等基本原则,实现行政监管与行业自律监管融合促进。

(二)自律管理

政府通过职业资格管理方式的改革,将资产评估师水平考试、管理等政府职能交给行业协会,评估机构设立方式的改变也赋予协会更多的管理职责,行业协会将承担更大的责任,在新政策的研究和行业制度设计方面,特别是行政职能承接、行业管理模式、人员考试培训、会员登记和机构管理等关键问题上,协会的自律管理职能在不断强化。

(三)行业管理

在连续取消多项行政审批项目后,国务院在2015年召开的首次常务会议中继续简政放权,减少政府管制,对资产评估等服务业提出更高的要求。在国务院陆续发布的《服务业发展"十二五"规划》《国务院关于加快发展生产性服务业促进产业结构调整升级的指导意见》《国务院办公厅关于金融服务"三农"发展的若干意见》等文件中,资产评估为社会经济服务的功能越来越被国家重视,但资产评估行业的发展水平与市场经济发展的要求相比还有差距,加快资产评估行业转型升级和自主发展,需要在转变观念、创新管理和提升能力上主动布局、积极作为。

二、资产评估行业的监督管理

《资产评估法》第六章"监督管理"相关条款明确规定:国务院有关评估行政管理部门组织制定评估基本准则和评估行业监督管理办法;设区的市级以上人民政府有关评估行政管理部门依据各自职责,负责监督管理评估行业,对评估机构和评估专业人员的违法行为依法实施行政处罚,将处罚情况及时通报有关评估行业协会,并依法向社会公开;评估行政管理部门对有关评估行业协会实施监督检查,对检查发现的问题和针对协会的投诉、举报,应当及时调查处理;评估行政管理部门不得违反本法规定,对评估机构依法开展业务进行限制;评估行政管理部门不得与评估行业协会、评估机构存在人员或者资金关联,不得利用职权为评估机构招揽业务。

为落实《资产评估法》对资产评估行业的监督管理要求,体现"简政放权、放管结合"的改革精神和"既不缺位也不越位"的监管原则,2017年4月21日,财政部制定印发了《资产评估行业财政监督管理办法》(财政部令第86号,以下简称《办法》),自2017年6月1日起施行。

(一)《办法》出台的背景

1. 贯彻和实施《资产评估法》的需要

《资产评估法》巩固改革成果,进一步推动资产评估机构的设立从审批制改为备案制,同时赋予资产评估行政管理部门备案权、检查权、调查权、处罚权以及行业监管制度制定权,要求资产评估行政管理部门依法加强对资产评估行业的监督管理,监督管理的重点从事前监管向事中、事后监管转变。

2. 贯彻国家对资产评估行业监管改革精神的需要

2014年以来,国务院先后取消了注册资产评估师职业资格的行政许可和认定,将资产评估机构等的设立管理由前置审批改为后置审批,要求取消行政机关与行业协会商会的主办、主管、联系和挂靠关系等。为此,财政部先后印发了《关于调整资产评估机构审批有关事项的通知》和《关于调整资产评估机构审批有关事项的补充通知》,并与人力资源和社会保障部联合制定了《资产评估师职业资格制度暂行规定》,调整了现行的资产评估行业管理制度。结合《资产评估法》的立法情况,需要将资产评估行业监管改革的举措进一步予以制度化。

3. 促进资产评估行业多元化发展的需要

随着资产评估行业在市场经济中发挥的作用越来越重要,资产评估机构多元化发展的需求越来越强烈,资产评估机构执业过程中涉及的经济行为更趋复杂,加强对资产评估机构事中、事后监管更显重要。

(二)《办法》出台的意义

1. 构建了财政部门对资产评估行业的行政监管体系

按照中央深化改革的精神,《资产评估法》等法律法规的要求和国务院有关规定,在新形势下,对资产评估行业的管理思路、监督管理对象、机构设立和管理方式、监督检查和调查处理内容以及法律责任等都有了新要求。《办法》按照新要求构建了新的资产评估行业监督管理体系,建立了行政监管、行业自律与机构自主管理相结合的管理新原则,明确了对评估专业人员、评估机构和评估协会的监管内容和监管要求,明确了各级财政部门的行政监管分工和职能,细化了资产评估法律责任的相关规定。新监管体系的建立,厘清了资产评估行业有关主体的运行规则,使资产评估行业有关主体在规则的框架内运行。

2. 建立了资产评估行业健康发展的制度保障

《办法》对评估专业人员、评估机构和评估协会如何保障权利、履行义务和承担责任作出明确规定,有利于激发全体评估专业人员的创造力和创业热情,以及评估行业践行"大众创业,万众创新"的活力。《办法》明确了资产评估机构自主管理和备案管理的内容,将组织形式和设立条件、质量控制和内部管理、独立性、集团化、职业风险金等作为机构自主管理范围,在备案管理中充分利用信息化手段提升管理效率,挖掘资产评估机构自身潜力,加强资产评估机构质量和风险防控,鼓励评估机构多元化发展和做优、做强、做大。《办法》明确了资产评估协会作为资产评估机构和资产评估专业人员的自律性组织,应充分发挥行业协会参与和实施社会治理的重要作用。

3. 提供了适应市场经济发展的评估领域协调体制

《资产评估法》立足我国评估行业实际,创新性地按照各行政管理部门分别管理的现行体制,将不同专业评估管理统一在一部法律框架之下予以规范,要求对行业发展中产生的新问题,建立沟通协作和信息共享机制,共同促进评估行业健康有序发展。《办法》在明确财政部门按职责分工对资产评估行业进行监督管理的基础上,特别注重资产评估财政监督管理与其他评估领域行政监管的协调。在备案管理方面,规定备案信息管理系统要与其他相关行政管理部门实行信息共享。在行政检查方面,规定有关财政部门可以联合其他相关评估行政管理部门进行检查。在投诉、举报处理方面,对投诉、举报事项同时涉及其他行政管理部门职责的,建立会同处理机制。协调制度的设计不仅满足了行政管理"不冲突、不越位"的基本要求,更有利于落实《资产评估法》要求,有利于整个评估市场的协调发展。

(三)《办法》的主要内容

《办法》共8章72条,分别为总则、资产评估专业人员、资产评估机构、资产评估协会、监督检查、调查处理、法律责任和附则。主要内容:一是明确《办法》适用于按照职责分工由财政部门监管的资产评估行业、资产评估业务、资产评估专业人员、资产评估机构和资产评估协会;二是对资产评估专业人员的要求;三是详细规定了资产评估机构自主管理、协会对其自律管理以及行政备案管理等内容;四是按照政社分开、权责明确、依法自治的原则,根据《资产评估法》有关规定,明确了对资产评估行业协会的管理要求;五是财政部门监督检查工作的职责、内容和要求;六是财政部门调查处理工作的内容和要求;七是法律责任等相关规定;八是外商投资的资产评估机构安全审查相关规定,以及设区的市级以上有关主管部门监管权等规定。

(四)《办法》对资产评估专业人员与评估机构的设立要求

《资产评估法》将评估专业人员分为评估师和其他评估从业人员。《办法》基于财政监管范围,将资产评估专业人员分为资产评估师(含珠宝评估专业,下同)和具有资产评估专业知识及实践经验的其他资产评估从业人员。同时,按"放管结合"原则,其他评估行政管理部门管理的其他专业领域评估师,如果从事《办法》第二条规定的资产评估业务,也应当接受财政部门的监管。

关于资产评估机构及分支机构备案管理,《办法》主要规定了以下内容:第一,通过信息管理系统实施备案,并简化资产评估机构备案材料,减轻申请人负担。但考虑到信息系统的安全运行有待检验,同时要求提供纸质材料,未来视情况可考虑取消纸质材料。第二,明确了省级财政部门在备案管理中的职责,对于备案信息或材料不齐全的,省级财政部门应当在接到备案材料5个工作日内一次性告知需要补正的全部内容,并给予指导;对于备案材料齐全的,省级财政部门收齐备案材料即完成备案,并在20个工作日内将有关信息以公函编号向社会公开。第三,考虑到资产评估机构分支机构的实际情况,明确了资产评估机构设立分支机构的,由资产评估机构向分支机构所在地省级财政部门备案。同时,为方便资产评估机构完成备案,由分支机构所在地省级财政部门将分支机构备案情况告知资产评估机构所在地省级财政部门。第四,明确了机构重要事项变更手续、机构跨省迁移经营场所备案手续、注销备案等内容。第五,资产评估机构未按本办法规定备案的,依法承担法律责任。

(五)《办法》对资产评估协会的要求

按照政社分开、权责明确、依法自治的原则,根据《资产评估法》的规定,《办法》进一步细化了对资产评估行业协会的要求。①规定资产评估协会是资产评估机构和资产评估专业人员的自律性组织,接受有关财政部门的监督,不得损害国家利益和社会公共利益,不得损害会员的合法权益。②规定资产评估协会章程应报财政管理部门备案,资产评估协会向财政部门报告会员信用档案、会员自律检查情况和对会员的奖惩情况等。③规定资产评估协会的自律管理要求,包括应对资产评估机构及其资产评估专业人员执业质量和职业风险防范机制进行自律检查,对机构年度报送的材料进行分析,发现违法情形及时向财政部门报告等。④规定资产评估协会应当与其他评估专业领域行业协会加强沟通协作,建立会员、执业、惩戒等相关信息的共享机制。

三、资产评估行业联合监管

(一)依法履职

依据《资产评估法》,严格执行《资产评估行业财政监督管理办法》《财政检查工作办法》《资产评估执业质量自律检查办法》及相关法规制度,依法依规依程序开展检查。财政部监督评价局、中国资产评估协会建立资产评估行业联合监管工作机制,加强制度机制的顶层设计,研究部署联合监管实施工作。

(二)执业质量联合检查

遵循"统一检查计划、统一规范程序、统一标准制度、统一组织实施、统一处理处罚、统一发布公告"的原则,开展年度执业质量检查。落实"双随机、一公开"监管要求,发布年度检查名单。

(三)日常监管

坚持"点面结合",实现"面上监管"常态化。运用信息技术手段开展日常数据分析,掌握行业面上情况,通过风险识别发现有关问题线索,提出监管重点及有关措施。对高风险行业、领域、业务等,采取约谈、风险提示函等方式对相关资产评估机构进行日常提醒。对监管工作中发现的普遍共性问题,组织资产评估机构开展自查自纠,必要时由中国资产评估协会开展专项自律检查。

(四)相关工作安排

财政部监督评价局日常受理的投诉举报事项,可委托中国资产评估协会开展前期调查,根据调查结果履行相应处理程序。坚持"寓管于服",对检查发现的"问题机构"实施"回头看"和整改帮扶,整治行业突出问题,推动资产评估机构切实提升执业质量。

(五)队伍建设

进一步充实监管队伍,切实加强一线监管力量。注重发挥资产评估行业专家资源优势,财政部层面成立资产评估技术咨询专家小组,协会层面建立资产评估行业技术专家库,协助开展相关工作。

(六)信息化建设

按照国家"互联网+监管"系统建设要求,中国资产评估协会完善资产评估业务报备系统,构建资产评估行业监管一体化管理信息平台,实现行政监管和行业自律信息共享,并接入国家"互联网+监管"系统。

四、资产评估行业的自律管理

我国资产评估由政府管理逐渐转向在财政部门指导下的行业自律管理。这既是我国政府行政管理体制改革的需要,也是与国际惯例接轨的需要。要充分发挥协会的行业管理作用,必须有一个健全的协会组织体系。为此,1993年12月10日,我国成立了中国资产评估协会,它是一个自我教育、自我约束、自我管理的全国性资产评估行业组织。资产评估协会作为独立的社团组织,具有跨地区、跨部门、跨行业、跨所有制的特点,使资产评估管理工作覆盖整个行业和全社会,它既可以把培训评估专业人员、研究评估理论方法、制定评估技术标准和执业标准、进行国内外业务交流合作等作为己任,又可以接受政府授权和委托,办理属于政府职能的工作。资产评估协会的建立,标志着我国资产评估行业建设进入了一个新的历史发展阶段。

(一)中国资产评估协会的宗旨

中国资产评估协会的宗旨是:遵守国家宪法、法律、法规和国家政策,遵守社会道德风尚,依法进行行业自律管理;服务会员、服务行业、服务国家经济社会发展,维护社会公共利益和会员合法权益;监督会员规范执业,提升行业服务能力和社会公信力,促进行业持续健康发展。

(二)中国资产评估协会履行的职责

中国资产评估协会履行的职责包括:①制定会员自律管理办法,对会员实行自律管理;②依据评估基本准则制定评估执业准则和职业道德准则;③组织开展会员继续教育;④建立会员信用档案,将会员遵守法律、行政法规和评估准则的情况记入信用档案,并向社会公开;⑤检查会员建立风险防范机制的情况;⑥受理对会员的投诉、举报,受理会员的申诉,调解会员执业纠纷;⑦规范会员从业行为,定期对会员出具的评估报告进行检查,按照章程规定对会员给予奖惩,并将奖惩情况及时报告有关评估行政管理部门;⑧保障会员依法开展业务,维护会员合法权益;⑨组织实施资产评估师职业资格全国统一考试;⑩法律、行政法规和章程规定的其他职责。

中国资产评估协会最高权力机构为全国会员代表大会,每5年召开一次,选举产生理事会;理事会是全国会员代表大会的执行机构,对全国会员代表大会负责;常务理事会为理事会的常设机构,在理事会闭会期间,行使理事会职权。

理事会下设若干专门委员会和专业委员会。专门委员会是理事会履行职责的专门工作机构;专业委员会是理事会负责行业发展中专业管理及专业技术问题的专业工作机构。各委员会办事机构设在秘书处相关部门或受委托的有关部门。

秘书处为协会日常办事机构,负责落实全国会员代表大会、理事会、常务理事会、会长办公会的各项决议、决定,承担日常工作。秘书长负责秘书处的日常工作。

五、资产评估行业管理趋势

(一)强化市场建设,拓展服务领域

新常态下的中国经济发展仍将总体向好,大有作为。资产评估反映经济发展活力,市场经济越发展,评估新市场和新领域就越广阔。①服务混合所有制经济发展,要积极探索评估行业服务混合所有制经济发展的具体思路和措施,着力促进经济转型升级。②服务资本市场完善和金融体制改革,要充分发挥资产评估服务金融企业改制上市、并购重组中公允价值评估的专业功能,积极推进金融衍生品价值评估理论研究和实践模式。③服务文化科技体制改革,要加快文化企业无形资产价值相关准则建设,为推进文化体制改革和市场建设提供专业支撑,进一步加快科技成果转化。④服务生态文明建设和环保市场发展,要深入研究资产评估服务生态环境保护、生态资源价值补偿、碳排放权交易、排污权交易、环境污染第三方治理等领域的内容和方式,拓展评估社会服务功能,促进生态环保机制制度建设和环保市场发展。

(二)加强理论创新,强化准则建设

结合经济新常态下的新市场、新业务,要求进一步完善资产评估理论、方法和技术,动态跟踪新需求。①加强评估市场研究,积极开展资产评估市场动态和趋势分析研究、国内外评估市场比较研究,为评估市场建设和拓展提供借鉴和参考。②深化评估理论研究,推进品牌价值评估、央企境外并购资产评估、知识产权质押评估、非物质文化遗产评估、森林资源资产评估等理论研究,为开拓新市场提供专业支撑。③强化评估准则建设,围绕混合所有制经济发展、国家知识产权战略、文化经济体制改革、国有资本经营预算管理等重点服务领域,加强相关评估准则研究和制定,进一步发

评估行业维护法治环境、市场秩序的专业作用。

(三)加强执业监管,改善市场环境

随着国家简政放权力度的加大,行业协会等社会组织的自律监管职能将进一步加强。①要适应监管主体对机构资质管理以及执业能力的新要求,研究制定自律监管的新机制、新措施,执业监管的方法、手段、内容、着力点要与时俱进,关注监管执业中出现的苗头性、倾向性问题。②要完善评估业务信息报备工作,重点加强证券资格资产评估机构业务报备工作的管理,使监管部门及时掌握一手业务资料,及时了解市场信息。③要健全和完善执业监管体制机制,加强执业人员的事前预警、事中监督和事后监管,加大执业质量检查工作的表彰与惩戒力度。④要加强与财政部、中国证监会等相关资产评估政府管理部门的沟通协调,与行政监管和自律监管有机结合,形成合力,营造评估机构规范执业的良好市场环境。

(四)适应改革需求,创新管理模式

以简政放权为核心的行政审批改革将深刻改变资产评估职业资格管理和机构管理方式,资产评估行业要按照政府行政体制改革要求,全力推进行业管理方式改革,提升评估行业的市场化管理水平。①要坚决拥护和支持改革,正确理解和解读改革,保持评估队伍稳定,保证改革有序稳步推进。②要根据改革的要求,以创新的思路,做好顶层设计,完善资产评估师考试制度,选拔行业人才,解决好考试改革前后制度衔接问题。③要创新自律管理模式,理顺行业准入、会员管理、机构资质、执业监管、准则建设、人才培养之间的管理链条,构建充满活力的行业管理体制机制,打造适应行业改革要求、满足行业发展需求的行业管理与服务新格局。

(五)打造数据平台,提升信息服务

在大数据时代,谁掌握了数据,就意味着掌握了先机和未来。信息化水平的高低,对资产评估行业未来发展将起着至关重要的作用。①要积极推进资产评估行业的信息化建设工作。要随着经济社会的发展、行业的壮大和管理方式的调整,继续加强行业信息化建设规划的研究,进一步优化、完善资产评估行业信息化建设顶层设计。②要配合行业管理方式、内容的改革,应用新的信息技术框架及数据标准,进一步完善现有行业管理信息平台,提升行业管理水平。③要继续开展资产评估行业数据库建设,积极为资产评估执业提供专业信息服务。按照"整体设计,分步实施,统一管理,合作应用,适度超前,注重实用"等原则,在加快推进基础数据库建设的同时,积极探索建设评估基准数据库,打造资产评估行业数据平台。

(六)深化国际交流,增强国际话语权

①要主动参与国际经济交流与合作,配合中国企业"走出去"战略,通过创造政策环境、争取政策支持、搭建服务平台、加强国际化人才培养等举措,营造良好的制度和政策环境,推动中国评估行业"走出去"和"国际化",提升中国评估行业的国际形象。②要积极参与国际评估规则制定,增强中国评估行业的话语权,不断提升评估行业服务能力,使行业地位与中国的大国经济地位相匹配。③要支持并参与国际评估理论和重大课题研究、评估市场研究、评估准则建设,为专业创新和行业发展提供参考和借鉴。

(七)强化队伍建设,提升人员素质

要结合国家改革发展大趋势,根据社会经济发展对行业人才的新要求,不断加大人才培养的创新力度。①要结合管理方式改革,加强行业人才培养机制研究,进一步完善中国资产评估协会、地方协会、评估机构三个层次的资产评估人才培养机制,加大对地方协会和评估机构人才培养指导和评估的力度。②要围绕服务财税体制改革、混合所有制经济发展、企业转型升级和文化市场体系建设等新市场、新业务的特殊要求,加强行业人才知识结构更新和专业胜任能力的培养。③要认真落实分层次、分类别的人才培养计划,组织开展行业高端人才、管理人才、师资和业务骨干人才的培养工作。

任务二　资产评估机构管理

在我国现行的资产评估管理体制下,资产评估机构应当自领取营业执照之日起30日内向机构所在地省级财政部门备案,资产评估机构及其分支机构备案后,加入资产评估协会,平等享有资产评估协会章程规定的权利。

资产评估的质量将影响委托人及有关当事人的经济决策和经济利益。因此,资产评估机构及从业人员必须具备执业的技术业务素质和职业道德。资产评估机构是由资产评估从业人员构成的,资产评估专业人员必须具备多方面的专业知识、丰富的相关实践经验以及良好的职业道德。

一、资产评估机构的分类

(一)从资产评估机构的执业范围来划分,可分为混营性资产评估机构和专营性资产评估机构

1. 混营性资产评估机构

混营性资产评估机构是指在从事资产评估业务的同时还从事其他评估业务的资产评估公司,如××土地房地产资产评估公司。

【提示】一般情况下,混营性资产评估机构的评估业务范围比较广泛,资产评估专业人员比较固定,资产评估专业人员的素质相对较高。

2. 专营性资产评估机构

专营性资产评估机构是指专门评估某一种或某一类资产的专项评估机构,如××资产评估公司、××房地产估价公司等。

【注意】专营性资产评估机构由于评估范围较窄,评估对象的性质、功能比较统一,专业性比较强,因而专业化程度和专业技术水平比较高,具有比较明显的专业优势。

(二)从资产评估机构的企业组织形式来划分,可分为合伙制资产评估机构和公司制资产评估机构

1. 合伙制的资产评估机构

合伙制资产评估机构由发起人共同出资设立,共同经营,对合伙债务承担无限连带责任。合伙制是国际资产评估公司采用的一种主要形式,从专业服务机构的特点来看,资产评估公司的管理特点与合伙制讲究协商文化、共同参与的理念相契合。公司的运营主要靠人的因素而非资本因素,其是由专业人士组成的"人合"企业而非一般的"资合"企业,合伙人的利益分配要综合考虑贡献和出资因素,这都符合合伙制的特征。从外部环境来看,合伙制资产评估公司的建立应按《资产评估法》要求,但社会也没有建立起作为合伙制存在基础的个人财产申报制度和责任保险制度,使得在合伙制下发生过错的资产评估师为自己的行为承担责任在现实中无法实现,不能对受损失的投资者进行有效的赔偿。随着我国专业服务市场的放开和国内体制环境的不断完善,合伙制将会是我国资产评估公司发展的主导方向。

2. 公司制资产评估机构

公司制资产评估机构按《资产评估法》要求由发起人共同出资设立,评估机构以其全部财产对其债务承担有限责任。公司制资产评估机构也称为有限责任制资产评估机构,其核心是公司法人治理结构。规范的法人治理结构由股东大会、董事会、监事会、经理层及相应的职能机构组成。股东大会是公司的最高权力机构;董事会是公司决策机构,受股东大会委托管理公司,成为公司法定代表,全权负责公司的经营管理;经理层是执行机构,经理作为执行董事会决策代理人,在董事会授

权范围内对公司事务行使管理权和代理权,扮演 CEO 的角色;监事会是公司的监督机构。法人治理结构的本质是妥善处理由于所有权和经营权分离而产生的委托代理关系,核心是董事会的功能运用以及董事会、监事会、经理班子的制衡机制。

二、资产评估机构的管理特点

资产评估机构作为现代高端服务业,有它自身的管理特点:

(一)以项目为核心

(1)每一个评估项目是实现公司战略目标的载体。
(2)公司业务是多项目的组合。
(3)机构管理组织核心是基于项目管理的组织管理体系。

(二)资产评估机构的管理主要是对人的管理

资产评估机构不是一般的"资合"企业,而是由专业人士组成的"人合"企业,从内在属性上分析是一种高端现代服务业。资产评估机构的运营主要靠人的因素而非资本因素,在机构利润形成的过程中,人力资源起了决定性作用,是评估机构生存和发展的根本。信誉是机构生存和发展的生命线,信誉的建立取决于资产评估专业人员的执业质量,而执业质量的高低主要取决于资产评估专业人员自身的专业胜任能力、专业判断、实践经验及职业道德水平等。因此,资产评估机构的日常管理主要是对人的管理。

(三)风险管理在资产评估机构内部管理中占有特殊重要的地位

资产评估机构从事的行业是高风险行业,评估报告的完整性、公允程度、报告使用者的利益取向,都会成为影响资产评估机构承担风险的重要因素。客户支付报酬委托资产评估机构进行评估,是希望资产评估专业人员能够以专业知识和专业判断对其资产价值做出公允的估计,然而,资产评估专业人员专业判断的主观性,使得判断不好量化,风险难以避免。通常,公众的期望值越高,资产评估机构的风险成本也就越大。

(四)资产评估机构提供评估及相关服务时,必须以社会公共利益为重

独立、客观、公正是资产评估行业的灵魂,评估专业人员绝不能为了迎合客户的需求而歪曲事实,践踏职业道德。评估专业人员只能在职业操守规定的范围内,运用合理的专业判断来体现委托人的合法权益,维护社会的公共利益。这与营利性公司"以客户为上帝"的管理宗旨有本质上的区别。

三、资产评估机构的设立

根据《办法》的相关条款,所谓资产评估机构,是指依法设立、从事资产评估业务的机构。资产评估机构应当依法采用合伙形式或者采用公司形式设立。资产评估机构的设立必须具备以下条件:

(一)设立合伙形式的资产评估机构的条件

设立合伙形式的资产评估机构,除符合国家有关法律法规规定外,还应当具备下列条件:①有 2 名以上评估师;②其合伙人 2/3 以上应当是具有 3 年以上从业经验且最近 3 年内未受停止从业处罚的评估师。

(二)设立公司形式的资产评估机构的条件

设立公司形式的资产评估机构,除符合国家有关法律法规规定外,还应当具备下列条件:①有 8 名以上评估师和 2 名以上股东;②其中 2/3 以上股东应当是具有 3 年以上从业经验且最近 3 年内未受停止从业处罚的评估师。

(三)资产评估机构和分支机构登记备案管理

1. 资产评估机构备案材料

资产评估机构应当自领取营业执照之日起 30 日内向所在地省级财政部门备案,并提交下列材料:①资产评估机构备案表;②营业执照复印件;③经工商行政管理机关登记的合伙协议或公司章程;④资产评估机构合伙人(股东)信息汇总表、资产评估机构合伙人(股东)简历、由资产评估机构为其自然人合伙人(股东)缴纳社会保险费的复印件(内退、下岗、退休人员除外),有法人合伙人(股东)的,还应当提交资产评估机构法人合伙人(股东)信息表、法人合伙人(股东)营业执照复印件;⑤资产评估专业人员情况汇总表、资产评估师转所表、其他专业领域的评估师资格证书复印件;⑥《办法》规定的资产评估机构质量控制制度和内部管理制度。

2. 资产评估机构办理分支机构备案材料

资产评估机构办理分支机构备案,应当提交以下材料:①资产评估机构设立分支机构备案表;②分支机构营业执照复印件;③资产评估机构授权分支机构的业务范围;④资产评估机构分支机构负责人简历以及由资产评估机构或分支机构为其分支机构负责人缴纳社会保险费的复印件(内退、下岗、退休人员除外);⑤资产评估专业人员情况汇总表、资产评估师转所表。

3. 备案规定

省级财政部门应当根据《办法》的有关规定收齐备案材料,对于资产评估机构申报的资产评估师信息,省级财政部门应当在公开前向地方资产评估协会核实,其中资产评估师(珠宝)由地方资产评估协会转中国资产评估协会核实。对于备案材料不齐全或者不符合要求的,应当在 5 个工作日内一次性告知需要补正的全部内容。资产评估机构或分支机构应当根据省级财政部门的要求,在 15 个工作日内补正;逾期不补正的,视同未备案。备案材料完备且符合要求的,省级财政部门收齐备案材料即完成备案,并在 20 个工作日内将资产评估机构或分支机构备案信息在备案信息管理系统中进行备案确认,同时以公函编号向社会公告。资产评估机构分支机构完成备案的,资产评估机构分支机构所在地省级财政部门还应当通过备案信息管理系统,告知资产评估机构所在地省级财政部门。公告信息应当载明以下内容:①资产评估机构名称及组织形式;②资产评估机构的合伙人或者股东及其出资的基本情况;③资产评估机构的首席合伙人或者法定代表人;④申报的资产评估专业人员基本情况。

(四)资产评估机构及分支机构的变更和终止

资产评估机构的名称、执行合伙事务的合伙人或者法定代表人、合伙人或者股东、分支机构的名称或者负责人发生变更,以及发生机构分立、合并、转制、撤销等重大事项的,应当自变更之日起 15 个工作日内,向有关省级财政部门办理变更手续。需要变更工商登记的,自工商变更登记完成之日起 15 个工作日内,向有关省级财政部门办理变更手续。

资产评估机构办理合并或者分立变更手续的,应当提供合并或者分立协议。合并或者分立协议应当包括以下事项:①合并或者分立前资产评估机构评估业务档案保管方案;②合并或者分立前资产评估机构职业风险基金或者执业责任保险的处理方案;③合并或者分立前资产评估机构评估业务、执业责任的承继关系。

合伙制资产评估机构转为公司制资产评估机构,或者公司制资产评估机构转为合伙制资产评估机构,办理变更手续应当提供合伙人会议或股东(大)会审议通过的转制决议。转制决议应当载明转制后机构与转制前机构的债权债务、档案保管、资产评估业务、执业责任等承继关系。资产评估机构跨省级行政区划迁移办公场所,应当书面告知迁出地省级财政部门。资产评估机构在办理完迁入地工商登记手续后 15 个工作日内,向迁入地省级财政部门办理迁入备案手续。迁入地省级财政部门办理迁入备案手续后通知迁出地省级财政部门,迁出地省级财政部门应同时予以公告。

已完成备案的资产评估机构或者分支机构有下列情形之一的,省级财政部门予以注销备案,并向社会公开:①注销工商登记的;②被工商行政管理机关吊销营业执照的;③主动要求注销备案的。

注销备案的资产评估机构及其分支机构的资产评估业务档案,应当按照《中华人民共和国档案法》和资产评估档案管理的有关规定予以妥善保存。

(五)资产评估机构监督检查

财政部统一部署对资产评估行业的监督检查,主要负责以下工作:①制定资产评估专业人员、资产评估机构、资产评估协会和相关资产评估业务监督检查的具体办法;②组织开展资产评估执业质量专项检查;③监督检查资产评估机构从事证券期货相关资产评估业务情况;④检查中国资产评估协会履行《资产评估法》第三十六条规定的职责情况,并根据工作需要,对地方资产评估协会履行职责情况进行抽查;⑤指导和督促地方财政部门对资产评估行业的监督检查,并对其检查情况予以抽查。

省级财政部门开展监督检查,包括年度检查和必要的专项检查,对本行政区域内资产评估机构包括分支机构的下列内容进行重点检查,并将检查结果予以公开,同时向财政部报告:①资产评估机构持续符合《资产评估法》规定条件的情况;②办理备案情况;③资产评估执业质量情况。

财政部门开展资产评估行业监督检查,应当由本部门两名以上执法人员组成检查组。检查时,财政部门认定虚假资产评估报告和重大遗漏资产评估报告,应当以资产评估准则为依据,组织相关专家进行专业技术论证,也可以委托资产评估协会组织专家提供专业技术支持。

(六)资产评估机构法律责任

资产评估有下列行为之一的:①未取得资产评估师资格的人员签署法定资产评估业务资产评估报告的;②承办并出具法定资产评估业务资产评估报告的资产评估师人数不符合法律规定的;③受理与其合伙人或者股东存在利害关系业务的。由对其备案的省级财政部门对资产评估机构予以警告,可以责令停业1个月以上6个月以下;有违法所得的,没收违法所得,并处违法所得1倍以上5倍以下罚款;情节严重的,通知工商行政管理部门依法处理;构成犯罪的,移送司法机关处理。

资产评估机构分支机构超过资产评估机构授权范围从事评估业务并造成不良后果的,由其分支机构所在地的省级财政部门责令改正,对资产评估机构及其法定代表人或执行合伙事务的合伙人分别予以警告;没有违法所得的,可以并处资产评估机构1万元以下罚款;有违法所得的,可以并处资产评估机构违法所得1倍以上3倍以下、最高不超过3万元的罚款;同时,通知资产评估机构所在地省级财政部门。

资产评估机构未按照《办法》规定备案或者备案后不符合资产评估机构设立规定条件的,由资产评估机构所在地省级财政部门责令改正;拒不改正的,责令停业,可以并处1万元以上5万元以下罚款,并通报工商行政管理部门。

资产评估机构未按照《办法》规定办理分支机构备案的,由其分支机构所在地的省级财政部门责令改正,并对资产评估机构及其法定代表人或者执行合伙事务的合伙人分别予以警告,同时通知资产评估机构所在地的省级财政部门。

四、资产评估机构从事证券期货业务规定

(一)关于证券业务评估资格的申请条件

(1)资产评估机构从事证券业务,应当按照规定取得证券期货相关业务评估资格(以下简称"证券评估资格")。

(2)资产评估机构申请证券评估资格,应当符合下列条件:①资产评估机构依法设立并取得资产评估资格3年以上,发生过吸收合并的,还应当自完成工商变更登记之日起满1年;②质量控制制度和其他内部管理制度健全并被有效执行,执业质量和职业道德良好;③具有不少于30名资产评估师,其中最近3年持有资产评估师证书且连续执业的不少于20人;④净资产不少于200万元;

⑤按规定购买职业责任保险或者提取职业风险基金;⑥半数以上合伙人或者持有不少于50%股权的股东最近在本机构连续执业3年以上;⑦最近3年评估业务收入合计不少于2 000万元,且每年不少于500万元。

(3)资产评估机构申请证券评估资格,应当不存在下列情形之一:①在执业活动中受到刑事处罚、行政处罚,自处罚决定执行完毕之日起至提出申请之日止未满3年;②因以欺骗等不正当手段取得证券评估资格而被撤销该资格,自撤销之日起至提出申请之日止未满3年;③申请证券评估资格过程中,因隐瞒有关情况或者提供虚假材料被不予受理或者不予批准的,自被出具不予受理凭证或者不予批准决定之日起至提出申请之日止未满3年。

(二)关于证券评估资格的申请材料

(1)资产评估机构申请证券评估资格,应当按要求提交下列材料:①资产评估机构关于申请证券评估资格的报告及执业情况总结;②资产评估机构基本情况表;③资产评估机构质量控制制度和其他内部管理制度及执行情况说明;④经中国资产评估协会核实的提出申请前上月末资产评估师情况一览表;⑤由具有证券业务资格的会计师事务所出具的最近3年会计报表的审计报告,审计报告应当披露总收入中的评估收入单项说明;⑥资产评估机构最近3年评估业务和收入汇总表;⑦职业责任保险保单复印件或者累计职业风险基金证明材料;⑧资产评估资格证书副本、营业执照副本复印件。

(2)最近3年内发生过合并行为的资产评估机构,除以上规定材料外,还应当提交下列材料:①合并协议复印件;②由具有证券业务资格的会计师事务所出具的合并各方最近3年年度会计报表的审计报告,审计报告应当披露总收入中的评估收入单项说明;③经中国资产评估协会核实的工商变更登记日合并各方资产评估师情况一览表;④自发生合并行为上年末至合并基准日上月末净资产、职业风险基金变动情况说明;⑤合并各方最近3年评估业务和收入汇总表;⑥合并前各方职业责任保险保单复印件或者累计职业风险基金证明材料。

任务三 资产评估从业人员管理

从事资产评估业务的人员称为资产评估专业人员,对资产评估专业人员的管理应符合《资产评估法》《资产评估师职业资格制度暂行规定》《中国资产评估师协会章程》《资产评估职业道德准则》和《中国资产评估协会执业会员管理办法》等的规定。

一、资产评估师职业资格制度

我国的资产评估师制度大致由资产评估师职业资格考试制度、资产评估师职业资格证书登记服务制度、资产评估师执业管理制度,以及资产评估师后续教育制度组成。资产评估师职业资格考试制度是指凡欲取得资产评估师职业资格的人员,必须参加资产评估师职业资格考试。人力资源和社会保障部、财政部共同负责资产评估师职业资格制度的政策制定,并按职责分工对资产评估师职业资格制度的实施进行指导、监督和检查。中国资产评估协会具体承担资产评估师职业资格的评价与管理工作。凡具有高等院校专科以上学历的公民,均可以参加资产评估师职业资格考试,考试合格者将获得资产评估师职业资格证书。

资产评估师职业资格证书实行登记服务制度,资产评估师职业资格考试合格的人员应当进行职业资格证书登记。资产评估专业人员有下列情形的,不予登记:①不具有完全民事行为能力;②因在资产评估相关工作中受刑事处罚,刑罚执行期满未逾5年;③因在资产评估相关工作中违反法律、法规、规章或者职业道德被取消登记未逾5年;④因在资产评估、会计、审计、税务、法律等相关工作领域中受行政处罚,自受到行政处罚之日起不满2年;⑤在申报登记过程中有弄虚作假行为未予登记或者被取消登记的,自不予登记或者取消登记之日起不满3年;⑥中评协规定的其他不予登记的情形。

资产评估师有下列情形之一的,由地方协会报中评协注销登记:①不具有完全民事行为能力;②自愿申请注销登记;③死亡或者被依法宣告死亡;④中评协规定的其他情形。

资产评估师执业管理制度主要由资产评估师执业技术规范和职业道德规范组成。资产评估师执业技术规范原则规定了资产评估师的执业范围、执业技术规程和执业责任。资产评估师职业道德规范具体规定了资产评估师的职业理想、职业态度、职业职责、执业立场、执业者与委托人之间的关系、回避制度,以及专业胜任能力等。

资产评估师后续教育制度是指已经取得了资产评估师职业资格并正在执业的资产评估师必须接受继续教育的制度。在其执业过程中,每年不得少于一定学时的再学习、再教育时间,以保证执业中的资产评估师的知识更新和技术进步。对未接受再学习、再教育以及未完成再学习、再教育规定学时的资产评估师将不予通过年检。

二、资产评估协会会员

根据《中国资产评估协会会员管理办法》(中评协〔2023〕13号)的规定,会员包括个人会员、单位会员。个人会员包括执业会员和非执业会员。执业会员包括见习执业会员和正式执业会员。

【提示】个人会员和单位会员证书采用电子证书和实体证书并存的方式,电子证书与实体证书编号一致、具有同等法律效力。

(一)会员入会登记

1. 执业会员入会登记

见习执业会员应当具备下列条件:①中华人民共和国公民;②取得资产评估师职业资格或由资产评估机构自主评价认定;③专职在一家资产评估机构从事资产评估业务;④承认本会章程。

正式执业会员应当具备下列条件:①中华人民共和国公民;②取得资产评估师职业资格;③专职在一家资产评估机构从事资产评估业务;④成为见习执业会员累计满24个月;⑤承认本会章程。

有下列情形之一的,不得成为本会执业会员:①不具有完全民事行为能力的;②因故意犯罪或者在从事评估、财务、会计、审计活动中因过失犯罪而受刑事处罚,自刑罚执行完毕之日起不满5年的;③因签署虚假评估报告被追究刑事责任的;④受责令停止从业处罚,尚未期满的;⑤因有弄虚作假行为未被批准入会或者被本会除名,不满3年的;⑥曾是本会会员,因拒不履行《章程》规定义务被除名,不满3年的;⑦退会不满1年的;⑧本会规定的其他情形。

执业会员申请人应当经所在资产评估机构同意,通过中评协会员管理信息系统(以下简称"系统")向地方协会提出入会申请,填报个人信息,并提交下列材料:①身份证明;②本人签名;③与所在资产评估机构签订的有效劳动合同(含劳务合同,下同);④人事档案存放证明(港澳台居民除外,下同);⑤本会规定的其他材料。

执业会员证书由本会统一制作,统一编号。执业会员经批准入会的,由地方协会颁发执业会员实体证书,执业会员可以自行下载打印电子证书。执业会员实体证书遗失的,可以向地方协会申请补领。

【注意】执业会员证书、印鉴仅限本人使用,不得转让或者授权他人使用。

2. 单位会员入会登记

资产评估机构和分支机构完成工商登记、财政部门备案,通过系统向地方协会提出入会申请,并提交下列材料:①经办人身份证明;②经办人是授权代表的,还应当提交申请人授权经办人办理入会手续的授权书。

单位会员证书由本会统一制作,统一编号。单位会员经批准入会的,由地方协会颁发单位会员实体证书,单位会员可以自行下载打印电子证书。

【提示】单位会员实体证书遗失的,可以向地方协会申请补领。

(二)会员变更登记

1.执业会员变更登记

执业会员的政治面貌、职称、学历、学位、通信方式等基本信息发生变化的,应当自变化之日起30日内,通过系统自助办理变更登记手续。

执业会员姓名或者身份证明号码发生变化的,应当通过系统自助办理相关变更登记手续,并向地方协会提交相关证明材料。地方协会应当自受理之日起7个工作日内完成信息变更审核,并报中评协确认。中评协自受理之日起7个工作日内进行复核。批准信息变更登记的,通过系统予以确认。

执业会员办理转所,应当具备下列条件:①与转出资产评估机构签订的劳动合同已经解除或者终止;②未因从事资产评估业务被要求接受司法机关、行政机关和行业协会调查,调查1年未结束的除外。

【提示】执业会员在资产评估机构与分支机构之间转所,无需具备上述条件。

2.单位会员变更登记

资产评估机构的名称、注册地址、执行合伙事务的合伙人或者法定代表人、合伙人或者股东、通信方式等基本信息发生变化的,经财政部门备案后,应当在30日内,通过系统自助办理单位会员变更登记手续。

资产评估机构发生转制、合并或者跨省级行政区划迁移经营场所的,经财政部门备案后,向地方协会申请单位会员变更登记。

【注意】单位会员证书登记事项发生变更的,电子证书自动变更。实体证书登记事项发生变更的,单位会员可以向地方协会换领新实体证书。

(三)会员资格年度检验

地方协会每年1月1日至4月30日,对执业会员和单位会员资格开展年度检验工作。执业会员存在下列情形之一的,不予通过年检:①死亡或者被依法宣告死亡的;②不具有完全民事行为能力的;③因故意犯罪或者在从事评估、财务、会计、审计活动中因过失犯罪而受刑事处罚的;④拒不履行《章程》规定义务的;⑤情况变化不再符合执业会员条件的;⑥在接受行业自律管理中有弄虚作假行为的;⑦会规定的其他情形。

单位会员情况变化不再符合单位会员条件的,不予通过年检。协会代管的执业会员,由地方协会直接进行年检。

(四)会员注销登记

1.执业会员注销登记

执业会员自愿退会的,书面通知地方协会,并交回执业会员实体证书。地方协会通过系统上报中评协,中评协予以确认。执业会员有下列情形之一的,自动丧失执业会员资格:①1年不按规定缴纳会费的;②1年不按要求参加本会活动的;③情况变化不再符合执业会员条件的;④1年不从事资产评估业务的;⑤不具有完全民事行为能力的;⑥死亡或者被依法宣告死亡的;⑦本会规定的其他情形。

2.单位会员注销登记

单位会员有下列情形之一的,自动丧失单位会员资格:①1年不按规定缴纳会费的;②1年不按要求参加本会活动的;③情况变化不再符合单位会员条件的;④因解散、依法被撤销、被宣告破产或其他原因依法终止的;⑤被财政部门予以注销备案的;⑤本会规定的其他情形。

三、退会规定

会员有下列情形之一的,其相应会员资格终止:①申请退会的;②不符合《中国资产评估协会会员管理办法》规定的会员条件的;③单位会员的主体资格被依法终止的;④特别机构会员被取消证券、期货相关业务评估资格的;⑤长期不履行会员义务的;⑥受到中国资产评估协会取消会员资格惩戒的;⑦受到行政处罚、处分,情节严重的;⑧受到刑事处罚的。

【提示】会员申请退会的,应当按会员管理权限,向中国资产评估协会或所在地地方协会提交退会申请,经协会批准予以退会。

四、资产评估职业道德准则

资产评估职业道德是指资产评估机构及其资产评估专业人员开展资产评估业务应当具备的道德品质和体现的道德行为。

(一)基本遵循

资产评估机构及其资产评估专业人员应当诚实守信,勤勉尽责,谨慎从业,坚持独立、客观、公正的原则,不得出具或者签署虚假资产评估报告或者有重大遗漏的资产评估报告。

资产评估机构及其资产评估专业人员开展资产评估业务,应当遵守法律、行政法规和资产评估准则,履行资产评估委托合同规定的义务。资产评估机构应当对本机构的资产评估专业人员遵守法律、行政法规和资产评估准则的情况进行监督。资产评估机构及其资产评估专业人员应当自觉维护职业形象,不得从事损害职业形象的活动。

(二)专业能力

资产评估专业人员应当具备相应的评估专业知识和实践经验,能够胜任所执行的资产评估业务。资产评估专业人员应当完成规定的继续教育,保持和提高专业能力。资产评估机构及其资产评估专业人员应当如实声明其具有的专业能力和执业经验,不得对其专业能力和执业经验进行夸张、虚假和误导性宣传。资产评估机构执行某项特定业务缺乏特定的专业知识和经验时,应当采取弥补措施,包括利用专家工作及相关报告等。

(三)独立性

资产评估机构及其资产评估专业人员开展资产评估业务,应当采取恰当措施保持独立性。

资产评估机构不得受理与自身有利害关系的资产评估业务。资产评估专业人员与委托人、其他相关当事人和评估对象有利害关系的,应当回避。资产评估机构及其资产评估专业人员开展资产评估业务,应当识别可能影响独立性的情形,合理判断其对独立性的影响。可能影响独立性的情形通常包括资产评估机构及其资产评估专业人员或者其亲属与委托人或者其他相关当事人之间存在经济利益关联、人员关联或者业务关联。

资产评估机构不得分别接受利益冲突双方的委托,对同一评估对象进行评估。资产评估机构及其资产评估专业人员不得以恶性压价、支付回扣、虚假宣传,或者采用欺骗、利诱、胁迫等不正当手段招揽业务。资产评估专业人员不得私自接受委托从事资产评估业务并收取费用。

资产评估机构及其资产评估专业人员不得利用开展业务之便,为自己或者他人谋取不正当利益,不得向委托人或者其他相关当事人索要、收受或者变相索要、收受资产评估委托合同约定以外的酬金、财物等。

资产评估机构及其资产评估专业人员执行资产评估业务,应当保持公正的态度,以客观事实为依据,实事求是地进行分析和判断,拒绝委托人或者其他相关当事人的非法干预,不得直接以预先设定的价值作为评估结论。

资产评估机构及其资产评估专业人员应当遵守保密原则,对评估活动中知悉的国家秘密、商业秘密和个人隐私予以保密,不得在保密期限内向委托人以外的第三方提供保密信息,除非得到委托人的同意或者属于法律、行政法规允许的范围。

资产评估机构不得允许其他资产评估机以本机构名义开展资产评估业务,或者冒用其他资产评估机构名义开展资产评估业务。

资产评估专业人员不得签署本人未承办业务的资产评估报告,也不得允许他人以本人名义从事资产评估业务,或者冒用他人名义从事资产评估业务。

资产评估机构及其资产评估专业人员在开展资产评估业务过程中,应当与其他资产评估专业人员保持良好的工作关系。

资产评估机构及其资产评估专业人员不得贬损或者诋毁其他资产评估机构及资产评估专业人员。

任务四　资产评估执业质量管理

资产评估执业质量管理包括资产评估机构执业质量控制和资产评估执业质量检查两方面内容。

一、资产评估机构执业质量控制

(一)基本要求

我国资产评估机构应当结合自身规模、业务特征、业务领域等因素,建立资产评估质量控制体系,保证资产评估业务质量,防范执业风险。

资产评估质量控制体系包括资产评估机构为实现质量控制目标而制定的质量控制政策,以及为政策执行和监控而设计的必要程序。资产评估机构应当针对以下方面制定相应的控制政策和程序:①质量控制责任;②职业道德;③人力资源;④资产评估业务受理;⑤资产评估业务计划;⑥资产评估业务实施和资产评估报告出具;⑦资产评估质量监控和改进;⑧资产评估质量文件和记录。

资产评估机构制定的质量控制政策和程序,应当形成书面文件。资产评估机构应当记录这些政策和程序的执行情况。资产评估机构对资产评估业务进行质量控制,应当符合《资产评估机构业务质量控制指南》。

(二)质量控制责任

资产评估机构应当合理界定和细分质量控制体系中控制主体承担的质量控制责任,并建立责任落实和追究机制。控制主体通常包括最高管理层、首席评估师、项目负责人、项目审核人员、项目团队成员、资产评估机构其他人员。

最高管理层是指公司制资产评估机构的董事会(执行董事)或者合伙制资产评估机构的合伙人管理委员会(执行合伙事务的合伙人)。最高管理层对业务质量控制承担最终责任。最高管理层应当在股东会(或者合伙人会议)授权的或者章程(或者合伙人协议)规定的范围内行使职权,并承担以下职责:①树立质量管理意识,让全体人员充分认识到业务质量控制的重要性,确保全员参与,以达到质量控制目标;②制定资产评估机构的服务宗旨,确保全体人员理解服务宗旨的内涵,并评审其持续适宜性;③在相关职能部门层次上建立质量目标,质量目标应当具体、可测量和可实现,并与服务宗旨保持一致;④策划组织架构和质量控制体系,并对其进行定期评审,确保其处于适宜、充分和有效的状态;⑤合理授权分支机构的业务权限,对分支机构的业务开展实施控制。

首席评估师是指最高管理层在质量控制体系方面的代表。首席评估师应当为评估机构的股东(或者合伙人),且应当具备履行职责所需要的经验和能力。首席评估师由最高管理层指定并授予其管理权限,其直接对最高管理层负责。首席评估师承担以下职责:①建立、实施和保持质量控制体系;②监控质量控制体系的运行情况,向最高管理层报告并提出改进的建议和方案;③促进全体人员不断提高业务质量意识。

评估机构应当制定评估业务项目负责人制度。项目负责人应当是具备履行职责所要求的职业道德、专业知识、执业能力、实践经验的资产评估专业人员,其中法定评估业务的项目负责人应当为资产评估师;评估机构应当对每项评估业务委派项目负责人。项目负责人承担以下职责:①评估计划的制订和组织实施;②评估业务实施中的协调和沟通;③按照程序报告与评估业务相关的重要信息;④组织复核项目团队人员的工作;⑤合理利用专家工作及工作成果;⑥组织编制评估报告,并审核相关内容;⑦在出具的评估报告上签字;⑧组织处理质量评估报告提交后的反馈意见;⑨组织整理归集资产评估档案。

项目审核人员应当具备履行职责的技术专长,具备审核业务所需要的经验和权限,保证审核工作的客观性。项目审核人员承担以下职责:①审核评估程序执行情况;②审核拟出具的评估报告;③审核工作底稿;④综合评价项目风险,提出出具评估报告的明确意见。

项目团队成员一般包括承担或者参与评估业务项目工作的资产评估专业人员、业务助理人员。项目团队成员承担以下职责:①接受项目负责人的领导,了解拟执行工作的目标,理解项目负责人的工作指令;②按照评估机构质量控制政策和程序的要求从事具体评估业务工作,形成工作底稿;③汇报执行业务过程中发现的重大问题;④复核已完成的工作底稿并接受审核。

资产评估机构应当明确处于质量控制体系中的其他人员的职责,该类人员通常包括业务洽谈人员、业务部门负责人、分支机构负责人、人力资源管理人员、信息管理人员、档案管理人员、文秘人员。

(三)职业道德

资产评估机构应当制定政策和程序,以利于全体人员遵守《资产评估职业道德准则》。资产评估机构制定的政策和程序应当强调遵守《资产评估职业道德准则》的重要性,并通过以下方式予以强化:①管理层的示范;②教育和培训;③监控;④对违反《资产评估职业道德准则》行为的处理。

资产评估机构应当按照《资产评估职业道德准则》的要求,恪守独立、客观、公正的原则。针对具体评估业务的特点,资产评估机构应当:①对影响独立性和客观性的利益关系等因素进行分析和判断,最大限度地减少或者消除不利因素,直至放弃评估业务,将独立性和客观性的不利影响降至可接受水平;②要求内部相关人员就有关独立性的信息进行沟通,以确定是否存在违反独立性的情形;③排除影响资产评估专业人员做出独立专业判断的外部因素的干扰。

资产评估机构制定的保密政策,应当要求执业人员和其他相关人员对国家秘密、委托人和相关当事人的商业秘密、所在资产评估机构的商业秘密负有保密义务。除委托人或者由委托人书面许可的人,法律、行政法规允许的第三方,具有管辖权的监管机构、行业协会依法从资产评估机构获取和保留的国家秘密及商业秘密外,不得向他人泄露在评估活动中获得的不应公开的信息以及评估结论。执业人员和其他相关人员在为委托人和相关当事人服务结束或者离开所在资产评估机构后,应当按照有关规定或者合同约定承担保密义务。

(四)人力资源

资产评估机构应当配置必需的人力资源,并根据业务的变化,对人力资源进行调整和更新。资产评估机构在制定人力资源政策和程序时,应当考虑人力资源规划、岗位职责和任职要求、招聘与选拔、教育与培训、绩效考评、薪酬制度等内容。

资产评估机构聘请专家和外部人员协助工作的，应当制定利用专家和外部人员工作的政策和程序，使其承担的工作符合项目质量要求。资产评估机构在制定项目团队成员配备的政策和程序时，应当要求项目团队成员具备下列条件：①必要的职业道德素质，能够保持独立性；②必要的专业知识和实践经验；③遵守资产评估机构业务质量控制政策和程序的意识。

（五）资产评估业务受理

资产评估机构应当制定资产评估业务受理环节的控制政策和程序，确保在与委托人正式签订资产评估委托合同之前，对拟委托事项进行必要了解，以决定是否接受委托。资产评估机构应当谨慎地选择客户和业务，在制定业务承接环节的政策和程序时，应当考虑业务洽谈，资产评估委托合同的审核和签订，发生资产评估委托合同变更、中止、终止情形时的处置等情况。

资产评估机构应当规定业务洽谈人员所具备的条件。业务洽谈人员在洽谈业务时，应当了解下列事项：①资产评估业务基本事项；②法律、行业法规、资产评估准则的要求；③拟委托内容；④被评估单位的情况。

在订立资产评估委托合同之前，资产评估机构应当考虑与资产评估业务有关的要求、风险、胜任能力等因素，正确理解拟委托内容，初步识别和评价风险，以确定是否受理评估。

资产评估机构应当根据业务风险对评估业务进行分类，分类时应当考虑下列因素：①来自委托人和相关当事人的风险；②来自评估对象的风险；③来自资产评估机构及人员的风险；④资产评估报告使用不当的风险。

当发生资产评估委托合同变更、中止、终止情形时，资产评估机构应当采取措施进行处置，并保持记录。采取的措施通常包括：对变更、中止、终止的情形进行重新审核；就拟采取的行动及原因与委托人沟通；将信息传达给相关人员。

（六）资产评估业务计划

资产评估机构应当制定资产评估业务计划的控制政策和程序，以确保项目团队成员了解工作内容、工作目标、重点关注领域；项目负责人有效组织和管理资产评估业务；管理层人员有效监控资产评估业务；使委托人和相关当事人了解资产评估计划的内容，配合项目团队工作。

资产评估机构应当针对以下事项制定资产评估业务计划的控制政策和程序：①计划编制前对资产评估业务基本事项进一步明确；②资产评估计划编制和批准的参与者；③资产评估计划的内容和繁简程度；④资产评估计划的编制、审核、批准流程。

资产评估机构在制定资产评估业务计划环节的控制政策和程序时，应当要求资产评估项目负责人在编制资产评估计划前完成以下事项：为编制资产评估计划、开展后续工作而组织资源；确定是否对委托人和相关当事人进行必要的业务指导；确定是否对项目团队成员进行适当的培训；确定是否开展初步评估活动等。对大型、复杂的评估业务，资产评估机构在制定资产评估业务计划环节的控制政策和程序时，应当要求编制详细的评估计划。

（七）资产评估业务实施和资产评估报告出具

资产评估机构应当制定资产评估业务实施和资产评估报告出具环节的控制政策和程序，以保证相关法律、行政法规、资产评估准则得以遵守，满足出具资产评估报告的要求。同时，资产评估机构应当针对以下事项制定资产评估业务实施和资产评估报告出具环节的控制政策和程序：①项目团队组建及工作委派；②现场调查、评估资料收集和评定估算；③资产评估报告编制；④利用专家工作及相关报告；⑤疑难问题或者争议事项的解决；⑥项目负责人的指导与监督；⑦内部审核；⑧评估报告签发及提交。

资产评估机构在制定不同特征资产（企业）的现场调查、收集评估资料、评定估算以及编制评估报告的控制政策和程序时,通常考虑现场调查方案的可行性,评估资料的真实性、合法性和完整性、评估方法的恰当性,评估参数的合理性,评估报告的合规性等。

资产评估机构制定的解决疑难问题或者争议事项的控制政策和程序,通常包括疑难问题的内部报告及处理、处理项目执行过程中的意见分歧等内容。只有对分歧意见形成结论,资产评估机构才能出具资产评估报告。

资产评估机构应当制定控制政策和程序,要求项目负责人对项目团队成员的工作进行指导、监督,并对下列事项实施控制:①项目团队的组建和管理;②业务时间进度;③业务沟通;④业务风险。

资产评估机构应当设置专门部门或者专门岗位实施评估业务的内部审核,内部审核的政策和程序应当确保未经审核合格的事项不进入下一程序。内部审核的政策和程序应当包括内部审核流程,项目审核人员的专业能力要求,审核的时间、范围和方法。

资产评估机构应当制定评估报告签发的政策和程序。资产评估报告签发的政策和程序应当规定,一旦发现已经提交的资产评估报告存在瑕疵、错误等问题,资产评估机构为挽回不良影响,根据问题的严重程度或者潜在影响程度应当采取相应措施。

(八)资产评估质量监控和改进

资产评估机构应当制定政策和程序,对质量控制体系运行情况进行监控。监控应当重点关注质量控制体系是否符合资产评估机构业务指南的要求、是否符合资产评估机构的实际,质量控制体系是否达到质量目标,质量控制体系是否得到有效的实施和保持。

资产评估机构对质量控制体系运行情况的监控措施主要包括:收集、管理和利用不同渠道、来源的相关信息,为评价和改进质量控制体系提供依据;对质量控制体系运行的过程进行监控;对质量控制体系的运行情况进行定期检查和评价。对监控中发现的问题和隐患,质量控制体系中的相关控制主体应当采取适当的纠正措施和预防措施,并对所采取措施的有效性和效率进行评价。资产评估机构应当根据监控和其他方面的信息对质量控制体系的适当性和有效性进行评价,并提出改进意见。

(九)资产评估质量文件和记录

资产评估机构应当制定文件控制政策和程序,确保质量控制体系各过程中使用的文件均为有效版本,防止误用失效或者废止的文件和资料。资产评估机构应当制定政策和程序,保持业务质量控制的相关记录并及时归档。记录控制政策和程序应当规定记录的标识、储存、保护、检索、保存期限和超期后的处置所需的控制。业务质量控制记录主要包括评估业务工作底稿、监控和改进记录、质量控制体系审评记录。资产评估业务质量控制记录应当根据重要性和必要性设计其内容,以符合法律、行政法规和资产评估准则及相关要求。

二、资产评估执业质量检查

资产评估执业质量检查(以下简称"质量检查")是指中国资产评估协会对资产评估机构和资产评估专业人员遵守资产评估行业有关法律、法规、规章、制度和资产评估准则等情况进行的检查。

(一)检查对象

资产评估机构和资产评估专业人员应当接受并配合资产评估协会组织开展的质量检查工作。资产评估机构应当按照资产评估协会的安排,每5年至少接受一次质量检查。资产评估协会可以根据本地区行业发展的实际情况,以适当的方式确定年度被检查对象,有以下情形之一的资产评估机构可以作为重点检查对象:①被投诉举报或涉及有关部门移交案件的;②被有关媒体披露、质疑的;③上年度受到行政处罚或自律惩戒的;④内部管理混乱,可能对执业质量造成影响的;⑤以恶意降低服务费等不正当手段争揽业务的;⑥新设立并已出具评估报告的;⑦法定代表人(首席合伙人)

变更的;⑧50%以上股份的持有股东或50%以上合伙人变更的;⑨资产评估协会认为需要重点检查的其他情形。

(二)检查范围与内容

1. 检查范围

以被检查对象上一次接受检查至本次检查之间出具的评估报告为主,必要时可延伸到以前年度。

2. 检查内容

其包括:资产评估机构和资产评估专业人员遵守资产评估行业有关法律、行政法规、规章和制度的情况;资产评估机构和资产评估专业人员遵守资产评估准则的情况;资产评估机构和资产评估专业人员遵守《资产评估职业道德准则》的情况;资产评估机构内部质量管理和控制的情况;资产评估协会认为需要检查的其他内容。

(三)检查方式及程序

1. 检查方式

资产评估执业质量检查以实地抽样检查的方式为主,必要时也可以采取其他适当的检查方式。

2. 检查程序

(1)资产评估协会应当提前10个工作日向被检查资产评估机构发出检查通知书,告知其检查的依据、范围、内容、时间、方式和对被检查机构配合检查工作的具体要求,以及对检查意见如有异议,提出书面反馈意见的时间期限。

(2)被检查资产评估机构应当在检查组到达前,完成检查通知书中要求的准备工作。

(3)检查组应当在实地检查时出示检查通知书,并佩戴检查人员工作证件(由地方协会自制)。

(4)检查组应当通过听取被检查资产评估机构汇报、询问相关情况、查阅有关资料等方法,了解被检查资产评估机构的基本情况及其内部管理控制制度的建立和执行情况。

(5)检查组应当充分考虑行业自律检查的特点和要求,依据被检查资产评估机构的有关资料,选取重点检查的评估报告。

(6)检查组应当通过查阅选取的评估报告及工作底稿,检查资产评估机构和资产评估专业人员遵守资产评估行业有关法律、行政法规、规章、制度的情况和遵守《资产评估基本准则》的情况。

(7)检查组应当通过查阅被检查资产评估机构内部管理控制制度,并结合业务检查和与质量检查有关的财务检查等,检查资产评估机构和资产评估专业人员遵守《资产评估职业道德准则》的情况和执行内部质量管理控制制度的情况。

(8)检查组应当将所检查的内容与事项形成检查工作底稿。检查工作底稿的主要内容包括被检查机构的基本情况、抽查报告名称和文号、检查时间、检查发现的主要问题、检查人员的意见及签名、相关证明材料。相关证明材料上应当有提供者的签名或盖章,未取得提供者签名或盖章的,检查人员应当注明原因。

(9)检查组填制检查工作底稿应当做到内容完整、重点突出、条理清晰、用词准确。相关的证明材料应清晰完整。

(10)检查组组长应当对检查组填制的工作底稿及取得的相关证明材料进行必要的复核。

(11)检查工作底稿应当征求被检查资产评估机构及相关资产评估专业人员意见,并由其签字盖章。被检查资产评估机构和相关资产评估专业人员对检查意见有异议,并在资产评估协会检查通知中规定的时间内提出书面意见的,检查组应当予以进一步核查;在资产评估协会检查通知中规定的时间内没有提出异议的,视为对检查意见无异议。

(12)检查组完成实地检查工作后,应认真编写质量检查报告,连同质量检查工作底稿一并提交资产评估协会。质量检查报告和工作底稿的所有权归属于资产评估协会。

(四)检查结果的处理

资产评估协会在听取检查组的检查情况汇报和审查检查组提交的质量检查报告后,对在检查中发现问题的资产评估机构和资产评估专业人员,应视其问题的性质或情节的轻重,提出相应的处理意见和建议。对存在问题性质或情节轻微,不足以予以自律惩戒的资产评估机构和资产评估专业人员,应通过发关注函、谈话提醒、举办强制培训班或其他适当的方式,提醒、教育其改正;对存在问题性质或情节较为严重,应予以自律惩戒的资产评估机构和资产评估专业人员,应按照《资产评估执业行为自律惩戒办法》的有关规定作出惩戒决定;对检查中发现的不符合注册条件的资产评估专业人员,应按照资产评估专业人员管理的有关规定进行处理。

应知考核

一、单项选择题

1. 我国资产评估协会成立的时间是( )。
   A. 1983 年 12 月 10 日 B. 1989 年 12 月 10 日
   C. 1993 年 12 月 10 日 D. 1995 年 12 月 10 日

2. 中国资产评估协会最高权力机构是( )。
   A. 全国会员代表大会 B. 协会理事会 C. 协会秘书处 D. 各专业委员会

3. 2014 年,国务院取消了注册资产评估师等准入类职业资格,改为( )。
   A. 注册资产评估师考试制度 B. 水平评价类职业资格
   C. 水平考试类职业资格 D. 水平执业类职业资格

4. 中国资产评估协会加入世界评估组织联合会成为常务理事的时间是( )。
   A. 1995 年 B. 1999 年 C. 2005 年 D. 2010 年

5. 资产评估机构的最高管理层在质量控制体系方面的代表是( )。
   A. 首席评估师 B. 资产评估师 C. 项目负责人 D. 项目审核人员

二、多项选择题

1. 下列属于设立合伙制资产评估公司的条件的有( )。
   A. 有 2 名以上资产评估师(含合伙人)
   B. 有 2 名以上资产评估师(不含合伙人)
   C. 其合伙人 2/3 以上应当是评估师
   D. 其合伙人 2/3 以上应当是具有 3 年以上从业经验且最近 3 年内未受停止从业处罚的评估师

2. 下列符合申请证券评估资格的条件的有( )。
   A. 资产评估机构依法设立并取得资产评估资格 3 年以上
   B. 具备不少于 30 名资产评估师
   C. 净资产不少于 200 万元
   D. 净资产不少于 500 万元

3. 依据《中国资产评估协会会员管理办法》的规定,会员分为( )。
   A. 单位会员 B. 个人会员 C. 执业会员 D. 非执业会员

4. 下列属于资产评估执业质量控制主体的有( )。
   A. 最高管理层 B. 首席评估师 C. 项目负责人 D. 评估机构

5. 下列属于资产评估机构项目审核人应该承担的职责的有( )。

A. 审核评估程序执行情况
B. 审核拟出具的评估报告
C. 审核工作底稿
D. 综合评价项目风险,提出出具评估报告的明确意见

三、判断题

1. 资产评估机构的设立由审批制改为备案制,将组织资产评估师考试、管理等政府职能交给行业协会。(   )
2. 最高管理层对业务质量控制承担最终责任。(   )
3. 2003年,经外交部批准,中国资产评估协会加入国际评估准则委员会。(   )
4. 目前,我国资产评估机构基本上是合伙制的资产评估机构。(   )
5. 首席评估师由最高管理层指定并授予其管理权限,直接对最高管理层负责。(   )

四、简述题

1. 简述对资产评估机构的设立要求。
2. 简述资产评估行业管理趋势。
3. 简述资产评估机构的管理特点。
4. 简述资产评估协会会员的分类和基本规定。
5. 简述《资产评估职业道德准则》应通过哪些方式予以强化。

▼ 应会考核

■ 观念应用

【背景资料】

近期,中国资产评估协会收到举报,反映名为"中国资产评估师协会"的组织发放注册资产评估师证书并收取高额费用的情况,被社会上误以为是中国资产评估协会所发证书,造成不良影响。为此,特声明如下:

经查,"中国资产评估师协会"是虚假协会,其所发的注册资产评估师证书是虚假证书。

中国资产评估协会是资产评估行业唯一合法的全国性自律组织,接受登记管理机关民政部和业务主管单位财政部的业务指导和监督管理;依据《中华人民共和国资产评估法》,组织资产评估师职业资格全国统一考试,考试合格并审核通过的考生可取得由人力资源和社会保障部、财政部监制,中国资产评估协会用印的中华人民共和国资产评估师职业资格证书。

对虚构"中国资产评估师协会"发放虚假证书的行为,追究法律责任。

【考核要求】

对这种虚构"中国资产评估师协会"发放虚假注册资产评估师证书的行为如何给予打击?谈谈你的思路。

■ 技能应用

进入中国资产评估协会网址http://www.cas.org.cn,查看资格考试、协会介绍、会员管理、法规制度等,进一步提高自己的专业技能,拓展业务知识。

【技能要求】

登录网址后,谈谈你对资产评估行业管理的感想。

■ 案例分析

为加强中国资产评估协会会员的自律管理,根据《中华人民共和国资产评估法》和《中国资产评估协会章程》(以下简称《章程》)的有关规定,会员分为单位会员和个人会员。单位会员分为评估机构会员和非评估机构会员。个人会员分为执业会员和非执业会员,其中,执业会员分为评估师执业会员和非评估师执业会员。本会设特别会员,包括特别机构会员、资深会员和名誉会员。本会会员应当承认本会《章程》,享有《章程》规定的权利,履行《章程》规定的义务。本会管理全国的单位会员和个人会员的会籍。

【分析要求】

中国资产评估协会会员有哪些权利和义务?

▼ 项目实训

【实训项目】

资产评估行业管理。

【实训内容】

资产评估机构管理和资产评估从业人员管理。

【实训目的】

掌握资产评估机构和从业人员管理,为今后从事相关工作奠定基础。

【实训反思】

(1)作为一个有素质的资产评估师,如何丰富自己的资产评估专业知识,从而提高专业技能?

(2)将实训报告填写完整。

《资产评估行业管理》实训报告		
项目实训班级:	项目小组:	项目组成员:
实训时间: 年 月 日	实训地点:	实训成绩:
实训目的:		
实训步骤:		
实训结果:		
实训感言:		
不足与今后改进:		
项目组长评定签字:		项目指导教师评定签字:

第二篇

资产评估实务

项目五　机器设备评估

● **知识目标**

　　理解：机器设备的概念、分类；机器设备评估的技术经济特点。
　　熟知：影响机器设备评估价值的基本因素；机器设备评估的特征和原则。
　　掌握：机器设备评估的步骤；市场法、收益法和成本法在机器设备评估中的应用。

● **技能目标**

　　在掌握资产评估基本方法的基础上，能够在具体的案例操作中，用适当的方法对机器设备价值进行评估。

● **素质目标**

　　通过对本项目的学习，在理解机器设备的特点、分类、评估的基础上，能运用机器设备的重置成本、实体性贬值、功能性贬值、经济性贬值等估算方法，以及使用机器设备市场法评估中有关比较指标的修正系数，对机器设备进行评估。把学和做有机结合，做到学思用贯通、知信行统一，提高自己的职业道德素养。

● **思政目标**

　　能够正确地理解"不忘初心"的核心要义和精神实质；树立正确的世界观、人生观和价值观，做到学思用贯通、知信行统一；通过机器设备评估知识，能够学以致用，倡导敬业奉献，在工作岗位中，把每一份工作做精、做细。在资产评估要素的确认中，有理有据，测算的资料客观翔实，评估过程严谨踏实，评估结论赢得报告使用者的信赖和客户的信任。

● **项目引例**

机器设备如何评估

　　某企业2019年从美国引进一条生产线，该生产线当年安装试车成功正式投入生产。设备进口总金额为90万美元，后于2023年进行评估。经评估人员对该生产线进行现场勘察和技术鉴定，以及向有关部门进行调查了解，认为该生产线的技术水平在国内仍居先进行列，在国际上也属普遍使用的设备，决定采用指数调整法对该机组重置成本进行估测。按照国内及国外价格变动对生产线的不同影响，评估人员先将生产线分成进口设备主机、进口备件、国内配套设施、其他费用四个部分,分别考虑国外、国内不同价格变化率予以调整。经调查询价了解到,从设备进口到评估基准日,进口设备主机在其生产国的价格变化率上升了50%,进口备件的价格变化率上升了30%,国内配套设施价格上升了60%,其他费用上升了50%。按评估基准日的国家有关政策规定,该进口设备的进口关税等税收额为30万元人民币。评估时点美元兑人民币汇率为1:7.2。从被评估机组进口合同中得知,进口设备主机原始价值为75万美元,进口备件原始价值为15万美元。另外,从其他会计凭证中查得国内配套设施原始价值为45万元人民币,其他费用原始价值为18万元人民币。

引例导学:根据上述数据,如何估算被评估机组的重置成本?本项目将重点阐述成本法、市场法和收益法在机器设备评估中的应用。

● **课程思政**

> 通过本项目中三个任务的学习,注重对学生"诚、廉、勤、信"素质的培养,将社会主义核心价值观融入其中;加强学生文化自信,使学生具有良好的职业道德、职业素养和创新精神,守正创新,砥砺前行;明确三种评估方法在机器设备实务评估中的管理与应用,提升实际操作能力,激发学习热情,强化学生法律意识,促其知法、懂法、守法。

任务一 机器设备评估概述

一、机器设备的概念

我国《资产评估执业准则——机器设备》对机器设备的定义为:人类利用机械原理以及其他科学原理制造的、特定主体拥有或者控制的有形资产,包括机器、仪器、器械、装置、附属的特殊建筑物等。

在资产评估领域,机器设备包括自然属性和资产属性两个方面:①自然属性是指人类利用机械原理及其他科学原理制造的装置;②资产属性是指被特定个体拥有或控制的,用于生产、经营或管理等目的的不动产以外的有形资产。

二、机器设备的分类

(1)按现行会计制度规定分类,机器设备可分为生产经营用机器设备、非生产经营用机器设备、租出机器设备、未使用机器设备、不需用机器设备、融资租入机器设备等。

(2)按国家固定资产分类标准分类,机器设备可分为通用设备、专用设备、交通运输设备、电气设备、电子及通信设备、仪器仪表、计量标准器具等。

(3)按机器设备的组合程度分类,机器设备可分为单台设备(独立设备)、机组(如组合机床)、成套设备(包括生产线)等。

【注意】资产评估时,除根据上述分类明确评估对象的类别外,还需根据评估的特定目的,明确评估对象的具体范围,如评估对象中是否包含租出和融资租入机器设备、是否包含房地产中的有关机器设备,以避免重复评估或者遗漏。

三、机器设备的技术经济特点

机器设备的技术经济特点有:①单位价值大,使用寿命长,资金投入量大,回收期长。②价值补偿和实物更新不同时进行;机器设备的价值补偿是通过折旧形式逐渐形成的,而实物更新一般是一次性完成的。③价值和使用价值并非一成不变,贬值和增值具有同步性。机器设备在运行中会产生有形和无形的磨损,这都会使机器设备的价值量发生变化。④机器设备属于有形的固定资产,具有动产的性质,并且数量大、品种多、分布广、技术性强、情况复杂。

四、机器设备评估的特点

机器设备的技术经济特点决定了机器设备评估具有以下几个特点:

(一)以技术检测为基础

由于机器设备使用寿命长,在使用过程中磨损程度不同,维修保养状况也存在一定差异,因此不能简单根据使用年限来确定其新旧程度,必须通过技术检测来确定其实际的磨损程度,以正确确定其成新率及评估值。

(二)以单台机器设备为评估对象

由于机器设备使用保养差异大等原因,即使同一型号、相同使用年限的机器设备,它们的新旧程度也会有所不同。因此,必须单台、单件逐一评估,以正确确定其评估值。当然,对那些数量多、单价不高、使用及维修状况相同的一类设备,也可按类进行评估。

(三)一般要考虑无形损耗

机器设备往往存在功能性贬值和经济性贬值,机器设备的技术含量或技术水平的不同,以及企业外部经营环境的改变,都直接关系到其使用价值和企业经济效益,因此在评估时需要考虑功能性贬值和经济性贬值的影响。

(四)收益法的使用受到很大限制

机器设备类资产一般是企业整体资产的一个组成部分,它通常与企业的其他资产,如建筑物、土地、流动资产、无形资产等共同实现某项特定的生产目的,一般不具备独立的获利能力。

【提示】在进行机器设备评估时,收益法的使用受到很大限制,通常采用成本法和市场法。

五、影响机器设备评估价值的基本因素

一般来说,影响机器设备评估价值的基本因素包括以下方面:

(一)原始成本

原始成本就是机器设备购建时的全部费用,包括购置价款、运杂费、安装调试费等。这是评估机器设备价值的基本依据。

(二)重置全价

重置全价是现时完全重置成本的简称,是按现行价格计算的、购置与被评估机器设备相同的机器设备的全部费用,或者以新型材料、先进技术标准购置类似机器设备的全部费用。它分为复原重置成本和更新重置成本两种。全新设备的重置全价以重置成本为计价标准,是采用重置成本法评估机器设备价值的直接依据。

(三)成新率

成新率是机器设备的新旧程度,一般用机器设备使用年限与计划使用年限的比率来表示。

机器设备的成新率是在计算出机器设备全价之后,计算机器设备评估净值的决定性因素。由于机器设备寿命、磨损程度和累计折旧直接影响着成新率的高低,因此它们也是影响机器设备评估价值的因素。

(四)功能成本系数

功能成本系数是指机器设备的功能变化引起其购建成本变化的函数关系。在被评估机器设备的生产能力已经不同于其原核定的生产能力,或不同于参照机器设备的生产能力时,功能成本系数可作为该机器设备价值量的调整参数。功能性贬值是机器设备因技术进步使其相对陈旧而带来的

无形损耗,在评估机器设备的价值时应将其扣除。因此,若机器设备发生了功能性贬值,就会使机器设备的评估价值降低。

(五) 物价指数

物价指数是表示市场价格水平变化的百分数。资产评估要按照现时价格评定出资产的实际价值,因此,若物价指数在评估基准日与机器设备购建时不同,就需要按照物价指数将机器设备原价调整成现时价值,然后再作进一步评估。可见,物价指数也是评估中的一个重要调整参数。

六、机器设备评估的原则

(一) 替代原则

在机器设备评估过程中,在评估基准日可能实现的或实际存在的价格或价格标准有多种,应选择最低的一种。在同时存在几种效能相同的机器设备时,最低价格的需求量最大。

(二) 变化原则

资产价值是随着情况或环境的变化而相应地变化的。机器设备的价值一方面会随着使用年限的增加因损耗而降低;另一方面又受到通货膨胀的影响而升值,也有可能因性能更好的新设备问世或政府发布严格的环境保护或能源消耗法规而贬值。正是这些原因的综合作用形成了机器设备的价值。评估专业人员在评估过程中应全面考虑市场中可能影响资产价值的现有和预期的变化。不过,变化是持续不断的,因此,评估价值只有按评估基准日计算才有效。

(三) 供求原则

资产的价格随供求状况的变化而变化,这是市场经济的基本法则。在对机器设备进行评估时,应充分考虑机器设备的特点及其本身的供求状况,选用适当的评估方法评估机器设备的价值。

(四) 最佳使用原则

机器设备通常是为专门用途而设计的。机器设备能否以最高、最佳方式被使用与其价值是相关的。这种在最高和最有效益的状态下持续使用的方式正符合机器设备的设计目的、用户的当前需要或将来的可能需要。因此,应根据最佳使用方式判断机器设备的价值。

七、机器设备评估的步骤

(一) 明确评估基本事项

1. 明确评估目的

机器设备评估大体可分为两种情形:一种是将机器设备作为独立的评估对象评估;另一种是将机器设备与企业的其他资产一起评估。机器设备单独评估的目的有机器设备转让、机器设备抵押、机器设备保险、机器设备投资、处理机器设备纠纷和有关法律诉讼等。机器设备与企业的其他资产一起评估的目的有企业合资或合作、企业兼并或分立、企业出售、企业承包经营、企业改制、企业上市、企业破产清算等。

2. 明确评估对象和评估范围

明确评估对象首先要明确待估机器设备的类别,在此基础上,再根据评估特定目的,明确评估对象的具体范围。凡被列入企业机器设备进行管理和使用的评估对象,应纳入机器设备评估的范围之内;具有机器设备的主要特性但未被列入机器设备进行管理的评估对象,可以作为机器设备进行评估,但应在资产评估报告中予以专项说明。建筑物和在建工程中的附属设备等资产,在不重复、不遗漏以及评估方法相同、评估结果一致的原则下,可视需要归入机器设备或建筑物的评估范围。融资租入的机器设备一般可以作为机器设备进行评估,但也应在资产评估报告中予以专项说明。

3. 明确评估价值类型

机器设备评估的价值类型一般分为市场价值和非市场价值两类。在机器设备交易市场较发达的情况下,对单台(件)通用设备市场出售价值的评估,其价值类型可确定为市场价值。机器设备评估中的投资价值、保险价值、抵债价值、续用价值和清算价值等一般属于非市场价值。如果将机器设备作为房地产的有机组成部分评估,其价值类型应与房地产评估的价值类型一致;如果将机器设备与企业整体资产一起评估,其价值类型应与企业价值评估的价值类型一致。

4. 明确评估基准日

机器设备评估基准日通常由委托方提出,评估机构与委托方协商确定。如果将机器设备作为单独的评估对象评估,评估基准日通常选择现在某个日期,即现实性评估;个别情况下,评估基准日也可选择在过去某个日期,即追溯性评估或预测性评估。机器设备评估基准日的确定应根据评估的特定目的,遵循与评估目的实现日相接近的原则。如果将机器设备作为房地产的有机组成部分评估或者与企业整体资产一起评估,其评估基准日应与房地产或者企业价值评估的评估基准日相一致。

(二)评估准备阶段

评估人员在明确了评估目的、评估对象和评估范围之后,就应着手做好评估的准备工作。具体包括:

1. 要求委托方提供资产评估的基础资料

评估师首先要求委托方对委托评估的机器设备进行自查,查实机器设备的数量,做到账实相符。在此基础上,填写机器设备评估申报明细表,提供租出及融资租入机器设备的合同、证明,提供新购设备和重点设备的购货合同、发票以及运输、安装调试费用的收据,同时提供其他必要的经济技术资料。

2. 制订具体的评估工作计划

根据委托方提供的有关资料,明确评估范围和评估重点后,应制订合理的评估作业计划,包括设计主要机器设备的评估思路、落实评估人员、聘请有关专家、安排评估进度、规定评估作业完成时间等,以此保证评估工作顺利进行。

3. 搜集评估中所需数据资料

机器设备评估除委托方提供的资料外,在评估准备阶段应广泛地搜集与评估工作有关的数据资料,包括机器设备的成本资料、市场价格资料、技术资料,以及对机器设备价格产生影响的利率、税率、汇率等资料,这对于提高评估工作的效率是非常重要的。有的资料可以通过市场调查获得,有的资料可以通过评估人员现场勘察获得。

(三)进行现场清查和设备鉴定阶段

现场工作是机器设备评估的一个非常重要的工作步骤。它要求评估人员进行现场实地勘察,核定待估设备数量,并进行技术鉴定。现场工作特别是设备的鉴定工作要有详细完整的记录,这些记录将是评估机器设备价值的重要数据,也是工作底稿的重要组成内容。

1. 逐台(件)核实评估对象

现场工作的第一项工作就是对已被列入评估范围的机器设备逐台进行清查核实,方法有两种——普查和抽查。在进行清查时,要先将待估设备申报表与相关固定资产账目、卡片逐项核对,再通过实地盘点将实际数与申报表核对,既要避免漏报,又要防止重复计算,尤其要关注未入账的机器设备、已提完折旧继续使用的机器设备、租入和租出的机器设备。清查核实后,要根据清查结果,要求委托方调整其填报的待估机器设备清册及相关表格,并以清查核实后的待估机器设备作为评估对象。

2. 按照评估重点或人员安排，对待估设备进行分类

当待估设备种类、数量较多时，为了突出重点以及发挥具有专长的评估人员的作用，可对待估设备进行必要的分类。一种分类方法是按设备的重要性划分，如 ABC 分类法：把单位价值大的重要设备作为 A 类；把单位价值小且数量较多的设备作为 C 类；把介于 A 类和 C 类之间的设备作为 B 类。根据委托方对评估的时间要求，对 A、B、C 三类设备投入不同的精力进行评估。另一种分类方法是按设备的性质分为通用设备和专用设备，以便有效地搜集数据资料，合理地配备评估人员。

3. 设备鉴定

对设备进行鉴定是现场工作的重点。对设备进行鉴定包括对设备的技术鉴定、使用情况鉴定、质量鉴定以及磨损鉴定等，设备的生产厂家、出厂日期、设备负荷和维修情况等是进行鉴定的基本素材。

（1）对设备技术状况的鉴定，主要是对设备满足生产工艺的程度、生产精度和废品率，以及各种消耗和污染情况的鉴定，判断设备是否有技术过时和功能落后情况存在。

（2）对设备使用情况的鉴定，主要是了解设备是处于在用状态还是闲置状态，使用中的设备的运行参数、故障率、零配件保证率、设备闲置的原因和维护情况等。

（3）对设备质量的鉴定，主要应了解设备的制造质量，设备所处环境、条件对设备质量的影响，设备现时的完整性、外观和内部结构情况等。

（4）对设备磨损程度的鉴定，主要是了解和掌握设备的有形损耗如锈蚀、损伤、精度下降，以及无形损耗如功能不足及功能过剩等。

（四）确定设备评估经济技术参数阶段

评估所需经济技术参数，要根据评估目的和评估项目对评估价值类型的要求，以及评估所选择的途径和方法，科学合理地确定。这些经济技术参数不仅要在性质上与评估目的、评估价值类型、评估的假设前提保持一致，而且在数量上也要恰如其分。

（五）评定估算阶段

做完上述基础工作后，评估人员应根据评估目的、评估价值类型的要求以及评估对象的具体情况，科学地选用评估计算方法进行评定估算。

（六）撰写评估报告及评估说明阶段

按照当前有关部门及行业管理组织对评估报告撰写的要求，在评定估算过程结束之后，应及时撰写评估报告书和评估说明。

（七）评估报告的审核和报出阶段

评估报告完成以后，要有必要的审核，包括复核人的审核、项目负责人的审核和评估机构负责人的审核。在三级审核确认评估报告无重大纰漏后，再将评估报告送达委托方及有关部门。

任务二　机器设备评估的成本法应用

一、成本法的适用条件

（一）持续使用假设前提下的机器设备评估

成本法适用于持续使用假设前提下的机器设备评估，即该机器设备处于在用、续用状态下。对于处在非续用状态下又无市场参照物、无法采用其他评估方法的机器设备，可采用重置成本法，但需要在成本项目构成要素和其他因素方面作出必要的调整。

(二)应当具备可利用的历史资料

成本法的应用是建立在历史资料基础上的,许多信息资料、指标需要通过历史资料获得。同时,现时资产与历史资产具有相同性或可比性。

(三)形成资产价值的耗费是必需的

耗费是形成资产价值的基础,但耗费包括有效耗费和无效耗费。采用成本法评估资产,首先要确定这些耗费是必需的,而且应体现社会或行业平均水平。

二、成本法的计算公式

机器设备评估的成本法是首先估测被评估机器设备的重置成本,然后再估测机器设备的实体性贬值、功能性贬值和经济性贬值,最后用机器设备的重置成本扣减各种贬值来测定被评估机器设备价值的方法。其计算公式为:

$$机器设备评估值=重置成本-实体性贬值-功能性贬值-经济性贬值$$

或

$$被评估资产评估值=重置成本×成新率$$

三、机器设备重置成本的构成

采用成本法评估机器设备价值的第一步就是估测机器设备的重置成本。机器设备的重置成本通常是指按现行价格水平购建与被评估机器设备相同或相似的全新设备所需的成本。

资产评估中,机器设备的重置成本有两种:复原重置成本和更新重置成本。①复原重置成本,是指按现行价格水平购建一台与原有机器设备完全相同的全新设备所需的成本。②更新重置成本,是指按现行价格水平购建一台能够提供同样服务和功能的全新设备替代现有设备所需的成本。

复原重置成本和更新重置成本虽然都属于重置成本范畴,但两者在成本构成因素上却是有差别的:复原重置成本基本上是在不考虑技术条件、材料替代、制造标准等因素变化的前提下,仅考虑物价因素对成本的影响,即将资产的历史成本按照价格变动指数或趋势转换成重置成本或现行成本;更新重置成本是在充分考虑了技术条件、建筑标准、材料替代以及物价变动等因素变化的前提下所确定的重置成本或现行成本。

【注意】两种重置成本在成本构成要素上的差别,要求评估师在运用成本途径对机器设备估价时,准确把握所使用的重置成本的确切概念,特别注意两种重置成本对机器设备功能性贬值及成新率可能产生的不同影响。

(一)外购设备重置成本的构成

外购设备的重置成本主要包括设备自身的购置价格、运杂费、安装调试费三项。由于外购设备包括国产设备和进口设备,其重置成本也有一定的区别。

国产设备的重置成本主要包括设备自身的购置价格、运输费用、安装调试费用、大型设备一定期限内的资金成本、其他必要合理的费用(如手续费、验车费、牌照费等)。

进口设备的重置成本除包括国产设备的重置成本项目外,还包括进口设备时支付的有关税费,如关税、银行手续费等。

(二)自制设备重置成本的构成

自制设备的重置成本主要包括制造成本及相匹配的期间费用(如消耗的原材料、辅料的购价和运杂费,应分摊的管理费用和财务费用等)、安装调试费用、大型自制设备合理的资金成本、合理利润、其他合理必要的费用(如设计论证等前期费用)。

自制设备也可分为标准设备和非标准设备。对于标准设备的重置成本,应参考专业生产厂家的标准设备价格,运用替代原则合理确定自制标准设备的重置成本。

在明确了外购及自制设备重置成本的大致构成的基础上,下面将按国产设备和进口设备两种类型讨论重置成本的估测方法。

四、机器设备重置成本的估算

(一)国产设备重置成本的估算

若市场上存在与被评估资产相同的设备,可采用市场询价法;如果市场上没有与被评估资产相同的设备,但有相似或相近的设备,可采用规模经济效益指数法;若以上两个条件都不具备,可以采用物价指数法等确定重置成本。

1. 市场询价法

市场询价法是通过市场调查,从生产厂家、销售部门或其他途径获得设备销售价格,在认真分析的基础上确定设备自身购置价格的方法。该方法主要适用于评估时市场上有被评估设备销售的情况。

对大多数有公开市场价格的机器设备,评估人员首先从市场了解相同产品的现行市场销售价格,再加上合理的运杂费、安装调试费及其他费用,这是估测待估机器设备重置成本最简单有效和可信的途径。

(1)市场价格的来源。包括生产厂家提供的产品目录或价格表、经销商提供的价格目录、报纸杂志上的广告、出版的机电产品价格目录以及向生产厂家直接询价等。

(2)运杂费的估算。国产设备运杂费是指从生产厂家到安装使用地点所发生的装卸、运输、采购、保管、保险及其他有关费用。运杂费可以根据设备的生产地点、使用地点以及重量、体积、运输方式,按照铁路、公路、船运、航空等部门的运输计费标准计算。

在评估实务中,一般是先确定一个运杂费率,再将设备购置价格(到岸价)乘以运杂费率即该设备应负担的运杂费。其计算公式如下:

$$设备运杂费=国产设备购置价格×国产设备运杂费率$$

(3)设备安装费。设备安装费是指设备安装工程所发生的所有人工费、材料费、机械费及全部取费。设备安装工程一般包括:机械和电器设备的装配、安装工程;锅炉砌筑工程;与设备相连的工作台、梯子的安装;附属于设备的管线敷设工程,设备及附属设施的绝缘、防腐、油漆、保温等;为测定安装工程质量所进行的单机试运转和联动无负荷试运转。设备安装费的计算公式如下:

$$设备安装费=设备原价×设备安装费率$$

(4)设备基础费。设备基础是指为安装设备而建造的特殊构筑物,设备基础费是指建造设备基础所发生的人工费、材料费、机械费及全部取费。有些特殊设备的基础列入构筑物范围,但不按设备基础计算。设备基础费的计算公式如下:

$$设备基础费=国产设备原价×国产设备基础费率$$

设备的基础费率按所在行业颁布的概算指标中规定的标准取值。

【提示】 如果设备安装调试周期较长,则需要考虑设备购置、安装调试所占用的资金成本。设备的资金成本用设备购置、安装所需的全部资金总额乘以现行相应期限的银行贷款利率计算。

【做中学5-1】 星海公司需对购置的一台设备进行重置成本的计算,该设备按现行市场价购置,每台20 000元,运杂费为500元,安装费为500元。则该设备的重置成本为:

重置成本=20 000+500+500=21 000(元)

2. 规模经济效益指数法

对于某些特定的设备,如化工设备、石油设备等,同一系列不同生产能力设备的价格变化与生产能力变化呈某种指数关系,在无法取得现行购置价格的情况下,可采用规模经济效益指数法确定重置成本。

规模经济效益指数法又称功能价值类比法,是根据待估设备的具体情况,寻找现有同类设备的市价,或通过运杂费和安装调试费得到同类设备的现行重置成本,然后根据该设备与待估设备功能比较,调整得到待估机器设备的重置成本。该方法的评估计算公式为:

$$机器设备评估价值=参照物设备的现行价格\times\left(\frac{被评估设备功能}{参照物设备功能}\right)^x$$

公式中,x为功能价值指数(或称规模经济效益指数),它是用来反映资产成本与其功能之间指数关系的具体指标。在国外,经过大量数据的测算,取得的经验数据是:指数x的取值范围为0.4~1,在机器设备评估中,一般取值范围为0.6~0.8。

评估人员在使用该方法时,需要通过该类设备价格资料分析测算x。当$x=1$,被评估机器设备的生产能力与设备价格呈线性关系;当$x>1$,机器设备的生产能力与设备价格呈非线性关系,设备价格的上涨速度大于设备生产能力的上涨速度;当$x<1$,机器设备的生产能力与设备价格呈非线性关系,设备价格的上涨速度小于设备生产能力的上涨速度。

【做中学5-2】 现对某企业的A机器设备进行评估,其年生产能力为80吨。由于市场上没有与A机器设备完全相同的设备,所以选择了与A机器设备具有相同性质和用途的全新机器设备B作为参照物,其年生产能力为100吨。参照物机器设备B的现行成本价格为200 000元,评估人员分析认为该资产的功能与成本之间呈线性关系。则:

$$被评估机器设备重置成本=200\,000\times\frac{80}{100}=160\,000(元)$$

【做中学5-3】 2023年9月10日,评估人员对星海公司拥有的一套年产50万吨A产品的生产线进行评估,该生产线账面原值为1 000万元。评估时选择了一套与评估对象相似的新生产线作为参照物,该生产线年产同类A产品75万吨,现行成本为3 000万元。根据被评估资产所在行业的经验数据,该类生产线的功能价值指数为0.7。则:

$$被评估生产线重置成本=3\,000\times\left(\frac{50}{75}\right)^{0.7}=2\,259(万元)$$

在运用规模经济效益指数法估测机器设备的重置成本时,应注意所选择的参照物尽可能在购建地点和时间方面与评估对象所在地及评估基准日相同或相近;否则,应对地点和时间因素作必要的调整,地点因素的调整主要对运输费或其他费用方面作出必要调整,而时间因素的调整可利用价格指数法进行。

3. 物价指数法

对于无法取得设备现行购置价格,也无法取得同类设备重置成本的,可采用物价指数法估测待估设备的重置成本。

物价指数法是以设备的历史成本为基础,根据同类设备的价格上涨指数来确定机器设备的重置成本,该方法仅考虑了时间因素。物价指数可分为定基物价指数和环比物价指数。

(1)定基物价指数。定基物价指数是以固定时期为基期的指数,通常用百分比表示。以100%为基础,当物价指数大于100%时,表明物价上涨;当物价指数小于100%时,表明物价下跌。采用定基物价指数计算设备当前重置成本的公式为:

$$重置成本=历史成本\times\frac{评估基准日定基物价指数}{设备购建时定基物价指数}$$

【做中学5-4】 星海公司某被评估机器设备购建于2013年,其账面原始价值为63 000元,购建时该机器设备的物价指数为105%。2023年进行评估时,该类机器设备的价格指数为120%。则:

被评估机器设备重置成本＝63 000×$\frac{120\%}{105\%}$＝72 000(元)

(2)环比物价指数。环比物价指数是以上期为基期的指数。如果环比期以年为单位,则环比物价指数表示该类产品当年比上年的价格变动幅度,通常也用百分比表示。采用环比物价指数计算设备重置成本的公式为：

$$重置成本＝历史成本×基年至基准日环比物价指数$$

【做中学5－5】 星海公司某设备2020年历史成本为30 000元,环比物价指数2020年为101.9%、2021年为101.8%、2022年为102.7%、2023年为102.8%。计算2023年该设备的重置成本。

重置成本＝30 000×(101.9%×101.8%×102.7%×102.8%)＝32 855(元)

若能够获取一定时期的物价变动率,则可用下面的公式计算设备的重置成本：

$$重置成本＝历史成本×(1＋物价变动率)$$

【做中学5－6】 星海公司A设备2020年10月历史成本为30 000元,从2020年10月到2023年9月物价上涨了36%。计算2023年10月该设备的重置成本。

重置成本＝30 000×(1＋36%)＝40 800(元)

【做中学5－7】 星海公司B设备2020年10月历史成本为30 000元,从2020年10月到2023年9月物价平均每月上涨了1%。计算2023年10月该设备的重置成本。

重置成本＝30 000×(1＋1%×36)＝40 800(元)

用物价指数法计算重置成本是机器设备评估中经常采用的方法,特别是对于那些难以获得市场价格的机器设备,该方法是比较简便易行的。在使用物价指数法时,要注意以下问题：

(1)使用物价指数法计算机器设备的重置成本,所使用的物价指数一般为某一类产品的综合物价指数,它反映的是一类设备综合的物价变化水平,反映不了个别设备的价格变化。其中,某种具体产品的价格变动指数与该类产品的综合物价指数可能存在一定的差异。因此,使用这种方法计算重置成本,如具体到单台设备可能是不准确的。

(2)设备的原始成本是计算设备重置成本的基础,评估人员应注意审查原始成本的真实性。

(3)企业账面上的设备原始成本一般还包括运杂费、安装费、基础费以及其他费用,上述费用的物价变化指数与设备价格变化指数往往是不同的,应分别计算。特别是对锅炉、锻压机械等,运杂费、安装费、基础费所占比例很大,有的可能超过设备本身的价格,应特别注意。

(4)一般来讲,物价指数不能反映技术进步,因此,物价指数法不能运用于更新重置成本。

【提示】 要获取设备的物价指数,评估人员可以参考政府有关部门、世界银行、国外一些保险公司公布的统计资料,也可以根据所掌握的价格资料测算,或者选同一厂家设备的物价指数。

(二)进口设备重置成本的估算

进口设备重置成本的估算与国产设备重置成本的估算没有太大的区别,只是进口设备重置成本的构成比国产设备多了一些从属费用。这些从属费用包括国外运费、国外运输保险费、关税、消费税、增值税、银行手续费、外贸代理手续费等。若进口的是小汽车、摩托车、游艇,则重置成本还应包括进口增值税和消费税。

进口设备的重置成本不仅受国际市场价格变化的影响,而且还受国家政策、税收制度和汇率变化的影响,因此,估测进口设备的重置成本相对困难。

在评估过程中,应根据进口设备的具体情况以及搜集掌握到的相关数据,进行不同的处理。

1. 可查询到进口设备的现行离岸价或到岸价的情形

可查询到进口设备的现行离岸价(FOB)或到岸价(CIF),按下列公式进行评估：

$$重置成本 = \left(FOB价 + 途中保险费 + 国外运杂费\right) \times 基准日外汇汇率 + 进口关税 + 银行及其他手续费 + 国内运杂费 + 安装调试费$$

或

$$重置成本 = CIF价 \times 基准日外汇汇率 + 进口关税 + 银行及其他手续费 + 国内运杂费 + 安装调试费$$

式中：

$$境外运费（一般为海运费）= FOB价 \times 海运费率$$

$$境外途中保险费 = \frac{FOB价 + 海运费}{1 - 保险费率} \times 保险费率$$

$$进口关税 = (FOB价 + 途中保险费 + 境外运费) \times 关税税率$$
$$= CIF价 \times 关税税率$$

$$消费税 = \frac{关税完税价 + 关税}{1 - 消费税率} \times 消费税率$$

$$增值税 = (关税完税价 + 关税 + 消费税) \times 增值税率$$

$$银行财务费用 = FOB价 \times 银行手续费率$$

$$外贸手续费 = CIF价 \times 外贸手续费率$$

$$进口设备国内运杂费 = CIF价 \times 进口设备国内运杂费率$$

$$进口设备安装费 = 相似国产设备原价 \times 国产设备安装费率$$

$$进口设备安装费 = CIF价 \times 进口设备安装费率$$

进口设备的安装费率可按相同类型国产设备的 30%～70% 选用。进口设备的机械化、自动化程度越高，取值越低；反之，则越高。

$$进口设备基础费 = 相似国产设备原价 \times 国产设备基础费率$$

$$进口设备基础费 = CIF价 \times 进口设备基础费率$$

进口设备的基础费率可按相同类型国产设备的 30%～70% 选用。进口设备的机械化、自动化程度越高，取值越低；反之，则越高。

关于各种费率的取值：海运费率，远洋一般为 5%～8%，近洋一般为 3%～4%；保险费率一般在 0.4% 左右；关税、增值税、消费税税率按国家有关税法的规定确定；银行财务费率一般为 4‰～5‰；外贸手续费率一般为 1%～1.5%；其他杂费包括口岸管理费、海关监管费、商检费等，费率较低，视进口设备 CIF 价的高低而定，有时可忽略不计。

【做中学 5－8】 星海公司某进口设备在评估基准日的 FOB 价为 105 万美元，当日美元对人民币的汇率为 7.12，国外海运费率为 5%，海运保险费率为 0.4%，关税税率为 13%，增值税税率为 13%，银行财务费率为 0.4%，公司代理费率为 1%，国内运杂费率为 1.5%，安装费率为 0.6%，基础费率为 1.7%。计算该设备的重置成本。

该设备的重置成本包括货价、海外运输费、海运保险费、关税、增值税、银行财务费用、外贸手续费、国内运杂费、安装费、基础费。

(1) 设备的货价 = 1 050 000 (美元)

(2) 海外运输费 = 货价 × 海运费率 = 1 050 000 × 5% = 52 500 (美元)

(3) 海运保险费 = (货价 + 海运费)/(1 - 保险费率) × 保险费率
   = (1 050 000 + 52 500)/(1 - 0.4%) × 0.4% = 4 427.71 (美元)

上述三项构成设备的到岸价，合计 1 106 927.71 美元，折合人民币 7 881 325 元。

(4) 关税 = 到岸价 × 关税税率 = 7 881 325 × 13% = 1 024 572 (元)

(5) 增值税 = (关税完税价 + 关税) × 增值税率

= (7 881 325 + 1 024 572) × 13% = 8 905 897 × 13% = 1 157 767(元)

(6) 银行财务费用 = 离岸价 × 费率 = 1 050 000 × 7.12 × 0.4% = 29 904(元)

(7) 外贸手续费 = 到岸价 × 外贸手续费率 = 7 881 325 × 1% = 78 813(元)

(8) 国内运杂费 = 到岸价 × 运杂费率 = 7 881 325 × 1.5% = 118 220(元)

(9) 安装费 = 到岸价 × 安装费率 = 7 881 325 × 0.6% = 47 288(元)

(10) 基础费 = 到岸价 × 基础费率 = 7 881 325 × 1.7% = 133 983(元)

重置成本 = 7 881 325 + 1 024 572 + 1 157 767 + 29 904 + 78 813 + 118 220 + 47 288 + 133 983
= 10 471 872(元)

2. 无法查询到进口设备的现行离岸价或到岸价的情形

无法查询到进口设备的现行离岸价或到岸价的，如可以获取国外替代产品的现行 FOB 价或 CIF 价的，可采用功能价值法或比较法来推测被评估进口设备的重置成本；如没有国外替代产品的现行 FOB 价或 CIF 价的，可利用国内替代设备的现行市价或重置成本来推算被评估进口设备的重置成本。

【做中学 5-9】 2022 年底评估某合资企业的一台进口气流纺机。该纺机 2018 年从德国某公司进口，进口合同中的 FOB 价是 20 万欧元。评估人员通过德国有关纺机厂商在国内的代理机构向德国生产厂家进行了询价，了解到当时德国已不再生产被评估气流纺机那种型号纺机了，其替代产品是全面采用计算机控制的新型纺机，新型纺机的现行 FOB 报价为 35 万欧元。针对上述情况，评估人员与有关纺机专家共同分析研究新型纺机与被评估气流纺机在技术性能上的差别，以及对价格的影响。最后认为，按照通常情况，实际成交价应为报价的 70%～90%。故按德方 FOB 报价的 80% 作为 FOB 成交价。针对新型纺机在技术性能上优于被评估气流纺机，估测被评估气流纺机的现行 FOB 价约为新型纺机 FOB 价的 70%，30% 的折扣主要是功能落后造成的。评估基准日，欧元对美元的汇率为 1:1.09，人民币对美元的汇率为 1:7.12。境外运杂费按 FOB 价的 5% 计，保险费按 FOB 价和境外运费的 0.5% 计，关税与增值税予以免征。银行手续费按 CIF 价的 0.8% 计算，国内运杂费按 CIF 价和银行手续费的 3% 计算，安装调试费用包括在设备价格中，由德方派人安装调试，不必另付费用。由于该设备安装周期较短，故没有考虑利息因素。

根据上述分析及数据资料，被评估气流纺机的重置成本计算过程如下：

FOB 价 = 35 × 80% × 70% = 19.6(万欧元)

FOB 价 = 19.6 ÷ 1.09 = 17.98(万美元)

境外运杂费 = 17.98 × 5% = 0.899(万美元)

保险费 = (17.98 + 0.899) × 0.5% = 0.094 4(万美元)

CIF 价 = FOB 价 + 运费 + 保险费 = 17.89 + 0.899 + 0.094 4 = 18.883 4(万美元)

银行手续费 = 18.883 4 × 0.8% = 0.151 1(万美元)

国内运杂费 = (18.883 4 + 0.151 1) × 3% = 0.571 0(万美元)

气流纺机重置成本 = 18.883 4 + 0.151 1 + 0.571 0 = 19.605 5(万美元) = 139.59(万元人民币)

3. 利用指数调整法估测进口设备的重置成本

当上述两种方法都行不通时，也可以利用指数调整法估测进口设备的重置成本。采用指数调整法测算进口设备的重置成本，可用下列公式进行评估：

$$重置成本 = \frac{账面原值中的到岸价}{进口时的外汇汇率} × 设备生产国同类资产价格变动指数 × 评估基准日外汇汇率 × \left(1 + 现行进口关税税率\right) × \left(1 + 其他税费率\right) + \frac{账面原值人民币部分}{} × 国内同类资产价格变动指数$$

该公式是假定进口设备的到岸价全部以外汇支付，其余均为人民币支付。如实际情况与此假设不符,应自行调整。

在运用物价指数对进口设备的重置成本进行估测时,应尽量将支付外汇部分与支付人民币部分分开,分别运用设备生产国的价格变动指数与国内价格变动指数进行调整,最好不要综合采用国内和设备生产国的价格变动指数一揽子调整。

进口设备生产国同类资产价格变动指数,可根据设备生产国设备出口时的同类资产价格指数与评估时点的同类资产价格指数的比值求取。而在实际操作过程中,不但设备生产国设备出口时的同类资产价格指数不易获取,即使是评估时点的同类资产价格指数也不易取得。所以,实际运用上述公式时,往往是以进口设备生产国在设备出口时的价格水平为基期价格水平,再根据设备生产国从基期到评估时点每年的价格变化率,将生产国出口设备价值从原值调整为现值。评估公式可改为:

$$重置成本 = \frac{设备原值中支付外汇部分}{进口时的外汇汇率} \times (1+设备生产国同类资产价格变动率) \times 评估基准日外汇汇率 \times (1+现行进口关税税率) \times (1+其他税费率) + 账面原值人民币部分 \times 国内同类资产价格变动指数$$

(三)自制设备重置成本的估算

自制设备可分为标准设备和非标准设备。对于标准设备的重置成本,应参考专业生产厂家的标准设备价格,在通盘考虑质量因素的前提下,运用替代原则合理确定。对于非标准设备的市场价格资料一般难以获得,评估时经常使用重置核算的方法来确定其重置成本。

重置核算法是利用成本核算的原理,根据机器设备建造时所消耗的材料、工时及其他费用,按现行价格或费用标准计算资产现行的建造费用及安装调试费用,然后再加上合理的利息、利润来确定被评估机器设备的重置成本。

核算机器设备重置成本的估算方法有重置核算法、综合估价法和重量估价法。

1. 重置核算法

该方法是根据账目中记录的料、工、费消耗,用现价和费用标准确定设备的各种成本构成,然后加总得出设备的重置成本。其评估计算公式为:

$$重置成本 = 制造成本 + 制造利润 + 税金 + 设计费 + 安装调试费$$

制造成本包括直接成本和间接成本;制造利润是以行业平均成本利润率计算得出的利润,利润率可分为直接成本利润率和总成本利润率等;税金为增值税及其附加;设计费为评估对象分摊的设计费;安装调试费包括人工费和材料费等。

【做中学 5-10】 对星海公司的一台自制设备进行评估,由核查企业提供的账目得知,该自制设备有关料、工、费等成本要素的核算资料见表 5-1、表 5-2。该企业适用的增值税税率为 13%,城市维护建设税税率为 7%,教育费附加为 3%。

表 5-1　　　　　　　　　　　　　　　制造费用核算表

料、工、费消耗	数　量	单价(元)	金额(元)
钢材	24 吨	2 250	54 000
铸铁	25 吨	800	20 000
外协件	10 吨	3 000	30 000
工时	5 000 定额工时	8	40 000
管理费用	5 000 定额工时	4*	20 000
合计			164 000

注:*为每定额工时分摊的费用数。

表 5—2　　　　　　　　　　　安装调试费用核算表

料、工、费消耗	数量	单价(元)	金额(元)
水泥	8 吨	350	2 800
钢材	4 吨	2 250	9 000
工时	500 定额工时	8	4 000
管理费用	500 定额工时	4*	2 000
合计			17 800

注：* 为每定额工时分摊的费用数。

经评估人员市场调查和测算，评估时钢材价格为 2 800 元/吨，铸铁为 1 200 元/吨，外协件为 3 200 元/吨，每定额工时成本为 12 元，每定额工时分摊的管理费用为 6 元。根据现价和费用标准，以及该自制设备原自制和安装调试的量耗资料，重置成本计算如下：

(1) 计算制造成本：

制造成本 = 24×2 800 + 25×1 200 + 10×3 200 + 5 000×12 + 5 000×6
　　　　 = 67 200 + 30 000 + 32 000 + 60 000 + 30 000
　　　　 = 219 200(元)

(2) 计算制造利润。假定行业的平均成本利润率为 10%，则：

制造利润 = 219 200×10% = 21 920(元)

(3) 计算税金。应纳税金包括增值税及城市维护建设税、教育费附加：

税金 = (219 200 + 21 920)×13%×(1 + 7% + 3%)
　　 = 31 345.6×(1 + 7% + 3%) = 34 480(元)

(4) 计算设计费。假定该企业共建造该类设备 2 台，总设计费为 15 000 元，则被评估设备应分摊的设计费为：

设计费 = 15 000÷2 = 7 500(元)

(5) 计算安装调试费。根据表 5—2 中资料，则：

安装调试费 = 8×350 + 4×2 800 + 500×12 + 500×6
　　　　　 = 2 800 + 11 200 + 6 000 + 3 000
　　　　　 = 23 000(元)

(6) 计算被评估设备重置成本：

重置成本 = 219 200 + 21 920 + 34 480 + 7 500 + 23 000 = 306 100(元)

2. 综合估价法

该方法是依据设备的总图，计算出主要材料消耗量，通过确定设备的主要材料费用和主要外购件费用，计算出设备的完全制造成本，并考虑企业利润、税金和设计费用，确定设备的重置成本。其计算公式为：

$$R_c = (M_{rm} \div K_m + M_{pm}) \times (1 + K_p) \times \left(1 + \frac{K_d}{n}\right) / (1 + r_t)$$

公式中，R_c 表示设备价格，M_{rm} 表示主要材料费，K_m 表示成本主要材料费率，M_{pm} 表示主要外购件费，K_p 表示成本利润率，K_d 表示非标准设备设计费率，n 表示非标准设备的生产数量，r_t 表示综合税率。

【提示】综合估价法只需依据设备的总图，计算出主要材料消耗量，并根据成本主要材料费率即可估算设备的售价，是机械工业估算通用非标准设备时经常使用的方法。

【做中学 5—11】 某悬链式水幕喷漆室为非标准自制设备，购建日期为 2019 年 12 月，评估基准日为 2023 年 9 月 30 日。

根据设计图纸,该设备主要材料为钢材,主要材料的净消耗量为 25.5 吨,评估基准日钢材不含税市场价为 3 500 元/吨。另外,所需主要外购件(电机、泵、阀、风机等)不含税费用为 55 680 元。主要材料费利用率为 90%,成本主要材料费率为 55%,成本利润率为 15%,设计费率为 16%,产量 1 台。计算该悬链式水幕喷漆室的重置成本。

计算过程如下:
首先确定设备的主要材料费用,该设备的主要材料利用率为 90%,则:
主要材料费:$M_{rm}=25.5÷90\%×3\,500=99\,167$(元)
成本主要材料费率:$K_m=55\%$
主要外购件费:$M_{pm}=55\,680$(元)
成本利润率:$K_p=15\%$
非标准设备设计费率:$K_d=16\%$
非标准设备的生产数量:$n=1$(台)
如增值税率为 13%,城市维护建设税率为 7%,教育费附加税率为 3%,则综合税率为:
$r_t=13\%×(1+7\%+3\%)=14.3\%$
设备的重置成本:
$R_c=(99\,167÷55\%+55\,680)×(1+15\%)×(1+16\%/1)/(1+14.3\%)$
$=235\,984×(1+15\%)×(1+16\%/1)/(1+14.3\%)$
$=275\,418$(元)

3. 重量估价法

若假设人工费、制造费用、管理费及设计费等是设备材料费的线性函数,根据相似设备的统计资料计算出单位重量的综合费率,以设备的重量乘以综合费率,考虑利润和税金,并根据设备的复杂程度进行适当调整,便可确定设备的价格。用公式表示为:

$$R_C=W×R_w×K+P+T$$

公式中,R_C 表示设备价格,W 表示设备的净重,R_w 表示综合费率,K 表示调整系数,P 表示利润,T 表示税金。

【提示】重量估价法操作简单,估价速度快,适用于材料单一、制造简单、技术含量低的设备价格估算,如结构插件和比较简单的大型冲压模具等。

【做中学 5—12】 某冲压模具需要评估。该模具重 1 000 吨,已知类似模具的单位重量综合费率为 50 元/吨,成本利润率为 15%,综合税率为 18.7%。则该模具的重置成本为:
重置成本$=1\,000×50×(1+15\%)/(1+18.7\%)=48\,441$(元)

五、机器设备有形损耗(实体性贬值)的估算

机器设备的有形损耗也称为实体性贬值,是由于使用磨损和自然力造成的侵蚀而引起的资产价值的损失。机器设备的有形损耗使得机器设备的使用功能和精度逐渐下降,故障率和维修费用不断上升,因而其价值不断下降,即价值贬值。机器设备的实体性贬值是评估其重置成本时一项重要的价值减项,也可用成新率来表示。机器设备的成新率是指其现时价值与全新状态价值的比率,它用来反映待估设备现时的新旧程度。与成新率相对应的指标是有形损耗率。有形损耗率是指有形损耗与重置成本的比率,也可以理解为机器设备实体性损耗与全新状态价值的比率。

机器设备的成新率与有形损耗率的关系是:

成新率＝1－有形损耗率

或

$$有形损耗率 = 1 - 成新率$$

【提示】机器设备有形损耗率或成新率的估算是机器设备评估的重要一环,它通常依靠客观资料,借助检测手段,凭借评估人员的经验进行测算,可以采用使用年限法、观测分析法和修复金额法。

(一)使用年限法

使用年限法是假定机器设备在整个使用周期中,有形损耗随时间的推移呈线性增长,而且设备价值的降低额与其损耗大小成正比。其计算公式为:

$$成新率 = \frac{设备尚可使用年限}{设备已使用年限 + 设备尚可使用年限} \times 100\%$$

上述表达式是计算成新率的典型算式,但不是所有的机器设备都是以"年"为单位反映寿命,如汽车的寿命用行驶里程反映更为准确,有些大型设备以工作小时反映寿命,大型建筑施工机械可按工作台班反映寿命。

尽管反映寿命的单位不同,但评估成新率的原理与按"年"计量的评估方法基本一致,因此我们统称为使用年限法。

【做中学5—13】 星海公司因故开工不足,从购建日到评估基准日A设备的法定利用年限是4年,其实际使用年限只有3年。假设A设备的尚可使用年限是5年,则该设备的成新率为:

$$成新率 = \frac{设备尚可使用年限}{设备已使用年限 + 设备尚可使用年限} \times 100\% = \frac{5}{3+5} = 62.5\%$$

1. 简单年限法

简单年限法是针对投资一次完成、没有更新改造和追加投资等情况发生的机器设备成新率的估测方法。

(1)机器设备已使用年限的确定

机器设备已使用年限,是指机器设备从开始使用到评估基准日所经历的时间。由于资产在使用中负荷程度及日常维护保养有差别,已使用年限可分为名义已使用年限和实际已使用年限。名义已使用年限,是指会计记录记载的资产的已提折旧年限。实际已使用年限,是指资产在使用中实际磨损的年限,可根据设备运行的记录资料,用下列公式计算:

$$实际已使用年限 = 名义已使用年限 \times 设备利用率$$

$$设备利用率 = \frac{截至评估基准日设备实际利用时间}{截至评估基准日设备法定利用时间} \times 100\%$$

若设备利用率的计算结果小于1,表明开工不足,设备实际已使用年限小于名义已使用年限;若计算结果大于1,则表明设备处于超负荷运转状态,实际已使用年限大于名义已使用年限。

【提示】在机器设备评估中,应根据机器设备的名义已使用年限(折旧年限),考虑机器设备的使用班次、使用强度和维修保养水平,据实估测其实际已使用年限。

(2)机器设备尚可使用年限的测定

机器设备尚可使用年限,是指从评估基准日开始到机器设备停止使用所经历的时间,即机器设备的剩余寿命。

机器设备的已使用年限加上尚可使用年限就是机器设备总寿命年限。如果机器设备总寿命年限已确定,尚可使用年限就是总寿命年限扣除已使用年限的余额。

机器设备的尚可使用年限受到已使用年限、使用状况、维修保养状况以及设备运行环境的影响,评估人员应对上述因素进行全面分析和审慎考虑,以便合理确定机器设备的尚可使用年限。

①折旧年限法。该方法是参照国家规定的机器设备的折旧年限,扣除已使用年限即为机器设

备的尚可使用年限。

折旧年限是国家财务会计制度以法律的形式规定的机器设备计提折旧的时间跨度。它是综合考虑了机器设备物理使用寿命、技术进步因素、企业承受能力以及国家税收状况等因素确定的。

从理论上讲,折旧年限并不等同于机器设备的总寿命年限,机器设备已折旧年限并不一定能全面反映出机器设备的磨损程度。因此,采用此方法计算机器设备的尚可使用年限及成新率时,一定要注意法定年限与机器设备的经济寿命、已折旧年限与设备的实际损耗程度是否相吻合,并注明使用前提和使用条件。折旧年限法一般适用于较新的机器设备尚可使用年限及成新率的确定。

【注意】对于国家明文规定限期淘汰、禁止超期使用的设备,其尚可使用年限不能超过国家规定禁止使用的日期,而不论设备的现时技术状态如何。

②寿命年限平均法。该方法是根据企业已退役的机器设备使用寿命年限的记录,按加权平均法确定机器设备的平均寿命年限,并以此作为被评估机器设备的总寿命年限,再扣除已使用年限后即得尚可使用年限。

该方法的运用前提是:企业机器设备报废资料记录比较完整,且具有一定数量;企业机器设备使用保养情况正常,或评估对象与退役的机器设备使用情况、维修保养情况以及运行环境状况基本相同;被评估机器设备与退役的机器设备类型、规格型号、制造质量等方面基本相同。

【做中学5—14】 评估企业一台普通金属切削机床的成新率:该机床已使用5年,查阅近3年设备退役记录发现,共报废该类机床8台,其中使用寿命13年的1台、使用寿命15年的2台、使用寿命16年的3台、使用寿命17年和20年的各1台。

经分析,被评估设备与退役设备的使用情况、维修保养情况及运行环境状况基本相同,则该类设备的平均使用寿命为:

$$\frac{13\times1+15\times2+16\times3+17\times1+20\times1}{8}=16(年)$$

③预期年限法。该方法也称技术鉴定法,是应用工程技术手段现场勘察和技术鉴定,检测机器设备的各项性能指标,确定资产的磨损程度,并与现场操作人员和设备管理人员交谈,了解设备的使用状况、维修保养状况及运行环境状况,依靠专业知识和经验判定机器设备的尚可使用年限。

在对已使用时间较长、比较陈旧的机器设备以及超龄服役的机器设备确定尚可使用年限时,一般采用此方法。预期年限法主观性较强,难度也较大,需要评估人员具有较强的专业水准和丰富的评估经验,这也是评估人员必备的本领。

2. 综合年限法

综合年限法是根据机器设备投资分次完成、机器设备进行过更新改造和追加投资,以及机器设备的不同构成部分的剩余寿命不相同等一些情况,经综合分析判断,并采用加权平均计算法,确定被评估机器设备的成新率。

(1)综合已使用年限的确定

一台机器设备由于分次投资、更新改造、追加投资等情况,使不同部件的已使用年限不同,如果要确定整个设备的已使用年限,应按各部件重置成本的构成作权重,对各部件不同的已使用年限进行加权平均,确定使用年限。

(2)综合尚可使用年限的确定

与已使用年限一样,一台设备各部件的尚可使用年限也可能有长有短,在评估时,可按重置成本对各部件的尚可使用年限进行加权平均,求得整个设备的尚可使用年限。

机器设备的尚可使用年限,即机器设备的剩余使用寿命,是指从评估基准日到机器设备报废所经历的时间。它受已使用年限、使用状况、维修保养情况的影响。在评估实务中,对于设备的尚可

使用年限,可根据情况采用如下方法确定:

①对于全新或较新的机器设备,以及法定折旧年限基本能体现寿命年限的设备,以预计折旧年限扣减已使用年限来确定尚可使用年限。

$$尚可使用年限＝法定折旧年限－已使用年限$$

②对于有足够的与待估设备制造厂家、制造质量、规格型号、使用状况、维修保养及运行环境状况基本相同的退役设备的机器设备,可用经验年限法确定设备的尚可使用年限。即根据已退役的机器设备的使用寿命记录,计算出它们的加权平均寿命年限,并以此作为被评估设备的总寿命年限,再扣除被评估设备已使用年限后即可求得被评估设备尚可使用年限。

$$尚可使用年限＝同类设备的平均使用年限－已使用年限$$

【做中学 5－15】 2023 年 5 月对星海公司的一台设备进行评估。该设备购置于 2018 年,已使用 5 年,评估人员查阅了相同设备的报废记录,历史记录显示共报废该类设备 10 台:有 2 台的使用寿命为 12 年;有 2 台的使用寿命为 13 年;有 3 台的使用寿命为 14 年;有 1 台的使用寿命为 15 年;有 1 台的使用寿命为 16 年;有 1 台的使用寿命为 17 年。试计算该设备的尚可使用年限。

该类设备的平均使用寿命为:

$12×2/10＋13×2/10＋14×3/10＋15×1/10＋16×1/10＋17×1/10＝14(年)$

被评估设备的尚可使用年限＝14－5＝9(年)

③如果评估人员具有较强的专业技术水平和丰富的实践经验,可以借助工程技术手段进行现场勘察和技术鉴定,判定机器设备的尚可使用年限。

根据以上所述,如果机器设备的投资是分次完成的,或者经过大修理、技术更新改造和追加投资,或者考虑到机器设备的不同构成部分的磨损不同,所运用的方法可称为综合年限法。简单年限法和综合年限法同属于使用年限法,只是考虑机器设备的投入状况不同而已。

利用综合年限法估算设备成新率,可以参考下列公式进行近似估算:

$$成新率＝\frac{尚可使用年限}{加权投资年限＋尚可使用年限}×100\%$$

其中:

$$加权投资年限＝\frac{\sum 加权投资成本}{\sum 投资成本}$$

$$加权投资成本＝已使用年限×100\%$$

【做中学 5－16】 星海公司 2013 年购入一台设备,账面原始价值为 30 万元,2018 年和 2020 年进行了两次技术更新改造,当年投资额分别为 3 万元和 2 万元。2023 年底对该设备进行了资产评估,假设从 2013 年到 2023 年通货膨胀率为 10%,该设备的尚可使用年限经检测和鉴定为 7 年。试计算该设备的加权投资年限和成新率。

计算步骤如下:

第一步,调整计算现行成本,如表 5－3 所示。

表 5－3　　　　　　　　　　　　　更新重置成本计算表

投资日期	原始投资额(元)	价格变动系数	现行成本(元)
2013 年	300 000	2.6	780 000
2018 年	30 000	1.61	48 300
2020 年	20 000	1.33	26 600
合　计	350 000		854 900

第二步,计算加权投资成本,计算过程如表5—4所示。

表5—4　　　　　　　　　　加权更新重置成本计算表

投资日期	现行成本(元)	投资年限	加权投资成本(元)
2013年	780 000	10	7 800 000
2018年	48 300	5	241 500
2020年	26 600	3	79 800
合　计	854 900		8 121 300

第三步,计算加权投资年限:

$$加权投资年限 = \frac{\sum 加权更新重置成本}{\sum 更新重置成本} = \frac{8\ 121\ 300}{854\ 900} \approx 9.5(年)$$

第四步,计算成新率:

$$成新率 = \frac{尚可使用年限}{加权投资年限 + 尚可使用年限} \times 100\% = \frac{7}{9.5 + 7} \times 100\% = 42\%$$

(二)观测分析法

观测分析法又称观察法,是评估人员根据对机器设备的现场观察和技术检测,在综合分析机器设备的已使用时间、使用状况、技术状态、维修保养状况、大修技改情况、工作环境和条件等因素的基础上,测定设备的成新率。

观测分析法的基本思路及过程如下:

第一步,确定和划分不同档次设备成新率的标准,一般是先确定"两头",即全新或投入使用不久、基本完好的设备和待淘汰处理报废的设备,然后根据设备评估工作的要求,在全新设备和待报废设备之间设若干档次,并规定不同档次设备的技术经济参数标准。

第二步,对被评估机器设备的使用时间、使用状况、利用率、技术状况、维修保养、大修理、工作环境等基本情况有充分的了解。

第三步,借助必要的检测手段,对被评估设备进行技术检测或鉴定。

第四步,根据掌握的情况以及鉴定的结果给被评估机器设备打分,并与标准分值相对照确定成新率。

运用观察法估测机器设备的成新率,在具体操作中可采用以下两种具体方法:

1. 直接观测法

直接观测法是先确定和划分不同档次的成新率标准,然后根据评估对象的实际情况,经观测、分析、判断,直接确定被评估机器设备的成新率。这种方法的特点是相对简便、省时、易行,但主观性强且精确度较差,一般适用于单位价值小、数量多、技术性不是很强的机器设备成新率的确定。

2. 打分法

打分法又称分部分项鉴定法,是先按机器设备的构成部分分项,按各项的价值比重或贡献度打分,然后根据对设备各部分实际状况的技术鉴定,通过打分来确定被评估机器设备的成新率。这种方法的特点是使单项设备的成新率的确定定量化,在一定程度上克服了主观随意性,使成新率的确定更加科学合理。下面以普通机床为例,对这种方法加以具体说明。

在对机床采用打分法估测成新率时,首先把机床划分为机床精度、操作系统、运动系统、润滑系统、电气系统、外观及其他几个部分,并给定每个部分的标准分,然后对各部分进行观测或技术鉴定,在此基础上,对各部分实际状况打分,最后把各部分实得分数相加,即可得到被评估机床的成新率。具体情况如表5-5所示。

表5-5　　　　　　　　　　　　　机器设备(机床)成新率鉴定表

单位名称：　　　　　　　　　　　　　　　　　　　　　　　　　　评估基准日：

设备名称			规格型号		制造厂家	
购置时间			已使用年限		近期大修理日期/金额	
序号	项目	标准分	鉴定内容及实际情况			实际打分
1	机床精度	55	(1)几何精度,如溜板移动在垂直平面内的直线度、主轴锥孔中心线的径向跳动等指标是否达到设计及有关要求 (2)工作精度,如精车轴类零件外圆的圆度和圆柱度、精车端面的平面度等指标是否达到有关要求			
2	操作系统	6	变速及溜板操作手轮或手柄是否灵活轻便、丝杠与螺母之间的间隙是否过大			
3	运动系统	8	包括主轴箱、进给箱的齿轮传动系统,各部位轴承有无振动及发热,各滑动面有无拉伤			
4	润滑系统	10	润滑油泵出口压力是否达到额定值、油管是否有泄漏、油路是否畅通			
5	电气系统	15	电控箱中电流开断装置,如磁力启动器、交流接触器、空气断路器以及各种继电器触点有无烧损或接触不良,工作是否正常;电动机在运转中是否有发热、升温,是否超过正常值			
6	外观及其他	6	机床附件是否齐全,安全保护装置是否完好,外观有无锈蚀、碰伤及油漆剥落等			
合　计		100			成新率(%)	

(三)修复金额法

修复金额法是以修复机器设备的实体有形损耗、使之达到全新状态所需要支出的金额,作为估测被修复机器设备有形损耗的一种方法。这种方法假设机器设备所发生的实体性损耗是可以补偿的,则设备的实体性贬值就等于用以补偿实体性损耗所发生的费用。所用的补偿手段一般是修理或更换损坏部分。这种方法适用于具有特殊结构的机器设备的可修复性有形损耗的估算。可修复性有形损耗是指机器设备的有形损耗在技术上是可修复的,在经济上也是合算的,否则称为不可修复性损耗。可修复性损耗计算公式如下：

$$实体有形损耗率 = \frac{设备修复费用}{设备重置成本} \times 100\%$$

$$成新率 = 1 - 实体有形损耗率$$

大多数情况下,机器设备的可修复性损耗与不可修复性损耗是并存的,需分别计算它们的贬值。

【提示】修复金额法在机器设备评估中被广泛使用,特别是对定期需更换易损配件的机器设备,如纺织机械、生产线等设备成新率的计算更为适用。

【做中学5-17】某公司一台数控机床已使用3年,因其电机质量存在问题,导致设备不能正常使用。该机床重置成本为200万元,经济使用寿命约20年,现该机床电机损坏,估计修复费用约20万元,其他部分工作正常。试确定该机床的实体性贬值额。

解：该设备同时存在可修复性损耗和不可修复性损耗。电机损坏是可修复性损耗,我们用修复金额法计算其贬值,贬值额等于机器的修复费用,约20万元;另外该机器已运行3年,我们用使用年限法来确定由此引起的实体性贬值。

所有实体性贬值的计算过程如下：

重置全价：200万元

可修复性损耗引起的贬值：20万元

不可修复性损耗引起的贬值：(200－20)×3/20＝27(万元)

该机床的实体性贬值总额：20＋27＝47(万元)

在使用修复金额法时，应注意修复费用中是否包含机器设备更新改造的支出，以避免在功能性贬值计算中漏计或重计。

六、机器设备功能性贬值的估算

机器设备的功能性贬值主要是由于技术进步原因造成原有机器设备技术相对落后的价值贬值。主要表现为两种形式：第一种形式是由于新材料、新工艺、新设计、新技术等的运用，以及管理水平的提高，引起劳动生产率的提高，使得生产制造与原功能相同的设备相比成本降低，即原有机器设备中有一部分购建成本为超额投资，不被社会所承认，造成原有设备的价值贬值。第二种形式是由于技术进步出现了新的性能更好的设备，使原来的设备功能相对落后所引起的贬值。具体表现为在完成相同工作量的前提下，消耗的原材料、燃料、动力增加，形成了超额运营成本。

因此，设备的超额投资成本和超额运营成本是分析判断功能性贬值的基本依据。

(一)超额投资成本形成的功能性贬值的估算

设备的超额投资成本等于该设备的更新重置成本与其复原重置成本的差额，主要是由于新技术引起的布局、设计、材料、产品工艺、制造方法、设备规格和配置等方面的变化与改进，使购建新设备的成本比老设备的投资成本降低。其计算公式为：

$$功能性贬值＝设备复原重置成本－设备更新重置成本$$

在评估中，如果可以直接确定设备的更新重置成本，则不需要再计算设备的复原重置成本，超额投资成本引起的功能性贬值也不需要单独计算。对于大部分通用设备，重置成本一般根据现行市场价格确定，这个价格已经反映了第一种形式的功能性贬值。

(二)超额运营成本形成的功能性贬值的估算

由于被评估机器设备在以后的尚可使用年限中，每年都会产生较新型机器设备更多的营运性费用，这些超额的营运性费用的折现值总和可以视为功能性贬值的数额，主要是由于技术进步使原有设备与新式设备相比功能落后，运营成本增加。这些需考虑的营运性费用主要有原料、能源、其他物料耗费、操作员工的人工费、维修费和相关管理费等。

超额运营成本引起的功能性贬值一般按以下几个步骤测算：

(1)对被评估设备的运营报告和生产统计资料进行分析。这包括重点分析操作人员数量、维修保养人员数量，以及材料、能源、水电消耗和产量等方面，为估测评估对象未来的运营成本提供依据。

(2)估测被评估设备的剩余经济寿命。

(3)选择参照物，估测并分析在评估对象剩余经济寿命内，参照物与评估对象在产量、成本方面的差异，并将参照物的未来年运营成本与评估对象的未来年运营成本相比较，计算评估对象的年超额运营成本。其计算公式为：

$$年超额运营成本＝评估对象的未来年运营成本－参照物的未来年运营成本$$

(4)将年超额运营成本扣减采用新设备生产的新增利润应缴的所得税，得到被评估设备的年净超额运营成本。其计算公式为：

$$年净超额运营成本＝年超额运营成本×(1－所得税税率)$$

(5)选择合适的折现率,把整个剩余经济寿命内的各年度净超额运营成本折成现值,其现值额就是功能性贬值额。其计算公式为:

$$功能性贬值 = 年净超额运营成本 \times 年金现值系数$$

【做中学 5—18】 某条待估生产线,正常生产时每年比新型生产线多耗电 6 000 度,每度电按 0.5 元计算。估计该生产线尚可使用 5 年,所得税税率为 25%,折现率为 8%。计算该生产线的功能性贬值。

(1)计算该生产线的年超额运营成本:
年超额运营成本=6 000×0.5=3 000(元)
(2)计算该生产线年净超额运营成本:
年净超额运营成本=3 000×(1-25%)=2 250(元)
(3)根据年净超额运营成本计算该生产线的功能性贬值:
功能性贬值=2 250×(P/A,8%,5)=2 250×3.992 7=8 984(元)

【注意】 功能性贬值是在采用重置成本法评估机器设备时必须考虑的一个因素,超额投资成本和超额运营成本形成的功能性贬值一般应分别计算。设备的功能性贬值一般多发生在新兴产业、高技术产业以及进口设备上,此情况在评估时应加以关注。

七、机器设备经济性贬值的估算

机器设备的经济性贬值是因为设备外部因素引起的设备价值贬值。这些因素包括:国家出台有关能源、环保等方面的法律法规,对高能耗的机电产品强制淘汰,缩短了设备的正常使用寿命;国家对能耗设备加价收费等原因引起机器设备营运性费用提高;市场竞争加剧导致产品销售数量减少,从而引起设备开工不足、生产能力相对过剩等。

(一)经济性贬值估算的范围

设备经济性贬值的估算主要是以在评估基准日以后是否闲置、停用或利用不足为估算依据。经济性贬值的计算对象包括生产线或机组、大型重要设备等,对小型单台设备、季节性使用设备、辅助生产设备通常不单独计算经济性贬值。对于评估基准日后不再继续使用或无法继续使用的设备,不专门估算其经济性贬值。

(二)经济性贬值估算的方法

1. 因设备利用率降低导致的经济性贬值

当机器设备因外部因素(如经济衰退、产业结构调整、国家环保政策限制等)影响出现开工不足,致使设备的实际生产能力显著低于其额定或设计能力时,它的价值也就低于能充分利用时的价值。这种差别可用经济性贬值率来表示:

$$经济性贬值率 = \left[1 - \left(\frac{设备预计可被利用的生产能力}{设备原设计生产能力}\right)^x\right] \times 100\%$$

公式中,x 为规模效益指数,它的取值范围为 0.4~1.2。在机器设备评估中,x 的取值一般在 0.6~0.7。

$$经济性贬值额 = (重置成本 - 实体性贬值额 - 功能性贬值额) \times 经济性贬值率$$

【做中学 5—19】 星海公司某待估生产线,设计生产能力为每天生产钢材 40 000 千克,由于开工不足,每天只生产 30 000 千克。该生产线的重置成本为 150 万元,成新率为 80%。试估测该生产线的经济性贬值额(规模效益指数为 0.7)。

经济性贬值率=[1-(30 000/40 000)$^{0.7}$]×100%=18.2%
经济性贬值额=100×80%×18.2%=14.56(万元)

2. 因设备收益减少导致的经济性贬值

如果机器设备因外部因素变化所造成的纯收益的减少额能够计算的话,就可以直接将设备继续使用期间的每年纯收益的减少额(损失额)按一定的折现率进行折现,然后累加求得经济性贬值额。其计算公式为:

$$经济性贬值额 = 设备年收益减少额 \times (1 - 所得税税率) \times (P/A, r, n)$$

公式中,$(P/A, r, n)$为年金现值系数。

【做中学 5—20】 承做中学 5—19,如果星海公司生产的钢材按设计产量生产的话,为使产品全部销售出去,销售价格就需由 60 元/千克降为 50 元/千克。假设被评估生产线尚可继续使用 6 年,折现率为 10%,所得税税率为 25%,一年按 360 天算。计算待估生产线的经济性贬值额。

$$\begin{aligned} 经济性贬值额 &= 40\,000 \times (60 - 50) \times 360 \times (1 - 25\%) \times (P/A, 10\%, 6) \\ &= 108\,000\,000 \times 4.355\,3 \\ &= 470\,372\,400(元) \end{aligned}$$

实际评估工作中,机器设备的功能性贬值和经济性贬值有时可以单独计算,有时则不能单独计算,这要分析在设备的重置成本和成新率的测算中考虑了哪些因素。在评估过程中,要避免重评和漏评贬值因素。

任务三 机器设备评估的市场法和收益法应用

一、市场法

(一)市场法的概念

机器设备评估的市场法是根据市场上类似设备的交易价格资料,通过对评估对象和市场参照物各种因素的分析比较,找出差异因素,并调整差异对机器设备价值的影响,最终确定待估设备价值的方法。

(二)市场法的适用范围和前提条件

1. 市场法的适用范围

市场法主要适用于机器设备正常变现价值和非正常变现价值的估算,是一种非常简单、有效的方法。同时,市场法的运用与市场经济的建立和发展、资产的市场化程度密切相关。

2. 市场法的前提条件

运用市场法评估机器设备必须具备两个前提条件:

(1)需要一个充分发育、活跃的机器设备交易市场。充分发育、活跃的市场是运用市场法的基本前提。充分发育、活跃的设备交易市场应包括三种市场:①全新机器设备市场,它是常规性的生产资料市场;②二手设备市场,即设备的旧货市场;③设备的拍卖市场。

从地域角度来看,机器设备市场还可分为地区性市场、全国性市场和世界性市场,地域因素对机器设备的交易价格也会产生影响。

(2)与被评估设备相同或相类似的参照物设备能够找到。在设备市场中与评估对象完全相同的资产是很难找到的,一般是选择与被评估设备相类似的机器设备作为参照物。参照物与被评估机器设备之间不仅在用途、性能、规格、型号、新旧程度方面应具有可比性,而且在交易背景、交易时间、交易目的、交易数量、付款方式等方面也应具有可比性,这是决定市场途径是否可行及其方法能否运用的关键。

(三)市场法评估的基本步骤

用市场法评估机器设备的基本步骤包括以下方面：

1. 收集有关机器设备交易资料

运用市场法的首要工作就是在掌握被评估设备基本情况的基础上进行市场调查，收集与评估对象相同或类似的机器设备的交易实例资料。

所收集的资料一般包括设备的交易价格、交易日期、交易目的、交易方式、交易双方情况，以及机器设备的类型、功能、规格型号、已使用年限、设备的实际状态等。对所收集的资料还应进行核实，确保资料真实性和可靠性。

2. 选取市场参照物

评估人员在了解评估对象的基本情况以后，要进行市场调查，收集参照物市场交易资料，根据评估目的选择市场参照物。

3. 进行因素比较修正

尽管评估人员在选择市场参照物时尽量做到使待估对象与市场参照物比较接近，但是，评估对象与参照物在交易情况、品牌、功能、新旧程度、交易日期上总是存在一定的差异。评估人员还必须对这些价值影响因素进行分析、比较，然后量化并调整差异影响。

(1)量化和调整交易情况的差异。机器设备的交易价格会受到供求状况、交易双方情况、交易数量和付款方式的影响。当待估设备与参照物在上述方面存在差异时，要进行修正和调整。其计算公式为：

$$交易情况调整后价值 = 参照物交易价格 \times \frac{正常交易情况值}{参照物交易情况值}$$

(2)量化和调整品牌方面的差异。同一类型的设备由于生产厂家和品牌的不同，产品质量和销售价格也有差别。名牌产品质量好，价格高；一般产品质量差一些，价格也低。当待估设备与参照物在上述方面存在差异时，要进行修正和调整。其计算公式为：

$$品牌差异调整后价值 = 参照物交易价格 \times \frac{全新待估设备交易价格}{同型号全新参照物交易价格}$$

(3)量化和调整功能方面的差异。机器设备规格型号及结构上的差异会集中到不同设备之间的功能差异上，如生产能力、生产效率和运营成本等方面的差异。运用经济规模效益指数法可以将待估设备与参照物在规格型号、结构和功能等方面的差异量化与调整。其计算公式为：

$$功能差异调整后价值 = 参照物交易价格 \times \left(\frac{评估对象设备生产能力}{参照物生产能力}\right)^x$$

公式中，x 为规模效益指数，取值通常在 0.6～0.8 。

(4)量化和调整新旧程度方面的差异。评估时，待估设备与参照物在新旧程度上往往不一致，评估人员应对待估设备与参照物的使用年限、技术状态等情况进行分析，分别估测其成新率。然后，采用下列公式进行差异调整：

$$新旧程度差异调整后价值 = 参照物交易价格 \times \frac{待估设备成新率}{参照物成新率}$$

(5)量化和调整交易日期的差异。如果参照物交易时的价格与评估基准日交易价格存在差异，可利用同类设备的价格指数进行调整。其计算公式为：

$$交易日期调整后价值 = 参照物交易价格 \times \frac{评估基准日同类设备价格指数}{参照物交易时同类设备价格指数}$$

4. 确定被评估机器设备的评估值

对上述各差异量化和调整后，可得出初步评估结果，再对初步评估结果进行分析，采用算术平均法或加权平均法确定最终结果。如果所选择的参照物的交易地点与待估设备不在同一地区,并且设备价格地区差异很大,还应对区域因素进行修正。

【做中学 5—21】 对某企业一台 1515 纺织机进行评估,评估人员经过市场调查,选择当地近几个月已经成交的 1515 纺织机的 3 个交易实例作为比较参照物。评估对象及参照物的有关资料如表 5—6 所示。

表 5—6　　　　　　某企业 1515 纺织机及其评估参照物的有关资料

项　目	参照物 A	参照物 B	参照物 C	评估对象
交易价格	10 000 元	6 000 元	9 500 元	
交易状况	公开市场	公开市场	公开市场	公开市场
生产厂家	上海	济南	上海	沈阳
交易时间	6 个月前	5 个月前	1 个月前	
成新率	80%	60%	75%	70%

评估人员经过对市场信息进行分析得知,3 个交易实例都是在公开市场条件下销售的,不存在受交易状况影响使价格偏高或偏低现象,影响售价的因素主要是生产厂家(品牌)、交易时间和成新率。

(1) 生产厂家(品牌)因素分析和修正。经分析,参照物 A 和参照物 C 是上海一家纺织机械厂生产的名牌产品,其价格与一般厂家生产的纺织机相比高 25% 左右。则参照物 A、B、C 的修正系数分别为 100/125、100/100、100/125。

(2) 交易时间因素分析和修正。经分析,评估时该类设备的价格水平与参照物 A、B、C 交易时相比,分别上涨了 18%、15%、3%。则参照物 A、B、C 的修正系数分别为 118/100、115/100、103/100。

(3) 成新率因素分析和修正。根据公式"成新率修正系数＝评估对象成新率/参照物成新率",参照物 A、B、C 的修正系数分别为 70/80、70/60、70/75。

(4) 计算参照物 A、B、C 的因素修正后价格,得出初评结果。

参照物 A 修正后的价格为：$10\ 000 \times \dfrac{100}{125} \times \dfrac{118}{100} \times \dfrac{70}{80} = 8\ 260(元)$

参照物 B 修正后的价格为：$6\ 000 \times \dfrac{100}{100} \times \dfrac{115}{100} \times \dfrac{70}{60} = 8\ 050(元)$

参照物 C 修正后的价格为：$9\ 500 \times \dfrac{100}{125} \times \dfrac{103}{100} \times \dfrac{70}{75} = 7\ 306(元)$

(5) 确定评估值。对参照物 A、B、C 修正后的价格进行简单算术平均,求得被评估设备的评估值为：

(8 260＋8 050＋7 306)÷3＝7 872(元)

(四) 市场法中的比较因素

在使用市场法评估的过程中,很关键的一项工作是将参照物与评估对象进行比较。在比较之前,评估人员首先要判断哪些因素能影响机器设备的价值。

一般来讲,设备的比较因素可分为四大类,即个别因素、交易因素、时间因素和地域因素。

(1) 个别因素。机器设备是由零部件组成,并能够完成某种特定功能的实体组合。机器设备的个别因素一般应包括结构、形状、尺寸、性能、生产能力、安装方式、质量、经济性等。这些因素的差异导致机器设备价值的不同。在实际评估中,使用市场比较法的设备一般为标准设备,这些设备是按照标准化、系列化的原则设计生产的,设备名称、规格型号、制造厂家等决定了设备的唯一性,即相同名称、规格型号和制造厂家等的设备是相同的。

(2)交易因素。设备的交易因素包括市场状况、交易动机及背景、交易数量。不同的市场状况、交易动机及背景都会对设备的出售价格产生影响,如以清偿债务、破产清算为目的的出售,其售价往往低于正常的交易价格。另外,交易数量也是影响设备售价的一个重要因素,批量购买的价格一般低于单台购买。①市场状况。它主要指市场供求关系。评估人员应了解被评估设备市场目前是买方市场还是卖方市场,并确定可能对设备价值的影响。②交易动机及背景。不同交易动机及背景都会对设备的出售价格产生影响,如清偿债务和快速变现时,售价往往低于正常交易价格。③交易数量。交易数量越多,越能享受到一定程度上的价格折扣。

(3)时间因素。不同交易时间的市场供求关系、物价水平等也会有不同,评估人员应选择与评估基准日最接近的交易实例,并对参照物的时间影响因素作出调整。

(4)地域因素。由于地区、市场供求条件等因素的不同,设备的交易价格也会受到一定的影响,参照物应尽可能与评估对象在同一地区。如评估对象与参照物存在地区差异,则需要作出调整。

【提示】评估师在评估时要根据评估对象的性质确定比较因素,因为每一台机器设备所反映的信息繁多,评估师在处理这些信息时要按对价值的影响程度进行筛选,不能漏掉任何可能对价值产生重要影响的信息,但要忽略一些对价值没有影响或影响较小的信息。

(五)直接比较法

这种方法是把委托评估机器设备和与之基本相同的市场参照物进行比较,进而确定委托评估机器设备的价值。直接比较法应用简单,也最能客观反映设备的市场价值。

这种方法可用以下公式表示:

$$评估价值 = 参照物的市场价值 + 差异调整$$

【做中学5-22】 某公司需要评估一辆红旗轿车。评估师从市场上获得的市场参照物在型号、购置时间、行驶里程、发动机、底盘及各主要系统的状况方面与被评估车辆基本相同。区别之处在于:(1)被评估车辆的前门有破损,需要维修,维修费用大约为1 000元;(2)被评估车辆加装音响一套,价值2 000元;(3)刚刚对参照物车内进行了装饰,费用为4 000元。若该参照物的市场售价为122 000元,求该辆红旗轿车的评估价值。

$$评估价值 = 参照物的市场价值 + 差异调整$$
$$= 122\ 000 - 1\ 000 + 2\ 000 - 4\ 000$$
$$= 119\ 000(元)$$

使用直接比较法的前提是,评估对象与市场参照物基本相同,需要调整的项目较少,差异不大,并且差异对价值的影响可以直接确定,否则无法使用直接比较法。上例中,如果参照物的购置年代不同、型号有差异、行驶里程差别很大,则不能使用直接比较法。

(六)相似比较法

这种方法是将类似参照物的分析作为估值基础,比较的基础是它的效用,如尺寸、能力等。为了减少比较调整的工作量,减少调整时因主观因素产生的误差,所选择的参照物应尽可能与评估对象相似。在时间上,参照物的交易时间应尽可能接近评估基准日;在地域上,尽可能与评估对象在同一地区;在可比性上,评估对象与参照物应具有较强的可比性,实体状态方面比较接近。

【做中学5-23】 被评估机器设备为A反应炉,一次添加矿物量为8吨/天,反应温度为1 000℃。市场参照物为B反应炉,一次添加矿物量为10吨/天,反应温度为940℃,售价为605万元,使用年限及实体状况与评估对象相同,该类型反应炉的规模经济效益指数为0.96。试计算评估对象的评估价值。

评估价值＝(被评估设备的能力÷参照物的能力)×参照物市场价值
　　　　＝(8÷10)×605
　　　　＝484(万元)

(七)成本百分率比较法

这种方法是估算设备在销售时售价与当时重置成本的比值,也称为折扣率法。通过对大量市场信息的分析,得到同类型设备的使用年限与售价、重置成本之间存在的关系。即同一类型的机器设备,当使用年限相同时,它们的售价与重置成本之间的比率是很近似的。根据这个规律,评估人员可通过统计分析的方法来建立使用年限与售价、重置成本之间的关系,据此评估在市场上无法找到基本相同或者类似参照物的机器设备。

二、收益法

收益法是通过测算由于获取资产所有权而带来的未来收益的现值来评估资产价值的一种方法。

收益法要求评估对象应具有独立的、连续可计量的、可预期收益的能力。该评估思路对于单台机器设备评估通常是不适用的,因为要想分别确定各台设备的未来收益相当困难。如果把若干台机器设备组成生产线,作为一个整体生产出产品,它们就能为企业创造收益。在这种情况下,可以用收益途径及其方法对这一组能产生收益的资产进行评估。其计算公式为:

$$P = \sum_{i=1}^{n} \frac{R_i}{(1+r)^i}$$

公式中,P 为评估值,R_i 为设备第 i 年产生的净收益,r 为折现率。

一般来讲,大部分单项设备不具有独立获利能力,所以,对单项设备通常不采用收益法评估。对于自成体系的成套设备、生产线和可以单独作业的车辆等设备,可以采用收益法进行评估。

【做中学 5－24】 对星海公司的一台机床进行评估。该机床使用寿命为 5 年,预计每年的净收益分别为 20 万元、50 万元、80 万元、70 万元和 60 万元。假定折现率为 10%,用收益法计算该机床的价值。

$$P = \sum_{i=1}^{n} \frac{R_i}{(1+r)^i} = \frac{20}{1+10\%} + \frac{50}{(1+10\%)^2} + \frac{80}{(1+10\%)^3} + \frac{70}{(1+10\%)^4} + \frac{60}{(1+10\%)^5}$$
$$= 20 \times 0.9091 + 50 \times 0.8264 + 80 \times 0.7513 + 70 \times 0.6830 + 60 \times 0.6209$$
$$= 204.67(万元)$$

对于租赁的设备,其租金就是收益。为估测租金多少,可以进行市场调查,分析比较可比的租赁设备的租金,经调整后得到被评估设备的预期收益,调整的因素可能包括时间、地点、规格和役龄等。当设备的收益为等额时,其计算公式为:

$$P = \frac{A}{r}\left[1 - \frac{1}{(1+r)^n}\right]$$

公式中,P 表示机器设备评估值,A 表示被评估机器设备的预测收益,r 表示折现率,n 表示机器设备的收益年限。

【学中做 5－1】 运用收益法评估租赁设备价值。有关资料如下:

(1)被评估设备为租赁公司的一台机床,评估基准日以前的年租金净收入为 19 500 元。评估人员根据市场调查,与被评估设备规格型号相同、地点相同、新旧程度大致相同的设备的平均年净租金为 20 000 元。

(2) 评估人员根据被评估设备的现状,确定该租赁设备的收益期为 10 年,假设收益期后该设备的残值忽略不计。

(3) 评估人员通过对类似设备交易市场和租赁市场的调查,得到的市场数据如表 5—7 所示。

表 5—7　　　　　　　　　　　市场参照物有关数据

市场参照物	设备的使用寿命(年)	市场售价(元)	年净收益(元)	投资回报率(%)
A	10	84 610	21 000	24.82
B	10	83 700	20 000	23.89
C	8	76 500	19 000	24.84

根据 3 个市场参照物的投资回报率以及对 3 个参照物的分析,显示折现率在 23.89%～24.84%,平均值为 24.5%。

根据上述资料,该设备的评估值约为:

$$P = \frac{A}{r}\left[1 - \frac{1}{(1+r)^n}\right] = \frac{20\ 000}{24.5\%} \times \left[1 - \frac{1}{(1+24.5\%)^{10}}\right] \approx 72\ 509(元)$$

【提示】 在采用成本法和市场法对机器设备评估时,往往不能测定经济性贬值的全部影响,因为采用这两种方法都是把机器设备作为企业整体的一个部分来看待,以单台、单件的机器设备作为评估的具体对象,而采用收益途径及其方法估价却是把机器设备作为一个具有获利能力的整体来看待,是以盈利能力为基础的,反映的是经济有效地运用所有资产的结果。

资产价值的波动和差异反映了利率升降、通货膨胀、竞争、需求变化、市场热点转移、经营成本增加、利润率降低等因素,这些都是无法用成本法和市场法全面充分估测出来的。而要充分考虑到所有这些因素,就要利用收益途径及其方法进行评估。

应知考核

一、单项选择题

1. 运用修复金额法估测成新率适用于(　　)。
A. 所有机器设备
B. 具有特殊结构及可补偿性有形损耗的设备
C. 具有特殊结构及在技术上可修复的有形损耗的设备
D. 具有特殊结构及不可补偿性有形损耗的设备

2. 运用物价指数法估算设备的重置成本,只考虑了(　　)。
A. 时间因素　　　B. 地域因素　　　C. 功能因素　　　D. 技术因素

3. 机器设备评估中,采用的物价指数首选(　　)。
A. 整个工业设备的物价指数　　　B. 同一时期的定基物价指数
C. 同一大类设备的物价指数　　　D. 同一厂家设备的物价指数

4. 设备的实体性贬值率等于(　　)。
A. 1－成新率　　B. 成新率－1　　C. 1＋成新率　　D. 1÷成新率

5. 学校、专用机器设备等资产的价值评估,一般适宜选用(　　)。
A. 成本法　　　B. 收益法　　　C. 市场比较法　　　D. 残余法

二、多项选择题

1. 重置成本的估算方法有( )。
   A. 物价指数法　　　　　　　　B. 市场询价法
   C. 规模经济效益指数法　　　　D. 重置核算法
2. 运用市场法评估机器设备时,应对被评估机器设备与参照物进行比较,比较因素包括( )。
   A. 个别因素　　B. 交易因素　　C. 地域因素　　D. 时间因素
3. 设备成新率的估测通常采用( )。
   A. 使用年限法　B. 修复金额法　C. 观测分析法　D. 功能价值法
4. 能采用收益法评估的设备主要有( )。
   A. 单台设备　　B. 成套设备　　C. 通用设备　　D. 生产线
5. 用市场法评估机器设备的基本步骤包括( )。
   A. 收集有关机器设备交易资料　　B. 选取市场参照物
   C. 进行因素比较修正　　　　　　D. 确定被评估机器设备的评估值

三、判断题

1. 机器设备的已提折旧年限就是机器设备的已使用年限。　　　　　　( )
2. 寿命年限平均法适用于较新的机器设备尚可使用年限及成新率的确定。( )
3. 物价指数法能运用于更新重置成本。　　　　　　　　　　　　　　( )
4. 设备利用率小于1,表明设备名义已使用年限小于实际已使用年限。　( )
5. 设备的重置成本是指在评估时点再获取全新设备的取得成本。　　　( )

四、简述题

1. 简述机器设备评估的特征。
2. 简述影响机器设备评估价值的基本因素。
3. 简述机器设备评估的程序。
4. 简述机器设备功能性贬值和经济性贬值如何估算。
5. 简述机器设备有形损耗(实体性贬值)的估算方法。

应会考核

■ 观念应用

【背景资料】

被评估机组为5年前购置,账面价值为20万元人民币,评估时该类型机组已不再生产,已经被新型机组所取代。经调查和咨询了解到,在评估时点,其他企业购置新型机组的取得价格为30万元人民币,专家认定被评估机组与新型机组的功能比为0.8,被评估机组尚可使用8年。假定其他费用可以忽略不计。

【考核要求】

试根据所给条件,请分析:
(1)估测该机组的现时全新价格;
(2)估算该机组的成新率;

(3)估算该机组的评估值。

■ 技能应用

1. 拟对某企业的一台外圆磨床进行评估,其购建于 2014 年,原始购置成本为 100 万元,评估基准日为 2023 年 11 月 11 日,已知 2014 年与 2023 年该类设备定基物价指数分别为 150% 和 195%。试估算该设备的重置成本。

2. 某被评估化工设备的生产能力为月产 20 吨。评估时,市场上已没有相同生产能力的化工设备,但有新型同类化工设备,市场售价为 150 万元,生产能力为月产 30 吨。经测算,该类设备的规模经济指数为 0.65。求被评估化工设备的重置成本。

3. 欲评估某企业的一台万能车床,此车床按现行的市价每台为 78 000 元,运杂费为 800 元,安装调试费中原材料费为 520 元、人工费为 400 元。据统计,同类设备安装调试的间接费用为人工费的 80%。试估算该车床的重置成本。

4. 某药品生产线原设计生产能力为 5 000 吨/年。目前,由于新产品出现,市场对老产品需求减少,造成设备开工不足,现在生产线实际年产量为 3 000 吨。统计数据表明,该类生产线的规模经济效益指数为 0.6。试求该生产线的经济性贬值率。

【技能要求】

请对上述内容进行计算。

■ 案例分析

对星海公司一台通用机床进行评估,评估人员经过市场调查,选择本地区近几个月已经成交的 3 个交易实例作为参照物,评估对象及参照物的有关资料如表 5—8 所示。

表 5—8　　　　　　　　　　评估对象及参照物的有关资料

经济技术参数		参照物 A	参照物 B	参照物 C	评估对象
交易价格		186	155	168	
因素修正	交易状况	105	98	103	100
	品牌因素	102	100	102	100
	功能因素	99	101	98	100
	价格指数	110%	112%	108%	125%
	成新率	80%	70%	75%	70%

【分析要求】

根据上述条件,计算参照物 A、B、C 的因素修正后价格,得出初评结果,确定该机床的评估值。

项目实训

【实训项目】

机器设备评估。

【实训内容】

机器设备评估的基本程序及评估方法的应用。

【实训目的】

掌握不同的评估方法在机器设备评估中的应用,并加以区别。

【实训反思】
(1)掌握机器设备评估的基本程序以及评估过程中不同阶段应注意的问题。
(2)掌握成本法在机器设备评估中的应用,实践重置成本在不同情况下的不同计算方法。
(3)掌握机器设备的实体性贬值、功能性贬值和经济性贬值的区别与测算方法。
(4)掌握市场法在机器设备评估应用中应注意的问题。
(5)掌握收益法在机器设备评估应用中应注意的问题。
(6)将实训报告填写完整。

《机器设备评估》实训报告		
项目实训班级:	项目小组:	项目组成员:
实训时间:　　年　　月　　日	实训地点:	实训成绩:
实训目的:		
实训步骤:		
实训结果:		
实训感言:		
不足与今后改进:		
项目组长评定签字:	项目指导教师评定签字:	

项目六 房地产评估

- **知识目标**

  理解：房地产评估的概念和特点；房地产评估的各种方法。
  熟知：在评估房地产时的基本思路及方法的适用范围、计算公式、操作步骤。
  掌握：房地产评估中市场法、成本法、收益法的应用。

- **技能目标**

  在掌握房地产评估基本方法理论的基础上，能够学会用合理的方法对房地产进行评估，并灵活地运用各种方法。

- **素质目标**

  通过对本项目的学习，加强对房地产评估的基本认识，明确房地产评估的基本内容和特点，充分地理解和认识成本法、市场法、收益法与其他方法在房地产评估中的应用。把学和做有机结合，做到学思用贯通、知信行统一，提高自己的职业道德素养。

- **思政目标**

  能够正确地理解"不忘初心"的核心要义和精神实质；树立正确的世界观、人生观和价值观，做到学思用贯通、知信行统一；通过房地产评估知识，提高自己对政策水平的掌握，形成良好的职业道德，具备广博的学识水平，努力成为栋梁之材。

- **项目引例**

不动产的资产评估分析应用

2023 年 11 月，评估人员对大连万达广场未名山房地产进行评估，可比实例房地产的交易价格为 34 000 元/平方米，经调查了解，其交易价格与正常交易价格相比偏高 5%，则修正后的正常交易价格为多少？如果可比实例房地产的交易价格比正常交易价格偏低 2%，则修正后的正常交易价格为多少？

引例导学：上述提到的是一个房地产评估案例。那么，什么是房地产评估？房地产评估有什么特点？房地产评估的方法如何应用？需要使用哪些数学公式？通过对本项目的学习，你将得到解答。

● **课程思政**

通过本项目中四个任务的学习，养成良好的"诚实守信、严谨负责"的职业态度，形成正确的职业道德观；关注房地产行业的发展政策，能够将所学的评估知识应用于房地产业务中，学以致用，坚持"工作认真、作风严谨"的敬业观念；同时，具有"家国情怀"和使命感，不畏艰难、勇往直前，深植"敬业、爱岗"的社会主义核心价值观。

任务一 房地产评估概述

一、房地产的概念及其特征

（一）房地产的概念

房地产是土地和房屋财产的合称，通常又称不动产。房地产的概念有狭义和广义两种。

狭义的房地产是指土地、建筑物及其他地上附着物，包括物质实体和依托于物质实体的权益。其中，土地是指地球表面及其上下一定范围的空间；建筑物是指人工建筑而成，由建筑材料、建筑构配件和设备等组成的整体物；其他地上附着物是指固定在土地或建筑物上，与土地、建筑物不能分离，或者能够分离，但是分离不经济，或者分离后会破坏土地、建筑物的完整性、使用价值或功能，或者使土地、建筑物的价值受到明显损害的植物或人工建筑等。

广义的房地产除上述内容外，还包括诸如水、矿藏、森林等自然资源。

（二）房地产的特征

1. 房地产的自然特征

房地产的自然特征源于土地的自然特性。土地是房屋的物质载体，土地的特性一定会通过房地产表现出来。房地产的自然特征表现如表6-1所示。

表6-1　　　　　　　　　　　　房地产的自然特征

自然特征	说　明
位置固定性	房屋固着在土地上，相对位置固定不变
质量差异性	土地的位置不同，造成了土地之间的自然差异，同时也造成了房地产之间的效用差异
使用长期性	如果合理使用，土地可以永续利用，且建筑物的使用年限达数十年

2. 房地产的社会经济特征

房地产的社会经济特征表现如表6-2所示。

表6-2　　　　　　　　　　　　房地产的社会经济特征

社会经济特征	说　明
供求区域性	土地位置的固定性决定了房地产具有区域性的特点
供给的相对垄断性	我国土地所有权和使用权的垄断性决定了房地产供给的相对垄断性
利用的多方向性	土地的用途是多样的，建筑物的用途在某种意义上也具有转换的可能性，因此，房地产利用的多方向性客观上要求在合法的前提下确定房地产的最佳用途
效益的级差性	土地质量的差异性使不同区位土地的生产力不同，房地产利用的多方向性使其在经济效益上具有级差性

续表

社会经济特征	说　明
政策限制性	房地产市场受国家和地区政策影响较大,城市规划、土地利用规划、土地用途管制、住房政策、房地产信贷政策、房地产税收政策等都会对房地产的价格产生直接或间接的影响

3. 房地产的价值特征

在我国,土地公有制使得国家在土地所有权和使用权上占据了垄断地位,进而房地产市场较其他国家也比较特殊,形成了土地和房产的两级市场,即一级市场和二级市场。

(1)土地的两级市场。土地使用权的一级市场是由政府主导的市场,政府的主导作用集中体现在一级土地市场上。我国国有土地使用权可以转让,因此,一级土地市场是政府土地使用权出让的市场。国有土地使用权出让是指国家以土地所有者的身份将国有土地使用权在一定年限内让与土地使用者,并由土地使用者向国家支付土地使用权出让金的行为。国有土地使用权出让可以采取协议、招标、拍卖和挂牌的方式。

土地使用权价格按照土地使用用途的不同和使用年限的长短区分为各种年限的使用权价格,其出让的最高年限由国务院按下列用途确定:居住用地 70 年(可以无限续展);工业用地 50 年;教育、科技、文化、卫生、体育用地 50 年;商业、旅游、娱乐用地 40 年;综合或者其他用地 50 年。

土地使用权的二级市场是土地使用权的再转让市场,即已经从政府取得土地使用权的企业、单位和个人将土地使用权再转让的市场。

(2)房产的两级市场。房产也有两级市场,房产的一级市场是房产的建造市场,房产的二级市场是房产的交易市场。

既然房产存在着两级市场,房产的市场价格或价值就自然存在着两个级次:第一个级次包括一级土地市场价格或价值,以及房产建造价格或价值;第二个级次包括二级土地市场价格或价值,以及二级房产市场价格或价值。

由于房产评估立足于房产的二级市场,评估人员需要知晓存在一级土地市场价格或价值、一级房产建造价格或价值,不要混淆了房产的一级市场和二级市场,以及房产的一级市场价值和二级市场价值。

房产的二级市场是一个较为丰富的市场,它包括转让市场、租赁市场、抵押市场、拍卖市场等。房产二级市场的多样性决定了房产价值的多样性,房产价值具有以下基本特征:房产价值是房产的权益价值;房产价值与其用途和效用相关;房产价值具有个别性和区域性。

二、房地产评估的概念、特点和目的

(一)房地产评估的概念

房地产评估是指专业评估人员根据评估目的,遵循评估原则,按照评估程序,选用适宜的评估方法,在综合分析影响房地产价格因素的基础上,对房地产在评估时点的价值进行分析、估算并发表专业意见的行为和过程。

房地产评估即房地产估价,是对房地产价值的评估,不包含房地产质量、等级评估,也不包括房地产制度政策评估、房地产企业资信评估等。

对于房地产评估,不同领域、不同国家有不同的称谓:我国资产评估领域称房地产评估,房地产领域称房地产估价;美国称 real estate appraisal;英国称 property valuation;日本和韩国称不动产鉴定评价,简称不动产鉴定。

为正确理解房地产评估,需要明确以下问题:①房地产评估是科学与艺术的有机结合;②房地

动漫视频

房产评估为何如此重要?
房产评估的方法有哪些?

产评估是房地产评估专业人员对客观存在的房地产价格的揭示和表达；③任何评估都是为一定的评估目的服务的；④价值类型必须与评估目的等相关条件符合；⑤科学的评估必须遵循一定的原则和程序；⑥必须选择科学而适当的评估方法；⑦充分占有与评估房地产相关的资料，深入分析影响房地产价格的因素；⑧评估结果是某一评估时点的结果。

(二)房地产评估的特点

房地产评估是专业评估人员根据评估目的和执业规范要求，对房地产在评估时点的价值进行估算和判定的活动。房地产自身的特点决定了房地产评估具有以下特点：

1. 房地合估

从房地产存在的形态来看，房地产是依托于一定的土地之上的，土地开发成本蕴含在房产价值中，土地使用价值通过房地产来反映。房地产的价格很大程度上受房产环境质量的影响，但决定环境质量的不仅仅是房产建筑本身，还与地产的不可位移性相关。因此，尽管房产和地产是可以加以区分的评估对象，而且土地使用权可以独立于房产而存在，但是由于两者在使用价值上的相互依存和价格形成中的内在联系，要求在评估中把两者作为相互联系的对象进行综合评估。我国现行的法律也规定，土地和房屋应同时转让或抵押。

2. 以房地产最佳使用为评估前提

在充分活跃的市场条件下，通过竞争可以使房地产达到最佳使用，包括房地产的最佳用途、最佳使用强度和最佳效益。站在房地产权利人的角度考虑，希望获得房地产最大收益或达到最佳使用效果是合理的要求。在房地产评估过程中，评估人员应充分考虑房地产现时的用途和利用方式，以及房地产是否具有最佳使用的可能性、实现的途径，并以房地产最佳使用作为评估前提。房地产的最佳使用必须是在法律、法规允许的范围内，以及在城市规划的约束条件下进行。

3. 建筑物产权受到土地使用权年限的制约

建筑物存续期虽然不能说是永续的，但是建筑物一经建成，其寿命一般可达几十年甚至上百年。我国城镇土地使用权是有期限的，并且政府规定土地使用权期满，土地使用权及其地上建筑物、其他附着物所有权由国家无偿取得。因此，在评估建筑物时，必须注意建筑物的年限与土地使用权的吻合程度，当建筑物的剩余年限大于土地使用权的剩余年限时，只能以土地使用权剩余年限为准来评估建筑物的价值。

(三)房地产评估的目的

房地产评估的目的是指房地产评估结果的期望用途。通常分为一般目的和特定目的。

1. 房地产评估的一般目的

房地产评估的一般目的，可以理解为房地产评估的基本目标。如果撇开房地产评估结果的具体用途或引起评估的具体经济行为，其共性就是对房地产的客观合理价值进行判断或评定估算。评定估算出房地产在各种条件下的公允价值(客观合理价值)是房地产评估的一般目的。

2. 房地产评估的特定目的

房地产评估的特定目的，即引起房地产评估的经济行为，或房地产评估结果的具体用途。房地产评估的特定目的是房地产评估一般目的的具体化。

房地产评估目的主要有以下几个方面：①房地产交易；②房地产抵押、典当；③房地产保险和损害赔偿；④房地产课税；⑤房地产征用、拆迁、补偿；⑥房地产纠纷、涉案中鉴定相关涉案金额；⑦企业合资、合作、合并、兼并、分立、买卖、租赁经营、承包经营、改制、上市、破产清算等；⑧房地产投资；⑨为政府进行房地产管理提供相关房地产的价格信息。

三、房地产评估的原则

（一）预期原则

应根据房地产未来的预期指标（如收益等），判定房地产现实状况（如价值等）。预期收益是对房地产将来所能产生收益的预期或对未来价格的预期。因此，房地产价格的评估需要的不是过去而是未来的收益。

（二）变动原则

影响房地产价格的因素是经常变动的，所以房地产的价格会伴随着价格形成因素的变化而不断变动。

对房地产价格变动的把握是否恰当，在很大程度上直接关系到对评估方法基本原理的理解，以及评估结果能否客观、准确地反映评估对象的市场价值。

（三）供需原则

房地产的价格最终是由市场上房地产的供给和需求状况决定的。房地产评估中，一定要充分注意房地产市场特别是土地市场的这种特殊供求关系及其发展趋势。

（四）替代原则

在市场上，往往会存在使用价值和质量相同的商品，由于它们的效用相近，在对消费者消费需要满足方面也存在相互替代性。在竞争规律的作用下，在同一市场上，它们的价格会趋向一致，效用有差异的商品也会形成相对稳定的比价关系。

【提示】房地产评估中，委估房地产的价格可以通过对市场上地域相近、类型相似、用途相同的交易实例价格进行比较修正后估定。

（五）竞争原则

对市场上供给和需求双方来说，每一方都有多个主体，各方主体之间为销售商品或购买商品在市场上展开竞争，价格是经过竞争后确定的。因此，竞争方式及其程度等对商品的价格形成有着较大的影响。

房地产供给市场是非完全竞争市场，房地产需求市场的竞争相对激烈，通过需求者之间的竞争，会使市场价格逐渐上升，最终达到均衡价格。

（六）贡献原则

房地产的某一部分对整体（如收益）的贡献程度，会对整体房地产的价值产生影响。

（七）均衡原则

该原则是以房地产内部构成要素的组合是否均衡，来判定房地产是否处于最高最佳使用状态。

（八）效用原则

能给消费者带来较高效用的房地产的价值高，相同效用的房地产价值也相同，房地产的价值与其所能带来的效用成正比。

（九）机会成本原则

房地产评估应选择其机会成本最小的使用方式，也就是选择其最高最佳的使用方式作为其评估时点的状态。

（十）外部影响原则

某一房地产的存在既可对其周围房地产的价值产生影响，同时其价值又受周围房地产或其他因素的影响。评估房地产不仅要考虑其自身的条件，还要考虑外部其他因素对其产生的影响，合理估算其价值。

(十一)合法原则

房地产评估应以评估对象的合法产权、合法使用、合法处分为前提。

(十二)最高最佳使用原则

最高最佳使用原则是指房地产评估应以评估对象的最高最佳使用为前提,评估的结果是被评估房地产在最高最佳使用状态下的价值。所谓最高最佳使用,是指法律上许可、技术上可能、经济上可行,经过充分合理论证,能使评估对象的价值达到最大的一种最可能的使用。

(十三)评估时点原则

房地产估价的时点原则就是指估价的结论具有很强的时效性,即同一宗房地产,其价格随市场的变化在不同的时段是不一样的。为了使估价的结果与市场的变化在不同的时段上相关并一致,评估房地产必须将其限定在某一时点上。因此,房地产的评估结果应该是评估对象在评估时点上的客观合理价值。

四、影响房地产价格和评估价值的因素

影响房地产价格和评估价值的因素有很多,错综复杂。各种因素对房地产价格的影响是不同的,有的有利于提高房地产的价格,有的则起相反的作用。影响房地产价格的因素,按照它们与房地产的关系,可以分为一般因素、区域因素和个别因素三个层次。

(一)一般因素

一般因素是指影响一定区域范围内所有房地产价格和评估价值的一般的、普遍的、共同的因素。这些因素通常会在较广泛的地区范围内,对各宗房地产的价格和评估价值产生全局性的影响。这类因素主要包括经济因素、社会因素和行政因素等。

(二)区域因素

区域因素是指某一特定区域内的自然条件与社会、经济、行政等因素相结合所产生的区域性特征。这些区域性特征具体表现为区域繁华程度、道路通达程度、交通便捷程度、基础设施和公共设施状况以及区域环境等。

(三)个别因素

个别因素分为土地的个别因素和建筑物的个别因素。其中,土地的个别因素也称宗地因素,是宗地自身的条件和特征对该地块价格的影响,具体包括区位、面积、临街深度、地质、地形、地势、土地使用年限等;建筑物的个别因素,主要表现为建筑物的面积、结构、材料、设计、设备、施工质量,以及与周围环境的协调等。

任务二　房地产评估的市场法应用

一、市场法的概念

市场法又称市场售价类比法、市场比较法、交易案例比较法,是将估价对象与在估价时点的近期发生过交易的类似房地产进行比较,对这些类似房地产的成交价格做适当的处理来求取估价对象价值的方法。市场法的本质是以房地产的市场交易价格为导向求取估价对象的价值。该方法既可以对房地产(房地合一)价值进行评估,也可以单独对土地价值进行评估。

二、市场法适用的条件和对象

(一)市场法适用的条件

市场法适用的条件是具备发育完善的房地产市场,并且在市场上能够搜集到大量与被评估房地产相类似的市场交易实例资料。如果房地产市场不发达或交易规模狭小,市场法就难以在房地产评估中应用。

(二)市场法适用的对象

市场法适用的对象是具有交易性的房地产,如房地产开发用地、普通商品住宅、高档公寓、别墅、写字楼、商场、标准工业厂房等。而对于那些很少发生交易的房地产,如特殊工业厂房、学校、古建筑、教堂、寺庙、纪念馆等,则难以采用市场法评估。

市场法依赖于活跃的房地产市场所提供的市场资料和交易实例,是以发育健全的房地产市场为基本条件,同时还应掌握充足的交易实例资料。具体来说,可选取的交易实例应数量充足,一般要求理想的交易实例有 10 个以上,其中最基本、与待估房地产状况最接近的实例要有 3~4 个。如果已成交的实例太少,则难以反映市场的真实情况,易产生主观性错误;如果成交的实例与待估房地产差异较大,则会加大比较的难度,进而影响比较的精度和准确性。此外,采用市场比较法,交易实例资料应完整、准确,各种因素对价格的影响易量化。因此,市场法对交易实例资料的数量和质量都有较高的要求。

三、市场法的操作步骤

一般来说,运用市场法估价可以分为下列 7 个步骤进行:搜集交易实例→选取可比实例→建立价格可比基础→交易情况修正→交易日期修正→房地产状况修正→综合修正计算。

(一)搜集交易实例

搜集大量的房地产市场交易实例资料,是运用市场比较法评估房地产价格的基础和前提条件,只有拥有了大量真实、可靠的交易实例,才能把握正常的市场价格行情,才能评估出客观合理的价格。作为一名专业估价人员,搜集交易实例不应等到采用市场比较法估价时才进行,而应注意在平时搜集和积累,这样才能保证在采用市场比较法估价时有足够的交易实例可供选用。

评估人员可以通过查阅政府有关部门的房地产交易资料、向房地产交易当事人了解有关交易情况、与房地产出售者洽谈、查阅报刊和网络资源上有关房地产交易信息、参加房地产交易展示会与同行之间相互交流等途径搜集交易实例。

搜集交易实例时,应注意内容的完整性和统一性,以及资料归档的规范性。因此,在搜集交易实例时,估价人员应针对不同类型的房地产,如居住房地产、商业房地产、工业房地产等,编制交易实例调查表,如表 6-3 所示。

表 6-3　　　　　　　　　　　交易实例调查表

房地产类型:

名　称	
坐　落	
卖　方	
买　方	
成交价格	成交日期

续表

名　称		
付款方式		
房地产状况说明	区位状况说明	
	权益状况说明	
	实物状况说明	
交易情况说明		
坐落位置图		建筑平面图

调查人员：　　　　　　　　　　　　　　　　　调查日期：　　年　月　日

交易实例及其内容的真实性、可行性是提高估价准确性的可靠保证。因此，应注意查询每个交易实例的每项内容，确认其准确性并输入计算机，建立资料库，估价时可方便查找、调用。

(二)选取可比实例

估价时用于参照比较的实例称为可比实例，可比实例的选取是针对具体的待估房地产而言的。对某一待估房地产而言，平时积累的交易实例中，只有少数在估价目的、估价时点、房地产状况等方面与待估房地产相吻合或相近，才能作为可比实例。可比实例选择的合适与否，是运用市场比较法成功与否的重要因素。实际工作中，一般要求选取 3 个以上(含 3 个)10 个以下(含 10 个)的可比实例，以保证估价结果的客观性、准确性。一般来说，可比实例应符合下列基本要求：

1. 与估价对象类似的房地产

与估价对象类似的房地产具体是指：

(1)与估价对象房地产的用途应相同。这主要是指房地产的具体利用方式应相同，可按大类和小类划分。大类用途如商店、办公楼(写字楼)、酒楼、旅馆、住宅、工业厂房、仓库等。小类用途是在大类用途的基础上再细分，如住宅可细分为普通住宅、高档公寓、豪华别墅等。

(2)与估价对象房地产的建筑结构应相同。这主要是指大类建筑结构应相同，一般分为钢结构、钢筋混凝土结构、砖混结构、砖木结构、简易结构。如果能在大类建筑结构下再细分出小类建筑结构则更好，如砖木结构进一步分为砖木一等、二等。

(3)与估价对象房地产所处地段应相同。这主要是指可比实例与估价对象房地产应处于有相同特征的同一区域或邻近地区，或处于同一供求圈内或同一等级土地内。

2. 成交日期与估价对象房地产的估价时点应相近

一般选取的可比实例房地产的成交日期距估价时点的间隔越短，进行交易日期修正后的准确性越高。因此，最好选择相近 1 年内成交的交易实例作为可比实例。如果房地产市场相对比较稳定，可适当延长间隔时间，但最长时间不宜超过 2 年。总之，选取哪一时点的交易实例作为可比实例，必须以可比实例的交易日期经修正后能反映估价时点的市场实际价格为前提。

3. 与估价对象房地产的价格类型应相同

这要求交易实例与待估房地产的价格类型相同。这种价格类型主要指大类价格类型，如果小类价格类型也相同则更好。房地产大类价格类型主要是指买卖价格、租赁价格、抵押价格、入股价格、征用价格、典当价格、课税价格、投保价格等。

4. 成交价格为正常价格，或可修正为正常价格

所谓正常价格，是指在公开的房地产市场上，交易双方均充分了解市场信息，以平等自愿的方式达成的交易实例价格。这类交易实例应当首选为可比实例。如果市场上正常交易实例较少，不

得不选择非正常交易实例作为可比实例时,也应选取交易情况明了且可修正的实例作为可比实例。

【做中学6—1】 有一幢砖混结构的住宅,建筑层数为7层,地区级别为7级,现空置。要求用市场比较法评估其出售价格,请从表6—4所给资料中选取合适的可比实例。

表6—4 交易实例表

房屋性质	是否空置	估价时间、目的	地区级别	市场价格
A 钢混结构7层综合楼	空置	近期/出售	7级	17 000元/平方米
B 砖混结构7层住宅	空置	3年前/出售	10级	9 600元/平方米
C 砖混结构7层住宅	空置	近期/出租	6级	6 900元/平方米
D 砖混结构7层住宅	空置	1年前/抵押	7级	抵押价值1 100元/平方米
E 砖混结构7层住宅	空置	近期/出售	7级	15 000元/平方米

解:确定可比实例如下:

实例A,不适合作为可比实例。因其为钢混结构综合楼,房屋结构和使用性质与待估房地产不同。

实例B,不适合作为可比实例。因为其出售时间是在3年前,距今相差太远,并且其地区级别为10级,与待估房地产的地区级别相差太大。

实例C,不适合作为可比实例。因为其交易目的是出租而不是出售,在房地产的价格类型上与待估房地产不同。

实例D,不适合作为可比实例。因为其评估是为了抵押而不是出售,抵押价值不能作为买卖价格充当评估的比较依据。

实例E,适合作为可比实例。其房地产使用性质、结构类型、地区等级、估价时间和价格类型等均与待估房地产的条件基本相符,是较为理想的评估实例。

结论:通过分析比较各实例情况,最后选取实例E作为待估房地产的可比实例之一。

(三)建立价格可比基础

在对可比实例进行修正前,应先把各可比实例的成交价格调整为在可比实例之间、可比实例与待估房地产之间具有可比基础的价格。所谓具有可比基础,是指单价的概念统一、面积的内容统一、货币的单位统一。因为已选取的若干个可比实例之间及其与估价对象之间,可能在付款方式、成交单价、货币种类、货币单位、面积内涵和面积单位等方面存在不一致,无法进行直接的比较修正,所以需要对它们进行统一换算处理,使其表述口径一致,以便进行比较修正,为后面进行交易情况、交易日期和房地产状况修正打下基础。

建立价格可比基础具体包括以下四个方面:

1. 统一付款方式

房地产具有价值高的特点,因此,房地产价格往往采用按揭贷款方式支付,由此出现了名义价格和实际价格的不同。同一名义价格,付款期限的长短不同,付款金额在付款期限内的分布不同,实际价格也不同,所以要将按揭贷款可比实例的成交价格修正为在其成交日时一次付清的价格。

【做中学6—2】 星海公司一套建筑面积100平方米、每平方米3 000元的住房,成交价为30万元。双方约定,从成交日起分期付清,首付10万元,余款1年内分两期付清,每隔半年支付10万元。假设年利率为10%,则在其成交日一次付清的价格为:

$$10+10/(1+10\%)^{0.5}+10/(1+10\%)=28.626(万元)$$

另外,在进行价格换算时,应注意利率要与对应的周期相一致。

2. 统一成交单价

土地除了单价外，还可表示为楼面地价（楼面地价＝土地单价/容积率），特殊房地产如保龄球馆通常按球道为比较单位，停车场通常按车位为比较单位。

3. 统一货币种类和货币单位

不同币种间价格的换算，应采用该价格所对应日期的市场汇价。在通常情况下，是采用成交日的市场汇价，但如果先按原币种进行交易日期修正，则应对进行了交易日期修正后的价格采用估价时点的市场汇价。在货币单位方面，按使用习惯，人民币、美元、港币等，通常采用"元"。

4. 统一面积内涵和面积单位

面积内涵包括使用面积和建筑面积，进行价格换算的计算公式为：

$$建筑面积的价格＝使用面积的价格\times\frac{使用面积}{建筑面积}$$

$$使用面积的价格＝建筑面积的价格\times\frac{建筑面积}{使用面积}$$

【做中学 6－3】 现有甲、乙两宗交易实例。甲交易实例的建筑面积为 200 平方米，成交总价为 80 万元人民币，分三期付款，首期付 16 万元人民币，第二期于半年后付 32 万元人民币，余款 32 万元人民币于一年后付清。乙交易实例的使用面积为 2 500 平方英尺，成交总价为 15 万美元，于成交时一次付清。如果选取此两宗交易实例为可比实例，则一般在进行有关的修正之前应先做如下处理：

（1）统一付款方式

如果以在成交日一次付清为基准，假设当时人民币的年利率为 8%，则：

$$甲总价＝16+\frac{32}{(1+8\%)^{0.5}}+\frac{32}{1+8\%}＝76.422(万元人民币)$$

乙总价＝15(万美元)

（2）统一成交单价

$$甲单价＝\frac{764\ 220}{200}＝3\ 821.1(元人民币/平方米・建筑面积)$$

$$乙单价＝\frac{150\ 000}{2\ 500}＝60(美元/平方英尺・使用面积)$$

（3）统一货币种类和货币单位

如果以人民币元为基准，则需要将乙交易实例的美元换算为人民币。假设乙交易实例成交当时人民币与美元的市场汇价为 1 美元＝8.3 元人民币，则：

甲单价＝3 821.1(元人民币/平方米・建筑面积)

乙单价＝60×8.3＝498(元人民币/平方英尺・使用面积)

（4）统一面积内涵

如果以建筑面积为基准，另通过调查得知该类房地产的建筑面积与使用面积的关系为 1 平方米建筑面积＝0.75 平方米使用面积，则：

甲单价＝3 821.1(元人民币/平方米・建筑面积)

乙单价＝498×0.75＝373.5(元人民币/平方英尺・建筑面积)

（5）统一面积单位

如果以平方米为基准，由于 1 平方米＝10.764 平方英尺，则：

甲单价＝3 821.1(元人民币/平方米・建筑面积)

乙单价＝373.5×10.764＝4 020.4(元人民币/平方米・建筑面积)

(四)交易情况修正

1. 交易情况修正的概念

交易情况修正是指排除交易行为中的特殊因素所造成的可比实例成交价格偏差,将可比实例的成交价格调整为正常价格。

能够造成成交价格偏离正常价格的特殊因素包括有特殊利害关系人之间的交易、急于出售或急于购买的交易、受债权债务关系影响的交易、交易双方或一方对房地产市场信息了解不充分的交易、交易双方或者一方有特别动机或者偏好的交易、相邻房地产的合并交易、拍卖和招标等特殊方式的交易、交易税费非正常负担的交易等。

在选取比较参照交易实例时,一般对非正常交易实例已予以剔除。但由于与估价对象类似的交易实例较少,或者有特殊原因必须保留时,迫使相关人员不得不选用一些特殊情况下的交易实例。这样就需要对实例交易情况进行修正。

2. 交易情况修正的方法

在进行交易情况修正时,首先要测定每个特殊因素对房地产交易价格的影响程度,即分别分析在正常情况下和特殊情况下,房地产交易价格可能产生偏差的大小。测定方法可以根据已掌握的同类型房地产交易资料分析计算,确定修正比例或系数,也可以由估价人员根据长期的经验积累,判断确定修正比例或系数,然后利用百分率法和差额法进行交易情况修正,求得可比实例的正常价格。实际估价中,常采用百分率法进行交易情况修正,其公式为:

$$正常价格 = 可比实例的成交价格 \times 交易情况修正系数$$

特别需要强调的是,交易情况修正系数应是以正常价格为基准来确定的。假设可比实例的成交价格比其正常市场价格高或低的百分率为 $\pm S\%$(当可比实例的成交价格比正常市场价格高时为 $+S\%$,反之为 $-S\%$),则:

$$正常价格 = 可比实例的成交价格 \times \frac{1}{1 \pm S\%}$$

或

$$正常价格 = 可比实例的成交价格 \times \frac{100}{100 \pm S}$$

公式中,$\frac{1}{1 \pm S\%}$ 或 $\frac{100}{100 \pm S}$ 为交易情况修正系数。

对于交易税费非正常负担的交易,修正时应将交易税费非正常负担情况下的价格,调整为依照政府有关规定(无规定的依照当地习惯)交易双方各自应负担的税费下的价格,关键应把握以下几个公式:

$$卖方实际得到的价格 = 正常成交价格 - 应由卖方负担的税费$$
$$买方实际付出的价格 = 正常成交价格 + 应由买方负担的税费$$

其中:

$$应由买方负担的税费 = 正常成交价格 \times 应由买方缴纳的税费比率$$
$$应由卖方负担的税费 = 正常成交价格 \times 应由卖方缴纳的税费比率$$

【做中学6-4】 一宗房地产的正常成交价格为 2 500 元/平方米,卖方应缴纳的税费为正常成交价格的 7%,买方应缴纳的税费为正常成交价格的 5%,则:

卖方实际得到的价格 = 2 500 - 2 500 × 7% = 2 325(元/平方米)
买方实际付出的价格 = 2 500 + 2 500 × 5% = 2 625(元/平方米)

【做中学6-5】 某宗房地产交易,买卖双方在合同中写明,买方付给卖方 2 325 元/平方米,买卖中涉及的税费均由买方负担。据悉,该地区房地产买卖中应由卖方缴纳的税费为正常成交价格的 7%,应由买方缴纳的税费为正常成交价格的 5%。则该宗房地产交易的正常成交价格为:

$$正常成交价格 = 卖方实际得到的价格 + 应由卖方负担的税费$$

其中:

$$应由卖方负担的税费 = 正常成交价格 \times 应由卖方缴纳的税费比率$$

因此,

$$\begin{aligned}正常成交价格 &= 卖方实际得到的价格 \div (1 - 应由卖方缴纳的税费比率)\\ &= 2\,325 \div (1 - 7\%)\\ &= 2\,500(元/平方米)\end{aligned}$$

【做中学 6-6】 某宗房地产交易,买卖双方在合同中写明,买方付给卖方 2 625 元/平方米,买卖中涉及的税费均由卖方负担。据悉,该地区房地产买卖中应由卖方缴纳的税费为正常成交价格的 7%,应由买方缴纳的税费为正常成交价格的 5%。则该宗房地产交易的正常成交价格为:

$$正常成交价格 = 买方实际付出的价格 - 应由买方负担的税费$$

其中:

$$应由买方负担的税费 = 正常成交价格 \times 应由买方缴纳的税费比率$$

因此,

$$\begin{aligned}正常成交价格 &= 买方实际付出的价格 \div (1 + 应由买方缴纳的税费比率)\\ &= 2\,625 \div (1 + 5\%)\\ &= 2\,500(元/平方米)\end{aligned}$$

(五)交易日期修正

1. 交易日期修正的概念

房地产市场的状况决定了不同时期房地产的价格水平,评估要求的是估价对象在估价时点的价格,可比实例的交易时期与估价对象房地产的估价日期(估价时点)往往有一定的差异。因此,应将可比实例在其成交日的价格调整为在估价时点的价格,以符合估价时的市场行情,这种调整称为交易日期修正。经过交易日期修正,就能将可比实例在其成交日的价格变成在估价时点的价格。

2. 交易日期修正的方法

实际估价中,常采用百分率法进行交易日期修正,其公式为:

$$在估价时点的价格 = 可比实例在成交日的价格 \times 交易日期修正系数$$

特别强调的是,交易日期修正系数应以成交日的价格为基础来确定。假设从成交日期到估价时点,可比实例价格涨跌的百分率为 $\pm T\%$(从成交日期到估价时点,可比实例价格上涨时为 $+T\%$,下跌时为 $-T\%$),则:

$$可比实例在成交日的价格 \times (1 \pm T\%) = 在估价时点的价格$$

或

$$可比实例在成交日的价格 \times (100 \pm T)/100 = 在估价时点的价格$$

上式中,$(1 \pm T\%)$ 或 $(100 \pm T)/100$ 是交易日期修正系数。

交易日期修正的关键是,要把握估价对象及类似房地产的价格随时间的变动规律,通过价格指数或价格变动率进行调整。在没有类似房地产的价格变动率或指数的情况下,可根据当地房地产价格的变动情况和趋势作出判断,并给予调整。另外,也可以由估价人员根据市场情况及自己的经验积累进行判断修正。

(1)房地产价格指数

房地产价格指数有定基价格指数和环比价格指数,在编制价格指数时,需要选择某个时期作为基期。如果是以某个固定时期作为基期的,称为定基价格指数;如果是以上一个时期作为基期的,称为环比价格指数。编制原理如表 6—5 所示。

表 6—5　　　　　　　　　　　房地产价格指数的编制原理

时 间	价 格	定基价格指数	环比价格指数
1	P_1	$P_1/P_1=100$	P_1/P_0
2	P_2	P_2/P_1	P_2/P_1
3	P_3	P_3/P_1	P_3/P_2
⋮	⋮	⋮	⋮
n	P_n	P_n/P_1	P_n/P_{n-1}

① 运用定基价格指数进行交易日期修正。如果能够获得本地区同类房地产的定基价格指数或定基价格变动指数,则房地产交易日期修正的公式为:

$$\text{交易日期修正后的房地产价格}=\text{参照物交易价格}\times\frac{\text{评估基准日同类房地产定基价格指数}}{\text{参照物交易日期同类房地产定基价格指数}}$$

或

$$\text{交易日期修正后的房地产价格}=\text{参照物交易价格}\times\frac{1+\text{评估基准日同类房地产定基价格变动指数}}{1+\text{参照物交易日期同类房地产定基价格变动指数}}$$

$$\text{在估价时点价格}=\text{可比实例在成交日期价格}\times\frac{\text{估价时点的价格指数}}{\text{成交日的价格指数}}$$

【做中学 6—7】 某地区某类房地产 2023 年 4 月至 10 月的价格指数分别为 103.5%、105.4%、105.8%、107.6%、109.3%、110.5%、114.7%(以 2023 年 1 月为 100%)。某宗房地产在 2023 年 5 月的价格为 3 500 元/平方米,对其进行交易日期修正,修正到 2023 年 10 月的价格为:

$$3\,500\times\frac{114.7\%}{105.4\%}=3\,809(\text{元/平方米})$$

【做中学 6—8】 某地区某类房地产 2023 年上半年各月的价格同 2022 年底相比,分别上涨了 2.5%、5.7%、6.8%、7.3%、9.6%、10.5%。某宗房地产在 2023 年 3 月的价格为 3 800 元/平方米,对其进行交易日期修正,修正到 2023 年 6 月的价格为:

$$3\,800\times\frac{1+10.5\%}{1+6.8\%}=3\,932(\text{元/平方米})$$

② 运用环比价格指数修正。如果能够获得本地区同类房地产的环比价格指数或环比价格变动指数,房地产交易日期修正的公式为:

$$\text{交易日期修正后的房地产价格}=\text{参照物交易价格}\times\text{参照物交易日至评估基准日各期(年或月)环比价格指数}$$

或

$$\text{交易日期修正后的房地产价格}=\text{参照物交易价格}\times\left[1+\frac{\text{参照物交易日至评估基准日各期}}{\text{(年或月)环比价格变动指数}}\right]$$

【做中学 6—9】 某宗房地产在 2023 年 6 月的价格为 3 000 元/平方米,该地区同类房地产 2023 年 7 月至 10 月的环比价格指数分别为 103.6%、98.3%、103.5%、104.7%。对其进行交易日期修正,修正到 2023 年 10 月的价格为:

$$3\,000\times103.6\%\times98.3\%\times103.5\%\times104.7\%=3\,311(\text{元/平方米})$$

【做中学 6—10】 某宗房地产在 2023 年 5 月的价格为 3 600 元/平方米,该地区同类房地产 2023 年 6 月至 10 月的价格与上月相比的变动率分别为 1.6%、2.3%、−1.5%、1.7%、2.1%。对

其进行交易日期修正,修正到 2023 年 10 月的价格为:
$3\,600\times(1+1.6\%)\times(1+2.3\%)\times(1-1.5\%)\times(1+1.7\%)\times(1+2.1\%)$
$=3\,827(元/平方米)$

(2)房地产价格变动率

房地产价格变动率有逐期递增或递减的价格变动率和期内平均上升或下降的价格变动率两种。

①采用逐期递增或递减的价格变动率进行交易日期修正的公式为:

在估价时点的价格＝可比实例在成交日的价格×(1±价格变动率)^{期数}

②采用期内平均上升或下降的价格变动率进行交易日期修正的公式为:

在估价时点的价格＝可比实例在成交日的价格×(1±价格变动率×期数)

【做中学 6－11】 大连某类房地产 2023 年 4 月至 10 月的价格指数分别为 79.6、74.7、76.7、85.0、89.2、92.5、98.1(以 2023 年 1 月为 100)。某宗房地产在 2023 年 6 月的价格为 1 800 元/平方米,对其进行交易日期修正,修正到 2023 年 10 月的价格为:

$1\,800\times\dfrac{98.1}{76.7}=2\,302.2(元/平方米)$

【做中学 6－12】 大连某类房地产 2023 年 4 月至 10 月的价格指数分别为 99.6、94.7、96.7、105.0、109.2、112.5、118.1(均以上个月为 100)。某宗房地产在 2023 年 6 月的价格为 2 000 元/平方米,对其进行交易日期修正,修正到 2023 年 10 月的价格为:

$2\,000\times1.05\times1.092\times1.125\times1.181=3\,046.8(元/平方米)$

【做中学 6－13】 评估某宗房地产 2023 年 9 月末的价格,选取了下列可比实例:成交价格为 3 000 元/平方米,成交日期为 2022 年 10 月末。另外,调查获知该类房地产价格自 2022 年 10 月末至 2023 年 2 月末平均每月比上月上涨 1.5%,2023 年 2 月末至 2023 年 9 月末平均每月比上月上涨 2%。对该可比实例进行交易日期修正,修正到 2023 年 9 月末的价格为:

$3\,000\times(1+1.5\%)^{4}\times(1+2\%)^{7}=3\,658(元/平方米)$

【做中学 6－14】 某个可比实例房地产 2023 年 2 月 1 日的价格为 1 000 美元/平方米,该类房地产以人民币为基准的价格变动为平均每月比上月上涨 0.2%。假设人民币与美元的市场汇率报价 2023 年 2 月 1 日为 1 美元＝7.12 元人民币,2023 年 10 月 1 日为 1 美元＝7.12 元人民币。对该可比实例进行交易日期修正,修正到 2023 年 10 月 1 日的价格为:

$1\,000\times7.12\times(1+0.2\%)^{8}=7\,120\times1.016\,1=7\,235(元人民币/平方米)$

(六)房地产状况修正

1. 房地产状况修正的概念

房地产状况修正,是将可比实例在其房地产状况下的价格调整为在估价对象房地产状况下的价格。经过房地产状况修正后,就将可比实例在其房地产状况下的价格变成了在估价对象房地产状况下的价格。

2. 房地产状况修正的内容

房地产状况修正包括区位状况修正、个别因素修正、权益状况修正和实物状况修正。

(1)区位状况修正

区位状况修正是将可比实例房地产在其区位状况下的价格调整为在估价对象房地产区位状况下的价格。区位状况比较修正的内容包括繁华程度、交通便捷程度、环境景观、公共设施配套完备程度(指估价对象以外的部分)、临街状况、经济区位等。修正时,应根据不同类型房地产分别选择有关因素。

进行区位因素修正的一般公式为：

评估对象房地产区位状态下的价格＝参照物交易价格×区位因素修正系数

公式中，区位因素修正系数主要是将参照物房地产与评估对象房地产直接比较，通过评分的办法确定，即直接比较修正。首先，以评估对象房地产区位状况为基准（通常定为100分），将所选择的参照物房地产的各区位因素与其逐项比较打分。如果参照物房地产区位状况好于评估对象房地产状况，打的分数就高于100；相反，打的分数就低于100。其次，根据各区位因素对房地产价格的影响程度，分别给出不同的权重，再将各参照物对应的各具体区位因素的实际得分分别乘以对应的权重，得到各参照物的综合得分。最后，将评估对象区位因素值(100)比上各参照物区位因素的综合得分，得出各参照物的区位因素修正系数。

(2) 个别因素修正

个别因素修正的主要内容包括参照物房地产与评估对象房地产在土地面积、土地形状、临街状态、基础设施状况、位置、地势、地形、土地使用年限、土地容积率等方面的差异，以及建筑物新旧程度、建筑规模、建筑结构、建筑式样、朝向、楼层、设备、装修、平面布置、工程质量等方面的差异。

个别因素修正的方法与区位因素修正的方法基本相同，通常也采用直接比较和打分的方法确定个别因素修正系数，然后通过计算将参照物房地产价格修正为评估对象房地产自身状态下的价格。

进行个别因素修正的一般公式为：

评估对象房地产自身状态下的价格＝参照物交易价格×个别因素修正系数

$$个别因素修正系数 = \frac{100}{(\quad)}$$

公式中，括号内为填写的数字。

如果单独评估土地价值，在土地使用年限、容积率（建筑总面积与土地总面积的比值）等因素对地价影响较大的情况下，可单独进行土地使用权年限和容积率修正。

土地使用权年限修正系数的数学表达式为：

$$y = \left[1 - \frac{1}{(1+r)^n}\right] \div \left[1 - \frac{1}{(1+r)^N}\right]$$

公式中，y 表示年限修正系数，n 表示评估对象土地使用权剩余年限，r 表示折现率，N 表示参照物土地使用权剩余年限。

【做中学6—15】评估对象土地使用权剩余年限为30年，参照物土地使用权剩余年限为20年，假设折现率为8%，则土地使用权年限修正系数为：

$$y = \left[1 - \frac{1}{(1+8\%)^{30}}\right] \div \left[1 - \frac{1}{(1+8\%)^{20}}\right] = 1.1466$$

容积率修正系数的数学表达式为：

$$y' = \frac{评估对象土地容积率地价指数}{参照物土地容积率地价指数}$$

公式中，y' 表示容积率修正系数。

【做中学6—16】评估对象土地的容积率为2，参照物土地的容积率为4，根据容积率地价指数表（见表6—6），试求土地容积率的修正系数。

表6—6　　　　　　　　　　容积率地价指数表

容积率	1	2	3	4	5
地价指数(%)	100	105	115	125	140

$$y' = \frac{105\%}{125\%} = 84\%$$

(3) 权益状况修正

权益状况是指对房地产价格有影响的房地产权益因素的状况。进行权益状况修正，是将可比实例房地产在其权益状况下的价格调整为在估价对象房地产权益状况下的价格。

权益状况比较修正的内容主要包括土地使用权年限、城市规划限制条件（如建筑容积率）等。在实际估价中，遇到最多的是土地使用权年限修正。

(4) 实物状况修正

实物状况修正，是将可比实例房地产在其实物状况下的价格调整为在估价对象房地产实物状况下的价格。实物状况修正的内容，对土地来说，主要包括面积大小、形状、基础设施完备程度（属于估价对象以内的部分）、土地平整程度、地势、地质水文状况等；对建筑物来说，主要包括新旧程度、建筑规模、建筑结构、设备、装修、平面布置、工程质量等影响房地产价格的因素。

3. 房地产状况修正的方法

房地产状况修正的方法，有直接比较修正和间接比较修正两种。

(1) 直接比较修正

直接比较修正一般是采用评分的办法，以估价对象的房地产状况为基准（通常定为100分），将可比实例的房地产状况与它逐项比较打分。如果可比实例的房地产状况劣于估价对象的房地产状况，打的分数就低于100；相反，打的分数就高于100。然后，将所得的分数转化为修正价格的比率，如表6-7所示。

表6-7　　　　　　　　　　房地产状况直接比较表

房地产状况	权重	估价对象	可比实例 A	可比实例 B	可比实例 C
因素1	F_1	100			
因素2	F_2	100			
因素3	F_3	100			
⋮	⋮	⋮			
因素n	F_n	100			
综合	1	100			

采用直接比较进行房地产状况修正，则：

$$在估价对象房地产状况下的价格 = 可比实例在其房地产状况下的价格 \times \frac{100}{(\quad)}$$

上式括号内应填写的数字，为可比实例房地产相对于估价对象房地产的得分。

(2) 间接比较修正

间接比较修正是先设想一个标准的房地产状况，以此标准的房地产状况为基准，将可比实例及估价对象的房地产状况均与它逐项比较打分，然后将所得的分数转化为修正价格的比率，如表6-8所示。

表 6—8　　　　　　　　　　　　房地产状况间接比较表

房地产状况	权重	标准状况	估价对象	实例 A	实例 B	实例 C
因素 1	F_1	100				
因素 2	F_2	100				
因素 3	F_3	100				
⋮	⋮	⋮				
因素 n	F_n	100				
综合	1	100				

采用间接比较进行房地产状况修正,则:

$$\text{可比实例在其房地产状况下的价格} \times \overbrace{\frac{100}{(\quad)}}^{\text{标准化修正}} \times \overbrace{\frac{(\quad)}{100}}^{\text{房地产状况修正}} = \text{在估价对象房地产状况下的价格}$$

上式位于分母的括号内应填写的数字,为可比实例房地产相对于标准房地产的得分;位于分子的括号内应填写的数字,为估价对象房地产相对于标准房地产的得分。

4. 房地产状况修正应注意的问题

估价对象房地产状况,必须是估价时点的房地产状况;可比实例房地产状况,必须是可比实例房地产在其成交日的状况,而不是在估价时点或其他时候可能发生了变化后的状况。

由于不同用途的房地产,影响其价格的区位因素和实物因素不同,因此,在进行区位状况和实物状况的比较修正时,具体比较修正的内容及权重应有所不同。例如,居住房地产讲究宁静、安全、舒适;商业房地产注重区域繁华程度、交通条件;工业房地产强调对外交通运输条件;农业房地产则重视土壤、排水和灌溉条件等。即使某些因素相同,但对价格的影响程度也不一定相同。

(七) 综合修正计算

1. 综合计算修正公式

运用市场比较法时,需要进行交易情况、交易日期、房地产状况三方面的修正。经过修正,就把可比实例房地产的实际成交价格变成了估价对象房地产在估价时点的客观合理价格。如果把这三大方面的修正综合起来,其计算公式如下:

估价对象价格＝可比实例价格×交易情况修正系数×交易日期修正系数×房地产状况修正系数

根据房地产状况修正方法的不同,综合修正公式分为直接比较修正公式和间接比较修正公式。

(1) 直接比较修正公式

$$\text{估价对象价格} = \text{可比实例价格} \times \overbrace{\frac{100}{(\quad)}}^{\text{交易情况修正}} \times \overbrace{\frac{(\quad)}{100}}^{\text{交易日期修正}} \times \overbrace{\frac{100}{(\quad)}}^{\text{房地产状况修正}}$$

$$= \text{可比实例价格} \times \frac{\text{正常市场价格}}{\text{实际成交价格}} \times \frac{\text{估价时点价格}}{\text{成交日期价格}} \times \frac{\text{对象状况价格}}{\text{实例状况价格}}$$

上式中,交易情况修正以正常市场价格为基准,交易日期修正以成交日期价格为基准,房地产状况修正以估价对象的房地产状况为基准。

(2) 间接比较修正公式

$$估价对象价格 = 可比实例价格 \times \frac{交易情况修正\ 100}{(\quad)} \times \frac{交易日期修正\ (\quad)}{100} \times \frac{标准化修正\ 100}{(\quad)} \times \frac{房地产状况修正\ (\quad)}{100}$$

$$= 可比实例价格 \times \frac{正常市场价格}{实际成交价格} \times \frac{估价时点价格}{成交日期价格} \times \frac{标准状况价格}{实例状况价格}$$

$$\times \frac{对象状况价格}{实例状况价格}$$

上式中,标准化修正分子为100,表示以标准房地产的状况为基准,分母是可比实例房地产相对于标准房地产所得的分数;房地产状况修正的分母为100,表示以标准房地产的状况为基准,分子是估价对象房地产状况相对于标准房地产所得的分数。

2. 求取综合结果的方法

所选取的若干个可比实例价格经过比较修正后,可选用下列方法之一计算综合结果:

(1)简单算术平均法

此方法是将多个参照物交易实例修正后的初步评估结果简单地算术平均后,作为评估对象房地产的最终评估价值。简单算术平均法的计算公式如下:

$$P = \frac{\sum_{i=1}^{n} P_i}{n}$$

公式中,P 表示评估对象房地产的评估价值,P_i 表示第 i 个参照物房地产的比准价值,n 表示参照物房地产实例个数。

【做中学 6-17】 对 4 个参照物房地产交易价格修正后得出的 4 个比准价值分别为 4 500 元/平方米、4 800 元/平方米、4 200 元/平方米、4 300 元/平方米,则用简单算术平均法计算得出的评估对象房地产的评估值为:

(4 500+4 800+4 200+4 300)÷4=4 450(元/平方米)

(2)加权算术平均法

此方法是先判定各个初步评估结果(比准价值)与评估对象房地产的接近程度,并根据接近程度赋予每个初步评估结果以相应的权重,然后将加权平均后的比准价值作为评估对象房地产的评估价值。加权算术平均法的计算公式如下:

$$P = \sum_{i}^{n} P_i f_i \quad (f_1 + f_2 + \cdots + f_n = 1)$$

公式中,P 表示评估对象房地产的评估价值,P_i 表示第 i 个参照物房地产的比准价值,f_i 表示第 i 个参照物房地产比准价值 P_i 的权重,n 表示参照物房地产实例个数。

【做中学 6-18】 承做中学 6-17,如果赋予 4 个比准价值的权重分别为 0.4、0.1、0.2、0.3,则用加权算术平均法计算得出的评估对象房地产的评估值为:

4 500×0.4+4 800×0.1+4 200×0.2+4 300×0.3=4 410(元/平方米)

(3)中位数法

中位数法是指将多个可比实例经修正后的价格数额按大小顺序排列:当项数为奇数时,位于正中间位置的那个价格为综合价格;当项数为偶数时,位于正中间位置的那两个价格的简单算术平均数为综合价格。

(4)众数法

众数与中位数一样是一种位置平均数,是指将各总体单位按某一标准排序后整理成分布数列,如果其中有某一个值出现的次数最多,即为众数值。在房地产估价中,需要选择 10 个以上的可比实例,才可以用这个方法确定综合结果,目前较少采用。

(5)其他方法

除以上方法外,还可以采用其他方法将修正后的多个价格综合成一个价格,如分别去掉一个最高价格和一个最低价格,求余下价格的简单算术平均数作为综合价格。

四、市场法的运用

【做中学 6—19】 为评估某写字楼 2023 年 10 月 1 日的正常市场价格,在该写字楼附近地区调查选取了 A、B、C 三宗类似写字楼的交易实例作为可比实例,有关资料如表 6—9 所示。

表 6—9　　　　　　　　　　　　可比实例情况表

	可比实例 A	可比实例 B	可比实例 C
成交价格	5 000(元人民币/平方米)	600(美元/平方米)	5 500(元人民币/平方米)
成交日期	2023 年 1 月 1 日	2023 年 3 月 1 日	2023 年 7 月 1 日
交易情况	+2%	+5%	−3%
房地产状况	−8%	−4%	−6%

在表 6—9 的交易情况中,正(负)值表示可比实例的成交价格高(低)于其正常价格的幅度;房地产状况中,正(负)值表示可比实例的房地产状况优(劣)于估价对象的房地产状况导致的价格差异幅度。另假设人民币与美元的市场汇价 2023 年 3 月 1 日为 1:7.21,2023 年 10 月 1 日为 1:7.21。该类写字楼以人民币为基准的市场价格 2023 年 1 月 1 日至 2 月 1 日基本保持不变,2023 年 2 月 1 日至 5 月 1 日平均每月比上月下降 1%,以后平均每月比上月上升 0.5%。试利用上述资料估算该写字楼 2023 年 10 月 1 日的正常市场价格。

解:估算该写字楼 2023 年 10 月 1 日的正常市场价格如下:

(1)计算公式:

比准价格＝可比实例价格×交易情况修正系数×交易日期修正系数×房地产状况修正系数

(2)比准价格 A $= 5\,000 \times \dfrac{100}{100+2} \times (1-1\%)^3 \times (1+0.5\%)^5 \times \dfrac{100}{100-8}$

$= 5\,301$(元人民币/平方米)

(3)比准价格 B $= 600 \times 7.21 \times \dfrac{100}{100+5} \times (1-1\%)^2 \times (1+0.5\%)^5 \times \dfrac{100}{100-4}$

$= 4\,294$(元人民币/平方米)

(4)比准价格 C $= 5\,500 \times \dfrac{100}{100-3} \times (1+0.5\%)^3 \times \dfrac{100}{100-6}$

$= 6\,123$(元人民币/平方米)

(5)将上述每个比准价格的简单算术平均数作为比较法的估算结果,则:

估价对象价格(单价)＝(5 301＋4 294＋6 123)÷3＝15 718÷3＝5 239(元人民币/平方米)

【做中学 6—20】 为评估某商品住宅 2023 年 10 月 24 日的正常市场价格,在该商品住宅附近地区调查选取了 A、B、C 三宗类似商品住宅的交易实例作为可比实例,有关资料如表 6—10、表 6—11、表 6—12 和表 6—13 所示。表 6—11 中,交易情况的分析判断是以正常价格为基准,正值表示可比实例的成交价格高于其正常价格的幅度,负值表示低于其正常价格的幅度。表 6—12 中的价格指数为定基价格指数。

表6-10　　　　　　　　　　　　　　可比实例的成交价格

	可比实例A	可比实例B	可比实例C
成交价格(元/平方米)	3 700	4 200	3 900
成交日期	2023年5月24日	2023年8月24日	2023年9月24日

表6-11　　　　　　　　　　　　　　交易情况的分析判断结果

	可比实例A	可比实例B	可比实例C
交易情况	－2%	0	＋1%

表6-12　　　　　　　　　该类商品住宅2023年4月至10月的价格变动情况

月份	4	5	6	7	8	9	10
价格指数	100	92.4	98.3	98.6	100.3	109.0	106.8

表6-13　　　　　　　　　　　　　房地产状况的比较判断结果

房地产状况	权重	估价对象	可比实例A	可比实例B	可比实例C
因素1	0.5	100	90	100	80
因素2	0.3	100	100	110	120
因素3	0.2	100	125	100	100

试利用上述资料估算该商品住宅2023年10月24日的正常市场价格。

解：估算该商品住宅2023年10月24日的正常市场价格如下：

(1)计算公式：

比准价格＝可比实例价格×交易情况修正系数×交易日期修正系数×房地产状况修正系数

(2)交易情况修正系数：

可比实例A：$\dfrac{100}{100-2}=\dfrac{100}{98}$

可比实例B：$\dfrac{100}{100-0}=\dfrac{100}{100}$

可比实例C：$\dfrac{100}{100+1}=\dfrac{100}{101}$

(3)交易日期修正系数：

可比实例A：$\dfrac{106.8}{92.4}$

可比实例B：$\dfrac{106.8}{100.3}$

可比实例C：$\dfrac{106.8}{109.0}$

(4)房地产状况修正系数：

可比实例A：$\dfrac{100}{90\times0.5+100\times0.3+125\times0.2}=\dfrac{100}{100}$

可比实例B：$\dfrac{100}{100\times0.5+110\times0.3+100\times0.2}=\dfrac{100}{103}$

可比实例 C：$\dfrac{100}{80\times 0.5+120\times 0.3+100\times 0.2}=\dfrac{100}{96}$

(5)计算比准价格(单价)：

比准价格 A＝$3\ 700\times\dfrac{100}{98}\times\dfrac{106.8}{92.4}\times\dfrac{100}{100}=4\ 364$(元/平方米)

比准价格 B＝$4\ 200\times\dfrac{100}{100}\times\dfrac{106.8}{100.3}\times\dfrac{100}{103}=4\ 342$(元/平方米)

比准价格 C＝$3\ 900\times\dfrac{100}{101}\times\dfrac{106.8}{109.0}\times\dfrac{100}{96}=3\ 941$(元/平方米)

(6)将上述三个比准价格的简单算术平均数作为市场比较法的估算结果，则：

估价对象价格(单价)＝$(4\ 364+4\ 342+3\ 941)\div 3=12\ 647\div 3=4\ 216$(元/平方米)

任务三　房地产评估的成本法应用

一、成本法的概念

成本法是先求取估价对象房地产在估价时点的重新购建价格(重置价格或重建价格)，再扣除折旧，以此估算估价对象房地产的客观合理价格或价值的方法。它实际上是以房地产价格构成部分的累加来估算房地产价格的方法。采用成本法求得的价格，称为积算价格。

二、成本法适用的对象和条件

(一)成本法适用的对象

成本法一般用于既无收益又很少发生交易的房地产的评估，如住宅、学校、图书馆、医院、政府办公楼、军队营房、公园等公用或公益房地产，以及特殊工业厂房、油库、发电站、码头、油田等有独特设计或只针对个别用户的特殊服务体系而建的房地产。单纯的建筑物的估价基本上也是采用成本法。另外，成本法也适用于市场不完善或狭小市场上无法运用比较法进行估价的房地产。此外，由于成本法应用简便，也广泛应用于一些特殊目的的估价，如在房地产的征税工作中，法庭为解决房地产权益纠纷，经常采用成本法估价。在房地产保险及赔偿中通常也采用成本法估价，因为涉及的往往是局部损毁，从而必须使其恢复到原有的设计、布置或者完全重置。

(二)成本法适用的条件

运用成本法估价，一是要区分实际成本和客观成本，估价中采用的应是客观成本，而不是实际成本；二是要结合供求分析确定最终的房地产价格，即当市场供大于求时，价格低于成本；当供不应求时，价格高于成本。

成本法估价比较费时费力，估算重新购建价格和折旧也有相当的难度，尤其是那些较老的建筑物，往往需要估价人员针对建筑物进行实地勘察，依靠其主观判断。因此，成本法估价要求估价人员有丰富的经验，特别是要具有良好的建筑、材料和设备等方面的知识。

三、成本法估价的程序

运用成本法估价一般分为下列步骤：搜集有关成本、税费、开发利润等资料→估算重新购建价格→估算折旧→求取积算价格。

四、成本法的基本公式

(一)最基本的公式

成本法最基本的公式为：

$$积算价格 = 重新购建价格 - 折旧$$

上述公式可针对下列三类估价对象而具体化：①新开发的土地；②新建的房地产(此处指房地、建筑物两种情况)；③旧的房地产(此处指房地、建筑物两种情况)。

新开发的土地和新建的房地产采用成本法估价一般不扣除折旧,但应考虑其工程质量、规划设计、周围环境、房地产市场状况等方面对价格的影响而给予适当的增减修正。

求取新开发土地的价格、新建房地产的价格和旧有房地产的重新购建价格的基本步骤是：①清楚房地产价格构成；②估算各构成部分的金额；③将各构成部分的金额累加。

(二)适用于新开发土地的基本公式

新开发土地包括填海造地、开山造地、征用农地后进行"三通一平"[①]、"五通一平"[②]、"七通一平"[③]等开发的土地,以及在旧城区中拆除旧建筑物等开发的土地。在这些情况下,成本法的基本公式为：

$$新开发土地价格 = 取得待开发土地的成本 + 土地开发成本 + 管理费用 + 投资利息 + 销售税费 + 开发利润$$

其中,取得待开发土地的成本是指取得开发用地所需的费用、税金等。土地开发成本是指在取得开发用地后进行土地开发和房屋建设所需的直接费用、税金等。管理费用是指开发商的人员工资、办公费、差旅费等。投资利息是指土地取得成本、开发成本和管理费用的利息,无论它们的来源是借贷资金还是自有资金,都应计算利息。销售税费是指销售开发完成后的房地产应由开发商缴纳的税费。开发利润是指由销售收入减去各种成本、费用和税金后的余额。

【做中学 6-21】 某成片荒地面积为 2 平方千米,取得该荒地的代价为 1.2 亿元,将其开发成"五通一平"熟地的开发成本和管理费用为 2.5 亿元,开发期为 3 年,贷款年利率为 10%,销售税费和开发利润分别为可转让熟地价格的 5.5% 和 9.5%,开发完成后可转让土地面积的比例为 60%。试求该荒地开发完成后可转让熟地的平均单价。

解：该荒地开发完成后可转让熟地的总价

= 取得该荒地的总成本 + 土地开发总成本 + 总管理费用 + 总投资利息 + 总销售税费 + 总开发利润

= 取得该荒地的总成本 + 土地开发总成本 + 总管理费用 + 总投资利息 + 可转让熟地的总价 × (销售税费率 + 开发利润率)

得出：

该荒地开发完成后可转让熟地的总价

= (取得该荒地的总成本 + 土地开发总成本 + 总管理费用 + 总投资利息) ÷ [1 - (销售税费率 + 开发利润率)]

该荒地开发完成后可转让熟地的平均单价

= (取得该荒地的总成本 + 土地开发总成本 + 总管理费用 + 总投资利息) ÷ [1 - (销售税费率 + 开发利润率)] ÷ 可转让熟地总面积

= (取得该荒地的总成本 + 土地开发总成本 + 总管理费用 + 总投资利息) ÷ [1 - (销售税费率

---

① 通水、通电、通路、平整土地。
② 通水、通电、通路、通气、通信、平整土地。
③ 通水、通电、通路、通邮、通信、通暖气、通天然气或煤气、平整土地。

＋开发利润率)]÷(该荒地总面积×可转让土地面积的比例)
=[120 000 000×(1＋10%)3＋250 000 000×(1＋10%)1.5]÷[1－(5.5%＋9.5%)]
　÷(2 000 000×60%)
=439.4(元/平方米)

(三)适用于新建房地产的基本公式

在新建房地的情况下,成本法的基本公式为:

新建房地价格＝土地取得成本＋土地开发成本＋建筑物建造成本＋管理费用＋投资利息
　　　　　　＋销售税费＋开发利润

在新建建筑物的情况下,上述公式中不含土地取得成本、土地开发成本以及应归属于土地的管理费用、投资利息、销售税费和开发利润,即:

新建建筑物价格＝建筑物建造成本＋管理费用＋投资利息＋销售税费＋开发利润

在实际估价中,应根据估价对象和当地的实际情况,对上述公式进行具体化。

(四)适用于旧有房地产的基本公式

旧有房地估价的成本法基本公式为:

旧有房地价格＝土地的重新取得价格＋建筑物的重新购建价格－建筑物的折旧

其中:

土地的重新取得价格＝重新取得土地的费用＋重新开发土地的费用＋正常利税

建筑物的重新购建价格＝重新建造建筑物的直接费用＋重新建造建筑物的间接费用＋正常利税

【提示】必要时,还应扣除由于旧有建筑物的存在而导致的土地价值损失。

对于旧有建筑物,成本法基本公式为:

旧有建筑物价格＝建筑物的重新购建价格－建筑物的折旧

旧有房地产运用成本法估价是一种典型情况。

五、重新购建价格

(一)重新购建价格的概念

重新购建价格是假设在估价时点重新取得、重新开发或重新建造全新状况的估价对象所需的一切合理、必要的费用、税金与应得利润之和。

(二)重新购建价格的特点

1. 重新购建价格是估价时点的价格

估价时点并非总是"现在",也可能为"过去"。如房地产纠纷案件,通常是以过去为估价时点。

2. 重新购建价格是客观的

重新购建价格不是个别企业或个人的实际耗费,而是社会一般的公平耗费,即客观成本,而不是实际成本。如果超出了社会一般的平均耗费,超出的部分不仅不能形成价格,而且造成一种浪费;而低于社会一般平均耗费的部分,不会降低价格,只会形成个别企业或个人的超额利润。

3. 建筑物和土地的重新购建价格不同

建筑物的重新购建价格是全新状况下的价格,未扣除折旧;土地的重新购建价格(重新取得价格或重新开发成本)是在估价时点的价格。

(三)重新购建价格的构成

下面以取得土地、建成房屋销售这种典型的房地产开发类型为例,来划分房地产重新购建价格的构成:

1. 土地取得费用

土地取得费用是取得开发地所需的费用、税费等。在完善的市场经济下,土地取得费用一般是由购置土地的价款和在购置时应由开发商(买方)缴纳的税费构成。在目前情况下,土地取得费用的构成,根据房地产开发取得土地的途径分为下列3种:①通过征用农地取得的,土地取得费用包括农地征用费和土地使用权出让金等。②通过在城市中进行房屋拆迁取得的,土地取得费用包括城市房屋拆迁补偿安置费和土地使用权出让金等。③通过在市场上"购买"取得的,如购买政府出让或其他开发商转让的已完成征用拆迁的熟地,土地取得费用包括购买土地的价款和在购买时应由买方缴纳的税金(如交易手续费、契税等)。

2. 开发成本

开发成本是在取得开发用地后进行土地开发和房屋建设所需用的直接费用、税金等。在实践中,主要包括以下几项:①勘察设计和前期工程费;②基础设施建设费;③房屋建筑安装工程费;④公共配套设施建设费;⑤开发过程的税费。

3. 管理费用

管理费用是为管理和组织房地产开发经营活动所发生的各种费用,包括开发商的人员工资及福利费、办公费、差旅费等。在估价时,管理费用通常可按土地取得成本与开发成本之和乘以一定比率来测算。

4. 销售费用

销售费用是指开发完成后销售房地产所必需的费用,包括广告宣传费、销售代理费等。销售费用通常按照售价乘以一定比率来测算。

5. 投资利息

此处的投资利息包括土地取得费用、开发成本、管理费用和销售费用的利息,无论它们的来源是借贷资金还是自有资金,都应计算利息,这显然与会计上的财务费用不同。

6. 销售税费

销售税费是指销售完成后针对房地产应由房地产开发商(此时作为卖方)缴纳的税费,可分为下列两类:销售税金及附加,包括增值税(低税率9%)、城市维护建设税(7%)和教育费附加(3%)(通常简称为"两税一费");其他销售税费,包括应由卖方负担的交易手续费等。

【提示】销售税费通常可由售价的一定比率得到,因此,在估价时通常按照售价乘以这一比率来测算。

7. 开发利润

开发利润的计算基数和相应的利润率有下列几种:

(1)计算基数=土地取得成本+开发成本,相应的利润率可称为直接成本利润率。

$$直接成本利润率=开发利润/(土地取得成本+开发成本)$$

(2)计算基数=土地取得成本+开发成本+管理费用+销售费用,相应的利润率可称为投资利润率。

$$投资利润率=开发利润/(土地取得成本+开发成本+管理费用+销售费用)$$

(3)计算基数=土地取得成本+开发成本+管理费用+投资利息+销售费用,相应的利润率可称为成本利润率。

$$成本利润率=开发利润/(土地取得成本+开发成本+管理费用+投资利息+销售费用)$$

(4)计算基数=开发完成后的房地产价值(售价),相应的利润率可称为销售利润率。

$$销售利润率=开发利润/开发完成后的房地产价值$$

在测算开发利润时,要注意计算基数与利润率的匹配,即采用不同的计算基数时,应选用相对应的利润率;反之,选用不同的利润率,应采用相对应的计算基数,不能混淆。从理论上讲,同一个房地产开发项目的开发利润,无论是采用哪种计算基数与其相对应的利润率来测算,所得的结果都是相同的。

测算开发利润应掌握下列几点:①开发利润是所得税前的;②开发利润是在正常条件下开发商所能获得的平均利润,而不是个别开发商最终获得的实际利润,也不是个别开发商所期望获得的利润;③开发利润是按一定基数乘以同一市场上类似房地产开发项目所要求的相应平均利润率来计算的。

(四)重新购建价格的求取

1. 土地重置价格的求取

求取土地的重置价格,应直接求取其在估价时点的重置价格。评估土地的重置价格,要特别注意估价对象在估价时点的状况,便于准确确定其价格构成。当不便采用成本法时,可以酌情选用市场比较法、基准地价修正法等方法评估土地的价格。

以成本法求取土地的重置价格时,还应当注意土地的剩余使用年限,并进行年限修正。例如,以有偿出让方式取得的土地使用权,在以成本法得出重置价格后,还应当扣除至估价时点已使用年限的价格,得出剩余年限的土地使用权价格。

2. 建筑物重新购建价格的求取

求取建筑物的重新购建价格,是假设建筑承包商根据发包人的要求完成新的建筑工程后,发包人支付的全部费用,该费用就是建筑物的重新购建价格。如果建筑物是自己建造的,也应假设全部费用与支付给承包商的相同。

若从投资的角度出发,建筑物的重新购建价格还应在上述费用的基础上加上合理的投资利润;若从市场的角度出发,还应加上正常的销售税费。

建筑物的重新购建价格可采用成本法、市场比较法求取,或通过政府公布确定的房屋重新购建价格扣除土地价格后的比较修正法来求取,也可按工程造价估算的方法具体计算。

采用成本法、市场比较法求取建筑物重新购建价格的具体方法有:

(1)单位比较法,包括单位面积法和单位体积法。

①单位面积法:根据近期建成的类似建筑物的单位面积成本(造价)来估算。即用近期建成的类似建筑物的单位面积成本乘以估价对象建筑物的总面积来估算。这是一种最常用、最简便迅速的方法,但比较粗略。

②单位体积法:与单位面积法相似,是根据近期建成的类似建筑物的单位体积成本来估算。即用近期建成的类似建筑物的单位体积成本乘以估价对象建筑物的总体积来估算。这种方法适用于成本与体积关系较密切的建筑物。

(2)分步分项法,是基于建筑物的各个独立构件或工程的单位成本来估算,即先估算各个独立构件或工程的单位成本,再乘以相应数量,然后相加。值得注意的是,要结合各个构件或工程的特点使用计量单位,有的要用面积,有的要用体积,有的要用特定单位(如千瓦、千伏安)。

(3)工料测量法,是先估算建筑物所需各种材料、设备的数量和人工时数,然后逐一乘以估价时点各同样材料、设备的单价和人工费标准,再将其加总。这种方法与编制建筑概算或预算的方法相似,即先估算工程量,再配上概(预)算定额的单价和取费标准来估算。工料测量法的优点是内容翔实,缺点是费时费力并需委托专家参与办理。工料测量法主要用于具有历史价值的建筑物的估价。

(4)指数调整法,是运用建筑成本(造价)指数或变动率,将估价对象建筑物的原始成本调整到估价时点的现行成本。指数调整法主要用于检验其他方法的估算结果。

六、建筑物折旧

（一）建筑物折旧的概念

建筑物折旧是指建筑物的价值减损。建筑物的价值减损是由物质因素、功能因素和经济因素共同造成的。因此，在实际估价中，考虑建筑物的折旧时，必须同时考虑：

1. 物质折旧

物质折旧又称物质磨损、有形损耗，是建筑物在实体方面的损耗所造成的价值损失。进一步可以归纳为4个方面：①自然经过的老朽；②正常使用的磨损；③意外的破坏损毁；④延迟维修的损坏残存。

2. 功能折旧

功能折旧又称精神磨损、无形损耗，是指由于消费观念变更、规划设计更新、技术进步等原因导致建筑物在功能方面的相对残缺、落后或不适用所造成的价值损失。

3. 经济折旧

经济折旧是指建筑物以外的各种不利因素所造成的建筑物价值的损失。如在一栋高级住宅的附近建造一家工厂，该建筑物价值就会降低。

（二）建筑物折旧的求取方法

建筑物折旧的求取方法有多种，主要有耐用年限法、实际观察法、成新折扣法和综合法。

1. 耐用年限法

耐用年限法是把建筑物的折旧建立在建筑物的寿命、经过年数或剩余寿命之间关系的基础上。建筑物的寿命有自然寿命和经济寿命之分。前者是指建筑物从建成之日起到不堪使用时所经历的年数，后者是指建筑物从建成之日起预期产生的收入大于运营费用的持续年数。建筑物的经济寿命短于其自然寿命。

建筑物的经过年数分为实际经过年数和有效经过年数。实际经过年数是指建筑物从建成之日起到估价时点的日历年数。有效经过年数可能短于也可能长于实际经过年数。当建筑物的维修保养属于正常时，有效经过年数与实际经过年数相当；当建筑物的维修保养比正常维修保养好或经过了更新改造时，有效经过年数短于实际经过年数，剩余经济寿命相应较长；当建筑物的维修保养比正常维修保养差时，有效经过年数长于实际经过年数，剩余经济寿命相应较短。

在运用成本法求取折旧中，建筑物的寿命应为经济寿命，经过年数应为有效经过年数，剩余寿命应为剩余经济寿命。

运用耐用年限法求取建筑物折旧的方法有直线折旧法、余额递减折旧法、年金法、年数合计法和偿债基金法等。下面简单介绍直线折旧法和年金法。

（1）直线折旧法是最简单的和应用最普遍的一种折旧方法，简称直线法。它以建筑物的经济寿命期间每年的折旧额相等为基础。直线折旧法的年折旧额的计算公式为：

$$D_i = D = \frac{C-S}{N} = \frac{C(1-R)}{N}$$

公式中，D_i表示第i年的折旧额，或称作第i年的折旧，在直线法情况下，每年的折旧额D_i是一个常数D；C表示建筑物的重新购建价格；S表示预计的建筑物的净残值，简称残值，是预计的建筑物达到经济寿命，不宜继续使用，经拆除后可以收回的残余价值减去拆除清理费用后的数额；N表示建筑物的经济寿命；R表示预计的建筑物的残值率，是净残值与重新购建价格的比率，即：

$$R = \frac{S}{C} \times 100\%$$

另外，$C-S$ 称为折旧基数。每年的折旧额与重新购建价格的比率称为折旧率，如果用 d 来表示，即：

$$d=\frac{D}{C}\times100\%=\frac{C-S}{C\times N}\times100\%=\frac{1-R}{N}\times100\%$$

有效经过年数为 t 年的建筑物折旧总额的计算公式为：

$$E_t=D\times t=(C-S)\frac{t}{N}=C(1-R)\frac{t}{N}$$

公式中，E_t 表示建筑物的折旧总额。

采用直线法折旧的建筑物现值的计算公式为：

$$V=C-E_t=C-(C-S)\frac{t}{N}=C\left[1-(1-R)\frac{t}{N}\right]$$

公式中，V 表示建筑物的现值。

【做中学 6－22】 有一建筑物的建筑总面积为 500 平方米，已使用 10 年，重置价格为 600 元/平方米，耐用年限为 40 年，残值率为 5%。试用直线折旧法计算其年折旧额、折旧总额，并估计其现值。

解：已知 $t=10$（年），$N=40$（年），则 $n=40-10=30$（年），$R=5\%$，$C=600\times500=300\,000$（元），$S=C\times R=15\,000$（元），则：

(1) 年折旧额 $D=\frac{C-S}{N}=\frac{300\,000-300\,000\times5\%}{40}=7\,125$（元）

(2) 折旧总额 $E_{10}=D\times t=7\,125\times10=71\,250$（元）

(3) 现值 $V=C-E_{10}=300\,000-71\,250=228\,750$（元）

(2) 年金法是指应用资金等值中的年金现值公式来确定建筑物的年折旧额的方法。虽然使用这种方法每年的折旧额相同，但它与直线折旧法并不相同。直线折旧法不考虑资金的时间价值，而年金法则考虑资金的时间价值。因此，在年金法中，各年数值相等的折旧额对于分摊建筑物的重新建造成本的意义是不同的。

根据资金等值的概念，年折旧额的现值之和应等于建筑物的重新建造成本减去残值。因此，有如下等式成立：

$$C-S=D\frac{(1+i)^N-1}{i(1+i)^N}$$

经变换即可得出年折旧额 D 的计算公式：

$$D=(C-S)\frac{i(1+i)^N}{(1+i)^N-1}$$

建筑物的现值应等于成本 C 减去 t 年的折旧额现值，即：

$$V=C-D\frac{(1+i)^t-1}{i(1+i)^t}$$

【做中学 6－23】 承做中学 6－22，若按年金法折旧，则其年折旧额、折旧总额以及建筑物的现值为多少？（假设折现率 $i=10\%$）

解：已知 $t=10$（年），$N=40$（年），$R=5\%$，$C=600\times500=300\,000$（元），$S=C\times R=15\,000$（元），则：

(1) 年折旧额 $D=(C-S)\times\frac{i(1+i)^N}{(1+i)^N-1}=(300\,000-15\,000)\times\frac{10\%\times(1+10\%)^{40}}{(1+10\%)^{40}-1}=29\,144$（元）

(2) 折旧总额 $=D\times\frac{(1+i)^t-1}{i(1+i)^t}=29\,144\times\frac{(1+10\%)^{10}-1}{10\%\times(1+10\%)^{10}}=179\,077$（元）

(3)建筑物的现值=300 000－179 077=120 923(元)

2. 实际观察法

实际观察法不是直接以建筑物的有关年限(特别是实际经过年数)来求取建筑物的折旧,而是注重建筑物的实际损耗程度。因为早建成的建筑物未必损坏严重,从而价值未必低;而新近建造的建筑物未必维护良好,特别是施工质量、设计等方面可能存在缺陷,从而价值未必高。这样,实际观察法是由估价人员亲临现场,直接观察并估算建筑物在物质、功能及经济等方面的折旧因素所造成的折旧总额。

利用实际观察法也可判定建筑物的成新率,或推测其有效经过年数、剩余经济寿命;在此基础上,再利用其他方法计算建筑物的折旧或直接计算建筑物的现值。

3. 成新折扣法

成新折扣法是根据建筑物的建成年代、新旧程度等,确定建筑物的成新率,直接求取建筑物的现值。其计算公式为:

$$V = C \times q$$

公式中,q 表示建筑物的成新率(%)。

成新折扣法适用于同时需要对大量建筑物进行估价的情形,尤其是进行建筑物现值调查统计,但比较粗略。在实际估价中,成新率是一个综合指标,其求取可以采用"先定量,后定性,再定量"的方式按下列 3 个步骤进行:

(1)用年限法计算成新率。其计算公式为:

$$q = \left[1-(1-R)\frac{t}{N}\right] \times 100\% = \left[1-(1-R)\frac{N-n}{N}\right] \times 100\% = \left[1-(1-R)\frac{t}{t+n}\right] \times 100\%$$

当 $R=0$ 时,

$$q = \left(1-\frac{t}{N}\right) \times 100\% = \frac{n}{N} \times 100\% = \frac{n}{t+n} \times 100\%$$

【做中学 6－24】 10 年前建成交付使用的建筑物,经估价人员实地观察判定其剩余经济寿命为 30 年,该建筑物的残值率为零。试用直线法计算该建筑物的成新率。

解:已知 $t=10$(年),$n=30$(年),$R=0$,则:

建筑物的成新率 $q = \frac{n}{t+n} \times 100\% = \frac{30}{10+30} \times 100\% = 75\%$

(2)根据建筑物的建成年代对上述计算结果作初步判断,看其是否吻合。

(3)采用实际观察法对上述结果作进一步的调整修正,并说明调整修正的理由。当建筑物的维修保养属于正常时,实际成新率与直线法计算出的成新率相当;当建筑物的维修保养比正常维修保养好或经过了更新改造时,实际成新率应大于直线法计算出的成新率;当建筑物的维修保养比正常维修保养差时,实际成新率应小于直线法计算出的成新率。

4. 综合法

针对以上各种折旧方法所存在的优缺点,估价人员有时同时采用几种折旧方法确定建筑物的折旧额。对于采用不同方法所得出的折旧结果,通过简单算术平均或加权算术平均等综合出一个统筹兼顾的结果,并以此作为陈旧贬值的最后判定,这就是综合法。

在估价实务中往往采用综合法,即先以耐用年限为基准计算折旧额,然后再按实际观察法进行修正,从而确定折旧额。通过这样的综合方法,能有效地克服各种方法所存在的缺点,并使其优点得以发挥。

【做中学 6－25】 某建筑物的重置价格为 180 万元,经济寿命为 50 年,有效经过年数为 10

年。门窗等损坏的修复费用为2万元;装修的重置价格为30万元,平均寿命为5年,已使用3年;设备的重置价格为60万元,平均寿命为15年,已使用10年。残值率假设为0。试求其折旧总额。

解:(1)门窗等损坏的折旧额＝其修复费用＝2(万元)

(2)装修的折旧额＝$30 \times \frac{1}{5} \times 3 = 18$(万元)

(3)设备的折旧额＝$60 \times \frac{1}{15} \times 10 = 40$(万元)

(4)长寿命项目的折旧额＝$(180-2-30-60) \times \frac{1}{50} \times 10 = 17.6$(万元)

(5)该建筑物的折旧总额＝2＋18＋40＋17.6＝77.6(万元)

(三)求取建筑物折旧应注意的事项

1. 估价折旧与会计折旧的区别

(1)估价折旧注重的是市场价值的真实减损,科学地说,不是折旧,而是"减价修正";会计折旧注重的是原始价值的分摊、补偿或回收。

(2)在会计上,C为资产原值,不随时间的变化而变化;在估价上,C为重新购建价格,而且是估价时点的价格,因此,估价时点不同,C的值也不同。

(3)在房地产估价中,并非所有的建筑物折旧总量都是估价折旧,如在收益法中,需要扣除的建筑物折旧费和土地摊提费(土地取得费用的摊销)就属于会计折旧。

2. 土地使用年限对建筑物经济寿命的影响

(1)建筑物的经济寿命应从建筑物竣工验收合格之日起计,建造期不应计入。

(2)建筑物的经济寿命早于土地使用年限而结束的,应按建筑物的经济寿命计算折旧。

(3)建筑物的经济寿命晚于土地使用年限而结束的,应按建筑物的实际经过年数加上土地使用权的剩余年限计算折旧。

七、房屋完损等级评定标准与建筑物的耐用年限及残值率

(一)房屋完损等级评定标准

房屋完损等级是用来检查房屋维修保养情况的一个标准,是确定房屋实际新旧程度和估算陈旧贬值额的重要依据。房屋完损等级是根据房屋的结构、设备、装修三个组成部分的完好、损坏程度来划分的。我国现行的房屋完损等级分为如下5类:

(1)完好房。结构构件完好,基础未出现不均匀沉降;装修和设备齐全、完好,使用正常;或虽个别分项有轻微损坏,但经过小修就能修复。

(2)基本完好房。结构基本完好,少量构部件有轻微损坏,基础出现不均匀沉降但已稳定;装修基本完好,油漆缺乏保养;设备、管道现状基本良好,能正常使用。

(3)一般损坏房。结构一般性损坏,部分构件有损坏或变形,屋面局部漏雨;装修局部破损、油漆老化;设备、管道不够畅通,水卫、电照管线、器具和零件有部分老化、损坏或残缺。这类房屋需要进行中修或局部大修、更换部件。

(4)严重损坏房。房屋年久失修,结构有明显变形或损坏,屋面严重漏雨;装修严重破损、油漆老化见底;设备陈旧不全,管道严重堵塞,水卫、电照管线、器具和零部件残缺及严重损坏。这种房屋需进行大修或翻修、改建。

(5)危险房。承重构件已属危险构件,结构丧失稳定及承载能力,随时有倒塌的可能。这类房屋不能确保住用安全。

【**注意**】房屋的完损等级对应着成新率:完好房的成新率为十、九、八成;基本完好房的成新率为七、六成;一般损坏房的成新率为五、四成;严重损坏房及危险房的成新率为三成及以下。

(二)建筑物的耐用年限及残值率

建筑物的耐用年限有自然耐用年限与经济耐用年限之分。在房地产估价中,所采用的耐用年限应为经济耐用年限。

建筑物残值是指建筑物达到使用年限,不能继续使用,经拆除后的旧料价值;该价值减去拆除清理费用即为净残值;净残值与建筑物重新购建价格的比率称为残值率。现将评估中经常遇到的构筑物的耐用年限以及房屋的耐用年限和残值率分列成表,如表6-14和表6-15所示。

表6-14　　　　　　　　　　　部分构筑物的耐用年限

名　　称	耐用年限(年)	名　　称	耐用年限(年)
管道	30	露天库	20
冷却塔	30	冷藏库	30
蓄水池	30	储油缸	20
污水池	20	大坝	60
水井	30	其他	30

表6-15　　　　　　　　　　　房屋的耐用年限与残值率

类别等级	使用情况	耐用年限(年)	残值率(%)
钢筋混凝土	非生产用房 生产用房 一般腐蚀性生产用房 强腐蚀性生产用房	60 50 35 15	0
砖混一等	非生产用房 生产用房 一般腐蚀性生产用房 强腐蚀性生产用房	50 40 30 15	2
砖混二等	非生产用房 生产用房 一般腐蚀性生产用房 强腐蚀性生产用房	50 40 30 15	2
砖木一等	非生产用房 生产用房 一般腐蚀性生产用房 强腐蚀性生产用房	40 30 20 5	6
砖木二等	非生产用房 生产用房 一般腐蚀性生产用房 强腐蚀性生产用房	40 30 20 5	4
砖木三等	非生产用房 生产用房 一般腐蚀性生产用房 强腐蚀性生产用房	40 30 20 5	3

续表

类别等级	使用情况	耐用年限(年)	残值率(%)
简易结构		10	0

任务四　房地产评估的收益法应用

一、收益法的概念

收益法是预计估价对象未来的正常净收益,选用适当的资本化率将其折现到估价时点后累加,以此估算估价对象的客观合理价格或价值的方法。采用收益法估价求得的价格称为收益价格。

二、收益法的适用范围

收益法适用于评估有收益或有潜在收益,并且收益和风险都能够量化的房地产,如旅馆、餐饮、写字楼、公寓、游乐场、厂房、农地等房地产;而对于收益或潜在收益难以量化的房地产价格的评估则不适用,如政府办公楼、学校、公园、图书馆、博物馆等公用或公益房地产的估价。

三、收益法的操作步骤

运用收益法估价一般分为下列7个步骤进行:搜集有关房地产收入和费用的资料→估算潜在毛收入→估算有效毛收入→估算运营费用→估算净收益→选用适当的资本化率→选用适宜的计算公式求出收益价格。其中,潜在毛收入、有效毛收入、运营费用、净收益均以年度计。

四、收益法的计算公式

(一)基本计算公式

$$V = \sum_{i=1}^{n} \frac{a_i}{(1+r)^i} = \frac{a_1}{1+r} + \frac{a_2}{(1+r)^2} + \frac{a_3}{(1+r)^3} + \cdots + \frac{a_{n-1}}{(1+r)^{n-1}} + \frac{a_n}{(1+r)^n}$$

公式中,V 表示房地产收益价格,a_i 表示房地产第 i 年净收益,r 表示房地产的资本化率,n 表示房地产自估价时点起至未来可获收益时的年限。

使用现金流量图的方法将公式形象化,如图6—1所示。

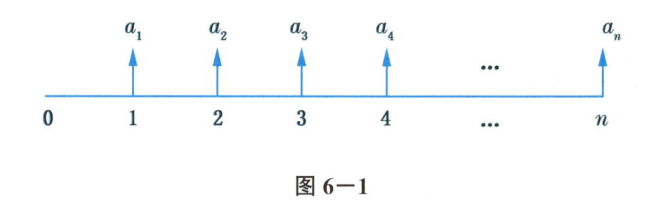

图6—1

因未来各年度的净收益无法准确预测,因此,该公式只有理论上的意义,在现实中难以操作。根据房地产未来获取净收益流量的类型,我们可以推导出下述各种公式。

(二)净收益及其他因素不变的计算公式

净收益及其他因素不变的计算公式有无限年期和有限年期两种。

1. 无限年期的公式

$$V=\frac{a}{r}$$

此公式的假设条件是:①净收益每年不变,为 a;②资本化率 r 每年不变且大于 0;③收益年限 n 为无限年。

该公式可直接用于评估土地的收益价格,因为土地的收益是无限期的;对于"房地合一"的房地产,当对建筑物提取折旧时,其收益价格也可运用该公式。

【做中学 6-26】 某房地产正常情况下的年纯收益为 20 万元,资本化率为 10%,其经济耐用年限为无限年。则该房地产的收益价格为:

$$V=\frac{a}{r}=\frac{20}{10\%}=200(万元)$$

2. 有限年期的公式

$$V=\frac{a}{r}\left[1-\frac{1}{(1+r)^n}\right]$$

该公式的假设和限制条件为:①房地产的收益年限为 n 年;②资本化率 r 每年不变且大于 0(当 $r=0$ 时,$V=a\times n$);③待估房地产的净收益为 a,每年均相等。

使用现金流量图的方法将公式形象化,如图 6-2 所示。

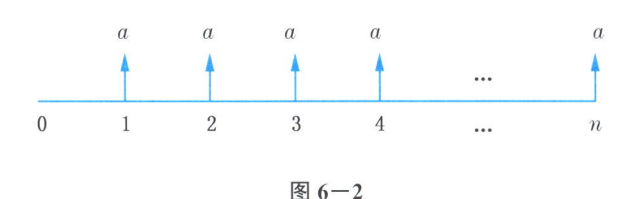

图 6-2

【做中学 6-27】 某房地产是在政府有偿出让的土地上开发建造的,土地出让年限为 50 年,现已使用了 10 年;该房地产正常情况下的年净收益为 20 万元,资本化率为 10%。则该房地产的收益价格为:

$$V=\frac{a}{r}\left[1-\frac{1}{(1+r)^n}\right]=\frac{20}{10\%}\times\left[1-\frac{1}{(1+10\%)^{50-10}}\right]=195.58(万元)$$

(三)净收益在前若干年有变化的计算公式

净收益在前若干年有变化的计算公式具体有两种情况:一是无限年期;二是有限年期。

1. 无限年期的公式

$$V=\sum_{i=1}^{t}\frac{a_i}{(1+r)^i}+\frac{a}{r(1+r)^t}$$

公式中,i 表示年份,a_i 表示未来第 i 年的净收益,t 表示净收益有变化的年限。

该公式的假设前提是:①净收益在前 t 年(含第 t 年)有变化,在 t 年以后无变化,为 a;②资本化率 r 大于 0;③收益年限 n 为无限年。

2. 有限年期的公式

$$V=\sum_{i=1}^{t}\frac{a_i}{(1+r)^i}+\frac{a}{r}\left[1-\frac{1}{(1+r)^{n-t}}\right]\times\frac{1}{(1+r)^t}$$

公式中,i 表示年份,a_i 表示未来第 i 年的净收益,t 表示净收益有变化的年限。

该公式的假设前提是:①净收益在未来前 t 年(含第 t 年)有变化,在 t 年以后无变化,为 a;②资本化率不等于 0,为 r;③收益年限 n 为有限年。

使用现金流量图的方法将公式形象化,如图6-3所示。

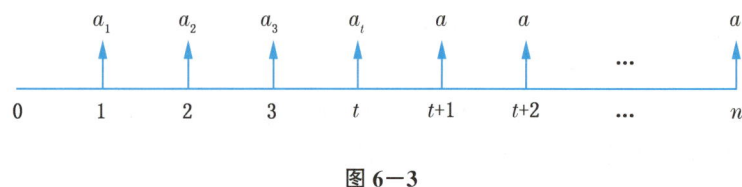

图6-3

该公式有重要的实用价值,在实际估价中,一般很难准确预测在房地产的整个使用周期内每年的净收益,但可以根据估价对象的经营状况和市场环境,对其在未来3~5年或更长时期的净收益作出估计,并且假设从此以后的净收益将不变,然后对这两部分净收益进行折现处理,计算出房地产的价格。

【做中学6-28】 某宗房地产通过预测得到其未来5年的净收益分别为20万元、22万元、25万元、28万元、30万元,从第6年到未来无限期,每年的净收益将稳定在35万元,该类房地产的资本化率为10%。则该宗房地产的收益价格为:

$$V = \sum_{i=1}^{t} \frac{a_i}{(1+r)^i} + \frac{a}{r(1+r)^t}$$

$$= \frac{20}{1+10\%} + \frac{22}{(1+10\%)^2} + \frac{25}{(1+10\%)^3} + \frac{28}{(1+10\%)^4} + \frac{30}{(1+10\%)^5}$$

$$+ \frac{35}{10\% \times (1+10\%)^5}$$

$$= 310.2(万元)$$

(四)预测未来若干年后房地产价格的计算公式

预测房地产未来 t 年的净收益为 $a_1, a_2, a_3, \cdots, a_t$;第 t 年末的价格为 V_t,则其现值的计算公式为:

$$V = \sum_{i=1}^{t} \frac{a_i}{(1+r)^i} + \frac{V_t}{(1+r)^t}$$

此公式的假设前提是:①已知房地产在未来第 t 年末的价格为 V_t;②房地产在未来前 t 年(含第 t 年)的净收益有变化且已知。

使用现金流量图的方法将公式形象化,如图6-4所示。

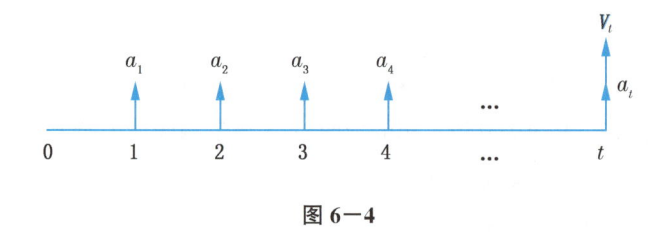

图6-4

如果 a_i 每年相同且均为 a,则公式简化为:

$$V = \frac{a}{r}\left[1 - \frac{1}{(1+r)^t}\right] + \frac{V_t}{(1+r)^t}$$

【注意】 实际估价中,对于待估房地产目前的价格难以确定,但根据城市规划的发展前景,或由于社会经济地理位置的改变,能够比较容易地预测待估房地产未来某一时期的价格水平的,适宜采用该公式,特别是在某地区若干年后将会出现可以预见的较大改观的情况下。

【做中学 6—29】 目前的房地产市场不景气,但预测 3 年后会回升,现有一幢用于出租的写字楼需要估价。该写字楼现行市场租金较低,年出租净收益为 500 万元,预计未来 3 年内仍然维持在该水平,但等到 3 年后市场回暖时,将其转卖的售价会高达 7 950 万元,销售税费为售价的 6%。如果投资者要求该类投资的收益率为 10%,则该写字楼目前的价值为:

$$V=\frac{a}{r}\left[1-\frac{1}{(1+r)^t}\right]+\frac{V_t}{(1+r)^t}=\frac{500}{10\%}\times\left[1-\frac{1}{(1+10\%)^3}\right]+\frac{7\,950\times(1-6\%)}{(1+10\%)^3}=6\,858(万元)$$

(五)净收益按等差级数递增的计算公式

净收益按等差级数递增的计算公式具体有两种情况:一是无限年期;二是有限年期。

1. 无限年期的公式

$$V=\frac{a}{r}+\frac{b}{r^2}$$

公式中,b 表示净收益逐年递增的数额,如净收益第一年为 a,则第二年为 $a+b$,第三年为 $a+2b$,第 n 年为 $a+(n-1)b$。

此公式的假设前提是:①净收益按等差级数递增;②资本化率大于 0,为 r;③收益年限 n 为无限年。

【做中学 6—30】 某宗房地产预计未来第一年的净收益为 16 万元,此后每年的净收益会在上一年的基础上增加 2 万元,收益年限可视为无限年,该类房地产的资本化率为 10%。则该宗房地产的收益价格为:

$$V=\frac{a}{r}+\frac{b}{r^2}=\frac{16}{10\%}+\frac{2}{10\%^2}=360(万元)$$

2. 有限年期的公式

$$V=\left(\frac{a}{r}+\frac{b}{r^2}\right)\left[1-\frac{1}{(1+r)^n}\right]-\frac{b}{r}\times\frac{n}{(1+r)^n}$$

此公式的假设前提是:①净收益按等差级数递增;②资本化率不等于 0,为 r;③收益年限 n 为有限年。

使用现金流量图的方法将公式形象化,如图 6—5 所示。

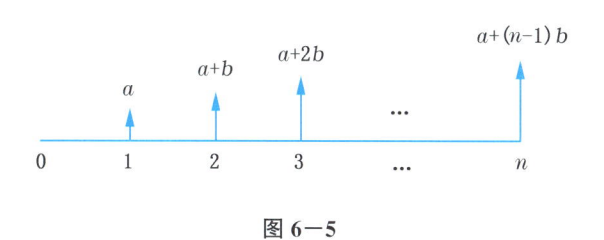

图 6—5

(六)净收益按等差级数递减的计算公式

净收益按等差级数递减的计算公式只有收益年限为有限年期一种,公式为:

$$V=\left(\frac{a}{r}-\frac{b}{r^2}\right)\left[1-\frac{1}{(1+r)^n}\right]+\frac{b}{r}\times\frac{n}{(1+r)^n}$$

公式中,b 表示净收益逐年递减的数额,如净收益第一年为 a,则第二年为 $a-b$,第三年为 $a-2b$,第 n 年为 $a-(n-1)b$。

此公式的假设前提是:①净收益按等差级数递减;②资本化率不等于 0,为 r;③收益年限 n 为有限年，且 $n \leqslant a/b$（当 $n=a/b$ 时，第 $n+1$ 年的净收益为 0，以后各年的净收益均为负值，任何一个"理性经营者"在 a/b 年后都不会再经营）。

使用现金流量图的方法将公式形象化，如图 6-6 所示。

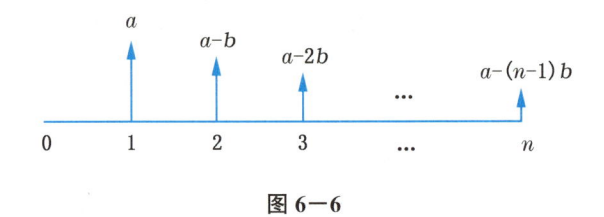

图 6-6

（七）净收益按等比级数递增的计算公式

净收益按等比级数递增的计算公式有两种情况：一是无限年期；二是有限年期。

1. 无限年期的公式

$$V = \frac{a}{r-g}$$

公式中，g 表示净收益逐年递增的比率，如净收益第一年为 a，则第二年为 $a(1+g)$，第三年为 $a(1+g)^2$，第 n 年为 $a(1+g)^{n-1}$。

使用现金流量图的方法将公式形象化，如图 6-7 所示。

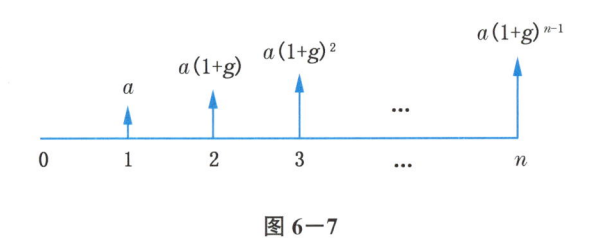

图 6-7

此公式的假设前提是：①净收益按等比级数递增；②资本化率 r 大于净收益逐年递增的比率 g；③收益年限 n 为无限年。

【做中学 6-31】 某宗房地产预计未来第一年的净收益为 16 万元，此后每年的净收益会在上一年的基础上增长 2%，收益年限可视为无限年，该类房地产的资本化率为 10%。则该宗房地产的收益价格为：

$$V = \frac{a}{r-g} = \frac{16}{10\% - 2\%} = 200（万元）$$

2. 有限年期的公式

$$V = \begin{cases} \dfrac{a}{r-g}\left[1-\left(\dfrac{1+g}{1+r}\right)^n\right] & r \neq g \\ \dfrac{a \times n}{1+r} & r = g \end{cases}$$

此公式的假设前提是：①净收益按等比级数递增；②收益年限 n 为有限年。

【做中学 6-32】 某宗房地产是在政府有偿出让的土地上建造的，土地使用权的剩余年限为 50 年；预计该房地产未来第一年的净收益为 16 万元，此后每年的净收益会在上一年的基础上增长 2%；该类房地产的资本化率为 10%。则该宗房地产的收益价格为：

$$V = \frac{a}{r-g}\left[1-\left(\frac{1+g}{1+r}\right)^n\right] = \frac{16}{10\%-2\%} \times \left[1-\left(\frac{1+2\%}{1+10\%}\right)^{50}\right] = 195.41（万元）$$

（八）净收益按一定比率递减的计算公式

净收益按一定比率递减的计算公式有两种情况：①无限年期；②有限年期。

1. 无限年期的公式

$$V = \frac{a}{r+g}$$

公式中，g 表示净收益逐年递减的比率，如净收益第一年为 a，则第二年为 $a(1-g)$，第三年为 $a(1-g)^2$，第 n 年为 $a(1-g)^{n-1}$。

此公式的假设前提是：①净收益按等比级数递减；②资本化率大于 0，为 r；③收益年限 n 为无限年。

使用现金流量图的方法将公式形象化，如图 6-8 所示。

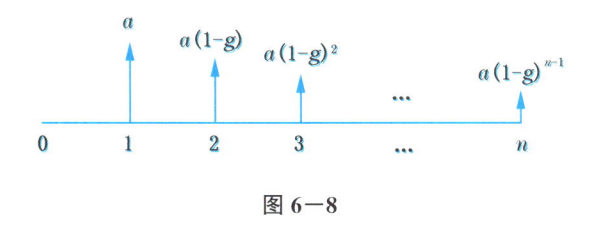

图 6-8

2. 有限年期的公式

$$V = \frac{a}{r+g}\left[1 - \left(\frac{1-g}{1+r}\right)^n\right]$$

此公式的假设前提是：①净收益按等比级数递减；②资本化率不等于 0，为 r；③收益年限 n 为有限年。

五、净收益的求取

净收益是由有效毛收入扣除运营费用后得到的归属于房地产的纯收益。净收益的大小是决定房地产价格的一个重要因素。在实际估价中，只有全面了解有关收益性房地产的各种收益情况，才能客观地求取房地产的净收益，准确地估价房地产。

（一）净收益的计算公式

计算净收益的基本公式为：

净收益＝潜在毛收入－空置等造成的收入损失－运营费用＝有效毛收入－运营费用

根据公式，净收益是指由有效毛收入扣除合理运营费用后得到的归属于房地产的收益。潜在毛收入是指假定房地产在充分利用、无空置状态下可获得的收入。有效毛收入是指由潜在毛收入扣除正常的空置、拖欠租金以及其他原因造成的收入损失后所得到的收入。运营费用是指维持房地产正常生产、经营或使用必须支出的费用及归属于其他资本或经营的收益，运营费用与有效毛收入之比称为运营费用率。

潜在毛收入、有效毛收入、运营费用、净收益通常以年度计算。

（二）不同类型房地产净收益的求取

净收益应根据估价对象的具体情况，按下列规定求取：

(1) 出租型房地产。出租型房地产净收益的求取，应根据租赁资料计算净收益，净收益为租赁收入扣除维修费、管理费、保险费和税金后的纯收益。①租赁收入包括有效毛租金收入和租赁保证金、押金等的利息收入。②维修费、管理费、保险费和税金应根据租赁契约规定的租金含义决定取舍。若保证合法、安全、正常使用所需的费用都由出租方承担,应将四项费用全部扣除;若维修、管理等费用全部或部分由承租方承担,应对四项费用中的部分项目作相应调整。

(2)商业经营型房地产。商业经营型房地产净收益的求取,应根据经营资料计算净收益,净收益为商品销售收入扣除商品销售成本、经营费用、商品销售税金及附加、管理费用、财务费用和商业利润后的纯收益。

(3)生产型房地产。生产型房地产净收益的求取,应根据产品市场价格以及原材料、人工费用等资料计算净收益,净收益为产品销售收入扣除生产成本、产品销售费用、产品销售税金及附加、管理费用、财务费用和厂商利润后的纯收益。

(4)尚未使用或自用的房地产。尚未使用或自用的房地产净收益的求取,可比照有收益的类似房地产的有关资料,按上述相应的方式计算净收益,或直接比较得出净收益。

(5)混合型房地产。对于现实中包含上述多种类型的房地产净收益的求取,可以把它看作各种单一类型房地产的组合,先分别求取,然后进行综合。

(三)求取净收益应注意的事项

在实际估价中,由于经营管理水平等原因,某一具体估价对象的实际毛收入和运营费用具有个别性;而估价要求评估的是客观合理价格,因而应该参照市场上类似房地产的一般收入和费用水平,对估价对象的实际收入和费用进行调整,得出具有代表性的客观收入和客观费用作为估价依据。因此,在实际估价中,净收益的求取应注意以下几点:

(1)房地产的净收益是指房地产本身所带来的净收益,包括有形收益和无形收益。

(2)运营费用包括两部分内容:①维持房地产正常生产、经营或使用所必须支出的费用,如维修费、管理费等;②归属于其他资本的收益,或非房地产本身所创造的收益,如货币资金的利息和利润等。

(3)由有效毛收入扣除合理运营费用,实际上是在有效毛收入中扣除非房地产本身所创造的收益,剩余的就是房地产本身所带来的收益,也即房地产的净收益。

【做中学6-33】 有一建筑面积为1 000平方米的写字楼,其每月毛租金水平为100元/平方米,空置率为13%,租金损失为毛租金收入的2%,合理运营费用为有效租金收入的30%。则该写字楼:

潜在毛收入=1 000×100×12=120(万元)

有效毛收入=120×(1-13%)×(1-2%)=102.3(万元)

合理运营费用=102.3×30%=30.7(万元)

净收益=102.3-30.7=71.6(万元)

(4)实际估价中的潜在毛收入、有效毛收入和合理运营费用都应采用正常客观的数据,如果利用估价对象本身的资料推算出的潜在毛收入、有效毛收入、合理运营费用或净收益与正常客观的情况不符,则应将其调整为正常客观的数据。

(5)房地产有租约限制的,必须考虑租约对房地产价格的影响。租约期内的租金宜采用租约所确定的租金,租约期外的租金应采用正常客观的租金。

【做中学6-34】 某商店的土地使用年限为40年,从2019年10月1日起计。该商店共有两层,每层出租面积为200平方米。一层于2020年10月1日出租,租期为5年,可出租面积的月租金为180元/平方米,且每年不变;二层现暂空置。附近类似商场一、二层可出租面积的正常月租金分别为200元/平方米和120元/平方米,运营费用率为25%。该类房地产的资本化率为9%。试估算该商场2023年10月1日带租约出售时的正常价格。

解:商店一层价格的估算:

租约期内年净收益=200×180×(1-25%)×12=32.40(万元)
租约期外年净收益=200×200×(1-25%)×12=36.00(万元)

$$V=\frac{32.40}{1+9\%}+\frac{32.40}{(1+9\%)^2}+\frac{36.00}{9\%\times(1+9\%)^2}\times\left[1-\frac{1}{(1+9\%)^{40-4-2}}\right]$$
$$=375.69(万元)$$

商店二层价格的估算:
年净收益=200×120×(1-25%)×12=21.60(万元)

$$V=\frac{21.60}{9\%}\times\left[1-\frac{1}{(1+9\%)^{40-4}}\right]=229.21(万元)$$

该商店的正常价格=商店一层的价格+商店二层的价格=375.69+229.21=604.90(万元)

(四)净收益流量的类型

求取净收益时,应根据净收益过去、现在、未来的变动情况及可获净收益的年限,确定未来净收益流量,并判断该未来净收益流量属于下列哪种类型:每年基本上固定不变;每年基本上按某个固定的数额递增或递减;每年基本上按某个固定的比率递增或递减;其他有规则的变动情形。

六、收益年限的确定

对于单独土地和单独建筑物的估价,应分别根据土地使用权年限和建筑物经济寿命确定未来可获收益的年限,并选用对应的有限年期的收益法计算公式,净收益中不扣除建筑物折旧费和土地摊提费。

对于土地与建筑物合成体的估价对象,如果是建筑物的经济寿命晚于或与土地使用权年限一起结束的,则根据土地使用权年限确定未来可获收益的年限,并选用对应的有限年期的收益法计算公式,净收益中不扣除建筑物折旧费和土地摊提费。

对于土地与建筑物合成体的估价对象,如果是建筑物的经济寿命早于土地使用权年限结束的,可采用下列方式之一处理:①先根据建筑物的经济寿命确定未来可获收益的年限,并选用对应的有限年期的收益法计算公式,净收益中不扣除建筑物折旧费和土地摊提费;然后再加上土地使用权年限超出建筑物经济寿命的土地剩余使用年限价值的折现值。②将未来可获收益的年限设定为无限年,选用无限年期的收益法计算公式,净收益中应扣除建筑物折旧费和土地摊提费,即:

$$V=\frac{a-D_B-D_L}{r}$$

或

$$V=\frac{a}{r+d_B+d_L}$$

公式中,D_B 表示建筑物折旧费,D_L 表示土地摊提费,d_B 表示建筑物折旧率,d_L 表示土地摊提率。

扣除建筑物折旧费和土地摊提费,相当于在每次建筑物经济寿命结束和土地使用权年限到期时,能分别累积一笔资金,利用该资金可对建筑物和土地不断进行"复制",最终使房地产的收益年限延展为无限年。

七、资本化率的确定

(一)资本化率的概念

资本化率是将房地产的净收益转换成价值的比率。

如果将购买房地产看作一种投资行为,这种投资所需投入的资本额就是房地产的价格,这笔投资在将来获得的收益就是房地产每年产生的净收益,因此,资本化率的本质是投资的收益率。简单来说,资本化率就是前述各种收益还原法公式中的 r。例如,当净收益每年不变且收益年限为无限年时,公式为"$V=a/r$";当净收益每年不变而收益年限为有限年 n 时,公式为"$V=\dfrac{a}{r}\left[1-\dfrac{1}{(1+r)^n}\right]$";当净收益每年按等比级数递增且收益年限为无限年时,公式为"$V=\dfrac{a}{r-g}$"。

从市场投资和统计角度而论,资本投资收益率的大小与项目投资的风险大小直接相关。即某类项目投资风险越大,其收益率越高;风险越小,其收益率越低。因此,选用资本化率时,应将其等同于与估价对象的净收益具有同等风险的收益率。

由于房地产具有位置固定性等特点,其风险因不同地区而异,而且与房地产的类型或用途、投资者进入房地产市场的时机等因素相关。因此,不同地区、不同时期、不同用途的房地产,投资的风险不同,其资本化率也不相同。选用资本化率时,这一点应特别注意。

(二)资本化率求取的基本方法

合理确定资本化率是科学、准确地确定估价结果的关键,在房地产估价实践中,主要运用下列方法确定资本化率。

1. 市场提取法

市场提取法又称实例法,是利用收益还原法公式,通过搜集市场上类似房地产的净收益、价格等资料,推导出资本化率的方法。如果房地产市场比较发达,容易获得可靠的房地产交易资料,则市场提取法是一种有效而实用的方法。运用市场提取法求取资本化率时,所选取的实例必须是与待估房地产相类似的实例;为了避免偶然性所带来的误差,需要抽取多宗类似房地产交易实例来求取。具体要求是,选择近期发生的三宗以上与估价对象房地产相似的交易实例,通过搜集的类似房地产的价格、净收益等资料,分析净收益的现金流量,并选用相应的收益法计算公式,求出资本化率。

(1)在 $V=a/r$ 的情况下,通过 $r=a/V$ 直接求取,如表6—16所示。

表6—16　　　　　　　　选取的可比实例及相关资料

可比实例	净收益(万元/年)	价格(万元)	资本化率(%)
1	12	102	11.8
2	23	190	12.1
3	10	88	11.4
4	65	542	12.0
5	90	720	12.5

表6—16中5个可比实例的资本化率的简单算术平均数为:(11.8%+12.1%+11.4%+12.0%+12.5%)÷5=11.96%。

(2)在 $V=\dfrac{a}{r}\left[1-\dfrac{1}{(1+r)^n}\right]$ 的情况下,通过 $V-\dfrac{a}{r}\left[1-\dfrac{1}{(1+r)^n}\right]=0$ 来求取 r。

具体是采用试错法,计算到一定精度后,再采用线性内插法来求取,即 r 是通过试错法与线性内插法相结合的方法来求取,可通过计算机来完成。

(3)在 $V=\dfrac{a}{r-g}$ 的情况下,通过 $r=\dfrac{a}{V}+g$ 来求取。

2. 安全利率加风险调整值法

安全利率加风险调整值法又称累加法，是以安全利率加上风险调整值作为资本化率的方法。其基本公式为：

资本化率＝安全利率＋投资风险补偿＋管理负担补偿＋缺乏流动性补偿－投资带来的优惠

该方法主要是从投资者获取期望目标收益的角度考虑，其技术关键是风险调整值的确定。风险调整值是根据估价对象所在地区的经济现状与未来预测，以及估价对象的用途及新旧程度等各种风险因素，确定增大或减小的风险利率。在不考虑时间和地域范围差异的情况下，风险调整值主要与房地产的类型相关。通常情况下，商业零售用房、写字楼、住宅和工业用房的投资风险依次降低，风险调整值也相应下降。

该方法的具体操作过程是：首先，找出安全利率。安全利率又称无风险投资的收益率，通常可选用同一时期的一年期国债利率或中国人民银行公布的一年期定期存款利率。其次，确定在安全利率基础上对投资风险、管理负担和投入资金缺乏流动性的各项补偿。

3. 复合投资收益率法

复合投资收益率法是将购买房地产的抵押贷款收益率与自有资本收益率的加权平均数作为资本化率。其计算公式为：

$$R = M \times R_M + (1-M) \times R_E$$

公式中，R 表示资本化率；M 表示贷款价值比率，即抵押贷款额与房地产价值的比率；R_M 表示抵押贷款资本化率，即第一年还本付息额与抵押贷款额的比率；R_E 表示自有资本要求的正常收益率。

下列几点有助于理解上述公式：

(1) 可以把购买房地产视作一种投资行为：房地产价格为投资额，房地产净收益为投资收益。

(2) 购买房地产的资金来源可分为抵押贷款和自有资金两部分，特别是在房地产与金融紧密联系的现代社会，所以有：

房地产价格＝抵押贷款额＋自有资金额

(3) 房地产的收益相应地也由这两部分来分享，即：

房地产净收益＝抵押贷款收益＋自有资金收益

于是有：

房地产价格×资本化率＝抵押贷款额×抵押贷款利率＋自有资金额×自有资金收益率

于是有：

$$资本化率 = \frac{抵押贷款额}{房地产价格} \times 抵押贷款利率 + \frac{自有资金额}{房地产价格} \times 自有资金收益率$$

$$= 贷款价值比率 \times 抵押贷款利率 + (1-贷款价值比率) \times 自有资金收益率$$

【做中学 6－35】 某类房地产在其销售中通常抵押贷款占七成，抵押贷款的年利率为 8%，自有资金要求的年收益率为 15%。则该类房地产的资本化率为：

$R = M \times R_M + (1-M) \times R_E$

$= 70\% \times 8\% + (1-70\%) \times 15\%$

$= 10.1\%$

4. 投资收益率排序插入法

投资收益率排序插入法是指先找出相关投资类型及其收益率、风险程度，按风险大小排序，然后将估价对象与投资的风险程度进行比较判断来确定资本化率。具体步骤如下：

(1) 调查、搜集估价对象所在地区的房地产投资、相关投资及其收益率和风险程度的资料，如各种类型的银行存款、贷款、政府债券、保险、企业债券、股票以及有关领域的投资收益率等。

(2)将所搜集到的不同类型投资的收益率按由低到高的顺序排列(见图6—9)。

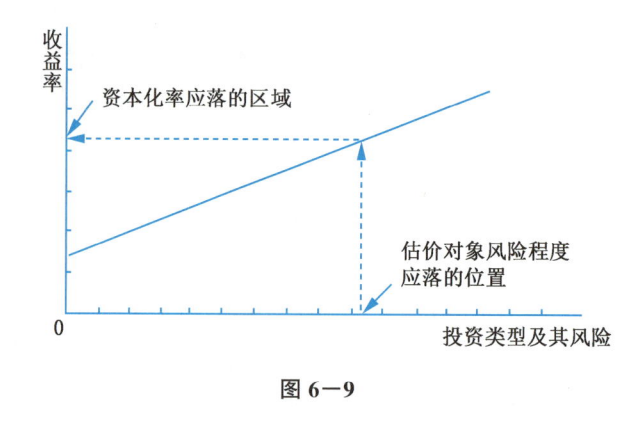

图6—9

(3)将估价对象与这些投资类型的风险程度进行分析比较,考虑投资的流动性、管理的难易程度以及作为资产的安全性等,判断出同等风险的投资,确定估价对象风险程度应落的位置。

(4)根据估价对象风险程度所落的位置,在图中找出对应的收益率,从而就确定出了所要求的资本化率。

(三)资本化率的种类

在房地产估价中应用最广泛的三种资本化率是综合资本化率、建筑物资本化率和土地资本化率,这是与房地产估价对象的三种实物存在形态相对应的。

(1)综合资本化率。综合资本化率是评估复合房地产时所采用的资本化率。采用综合资本化率估算复合房地产的收益价格时,所对应的净收益也是复合房地产的净收益,即土地和建筑物产生的年净收益之和。

(2)建筑物资本化率。建筑物资本化率是运用收益还原法评估建筑物时所采用的资本化率。采用建筑物资本化率估算建筑物的收益价格时,所对应的净收益也是建筑物的年净收益,即从房地产的总年净收益中分离出建筑物的收益。

(3)土地资本化率。土地资本化率是运用收益还原法评估土地时所采用的资本化率。采用土地资本化率估算土地的收益价格时,所对应的净收益是土地的年净收益,这个净收益不应包括其他方面带来的部分。如果在求取土地的价值时选用的资本化率不是土地资本化率,即使得出了一个结果,这个结果也难以说是土地价值。

综合资本化率、建筑物资本化率、土地资本化率三者既有区别,也有联系。

如果知道了其中的两种资本化率,便可求出另外一种资本化率。此三种资本化率相联系的公式如下:

$$R_L = \frac{R_O(V_L + V_B) - R_B V_B}{V_L}$$

$$R_O = \frac{R_L V_L + R_B V_B}{V_B + V_L}$$

$$R_B = \frac{R_O(V_L + V_B) - R_L V_L}{V_B}$$

公式中,R_B表示建筑物资本化率,R_O表示综合资本化率,V_L表示土地价值,V_B表示建筑物价值,R_L表示土地资本化率。

运用上述公式时，必须确切地知道土地价值和建筑物价值是多少，这有时难以做到。但如果知道了土地价值占房地产价值的比例、建筑物价值占房地产价值的比例，就可以找出综合资本化率、建筑物资本化率和土地资本化率三者的关系。其公式如下：

$$R_O = L \times R_L + B \times R_B$$
$$= L \times R_L + (1-L) \times R_B$$
$$= (1-B) \times R_L + B \times R_B$$

公式中，L 表示土地价值占房地产价值的比例，B 表示建筑物价值占房地产价值的比例；$L+B=100\%$。

【学中做 6-1】 某宗房地产土地价值占总价值的 40%，土地资本化率为 6%，建筑物资本化率为 8%。试求综合资本化率。

$$R_O = L \times R_L + (1-L) \times R_B$$
$$= 40\% \times 6\% + (1-40\%) \times 8\%$$
$$= 7.2\%$$

应知考核

一、单项选择题

1. 运用市场法评估房地产的对象是（　　）。
   A. 高档公寓　　　B. 教堂　　　　　C. 纪念馆　　　　D. 学校
2. 不属于房地产评估合法原则的是（　　）。
   A. 合法产权　　　B. 合法使用　　　C. 合法处分　　　D. 合法竞争
3. 运用成本法评估房地产的对象是（　　）。
   A. 写字楼　　　　B. 商场　　　　　C. 别墅　　　　　D. 医院
4. 在房地产评估中，当无参照物和无法预测未来收益时，则运用（　　）进行评估较为合理。
   A. 成本法　　　　B. 市场比较法　　C. 残余估价法　　D. 收益法
5. 在运用市场法评估房地产价值时，通过交易日期修正，将可比交易实例价格修正为（　　）的价格。
   A. 评估时间　　　B. 评估基准日　　C. 过去时点　　　D. 未来时点

二、多项选择题

1. 引起建筑物功能性贬值的因素主要有（　　）。
   A. 政策变化　　　　　　　　　　　B. 建筑物使用强度不够
   C. 建筑物用途不合理　　　　　　　D. 建筑物设计不合理
2. 房地产评估目的主要有（　　）。
   A. 房地产交易　　　　　　　　　　B. 房地产抵押、典当
   C. 房地产保险和损害赔偿　　　　　D. 房地产课税
3. 影响房地产价格的一般因素包括（　　）。
   A. 房地产价格政策　　　　　　　　B. 城市发展战略
   C. 国民经济发展状况　　　　　　　D. 社会发展状况、物价水平
4. 房地产评估遵循的原则有（　　）。
   A. 最有效使用原则　　　　　　　　B. 合法原则

C. 替代原则　　　　　　　　　　　D. 供需原则

5. 建筑物折旧的求取方法主要有(　　)。
A. 耐用年限法　　B. 实际观察法　　C. 成新折扣法　　D. 综合法

三、判断题

1. 一个地区房地产价格总水平与该地区的经济发展状况成正比。　　　　　　(　　)
2. 贡献原则是房地产评估中收益法和剩余法的基础。　　　　　　　　　　　(　　)
3. 最有效使用原则是房地产评估的最高原则。　　　　　　　　　　　　　　(　　)
4. 收益法适用于有收益的房地产评估，如商场、写字楼、公寓、学校、公园等。(　　)
5. 供需原则是房地产评估中市场法的理论基础。　　　　　　　　　　　　　(　　)

四、简述题

1. 房地产评估应遵循哪些原则？
2. 市场法中如何选择可比实例以及如何建立价格可比基础？
3. 不同类型房地产净收益如何求取？
4. 成本法评估中如何确定各项参数？
5. 资本化率求取的基本方法有哪些？

应会考核

■ 观念应用

【背景资料】

某商业用房地产，按国家规定其土地使用权最高年限为40年，现该房地产拟出租，出租期为10年。按租赁双方的租赁合同规定，前5年租金是以第一年租金8万元为基础，每年按等比级数递增，每年递增比率为2%；后5年租金按每年15万元固定不变。假定资本化率(折现率)为10%。如按上述租赁合同条件为依据，该房地产10年租期内的收益现值是多少？

【考核要求】

(1) 按分段法计算并写出公式，其中，后5年预期收益现值必须使用年金法计算；
(2) 写出计算过程；
(3) 写出正确结论。

■ 技能应用

1. 投资者面对甲、乙两幅土地。甲地容积率为5，单价为1 000元/平方米，乙地容积率为3，单价为800元/平方米，两幅土地其他条件相同。问投资者应选择哪一幅土地进行投资更为经济？

2. 某房屋建筑面积为1 200平方米，同类型房屋标准新建单价为970元/平方米，但该房屋刚装修好，调整增加1%；设备配置齐全，增加2%；地段、层次、朝向增加1.5%，其他情况同标准房屋。经现场评定，该房屋为七成新。根据上述情况，评估房屋价格。

3. 房地产的总使用面积为1万平方米，月租金为7元/平方米。预计年房租损失费为年预期租金总收入的5%，房产税为年预期租金总收入的12%，管理费、修缮费为年预期租金总收入的6%，房屋财产保险费为0.3万元/年。预计该房地产尚可以使用10年，折现率为12%。计算该房地产的评估值。

4. 某房地产2020年10月的年净收益为300万元，当时预测未来3年的年净收益仍然保持这一水平;2023年10月转售时的价格预计比2020年10月上涨10%,转售时卖方应缴纳的税费为售价的6%。若该类房地产的投资收益率为9%,试测算该房地产2023年10月的价格。

【技能要求】

请对上述内容进行计算。

■ 案例分析

假定某市政府将于2023年8月1日公开拍卖一宗土地,规划用途为住宅,土地面积为5 000平方米,容积率限定为4,土地使用权70年。某开发商欲购买此地,准备取得土地后即投资开发,施工期为2年,建筑投资均匀投入。建筑成本为1 500元/平方米,专业费为建筑成本的6%,开发商的目标利润为成本的15%,有关税费为楼价的5%,折现率为10%,工程完工后每平方米售价5 500元,估计1年内售完。

【分析要求】

开发商委托你评估该宗土地价格,试计算分析。

项目实训

【实训项目】

房地产评估。

【实训内容】

房地产评估的基本程序及评估方法的应用。

【实训目的】

掌握不同的评估方法在房地产评估中的应用,并加以区别。

【实训反思】

(1)掌握房地产评估的基本程序以及评估过程中不同阶段应注意的问题。

(2)掌握房地产评估的收益法的思路、适用范围和应用。

(3)掌握市场法在房地产评估中的应用,掌握其适用范围。

(4)掌握新建房地产和旧建筑物采用成本法评估的区别和测算方法。

(5)将实训报告填写完整。

《房地产评估》实训报告		
项目实训班级：	项目小组：	项目组成员：
实训时间： 年 月 日	实训地点：	实训成绩：
实训目的：		
实训步骤：		
实训结果：		
实训感言：		
不足与今后改进：		
项目组长评定签字：	项目指导教师评定签字：	

项目七　无形资产评估

● **知识目标**

　　理解:无形资产的概念及其特征;无形资产评估的概念。
　　熟知:影响无形资产评估价值的因素;知识产权评估;体育无形资产评估;数据资产评估;计算机软件著作权资产评估。
　　掌握:无形资产评估中收益法、市场法和成本法的应用。

● **技能目标**

　　在掌握无形资产评估基本方法理论的基础上,能够学会使用合理的方法对无形资产进行评估,并灵活地运用各种方法。

● **素质目标**

　　通过对本项目的学习,加强对无形资产评估的认识,能够用适当的方法评估无形资产的价值。把学和做有机结合,做到学思用贯通、知信行统一,提高自己的职业道德素养。

● **思政目标**

　　能够正确地理解"不忘初心"的核心要义和精神实质;树立正确的世界观、人生观和价值观,做到学思用贯通、知信行统一;通过无形资产评估知识,充分认识无形资产评估的重要性,增加专业知识的拓展,提高职业判断能力,遵守职业道德。

● **项目引例**

无形资产评估程序分析

　　甲企业将一项专利使用权转让给乙企业,拟采用对利润分成的方法。该专利3年前从外部购入,账面成本80万元,3年间物价累计上升25%。该专利法律保护期10年,已过4年,尚可保护6年。经专业人员测算,该专利成本利润率为400%。乙企业资产重置成本为4 000万元,成本利润率为12.5%,通过对该专利的技术论证和发展趋势分析,技术人员认为该专利剩余使用寿命为5年。另外,通过对市场供求状况及有关会计资料分析得知,乙企业实际生产能力为年产某型号产品20万台,成本费用每台约为400元,未来5年间产量与成本费用变动不大。该产品由于采用了专利技术,性能有较大幅度提高,未来第1、第2年每台售价可达500元,在竞争的作用下,为维护市场占有率,第3、第4年售价将降为每台450元,第5年降为每台430元,折现率确定为10%。要求:根据上述资料确定该专利评估值(不考虑流转税因素)。

引例导学: 上述提到的是一个无形资产的评估案例。那么,什么是无形资产评估?无形资产评估的程序是怎样的?通过对本项目的学习,你将得到解答。

● **课程思政**

> 通过本项目中九个任务的学习,培养无形资产评估的分析判断能力,在社会主义核心价值观的引导下,注重中国精神、科学精神、创新精神和民族精神的塑造;激发爱国主义情感、社会主义情感和集体主义情感;坚持独立、客观、公正的原则,诚实守信,勤勉尽责,谨慎从业,遵守职业道德规范,不断潜心笃志,自觉维护职业形象,不从事损害职业形象的活动;深入社会实践,关注现实问题,培养德法兼修、诚信服务的素养和品格。

任务一 无形资产评估概述

一、无形资产的概念、特征和分类

(一)无形资产的概念

《资产评估执业准则——无形资产》中指出,无形资产是指特定主体拥有或者控制的,不具有实物形态,能持续发挥作用并且能带来经济利益的资源。要把握无形资产的概念,应了解以下几个方面:

1. 非实体性

无形资产没有具体的物质实体形态,是隐形存在的资产,但是无形资产也有其一定的有形表现形式,如专利证书、商标标记、技术图纸、工艺文件等。无形资产与有形资产的根本区别在于:有形资产的价值取决于有形要素的贡献,无形资产的价值则取决于无形要素的贡献。

2. 排他性

排他性又称可控性。无形资产往往是由特定主体所控制、排他占有,凡不能排他占有或者不需要任何代价即能获得的,都不是无形资产。无形资产的这种排他性,有的是通过企业自身保护取得,有的则是以适当公开其内容作为代价来取得广泛而普遍的法律保护,还有的是借助法律保护并以长期生产经营服务中的信誉取得社会的公认。

3. 效益性

并非任何无形的事物都是无形资产,成为无形资产的前提是其必须能够以一定的方式,直接或间接地为其控制主体(所有者、使用者或投资者)创造效益,而且必须能够在较长时期内持续产生经济效益。

(二)无形资产的特征

无形资产发挥作用的方式明显区别于有形资产,因而在评估时需牢牢把握其固有的特征。

1. 附着性

附着性是指无形资产往往附着于有形资产而发挥其固有功能。例如,制造某产品的专有技术要体现在专用机械生产线、工艺设计上。各种知识性的资产一般要物化在一定的实体之中。

2. 共益性

无形资产区别于有形资产的一个重要特征是,它可以作为共同财富,由不同的主体同时共享。通过合法的程序,一项无形资产可以为不同的权利主体所共同享用,也可以在其所有者继续使用的前提下，多次转让其使用权。例如，一项先进技术可以使一系列企业提高产品质量、降低产品成本；一项技术专利在一个企业使用的同时，并不影响转让给其他企业使用。

3. 积累性

无形资产的积累性体现在两个方面：①无形资产的形成基于其他无形资产的发展；②无形资产自身的发展也是一个不断积累和演进的过程。

4. 替代性

在承认无形资产具有积累性的同时，还要考虑其替代性。例如，一种技术取代另一种技术、一种工艺替代另一种工艺等，其特性不是共存或积累，而是替代或更新。

(三)无形资产的分类

无形资产种类有很多，可以按不同标准进行分类。

1. 按无形资产取得的方式，可分为企业自创的无形资产和外购的无形资产

企业自创的无形资产是由企业自己研制创造获得的以及由于客观原因形成的，如自创专利、非专利技术、商标权、商誉等；外购的无形资产是企业以一定代价从其他单位购入的，如外购专利权、商标权等。

2. 按无形资产能否独立存在，可分为可辨认无形资产和不可辨认无形资产

可辨认的无形资产是具有专门名称，能够从实体企业中分离或拆分出来，可单独取得、转让或出售的无形资产，如专利权、商标权等。

不可辨认的无形资产是不可辨认、不可单独取得，离开企业实体就不复存在的无形资产，如商誉，它的价值包含在企业整体价值中，其评估通常需要基于企业整体价值评估而进行。

3. 按无形资产有无专门法律保护，可分为有专门法律保护的无形资产和无专门法律保护的无形资产

有专门法律保护的无形资产即法定无形资产，一般需要按照法定程序才能取得，在一定期限内受到国家法律的保护。例如，经过国家专利部门批准公布的专利权、经商标管理部门批准的商标权等。

无专门法律保护或法律不保护的无形资产一般不受专门的法律保护，如专有技术（非专利技术）、经营秘密等。一旦该类无形资产被公开，便失去其原有的价值。

4. 按无形资产权益是否独立，可分为权利型、关系型、组合型和知识产权型无形资产

国际评估准则委员会在其颁布的《国际评估准则评估指南四——无形资产》中，将无形资产分为权利型无形资产（如租赁权）、关系型无形资产（如顾客关系、客户名单等）、组合型无形资产（如商誉）和知识产权型无形资产（包括专利权、商标权和版权等）。

二、无形资产评估的概念和特征

(一)无形资产评估的概念

无形资产评估，是指资产评估机构及其资产评估专业人员遵守法律、行政法规和资产评估准则，根据委托对评估基准日特定目的下的无形资产价值进行评定和估算，并出具资产评估报告的专业服务行为。

(二)无形资产评估的特征

无形资产评估不同于其他资产的评估，有其自身的内在特征。无资资产评估的主要特征如下：

1. 独立性

独立性是指无形资产评估的对象是单一的，不是成批的；无形资产评估因不同的评估对象而异，这样，才能正确地反映特定的评估对象的价值。

2. 复杂性

无形资产评估的复杂性，是说其评估工作复杂。一是无形资产项目多、种类多，并且同类无形资产的可比性较低；二是预测无形资产的预期收益难，由于各种无形资产对象不同、功能不同，因而预期有效使用年限测定难度大，且收益预测甚为艰难复杂；三是由于客观经济环境对无形资产的作用的发挥有密切关系，因而也给无形资产评估增加了难度；四是由于多数无形资产时间更替较快，而具体测定某一技术更替时间很难，这也增加了无形资产评估工作的复杂性。

3. 效益性

无形资产评估，绝大多数要认真测算该项无形资产在未来有效时间内能够获取的经济效益，并以此为主要依据评估无形资产的价值，这是其他形态的资产评估中所少见的。因此，以效益为基础来评估无形资产价值，是无形资产评估的一个十分明显的特征。

4. 动态性

动态性是指无形资产评估是从动态的角度去考察评估对象和评价无形资产的价值。这是因为：一方面，技术无形资产是处在发展过程中的，任何一项技术成果终会被另一种新的技术成果所替代；另一方面，有些无形资产自身也有发展变化的可能，比如商誉、商标，或因某种原因而更完善、更出名，或因某种原因向相反的方向变化。同时，货币时间价值变化在无形资产评估中也显得特别突出。因而，从动态的角度评估无形资产价值是无形资产评估的一个基本要求。

三、无形资产评估的前提及对象

（一）无形资产评估一般应以产权变动为前提

《资产评估执业准则——无形资产》中指出：当出现无形资产转让和投资、企业整体或部分资产收购处置及类似经济活动时，资产评估师可以接受委托，执行无形资产评估业务。这里要强调无形资产评估业务发生的两种常态：①无形资产的拥有者或控制者以无形资产的完全产权或部分产权进行转让交易或对外投资，需要对无形资产进行评估，这种情况一般表现为对单项无形资产的评估；②在企业整体或部分发生变动时，如企业股份制改革、合作、兼并等，对企业资产中包括的无形资产进行评估，这种情况可能复杂一些。对于以无形资产进行成本核算摊销为目的的评估，因受到现行财务会计制度和税收制度的限制与约束，除非得到有关部门的批准，通常不能开展。因此，无形资产评估应主要以产权变动为前提。

（二）无形资产评估是以其获利能力为对象的评估

无形资产的价值从本质上来说，是为特定持有主体带来经济利益的能力，即无形资产的获利能力。在通常情况下，这种获利能力表现为企业的超常收益能力，或者表现为能够给企业带来超额收益。因此，无形资产评估就是对获利能力的评估。无形资产只有能给购买者带来新增收益，才能根据带来的新增收益确定无形资产的价值。

四、影响无形资产评估价值的因素

进行无形资产评估，首先要明确影响无形资产评估价值的因素。一般来说，影响无形资产评估价值的因素主要有以下方面：

（1）取得成本。无形资产与有形资产一样，其取得也有成本。只是相对于有形资产而言，其成本的确定不是十分明晰和易于计量的。对企业无形资产来说，外购无形资产较易确定成本，自创无形资产的成本计量较为困难。同时，无形资产的创造与对其的投入、研发失败等密切相关，但这部分成本的确定是很困难的。一般来说，这些成本项目包括创造发明成本、法律保护成本、发行推广成本等。

(2)机会成本。无形资产的机会成本是指因将无形资产用于某一确定用途后,所导致的将无形资产用于其他用途所获收益的最大损失。

(3)效益因素。成本是从对无形资产补偿角度考虑的,但无形资产更重要的特征是其创造收益的能力。一项无形资产在环境、制度允许的条件下,获利能力越强,其评估值越高;获利能力越弱,评估值越低。有的无形资产尽管其创造成本很高,但不为市场所需求,或收益能力低微,其评估值就很低。

(4)使用期限。每一项无形资产,一般有一定的使用期限。无形资产的使用期限,除了应考虑法律保护期限外,更主要的是考虑其具有实际超额收益的期限。比如,某项发明专利保护期20年,但由于无形损耗较大,拥有该项专利实际能获超额收益期限为10年,则这10年即为评估该项专利时所应考虑的期限。

(5)技术成熟程度。一般科技成果有一个发展—成熟—衰退的过程,这是竞争规律作用的结果。科技成果的成熟程度如何,直接影响到评估值高低。其开发程度越高,技术越成熟,运用该技术成果的风险性就越小,评估值就会越高。

(6)转让内容因素。从转让内容看,无形资产转让有完全产权转让和部分产权转让。在转让过程中,有关条款的规定会直接影响其评估值。同一无形资产的完全产权转让的评估值高于部分产权转让的评估值。

(7)国内外该种无形资产的发展趋势、更新换代情况和速度。无形资产的更新换代越快,无形损耗越大,其评估值就越低。无形资产价值的损耗和贬值,不取决于自身的使用损耗,而取决于本身以外同类或替代无形资产变化的情况。

(8)市场供需状况。市场供需状况一般反映在两个方面:一是无形资产市场需求情况;二是无形资产的适用程度。对于可出售、转让的无形资产,其价值随市场需求的变动而变动。市场需求大,价值就高;市场需求小,且有同类无形资产替代,则其价值就低。同样,无形资产的适用范围越广,适用程度越高,需求量越大,价值就越高。

(9)同行业同类无形资产的价格水平。无形资产评估值的高低,取决于无形资产交易、转让的价款支付方式,以及各种支付方式的提成基数、提成比例等。在评估无形资产时应综合考虑。

五、无形资产评估的程序

无形资产评估程序是评估无形资产的操作规程。评估程序既是评估工作规律的体现,也是提高评估工作效率、确保评估结果科学有效的保证。无形资产评估一般按下列程序进行:

(一)明确评估目的

无形资产因其评估目的的不同,其评估的价值类型和选择的方法也不一样,评估结果也会不同。评估目的由发生的经济行为决定,一般来说,无形资产评估以产权利益主体变动为前提。从目前所发生的情况看,以下述资产业务居多:无形资产的转让、无形资产的投资、股份制改造中无形资产的作价、合资与合作中无形资产的计价、法律诉讼、其他目的。

【提示】在明确目的的同时,还需了解被评估无形资产的转让内容及转让过程中的有关条款,这样评估人员才能正确确定无形资产的评估范围、基础数据及参数的选取。

(二)鉴定无形资产

对无形资产进行评估时,评估人员首先应对被评估无形资产进行鉴定。这是进行无形资产评估的基础工作,会直接影响到评估范围和评估价值的科学性。通过对无形资产的鉴定,可以解决以下问题:一是确认无形资产存在;二是鉴别无形资产种类;三是确定无形资产有效期限。

1. 确认无形资产存在

主要是验证无形资产来源是否合法,产权是否明确,经济行为是否合法、有效。可以从以下几方面进行：

(1)查询被评估无形资产的内容、国家有关规定、专业人员评价情况、法律文书(如专利证书、技术鉴定书等),核实有关资料的真实性、可靠性和权威性。

(2)分析无形资产使用所要求的与之相适应的特定技术条件和经济条件,鉴定其应用能力。

(3)确定无形资产的归属是否为委托者所拥有,要考虑其存在的条件和要求,对于剽窃、仿造的无形资产要加以鉴别,对于部分特殊的无形资产要分析其历史渊源,看其是否符合国家的有关规定。

2. 鉴别无形资产种类

主要是确定无形资产的种类、具体名称、存在形式。有些无形资产是由若干项无形资产综合构成的,应加以确认和分离,避免重复评估和遗漏评估。

3. 确定无形资产有效期限

无形资产有效期限是其存在的前提。某项专利权,如超过法律保护期限,就不能作为专利权评估。有效期限对无形资产评估值具有很大影响。比如,有的商标历史越悠久,价值越高;有的商标历史并不悠久,但也可能具有较高价值。

(三) 搜集相关资料

无形资产评估所需的相关资料一般通过委托人提供和评估人员调查获得。这些资料主要包括以下内容：

(1)无形资产的法律文件或其他证明材料,如专利证书、商标注册证、有关机构和专家的鉴定材料等。

(2)无形资产的研发成本和外购成本的费用与价格资料。

(3)无形资产的技术资料,如反映技术先进性、可靠性、成熟度和适用性等方面的资料。

(4)无形资产转让的内容和条件。转让内容主要应考虑无形资产转让的是所有权还是使用权,以及使用权的不同方式等;转让条件包括转让方式、已转让次数、已转让地区与范围、转让时的附带条件及转让费支付方式等。

(5)无形资产盈利能力资料,包括运用无形资产的生产能力、产品的销售状况、市场占有率、价格水平、行业盈利水平及风险等。

(6)使用期限。使用期限主要考虑无形资产的存续期、法定期限、收益年限、合同约定期限、技术寿命期等。

(7)无形资产的市场供求状况。主要考虑评估对象及同类无形资产的供给、需求、范围、活跃程度、变动情况等。

(8)其他所需资料。无形资产评估的前期基础工作还应包括与委托方签订委托合同和制订评估计划等事项,完成这些工作后,就可以选择适当的方法对无形资产进行评估。

(四) 确定评估方法

应根据被评估无形资产的具体类型、特点、评估目的及外部市场环境等具体情况,选用合适的评估方法。无形资产的评估方法主要包括市场法、收益法和成本法。

采用市场法评估无形资产,特别要注意被评估无形资产必须确实符合运用市场法的前提,确定具有合理比较基础的类似无形资产交易参照对象,搜集类似无形资产交易的市场信息和被评估无形资产以往的交易信息。当类似无形资产之间具有可比性时,根据宏观经济、行业和无形资产变化情况,考虑交易条件、时间因素和影响价值的各种因素的差异,调整确定评估值。

（五）整理并撰写报告，做出评估结论

无形资产评估报告，是对无形资产评估过程的总结，也是评估者承担法律责任的依据。评估报告要简洁、明确，避免误导。

无形资产评估报告基本要求应符合《资产评估执业准则——无形资产》的要求。应当强调的是，无形资产评估报告中要注重评估推理过程的陈述，明确阐释评估结论产生的前提、假设及限定条件，各种参数的选用依据，评估方法使用的理由及逻辑推理方式。一般要根据评估对象进行三个方面的陈述：①描述性陈述；②分析性陈述；③综合性陈述。

六、无形资产评估的方法

（一）收益法

1. 收益法在无形资产评估中的应用形式

根据无形资产转让计价方式不同，收益法在应用上可以表示为下面两种方式：

$$无形资产评估值 = \sum_{t=1}^{n} \frac{K \cdot R_t}{(1+r)^t} \qquad (7-1)$$

$$无形资产评估值 = Y + \sum_{t=1}^{n} \frac{K \cdot R_t}{(1+r)^t} \qquad (7-2)$$

公式中，K 表示无形资产分成率，R_t 表示第 t 年分成基数（超额收益），t 表示收益期限，r 表示折现率，Y 表示最低收费额。

上述两个公式不同之处在于，式（7-2）多一项最低收费额，然而在后一项计算无形资产的分成率时，是按扣除最低收费额后测算的，本质上与式（7-1）是一致的。

通常称式（7-1）为收益模式，式（7-2）为成本—收益模式。

式（7-2）中的最低收费额，是指在无形资产转让中，视购买方实际生产和销售情况收取的"旱涝保收"收入，并在确定比例收费时预先扣除，有时称之为"入门费"。在某些无形资产转让中，转让方按固定额收费时把最低收费规定为转让最低价，也可作为无形资产竞卖的底价。

2. 最低收费额的确定

由于无形资产具有垄断性，当该项无形资产是购买方必不可少的生产经营条件，或者购买方运用无形资产所增加的效益具有足够的支付能力时，无形资产转让的最低收费额由以下因素决定：

（1）重置成本净值。购买方使用无形资产，就应由购买方补偿成本费用。当购买方与转让方共同使用该项无形资产时，则由双方按运用规模、受益范围等来分摊。

（2）机会成本。由于无形资产的转让，可能会因停业而使由该项无形资产支撑的营业收益减少，也可能会因为企业自己制造了竞争对手而减少利润或是增加开发支出。这些构成无形资产转让的机会成本，应由无形资产购买方来补偿。

综合考虑以上两大因素评估最低收费额，可得到如下一组公式：

无形资产最低收费额 ＝ 重置成本净值 × 转让成本分摊率 ＋ 无形资产转让的机会成本

其中：

$$转让成本分摊率 = \frac{购买方运用无形资产的设计能力}{运用无形资产的总设计能力} \times 100\%$$

无形资产转让的机会成本 ＝ 无形资产转出的净减收益 ＋ 无形资产再开发的净增费用

公式中，"购买方运用无形资产的设计能力"可根据设计产量或按设计产量计算的销售收入确定。"运用无形资产的总设计能力"是指运用无形资产的各方汇总的设计能力，由于是分摊无形资产的重置成本净值，因而不是按照实际运用无形资产的规模，而是按照设计规模来确定权重。当购

买方独家使用该无形资产时,转让成本分摊率为1。"无形资产转出的净减收益"和"无形资产再开发的净增费用"是运用边际分析的方法测算的。"无形资产转出的净减收益"一般指在无形资产尚能发挥作用期间减少的净现金流量。"无形资产再开发的净增费用"包括为了保护和维持该无形资产而追加的科研费用与其他费用、员工培训费用等。以上各项经过认真细致的分析测算是可以确定的。

【做中学7—1】 星海公司转让浮法玻璃生产全套技术,经收集和初步测算已知如下资料:

(1)该公司与购买企业共同享用浮法玻璃生产技术,双方设计能力分别为600万和400万标箱。

(2)浮法玻璃生产全套技术系国外引进,账面价格为200万元,已使用2年,尚可使用8年,2年通货膨胀率累计为10%。

(3)该项技术转出对该企业生产经营有较大影响。由于市场竞争加剧,产品价格下降,在以后8年减少销售收入按折现值计算为80万元,增加开发费用以提高质量、保住市场的追加成本按折现值计算为20万元。试评估该项无形资产转让的最低收费额。

解:(1)2年通货膨胀率为10%,对外购无形资产的重置成本可按物价指数法调整,并根据成新率确定净值,可得浮法玻璃生产全套技术的重置成本净值为:

$$200\times(1+10\%)\times\frac{8}{2+8}=176(万元)$$

(2)因转让双方共同使用该无形资产,设计能力分别为600万和400万标箱,评估重置成本净值分摊率为:

$$\frac{400}{600+400}\times100\%=40\%$$

(3)由于无形资产转让后加剧了市场竞争,在该无形资产的寿命期间,销售收入减少和费用增加的折现值是转让无形资产的机会成本,根据以上所给资料为:

$$80+20=100(万元)$$

故该无形资产转让的最低收费额评估值为:

$$176\times40\%+100=170.4(万元)$$

3. 收益法应用中各项参数指标的确定

(1)无形资产评估中超额收益的确定

1)直接估算法。通过未使用无形资产与使用无形资产的前后收益情况对比分析,可确定无形资产带来的收益额。在许多情况下,从无形资产为特定持有主体带来的经济利益来看,可以划分为收入增长型无形资产和费用节约型无形资产。

①收入增长型无形资产,是指无形资产应用于生产经营过程,能够使得产品的销售收入大幅度增加。增加的原因在于:

第一,无形资产应用于生产经营过程,使生产的产品能够以高出同类产品的价格出售,从而获得超额收益。假设在销售量和单位成本不变、不考虑销售税金的情况下,无形资产形成的超额收益的计算公式为:

$$R=(P_2-P_1)\times Q\times(1-T) \qquad (7-3)$$

公式中,R表示超额收益,P_2表示使用无形资产后单位产品的价格,P_1表示未使用无形资产时单位产品的价格,Q表示产品销售量(此处假定销售量不变),T表示所得税税率。

第二,生产的产品在与同类产品相同价格的情况下,销售数量大幅度增加,市场占有率扩大,从而获得超额收益。假设在单位价格和单位成本不变、不考虑销售税金的情况下,无形资产形成的超额收益的计算公式为:

$$R=(Q_2-Q_1)\times(P-C)\times(1-T) \tag{7-4}$$

公式中，R 表示超额收益，Q_2 表示使用无形资产后产品的销售量，Q_1 表示未使用无形资产时产品的销售量，P 表示产品价格（此处假定价格不变），C 表示产品的单位成本，T 表示所得税税率。

②费用节约型无形资产，是指无形资产的应用，使得生产产品中的成本费用降低，从而形成超额收益。可用下列公式计算为投资者带来的超额收益：

$$R=(C_1-C_2)\times Q\times(1-T) \tag{7-5}$$

公式中，R 表示超额收益，C_1 表示未使用无形资产时产品的单位成本，C_2 表示使用无形资产后产品的单位成本，Q 表示产品销售量（此处假定销售量不变），T 表示所得税税率。

2) 差额法。当无法将使用了无形资产和没有使用无形资产的收益情况进行对比时，采用无形资产和其他类型资产在经济活动中的综合收益与行业平均水平进行比较，可得到无形资产获利能力，即超额收益。

第一步，收集有关使用无形资产的产品生产经营活动财务资料，进行盈利分析，得到经营利润和销售利润率等基本数据。

第二步，对上述生产经营活动中的资金占用情况（固定资产、流动资产和已有账面价值的其他无形资产）进行统计。

第三步，收集行业平均资金利润率等指标。

第四步，计算无形资产带来的超额收益。

无形资产带来的超额收益＝经营利润－资产总额×行业平均资金利润率

或

无形资产带来的超额收益＝销售收入×销售利润率－销售收入×每元销售收入平均占用资金
×行业平均资金利润率

【注意】使用这种方法，应注意这样计算出来的超额收益有时不完全由被评估无形资产带来（除非能够认定只有这种无形资产存在），往往是一种无形资产组合超额收益，还需进行分解处理。

3) 分成率法。评估无形资产转让的利润分成率有多种方法，这里主要介绍如下几种：

①边际分析法。该方法是选择两种不同的生产经营方式进行比较：一种是运用普通生产技术或企业原有技术进行经营；另一种是运用转让得到的无形资产进行经营。后者利润大于前者利润的差额，就是投资无形资产所带来的追加利润。然后，测算各年度追加利润占总利润的比重，并按各年度利润现值的权重，求出无形资产经济寿命期间追加利润占总利润的比重，即评估的利润分成率。这种方法的关键是，科学分析追加无形资产投入可以带来的净追加利润，这也是购买无形资产所必须进行决策分析的内容。

边际分析法的步骤是：

第一步，对无形资产的边际贡献因素进行分析，包括销售量提高（新市场的开辟）、成本费用节省（消耗量的降低）、产品质量改进、功能增加、价格提高等。

第二步，测算使用无形资产后受让方可以实现的总利润和无形资产带来的新增利润。

第三步，根据无形资产的剩余经济寿命或设定年限，将各年的新增利润和利润总额分别折现累加，得到剩余经济寿命或设定年限内的新增利润现值之和与利润总额现值之和。

第四步，用新增利润现值之和（追加利润现值）与利润总额现值之和的比率作为无形资产销售利润分成率。其数学表达式为：

$$K=\sum_i^n \frac{R'_i}{(1+r)^n} \div \sum_i^n \frac{R_i}{(1+r)^n}$$

公式中，K 表示销售利润分成率，R'_i 表示第 i 年无形资产带来的新增利润，R_i 表示第 i 年受让方运用无形资产后的利润总额，r 表示折现率，n 表示无形资产的剩余经济寿命。

$$利润分成率 = \sum 追加利润现值 \div \sum 利润总额现值$$

【做中学 7—2】 企业转让彩电显像管新技术，购买方用于改造彩电显像管生产线。经对无形资产边际贡献因素的分析，测算在其寿命期间各年度分别可带来追加利润 100 万元、120 万元、90 万元、70 万元，分别占当年利润总额的 40%、30%、20%、15%。试评估无形资产利润分成率。

解：本题所给条件已经完成了边际分析法第一步的工作。只需计算出各年限的利润总额，并与追加利润一同折现，即可得出利润分成率。

各年度利润总额现值之和（折现率为 10%）为：

$$\frac{100 \div 40\%}{1+10\%} + \frac{120 \div 30\%}{(1+10\%)^2} + \frac{90 \div 20\%}{(1+10\%)^3} + \frac{70 \div 15\%}{(1+10\%)^4}$$

$= 250 \times 0.909\ 1 + 400 \times 0.826\ 4 + 450 \times 0.751\ 3 + 467 \times 0.683\ 0$

$= 227.275 + 330.56 + 338.085 + 318.961$

$= 1\ 214.881（万元）$

追加利润现值之和为：

$$\frac{100}{1+10\%} + \frac{120}{(1+10\%)^2} + \frac{90}{(1+10\%)^3} + \frac{70}{(1+10\%)^4}$$

$= 100 \times 0.909\ 1 + 120 \times 0.826\ 4 + 90 \times 0.751\ 3 + 70 \times 0.683\ 0$

$= 90.91 + 99.168 + 67.617 + 47.81$

$= 305.505（万元）$

无形资产利润分成率 $= \dfrac{305.505}{1\ 214.881} \times 100\% = 25\%$

②约当投资分成法。边际分析法是根据各种生产要素对提高生产率的贡献来计算的，道理明了，易于接受。但是，由于无形资产与有形资产的作用往往互为条件，在许多场合下较难确定购置的无形资产贡献率，因此，还需寻求其他途径。由于利润往往是无形资产与其他资产共同作用的结果，而无形资产通常具有较高的成本利润率，因此可以考虑采取在成本的基础上附加相应的成本利润率，转换成约当投资的办法，按无形资产的折合约当投资与购买方投入资产的约当投资的比例确定利润分成率。其计算公式为：

$$无形资产利润分成率 = \frac{无形资产约当投资量}{购买方约当投资量 + 无形资产约当投资量} \times 100\%$$

其中：

无形资产约当投资量 = 无形资产的重置成本 × （1 + 适用的成本利润率）

购买方约当投资量 = 购买方投入总资产的重置成本 × （1 + 适用的成本利润率）

在确定无形资产约当投资量时，适用的成本利润率按转让方无形资产带来的利润与其成本之比计算。没有企业的实际数时，按社会平均水平确定。在确定购买方约当投资量时，适用的成本利润率按购买方的现有水平测算。

【做中学 7—3】 甲企业以制造四轮驱动汽车的技术向乙企业投资，该技术的重置成本为 100 万元，乙企业拟投入合营的资产重置成本为 8 000 万元。甲企业无形资产成本利润率为 500%，乙企业拟合作的资产原利润率为 12.5%。试评估无形资产投资的利润分成率。

解：如果按投资双方的投资品的成本价格折算利润分成率，就不能体现无形资产作为知识密集型资产的较高生产率。因此，应采用约当投资分成法评估利润分成率。

(1)无形资产约当投资量为：

100×(1+500%)=600(万元)

(2)乙企业约当投资量为：

8 000×(1+12.5%)=9 000(万元)

(3)无形资产投资的利润分成率为：

600/(9 000+600)×100%=6.25%

应该指出的是，在国内外技术交易中，提成率不是一个固定值，它会随着受让与使用无形资产生产的产品产量的增加而递减，表7—1就是提成率递减的一个例子。

表7—1　　　　　　　　　　　我国某技术转让规定的提成递减率

年产量(万套)	占规定提成率(%)
1～10	100
10～20	75
20～50	25

评估人员在利用提成率法确定无形资产收益额时，要根据实际情况分析，合理确定提成收益。

③分成率换算法。该方法是通过对已知的销售收入分成率和销售利润率指标的计算，求得销售利润分成率。其计算公式为：

销售利润分成率=销售收入分成率÷销售利润率

【做中学7—4】　如果社会平均销售利润率为10%，当技术转让费为销售收入的3%时，则无形资产转让的销售利润分成率为：

3%÷10%=30%

4)要素贡献法。有些无形资产已经成为生产经营的必要条件，由于某些原因不可能或很难确定其带来的超额收益，这时可以根据构成生产经营的要素在生产经营活动中的贡献，从正常利润中粗略估计出无形资产带来的收益。我国资产评估理论界通常采用"三分法"，即主要考虑生产经营活动中的三大要素：资金、技术和管理。这三种要素的贡献在不同行业是不一样的。

(2)无形资产评估中折现率的确定

折现率是将无形资产带来的超额收益换算成现值的比率。它本质上是从无形资产受让方的角度考虑投资无形资产的投资报酬率。折现率的高低取决于无形资产投资的风险和社会正常的投资收益率。

从理论上讲，无形资产评估中的折现率是社会正常投资报酬率与无形资产投资风险报酬率之和。其计算公式为：

无形资产评估中的折现率=无风险报酬率+无形资产投资风险报酬率

关于无风险报酬率，在市场经济比较发达的国家，无风险报酬率大多选择政府债券利率。无风险报酬率突出了投资回报的安全性和可靠性。无形资产投资风险报酬率的选择和量化，主要取决于无形资产本身的状况，以及运用和实施无形资产的外部环境。

(3)无形资产评估中收益期限的确定

无形资产收益期限又称有效期限，是指无形资产发挥作用并具有超额获利能力的时间。资产评估实践中，预计和确定无形资产的有效期限，可依照下列方法确定：

①法律或企业合同、申请书分别规定有法定有效期限和受益年限的，可按照法定有效期限与受益年限中的短者确定。

②法律未规定有效期限,企业合同或企业申请书中规定有受益年限的,可按照规定的受益年限确定。

③法律和企业合同或申请书均未规定有效期限和受益年限的,按预计受益期限确定。预计受益期限可以采用统计分析或与同类资产比较得出。

4. 无形资产价值的估测

在确定了无形资产的超额收益、折现率和收益期限后,便可按照"将利求本"的思路,运用收益折现法将无形资产在其发挥效用的年限内的超额收益折现累加求得评估值。其计算公式为:

$$P = \sum_{i}^{n} \frac{R_i}{(1+r)^i}$$

其中,P 表示评估值,R_i 表示第 i 年无形资产带来的预期超额收益,r 表示折现率,n 表示收益持续的年限数。

【做中学7—5】 甲啤酒公司将该公司知名的注册商标使用权通过许可使用合同允许乙啤酒公司使用,使用期限为5年。双方约定,由乙啤酒公司每年按使用该商标新增利润的25%支付给甲啤酒公司,作为商标使用费。经预测,在未来5年中,乙啤酒公司使用甲啤酒公司的商标后每年新增净利润分别为300万元、320万元、350万元、370万元和390万元。假设折现率为12%,则该商标使用权的价值为:

$$\frac{300 \times 25\%}{1+12\%} + \frac{320 \times 25\%}{(1+12\%)^2} + \frac{350 \times 25\%}{(1+12\%)^3} + \frac{370 \times 25\%}{(1+12\%)^4} + \frac{390 \times 25\%}{(1+12\%)^5}$$

$$= 66.964 + 63.776 + 62.281 + 58.785 + 55.324$$

$$= 307.13(万元)$$

(二)成本法

1. 无形资产的成本特性

无形资产成本包括研制或取得、持有期间的全部物化劳动和活劳动的费用支出。其成本特性,尤其就研制、形成费用而言,明显区别于有形资产。具体来说,包括以下方面:

(1)不完整性

与购买、创建无形资产相对应的各项费用是否计入无形资产的成本,是以费用支出资本化为条件的。在企业生产经营过程中,科研费用一般是比较均衡地发生的,并且比较稳定地为生产经营服务,因而我国现行财务制度一般把科研费用从当期生产经营费用中列支,而不是先对科研成果进行费用资本化处理,再按无形资产折旧或摊销的办法从生产经营费用中补偿。这种办法简便易行,大体上符合实际,并不影响无形资产的再生产。但这样一来,企业账簿上反映的无形资产成本就是不完整的,大量账外无形资产的存在是不可忽视的客观事实。同时,即便是按国家规定进行费用支出资本化的无形资产的成本核算一般也是不完整的。

【提示】无形资产的创建具有特殊性,有大量的前期费用,如培训、基础开发或相关试验等往往不计入该无形资产的成本,而是通过其他途径进行补偿。

(2)弱对应性

无形资产的创建要经历基础研究、应用研究和工艺生产开发等漫长过程,成果的出现带有较大的随机性和偶然性,其价值并不与其开发费用和时间产生某种既定的关系。如果在一系列的研究失败后偶尔出现一些成果,由这些成果承担所有的研究费用显然不够合理。在大量的先行研究(无论是成功还是失败)成果的积累之上,往往可能产生一系列无形资产,然而,继起的这些研究成果是否应该以及如何承担先行研究的费用也很难明断。

(3)虚拟性

既然无形资产的成本具有不完整性、弱对应性的特点,因而无形资产的成本往往是相对的。特别是一些无形资产的内涵已经远远超出了其外在形式的含义,这种无形资产的成本只具有象征意义。例如商标,其成本核算的是商标设计费、登记注册费、广告费等,而商标的内涵是标示商品内在质量信誉。这种无形资产实际上包括该商品使用的特种技术、配方和多年的经验积累,而商标形式本身所花费的成本只具有象征性或称虚拟性。

2. 成本法在无形资产评估中的应用

(1)自创无形资产重置成本的估算

自创无形资产的成本是由创制该资产所消耗的物化劳动和活劳动费用构成的,自创无形资产如果已有账面价格,由于它在全部资产中的比重一般不大,可以按照定基物价指数作相应调整,即得到重置成本。在实务上,自创无形资产往往无账面价格,需要进行评估。其方法主要有两种:

①核算法。核算法,是指将以现行价格水平和费用标准计算的无形资产研发过程中的全部成本费用(包括直接成本和间接成本)加上合理的利润、税费,确定无形资产的重置成本。

其计算公式为:

$$无形资产重置成本 = 直接成本 + 间接成本 + 资金成本 + 合理利润$$

直接成本按无形资产创制过程中实际发生的材料、工时消耗量,结合现行价格和费用标准进行估算。即:

$$\text{无形资产直接成本} = \sum \left(\text{物质资料实际耗费量} \times \text{现行价格} \right) + \sum \left(\text{实耗工时} \times \text{现行费用标准} \right)$$

这里,评估无形资产直接成本不是按现行消耗量而是按实际消耗量来计算的。原因是:因为无形资产是创造性的成果,一般不能原样复制,从而不能模拟在现有生产条件下再生产的消耗量;无形资产生产过程是创造性智力劳动过程,技术进步的作用最为明显,如果按模拟现有条件下的复制消耗量来估算重置成本,必然影响到对无形资产的价值形态的补偿,从而影响到无形资产的创制。从评估实务来说,由于无形资产开发的各项支出均有原始会计记录,只要按国家规定的范围计算消耗量,并按现行价格和费用标准计价就可以了。

②倍加系数法。对于投入智力比较多的技术型无形资产,考虑到科研劳动的复杂性和风险,可用以下公式估算无形资产重置成本:

$$\text{无形资产重置成本} = \frac{C + \beta_1 V}{1 - \beta_2} \times (1 + L)$$

式中,C 表示无形资产研制开发中的物化劳动消耗,V 表示无形资产研制开发中的活劳动消耗,β_1 表示科研人员创造性劳动倍加系数,β_2 表示科研的平均风险系数,L 表示无形资产投资报酬率。

(2)外购无形资产重置成本的估算

外购无形资产一般有购置费用的原始记录,也可能有可以参照的现行交易价格,评估相对比较容易。外购无形资产的重置成本包括购买价和购置费用两部分,一般可以采用以下两种方法:

①市价类比法。在无形资产交易市场中先选择类似的参照物,再根据功能和技术先进性、适用性对其进行调整,从而确定其现行购买价格,购置费用可根据现行标准和实际情况核定。

②物价指数法。它是以无形资产的账面历史成本为依据,用物价指数进行调整,进而估算其重置成本。其计算公式为:

$$\text{无形资产重置成本} = \text{无形资产账面成本} \times \frac{\text{评估时物价指数}}{\text{购置时物价指数}}$$

【做中学 7-6】 某企业 2021 年外购的一项无形资产账面价值为 80 万元,2023 年进行评估,试按物价指数法估算其重置成本。

解：经鉴定，该无形资产系运用现代先进的实验仪器经反复试验研制而成，物化劳动耗费的比重较大，可运用生产资料物价指数。根据资料，此项无形资产购置时物价指数和评估时物价指数分别为120%和150%，故该项无形资产的重置成本为：

$$80 \times \frac{150\%}{120\%} = 100(万元)$$

(3) 无形资产贬值的估算

无形资产本身没有有形损耗，它的贬值主要体现在其功能性和经济性贬值方面，而无形资产的功能性和经济性贬值又会通过其经济寿命的减少与缩短体现出来。

评估时，可以把无形资产的贬值以其剩余经济寿命的减少来表示。这样，利用使用年限法就能较为客观地反映无形资产的贬值。其计算公式为：

$$贬值率 = \frac{已使用年限}{已使用年限 + 尚可使用年限} \times 100\%$$

运用使用年限法确定无形资产的贬值率，关键的问题是如何确定无形资产的尚可使用年限。无形资产尚可使用年限可以根据无形资产法律保护期限或合同期限减去已使用年限确定，或通过有关专家对无形资产的先进性、适用性、同类无形资产的状况以及国家有关政策等方面的综合分析，判定其剩余经济寿命。

【提示】分析无形资产的使用效用与无形资产的使用年限是否呈线性关系，以此来确定上述公式的适用性。

(4) 无形资产成新率的估算

通常，无形资产成新率的确定，可以采用专家鉴定法和剩余经济寿命预测法进行。

①专家鉴定法。专家鉴定法是指邀请有关技术领域的专家，对被评估无形资产的先进性、适用性作出判断，从而确定其成新率的方法。

②剩余经济寿命预测法。剩余经济寿命预测法是由评估人员通过对无形资产剩余经济寿命的预测和判断，从而确定其成新率的方法。其计算公式为：

$$成新率 = \frac{剩余使用年限}{已使用年限 + 剩余使用年限} \times 100\%$$

公式中，已使用年限比较容易确定，剩余使用年限应由评估人员根据无形资产的特征分析判断获得。

(三) 市场法

1. 市场法的基本思路

无形资产评估中的市场法是指通过市场调查，选择与被评估无形资产相同或类似的近期交易实例作为参照物，并通过对交易情况、交易时间、交易价格类型，无形资产的先进性、适用性、可靠性、使用范围、经济寿命等各方面因素的比较、量化和修正，将参照物无形资产的市场交易价格调整为评估对象价值的评估思路和技术方法。

无形资产的个别性、垄断性、保密性等特点决定了无形资产的市场透明度较低，加之我国无形资产市场不发达，交易不频繁，使得运用市场途径及其方法评估无形资产有诸多的困难。因此，我国当前运用市场途径评估无形资产的情况并不普遍。

2. 参照物的选择

同有形资产一样，无形资产采用市场途径评估首先要收集资料和合理选择参照物。根据无形资产评估准则的规定，收集资料时应确定具有合理比较基础的无形资产：收集类似的无形资产交易市场信息和被评估无形资产以往的交易信息；价格信息具有代表性。且在评估基准日是有效的；根据宏观经济、行业和无形资产情况的变化，考虑时间因素，对被评估无形资产以往信息进行必要调整。在对所收集资料进行分析、整理和筛选的基础上，合理选择参照物。参照物的选择要注意：①所选择的参照物应与评估对象在功能、性质、适用范围等方面相同或基本相同；②参照物的成交时间应尽可能接近评估基准日，或其价格可调整为评估基准日价格；③参照物的价格类型要与评估对象要求的价格类型相同或接近；④有三个以上的参照物可供比较。

3. 可比因素的确定

可比因素就是影响被评估对象和参照物之间价格差异的因素。从大的方面来看，这些影响因素包括交易情况因素、交易时间因素、无形资产状况因素等。其中，交易情况因素包括交易类型、市场供求状况、交易双方状况、交易内容（如所有权转让或使用权转让）、交易条件、付款方式等；交易时间因素主要分析参照物交易时同类无形资产的价格水平与评估时点是否发生变化，变化的幅度以及对无形资产价格的影响程度；无形资产的类型不同，无形资产状况因此也不完全相同，技术型无形资产的状况因素主要包括无形资产的产权状况，无形资产的适用性、先进性、安全可靠性和配套性，无形资产的剩余经济寿命，无形资产受法律保护和自我保护的程度，无形资产的保密性和扩散性，无形资产的研发和宣传成本等。评估时，应对上述因素进行全面分析，合理确定可供比较的各种因素，并通过对可比因素的量化和调整最终估测出被评估对象的价值。

任务二 知识产权和侵权损害评估

一、知识产权评估的相关概念

知识产权，是指权利人依法就作品、专利（发明、实用新型、外观设计）、商标、地理标志、商业秘密、集成电路布图设计、植物新品种以及法律规定的其他客体享有的专有的权利。

知识产权资产，是指知识产权权利人拥有或者控制的，能够持续发挥作用并且带来经济利益的知识产权权益，包括专利、商标、著作权、商业秘密、集成电路布图设计、植物新品种等资产权益。

【注意】涉及地理标志等知识产权资产的评估另行规范。

知识产权资产评估，是指资产评估机构及其资产评估专业人员遵守法律、行政法规和资产评估准则，根据委托对评估基准日特定目的下的知识产权资产价值进行评定和估算，并出具资产评估报告的专业服务行为。[①]

二、知识产权评估的目的和对象

（一）知识产权评估的目的

知识产权资产评估的评估目的通常包括转让、许可使用、出资、质押融资、诉讼、仲裁、司法执行财产处置、财务报告等。

【注意】执行知识产权资产评估业务，应当合理使用评估假设和限制条件。

（二）知识产权评估的对象

执行知识产权资产评估业务，应当要求委托人明确评估对象，应当关注评估对象的法律、经济、技术等具体特征。

执行知识产权资产评估业务，评估对象是知识产权资产，包括专利资产权益、注册商标权益、著

---

① 中国资产评估协会《资产评估执业准则——知识产权》，自2023年9月1日起施行。

作权中的财产权益以及与著作权有关权利的财产权益、商业秘密权益、集成电路布图设计权益、植物新品种权益等。

【提示】执行知识产权资产评估业务，评估对象可以是单项知识产权资产，也可以是知识产权资产组合。

执行以转让为目的的知识产权资产评估业务，评估对象通常为知识产权资产的所有权。

执行以许可使用为目的的知识产权资产评估业务，评估对象通常为知识产权资产的使用权。

执行以出资或者质押融资为目的的知识产权资产评估业务，评估对象通常为拟出资或者出质的知识产权资产。

【注意】对评估对象是否可以出资或者出质进行确认或者发表意见，不属于资产评估专业人员的执业范围。

执行以诉讼、仲裁为目的的知识产权资产评估业务，应当与委托人和相关当事人进行充分沟通，了解案件基本情况，并且通过现场调查和资料收集等方式与委托人确认评估对象和评估范围，评估对象通常为涉案知识产权资产或者其他相关经济利益。

【提示】其他相关经济利益是指一方当事人的行为给另一方当事人造成的经济损失以及费用增加等，通常包括侵权损失、资产损害，以及由于个人或者法人经营、合同纠纷等行为引起的经济损失以及费用增加等。

执行以人民法院委托司法执行财产处置为目的的知识产权资产评估业务，应当根据评估委书载明的财产名称、规格数量等内容，以及人民法院移交的查明的财产情况和相关材料，与人民法院明确评估对象和评估范围。

执行以财务报告为目的的知识产权资产评估业务，应当提醒委托人根据项目的具体情况以及会计准则的要求合理确定评估对象。

三、知识产权评估的操作要求

知识产权资产通常与其他资产共同发挥作用，执行知识产权资产评估业务应当根据评估目的和评估对象的具体情况分析、判断知识产权资产的作用，明确知识产权资产的收益模式，并考虑其价值影响因素，合理确定知识产权资产的价值。

（1）执行知识产权资产评估业务，应当考虑评估目的、市场条件、评估对象自身条件等因素，明确价值类型。

（2）执行知识产权资产评估业务，应当关注宏观经济、行业状况、经营条件、生产能力、市场状况、产品生命周期、应用场景等各项因素对知识产权资产效能发挥的影响，以及对知识产权资产价值的影响。

（3）执行知识产权资产评估业务，应当关注评估对象收益期限对其价值的影响，并结合知识产权资产的法定保护期限及其他相关因素，合理确定收益期限。

（4）执行知识产权资产评估业务，应当根据评估目的、评估对象、价值类型、资料收集等情况，分析市场法、收益法和成本法三种资产评估基本方法及其衍生方法的适用性，恰当选择评估方法。

【注意】对同一知识产权资产采用多种评估方法时，应当对各种评估方法的测算结果进行分析，形成评估结论。

（5）执行商业秘密资产评估业务，应当获取商业秘密的类型、形成过程、作用、形成日期等信息，关注商业秘密的保密期限、应用范围等，以及商业秘密是否与其他无形资产关联，并且考虑权利人对商业秘密采取的保护措施，如竞业禁止协议等对商业秘密价值的影响。

【提示】执行商业秘密资产评估业务，资产评估专业人员应当注意保密。

(6)执行以许可使用为目的的知识产权资产评估业务,应当:①熟悉《民法典》《专利法》《商标法》等有关知识产权许可使用的规定;②关注许可模式、许可使用期限和其他许可约定等,确定其对评估结论的影响,并在资产评估报告中披露许可模式、许可使用期限和其他许可约定等。

四、知识产权评估的披露要求

知识产权资产评估报告应当反映知识产权资产的特点,通常包括下列内容:①知识产权的性质、权利状况和限制条件;②知识产权实施的地域限制、领域限制和法律限制条件;③与知识产权资产相关的宏观经济和行业状况;④知识产权资产实施的历史、现实状况和发展前景;⑤知识产权资产的收益期限;⑥知识产权资产实施主体或者拟实施主体的基本情况及实施前景;⑦其他必要信息。

知识产权资产评估报告应当披露形成评估结论的相关内容,通常包括:①价值类型的选择及其定义;②评估方法的选择及其理由;③各重要参数的来源、测算过程等;④对测算结果进行分析,形成评估结论的过程;⑤评估结论成立的假设前提和限制条件;⑥知识产权资产的评估依据;⑦可能影响评估结论的特别事项。

知识产权资产评估报告应当以文字和数字形式表述评估结论。但是,对于以许可使用为目的的知识产权资产评估报告,可以根据资产评估委托合同的约定,采用以货币计量的绝对数或者以许可费率等计量的相对数表述评估结论。

五、知识产权侵权损害评估

知识产权侵权损害评估,是指资产评估机构及其资产评估专业人员遵守法律、行政法规和资产评估准则,根据人民法院委托对知识产权侵权案件中权利人实际损失、侵权人获利和权利人损失的合理许可费等进行评定和估算,并出具资产评估报告的专业服务行为。

(一)知识产权侵权损害评估的基本遵循

执行知识产权侵权损害评估业务,应当具备知识产权侵权损害评估的专业知识和实践经验,能够胜任所执行的知识产权侵权损害评估业务。

应当关注知识产权侵权损害评估业务的复杂性,根据资产评估专业人员配备、专业知识和实践经验,评估程序的可履行程度以及资料的可取得性,审慎考虑是否有能力承接相关业务;执行某项特定业务缺乏特定的专业知识和实践经验时,应当采取弥补措施,包括利用专家工作及相关报告等。

【提示】执行知识产权侵权损害评估业务,应当独立进行分析和估算并形成专业意见,拒绝委托人或者其他相关当事人的干预,不得直接以预先设定的金额作为评估结论。

(二)知识产权侵权损害评估的操作要求

知识产权侵权损害评估的评估目的是为人民法院解决知识产权纠纷提供专业服务,为侵权损害赔偿金额提供参考依据。资产评估专业人员需要根据委托事项和评估目的,与委托人协商明确评估对象。知识产权侵权损害评估的评估对象包括权利人实际损失、侵权人获利和权利人损失的合理许可费等。执行知识产权侵权损害评估业务,需要关注涉案知识产权资产的基本情况:①知识产权资产权利的法律文件、权属有效性文件或者其他证明资料;②知识产权资产特征、资产组合情况、使用状况或者实施状态、历史沿革以及以往的评估和交易情况;③知识产权资产实施的地域范围、领域范围、获利能力和收益模式;④知识产权资产是否能给权利人带来持续的可辨识经济利益;⑤知识产权资产的法定寿命和剩余经济寿命,知识产权资产的保护措施;⑥知识产权资产在实施过程中所受到的法律、行政法规或者其他限制;⑦类似知识产权资产的许可费率及类似知识产权资产市场交易价格信息;⑧知识产权资产遭受侵权的起始时间、期限,以及侵权对权利人造成的经济利益损害情况、侵权人非法获利情况等;⑨其他相关信息。

(三)知识产权侵权损害评估的操作方法

对权利人实际损失进行评估,通常是以权利人在侵权损害期间因被侵权所遭受的损失收益总额确定侵权损害金额。

用公式可以表示为:

$$侵权损害金额 = 第1年损失收益 + 第2年损失收益 + \cdots + 第n年损失收益$$

其中,n为侵权损害发生时点至侵权损害结束时点之间的总期限。资产评估专业人员对权利人实际损失进行评估时,需要结合损害期间等侵权的实际情况,考虑货币时间价值的影响。

损失收益是指权利人被侵权后的收益水平与未遭受侵权时可获得的收益水平的差额,用公式表示如下:

$$损失收益 = 未侵权预计收益 - 侵权后实际收益$$

资产评估专业人员对损失收益的测算要充分考虑侵权行为对权利人产品销量、产品销售价格以及成本费用等方面的影响。

侵权对权利人产品销量的影响可以通过替代法、趋势法、比较法等方法对权利人的销量损失进行度量。

①替代法是用侵权人销量作为权利人销量损失的一种简便方法。它适用于市场上仅有权利人产品与侵权产品两种,二者在功能特性、用途和价格等方面没有明显差异,权利人产品销量与侵权产品销量存在较强的此消彼长关系的情形。

②趋势法是以权利人未遭受侵权时的历史销量水平为基础,采用回归或者外推技术预测权利人在未遭受侵权假设前提下的理论销量水平,通过与遭受侵权后的实际销量水平进行比较得到侵权造成的销量损失的一种方法。它适用于知识产权产品在遭受侵权之前具有稳定(增长)态势且评估时宏观经济、行业环境等外部系统性因素没有发生重大变化的情形。

③比较法是以与涉案知识产权相近的产品为参照,通过比较权利人知识产权产品在其遭受侵权前后与同类可比对象产品销量差异的变化,反推得到权利人销量损失的一种方法。它适用于权利人及可比对象内部经营环境和外部系统性因素均没有发生重大变化的情形。

估算权利人销量损失时,可以通过以下几个方面论证或者检验估算的合理性:

①有适当的证据能够表明知识产权产品在未遭受侵权假设情形下能够实现预计的市场需求,例如,产品历史订单保持稳定增长、产品市场规模不断扩大等。

②权利人具有满足其产品市场需求的产出能力、营销能力和融资能力,例如,产品线数量和产能充足、生产人员和营销人员具备足够的专业胜任能力、信用评级良好且能够及时获得所需贷款等。

③权利人销量损失实质为侵权行为所致,而非宏观经济、行业环境变化等系统性因素的影响。

侵权对权利人产品销售价格的影响表现为市场上同类产品供给量增加所导致的产品销售价格下降或者产品销售价格无法提升,可以通过市场调研、专家访谈估测权利人产品在未遭受侵权情形下的合理价格水平,但是需要排除宏观经济、市场竞争等外部系统性因素的影响。

侵权对权利人成本费用的影响主要是指与产品收益直接相关的涉案知识产权产品营业成本、管理费用、销售费用、研发费用等在侵权前后的变化,可以通过涉案知识产权产品在未遭受侵权时的收益占销售收入的比例或者市场同类或者相似产品的收益占销售收入的比例,推算出权利人在侵权期间未遭受侵权假设情形下的预计成本费用金额。

对权利人损失的合理许可费进行评估,是以知识产权许可费的合理倍数确定侵权损害金额。

资产评估专业人员对权利人损失的合理许可费进行评估时,需要重点关注对许可费合理性的判断,确定合理许可费的常用方法是可比参照法。

可比参照法是以可比参照物的许可费确定权利人损失的合理许可费的一种方法。采用可比参照法确定合理许可费有两种途径:一种是参照权利人与他人签订许可使用协议中约定的许可费;另一种是参照同类知识产权的许可费。采取上述途径时,需要对所参照许可费的合理性进行审核认定,通常考虑下列因素:①许可使用费是否实际支付及支付方式,许可使用合同是否实际履行或者备案;②许可使用的权利内容、方式、范围、期限等关键信息;③被许可人与许可人是否存在利害关系;④行业许可的通常标准;等等。

【提示】 资产评估专业人员需要关注许可使用与侵权使用在时间、地域、领域等方面的差异性,合理确定侵权损害金额。

(四)知识产权侵权损害评估的披露要求

编制知识产权侵权损害资产评估报告,需要披露形成评估结论的相关内容,通常包括:①涉案知识产权资产及侵权案件的基本信息;②涉案知识产权资产质押及其他限制情况;③委托人和其他相关当事人对侵权损害期间、损害范围的确定过程;④测算方法、相关参数的选择及其理由;⑤评估所用财务数据的来源,以及侵权损害测算的过程;⑥对测算结果进行分析,形成评估结论的过程;⑦评估结论成立的假设前提和限制条件;⑧可能影响评估结论的特别事项。

编制知识产权侵权损害资产评估报告,需要对以下内容进行重点披露和说明:①侵权案件双方当事人的相关信息,包括经营历史、现状及对涉案知识产权资产的利用情况;②涉案知识产权资产与其他相关经济利益主体的利益分配情况;③是否进行了现场调查,以及现场调查和资料收集过程中委托人和其他相关当事人的配合情况;④评估资料缺失情况和处理方式,以及对评估结论的可能影响;⑤评估方法选择的理由及原因分析;⑥利用专家工作及相关报告的情况;⑦其他可能影响正确理解评估结论和资产评估报告使用的事项。

任务三 专利权和非专利技术评估

一、专利权概述

(一)专利权的概念和特点

专利权是国家专利机关依法批准的发明人或其权利受让人对其发明成果,在一定期间内享有的独占权或专有权,任何人如果要利用该项专利进行生产经营活动或出售使用该项专利制造的产品,需事先征得专利权所有者的许可,并付给报酬。专利权具有以下特点:

1. 独占性

独占性也称排他性,是指对于同一内容的技术发明只授予一次专利,对于已取得专利权的技术,任何人未经许可不得进行营利性实施。

2. 地域性

任何一项专利只在其授权范围内才具有法律效力,在其他地域范围内不具有法律效力。

3. 时间性

依法取得的专利权在法定期限内有效,受法律保护。期满后,专利权人的权利自行终止。2020年10月17日通过的《中华人民共和国专利法》,自2021年6月1日起施行,其规定,发明专利权的期限为20年,实用新型专利权的期限为10年,外观设计专利权的期限为15年,均自申请日起计算。

4. 可转让性

专利权可以转让,由当事人订立合同,并经原专利登记机关或相应机构登记和公告后生效,专利权一经转让,原发明者不再拥有专利权,购入者继承专利权。

(二)专利权的转让

专利权的转让形式有多种,但总的来说,可以分为全权转让和使用权转让。使用权转让往往通过技术许可贸易形式进行,这种使用权的权限、地域范围、时间期限、法律和仲裁程序都是在许可证合同中加以确认的。

1. 使用权限

按技术使用权限的大小,可分为:①独家使用权,是指在许可证合同所规定的时间和地域范围内,卖方只把技术转让给某一特定买主,买方不得卖给第二家买主;同时,卖主自己也不得在合同规定范围内使用该技术和销售使用该技术生产的产品。显然,这种转让的卖方索价会比较高。②排他使用权,是指卖方在合同规定的时间和地域范围内只把技术授予买方使用;同时,卖方自己保留使用权和产品销售权,不再将该技术转让给第三者。③普通使用权,是指卖方在合同规定的时间和地域范围内可以向多家买主转让技术;同时,卖方自己也保留技术使用权和产品销售权。④回馈转让权,是指卖方要求买方在使用过程中将对转让技术的改进和发展反馈给卖方的权利。

2. 地域范围

技术许可证大多明确规定地域范围,如某个国家或地区,买方的使用权不得超过这个地域范围。

3. 时间期限

技术许可证合同一般规定有效期限,时间的长短因技术而异。一项专利技术的许可期限一般要与该专利的法律保护期相适应。

4. 法律和仲裁程序

技术许可证合同是法律文件,是依照参与双方所在国的法律来制定的,因此受法律保护。当一方违约时,另一方可遵循法律程序追回损失的权益。

(三)专利权的评估程序

资产评估机构接受委托者委托之后,一般按下列程序进行评估:

1. 证明和鉴定专利权的存在

一般应搜集的证明专利权存在的资料有专利说明书、权利要求书、专利证书、有关法律性文件、当年度缴费证明等。另外,应由有关专家鉴定该项专利的有效性和可用性。专利检索是实施鉴定的重要部分。

2. 确定评估方法,搜集相关资料,常用收益法

收益法的运算过程在前面已经详述,重要的任务是搜集相关资料,分析并确定应用中的各项技术参数和指标。这些分析包括:

(1)技术状况分析。技术状况分析包括技术先进性分析、技术成熟程度与寿命周期分析等。

(2)收益能力分析。收益能力分析包括是否具有获利能力、获利表现为收入增长型或费用降低型等分析。

(3)市场分析。市场分析包括应用该专利技术的产品市场需求总量分析、市场占有率分析、风险分析等。

(4)投资可行性分析。通过分析确定各有关技术参数和指标,最后进行评定估算,确定评估值。

3. 完成评估报告,并加以详尽说明

评估报告是专利权评估结果的最终反映,但这种结果是建立在各种分析、假设基础上的,为了

说明评估结果的有效性和适用性,评估报告中应详尽说明评估中的各有关内容。这些内容包括:

(1)专利技术成熟度。如该专利技术已经付诸实施,应说明其实施运用情况、技术本身先进程度、有无转让记录等;如该专利尚未实施,应说明评估值测定中的依托条件,包括技术本身、受让方条件、市场预测等。

(2)接受方可受度的分析。成熟的专利技术对接受方的要求,即可受度,包括对接受方基础设施、技术素质、投资规模、资金需求等方面的要求。

(四)专利权的评估方法

专利权评估主要采用收益法,一些特殊情况下也可以采用成本法。

1. 收益法

专利权的收益额是指直接由专利权带来的预期收益。对于收益额的测算,通常可以通过直接测算超额收益或通过利润分成率测算获得。由于专利权收益的来源不同,我们可以将专利权划分为收入增长型专利和费用节约型专利来测算,也可以用分成率方法来测算。

采用利润分成率测算专利技术收益额,即以专利技术投资产生的收益为基础,按一定比例(利润分成率)分成确定专利技术的收益。利润分成率反映专利技术对整个利润额的贡献程度。利润分成率确定为多少合适,据联合国工业发展组织对印度等发展中国家引进技术价格的分析,认为利润分成率在16%～27%是合理的;1972年在挪威召开的许可贸易执行协会上,多数代表提出利润分成率为25%左右较为合理;我国理论工作者和评估人员通常认为利润分成率在25%～33%较合适。这些基本分析在实际评估业务过程中具有参考价值,但更重要的是对被评估专利技术进行符合实际的分析,确定合理的、准确的利润分成率。

【做中学7—7】 北京某科技发展公司5年前自行开发了一项大功率电热转换器及其处理技术,并获得发明专利证书,专利保护期20年。现在,该公司准备将该专利技术出售给北京郊区某乡镇企业,现需要对该项专利技术进行评估。

评估分析和计算过程如下:

(1)评估对象和评估目的。由于北京某科技发展公司系出售该项专利,因此,转让的是专利技术的所有权。

(2)专利技术鉴定。该项技术已申请专利,该技术所具备的基本功能可以从专利说明书以及有关专家鉴定书中得到。此外,该项技术已在北京某科技发展公司使用了5年,产品已进入市场,并深受消费者欢迎,市场潜力较大。因此,该项专利技术的有效功能较好。

(3)评估方法选择。该项专利技术具有较强的获利能力,而且同类型技术在市场上被授权使用情况较多,分成率容易获得,从而为测算收益额提供了保证。因此,决定采用收益法进行评估。

(4)判断确定评估参数。根据对该类专利技术的更新周期以及市场上产品更新周期的分析,确定该专利技术的剩余使用期限为4年。根据对该类技术的交易实例的分析,以及该技术对产品生产的贡献性分析,确定其对销售收入的分成率为3%。

根据过去经营绩效以及对未来市场需求的分析,评估人员对未来4年的销售收入进行预测,结果见表7—2。

表7—2　　　　　　　　　　　　　预期销售收入测算结果

年　份	销售收入(万元)
2024	600
2025	750

续表

年　份	销售收入（万元）
2026	900
2027	900

根据当期的市场投资收益率，确定该专利技术评估中采用的折现率为15％。

(5)计算评估值。得出的结论见表7—3。

表7—3　　　　　　　　　　　　评估值计算表　　　　　　　　　　　　单位：万元

年　份	销售收入①	分成额②=①×3％	税后净额 ③=②×(1−25％)	复利现值系数	收益总额 (r=15％)
2024	600	18	13.5	0.869 6	11.739 6
2025	750	22.5	16.875	0.756 1	12.759 2
2026	900	27	20.25	0.657 5	13.314 4
2027	900	27	20.25	0.571 8	11.579 0
合　计					49.392 2

因此，该专利技术的评估值为49.392 2万元。

2. 成本法

将成本法应用于专利技术的评估，重要之处在于分析计算其重置完全成本构成、数额以及相应的成新率。专利分为外购和自创两种，外购专利技术的重置成本确定比较容易。自创专利技术的成本一般由下列因素组成：

(1)研制成本。研制成本包括直接成本和间接成本两大类。直接成本是指研制过程中直接投入发生的费用，间接成本是指与研制开发有关的费用。

①直接成本。直接成本一般包括：材料费用，即为完成技术研制所耗费的各种材料费用；工资费用，即参与研制技术的科研人员和相关人员的费用；专用设备费，即为研制开发技术所购置的专用设备的摊销；资料费，即研制开发技术所需的图书、资料、文献、印刷等费用；咨询鉴定费，即为完成该项目所发生的技术咨询、技术鉴定费用；协作费，即项目研制开发过程中某些零部件的外加工费以及使用外单位资源的费用；培训费，即为完成本项目，委派有关人员接受技术培训的各项费用；差旅费，即为完成本项目发生的差旅费用；其他费用。

②间接成本。间接成本主要包括：管理费，即为管理、组织本项目开发所负担的管理费用；非专用设备折旧费，即采用通用设备、其他设备所负担的折旧费；应分摊的公共费用及能源费用。

(2)交易成本。交易成本是指发生在交易过程中的费用支出，主要包括：技术服务费，即卖方为买方提供的专家指导、技术培训、设备仪器安装调试及市场开拓费；交易过程中的差旅费及管理费，即谈判人员和管理人员参加技术洽谈会及在交易过程中发生的食宿和交通费等；手续费，即有关的公证费、审查注册费、法律咨询费等；税金，即无形资产交易、转让过程中应缴纳的增值税。由于评估目的的不同，其成本构成内涵也不一样，在评估时应视不同情形考虑以上成本的全部或一部分。

【做中学7—8】 星海公司由于经营管理不善，经济效益不佳，亏损严重，将要被同行业的大华公司兼并，需要对星海公司全部资产进行评估。星海公司有一项专利技术(实用新型)，两年前自行研制开发并获得专利证书。现需要对该专利技术进行评估。

评估分析和计算过程如下：

①确定评估对象。该项专利技术系星海公司自行研制开发并申请了专利权。被兼并企业资产中包括该项专利技术,因此,确定的评估对象是专利技术的完全产权。

②技术功能鉴定。该专利技术的专利权证书、技术检验报告书均齐全。根据专家鉴定和现场勘察,该项专利技术在应用中对于提高产品质量、降低产品成本有很大作用,效果良好,与同行业同类技术相比较,处于领先水平。经分析,企业经济效益不佳、产品滞销为企业管理人员素质较低、管理混乱所致。

③评估方法选择。由于星海公司经济效益欠佳,很难确切地预计该项专利技术的超额收益,且同类技术在市场上尚未发现有交易案例,因此,决定选用成本法。

④各项评估参数的估算。首先,分析测算其重置完全成本。该项专利技术系自创形成,其开发形成过程中的成本资料可从企业中获得。具体如下:

  材料费用　　　　　　　45 000 元
  工资费用　　　　　　　10 000 元
  专用设备费　　　　　　 6 000 元
  资料费　　　　　　　　 1 000 元
  咨询鉴定费　　　　　　 5 000 元
  专利申请费　　　　　　 3 600 元
  培训费　　　　　　　　 2 500 元
  差旅费　　　　　　　　 3 100 元
  管理费分摊　　　　　　 2 000 元
  非专用设备折旧费分摊　 9 600 元
  合　计　　　　　　　　87 800 元

由于专利技术难以复制,各类消耗仍按过去实际发生定额计算,对其价格可按现行价格计算。根据考察、分析和测算,近两年生产资料价格上涨指数分别为 5% 和 8%。由于生活资料物价指数难以获得,该专利技术开发中工资费用所占份额很少,因此,可以将全部成本按生产资料价格指数调整,即可估算出重置完全成本。

重置完全成本 = 87 800 × (1+5%) × (1+8%) = 99 565(元)

其次,确定该项专利技术的贬值率。该项实用新型专利技术的法律保护期限为 10 年,尽管还有 8 年保护期限,但根据专家鉴定分析和预测,该项专利技术的剩余使用期限仅为 6 年,由此可以计算出贬值率为:

贬值率 = (8-6)/8 × 100% = 25%

⑤计算评估值,得出结论。

评估值:99 565 × (1-25%) = 74 673.75(元)

最后,确定该项专利技术的评估值为 74 674 元。

二、非专利技术

(一)非专利技术的概念

非专利技术又称专有技术、技术秘密,是指未经公开、未申请专利的知识和技巧,主要包括设计资料、技术规范、工艺流程、材料配方、经营诀窍和图纸、数据等技术资料。非专利技术与专利权不同,从法律角度讲,它不是一种法定的权利,而仅仅是一种自然的权利,是一项收益性无形资产。从这一角度来说,进行非专利技术的评估,首先应该鉴定非专利技术,分析、判断其存在的客观性。这一判断要比专利权的判断略显复杂些。

(二)非专利技术的特性

一般来说,企业中的某些设计资料、技术规范、工艺流程、材料配方等之所以能作为非专利技术存在,是根据以下特性:

(1)实用性。非专利技术的价值取决于其是否能够在生产实践过程中操作,不能应用的技术不能称为非专利技术。

(2)新颖性。非专利技术所要求的新颖性并非要具备独一无二的特性,但它也绝不能是任何人都可以随意得到的东西。

(3)获利性。非专利技术必须有价值,表现在它能为企业带来超额利润。有价值是非专利技术能够转让的基础。

(4)保密性。保密性是非专利技术的最主要特性。如前所述,非专利技术不是一种法定的权利,其自我保护是通过保密性进行的。

(三)非专利技术评估值的影响因素

在非专利技术评估中,应注意研究影响非专利技术评估值的各项因素。这些因素包括:

1. 非专利技术的使用期限

非专利技术依靠保密手段进行自我保护,没有法定保护期限。但是,非专利技术作为一种知识和技巧,会因技术进步、市场变化等原因被先进技术所替代。作为非专利技术本身,一旦成为一项公认的使用技术,它就不存在价值了。因此,非专利技术的使用期限应由评估者根据本领域的技术发展情况、市场需求情况及技术保密情况进行估算,也可以根据双方合同的规定期限、协议情况估算。

2. 非专利技术的预期获利能力

非专利技术具有使用价值和价值,使用价值是非专利技术本身应具有的,而非专利技术的价值则在于非专利技术的使用所能产生的超额获利能力。因此,评估时应充分研究分析非专利技术的直接和间接获利能力,这是确定非专利技术评估值的关键,也是评估过程中的困难所在。

3. 非专利技术的市场情况

技术商品的价格取决于市场供求情况。市场需求越大,其价格越高;反之,则越低。从非专利技术本身来说,一项非专利技术的价值高低取决于其技术水平在同类技术中的领先程度。在科学技术高速发展的情况下,技术更新换代的速度加快,无形损耗加大,一项非专利技术很难持久处于领先水平。另外,非专利技术的成熟程度和可靠程度对其价值量也有很大的影响。技术越成熟、可靠,其获利能力越强,风险越小,卖价就越高。

4. 非专利技术的开发成本

非专利技术取得的成本也是影响非专利技术价值的因素。评估中应根据不同的技术特点,研究开发成本与其获利能力的关系。

(四)非专利技术的评估方法

非专利技术的评估方法与专利技术的评估方法基本相同,下面分别介绍非专利技术评估中几种方法的应用。

1. 运用成本法对非专利技术进行评估

【做中学7-9】 某企业现有不同类型的设计工艺图纸8万张,需进行评估,以确定该设计工艺图纸的价值。估算过程如下:

第一步,分析鉴定图纸的使用状况。评估人员根据这些图纸的尺寸和所涉及产品的种类、产品的周期进行分析整理。根据分析,将这些图纸分成以下4种类型(这也是一般用于确定图纸类型的标准):

(1)活跃/当前型:6.2万张。是指现正在生产、可随时订货的产品零部件、组合件的工程图纸及其他工艺文件。

(2)半活跃/当前型:0.9万张。是指目前已不再成批生产但仍可订货的产品零部件、组合件的工程图纸及其他工艺文件。

(3)活跃/陈旧型:0.7万张。是指计划停止生产但目前仍可供销售的产品零部件、组合件的工程图纸及其他工艺文件。

(4)停止生产而且不再销售的产品零部件、组合件的工程图纸及其他工艺文件,计0.2万张。

根据分析确定,继续有效使用的图纸计7.1万张。

第二步,估算图纸的重置完全成本。根据图纸设计、制作耗费及其现行价格分析确定,这批图纸每张的重置成本为120元。由此可以计算出这批图纸的重置完全成本为：

图纸的重置完全成本＝71 000×120＝8 520 000(元)

第三步,估算图纸的贬值。对重置完全成本总额还需按其产品的剩余使用年限与总使用年限的比较百分比(也称条件百分比)进行调整,即:

条件百分比＝(剩余使用年限/总使用年限)×100%

假如由活跃/当前型图纸控制产品的剩余使用年限为5年,总使用年限为12年,则其条件百分比为:

条件百分比＝(5/12)×100%＝41.67%

由此确定的贬值率则为58.33%。依这种做法,可以分别计算每种类型图纸的条件百分比。为了简化估算,假定估算出综合条件百分比为40%。

第四步,估算这些图纸的价值。即:

8 520 000×40%＝3 408 000(元)

2. 运用收益法对非专利技术进行评估

【做中学7－10】某评估公司对星海公司准备投入中外合资企业的一项非专利技术进行评估。根据双方协议,确定该非专利技术收益期限为5年,试根据有关资料确定该非专利技术评估值。

评估过程如下:

(1)预测、计算未来5年的收益(假定评估基准日为20××年12月31日)。预测结果如表7－4所示。

表7－4　　　　　　　　　　　　未来5年非专利技术收益预测

项　目	第1年	第2年	第3年	第4年	第5年	合　计
销售量(件)	35	45	45	45	45	215
销售单价(万元)	2.2	2.2	2.2	2.2	2.2	—
销售收入(万元)	77	99	99	99	99	473
减:成本、费用(万元)	21.84	27.935	27.935	27.935	27.935	133.58
利润总额(万元)	55.16	71.065	71.065	71.065	71.065	339.42
减:所得税(万元)	0	0	0	12.442 5	12.442 5	24.885
税后利润(万元)	55.16	71.065	71.065	58.622 5	58.622 5	314.535
非专利技术分成率(%)	40	40	40	40	40	—
非专利技术收益(万元)	22.064	28.426	28.426	23.449	23.449	125.814

(2) 确定折现率。根据银行利率确定安全利率为 6%,再根据技术所属行业及市场表现确定风险率为 14%,由此确定折现率为 20%(即 6%+14%)。

(3) 计算确定评估值。

$$\text{非专利技术评估值} = \sum_{t=1}^{5} \text{各年非专利技术收益}/(1+r)^t$$
$$= 22.064 \times 0.833\ 3 + 28.426 \times 0.694\ 4 + 28.426 \times 0.578\ 7$$
$$+ 23.449 \times 0.482\ 3 + 23.449 \times 0.401\ 9$$
$$= 75.308\ 6(\text{万元})$$

任务四 商标权评估

一、商标和商标权

(一) 商标的概念、特点和种类

1. 商标的概念

商标是商品的标记,是商品生产者或经营者为了把自己的商品区别于他人的同类商品,在商品上使用的一种特殊标记。这种标记一般由文字、图案或两者组合而成。

2. 商标的特征

(1) 形式特征

商标资产通常被视作商品商标权和服务商标权。商品商标权和服务商标权是自然人、法人或其他经济组织对其生产经营的商品或提供的服务项目申请注册的商标,具有专有性和排他性的特征。当商品商标和服务商标得到消费者的认可,并在经济上有所体现时,商品商标和服务商标就能转化为商标资产。商标资产通常体现为商品商标和服务商标,说明商标资产必须具备专有性和排他性的特征。

商标资产可以是独立的商标权或以商标权为核心的资产组合。从商标资产的存在形式上看,商标资产可以是独立商标权,也可以是以商标权为核心的资产组合,这种资产组合通常以商标权为核心,辅以支撑该商标拥有超额收益能力的相关技术和管理。

(2) 价值特征

其对商标标识的商品或服务的数量和质量具有相对依附性。商标的知名度、信誉度及市场影响力是通过所标识的特定商品或服务的质量、品质和便利性等逐步实现的。大部分商标资产的价值在很大程度上与其所标识的商品或服务的质量与水平存在紧密的关系或依附关系。普通商标资产和驰名商标资产与其标识的商品或服务的依附关系或紧密程度可能会存在某些差别。

商标资产需要相关技术和管理支撑。商标资产的价值是由其所标识的商品或服务的品质和信誉决定的,而商品或服务的品质与其生产技术和管理紧密相关,尤其是商品的商标资产。许多商标资产并不单单有着商标权,其往往是若干技术和管理围绕着该商标权形成的商标资产组合。商标权是一种法律概念,而商标资产是一种无形资产。商标权可以通过设计和申请注册实现,而商标资产必须通过经营管理实现。

广告宣传和营销管理对商标资产的价值具有维持和助推作用。商标在很大程度上发挥着广告的功能,商标是连接产品与市场、产品与消费者的"桥梁",是商品展示自我、介绍自我、宣传自我的重要载体,具有极强的广告作用。商标资产的价值虽然不是由广告和营销决定的,但是好的广告宣传和好的营销管理对于商标的市场影响力的形成是有推动作用的,进而会对商标资产的价值产生

维持和推动作用。

商标资产具有逻辑扩展能力。商标资产的逻辑延伸通常是指将商标应用在与已经建立的商标有直接联系的产品或服务中,对具有良好市场认可度和品牌忠诚度的商标而言,通过既有商标名称,商标可以延伸到相关产品或服务上。

(3)法律特征

商标资产具有时效性。在我国,注册商标的有效期为10年,有效期满需要继续使用的,商标注册人应当在期满前12个月按照规定办理续展手续;在此期间未能办理的,可以给予6个月的宽展期。每次续展注册的有效期为10年,自该商标上一届有效期满的次日起开始计算。10年届满如果没有申请续展,则商标的注册将被注销,商标权失效,不再具有经济价值。

商标资产具有地域性。商标权的地域范围对商标资产的价值有很大影响,商标资产具有严格的地域性,商标权只在法律认可的一定地域范围内受到保护。由于不同国家存在着不同的商标保护原则,商标权并不是在任何地方都受到保护。如果需要得到其他国家的法律保护,必须按照该国的法律规定,在该国申请注册,或向世界知识产权组织国际局申请商标国家注册。

商标资产具有约束性。注册商标的专用权以核准注册的商标和核定使用的商品为限。因此,评估商标资产时,要注意商标注册的商品种类及范围,要考虑商品使用范围是否与注册范围相符合,商标权只有使用于核定的商品时才受到法律保护,对超出注册范围部分所带来的收益不应计入商标资产的预期收益中。

3. 商标的种类

商标的种类有很多,可以依照不同标准予以分类。

(1)按商标是否具有法律保护的专用权,可以分为注册商标和未注册商标。我国《商标法》规定:"经商标局核准注册的商标为注册商标,包括商品商标、服务商标和集体商标、证明商标;商标注册人享有商标专用权,受法律保护。"我们所说的商标权评估,指的是注册商标专用权的评估。

(2)按商标的构成,可以分为文字商标、图形商标、符号商标、文字图形组合商标、色彩商标、三维标志商标等。

(3)按商标的不同作用,可以分为商品商标、服务商标、集体商标和证明商标等。其中,集体商标是指以团体、协会或者其他组织名义注册,供该组织成员在商事活动中使用,以表明使用者在该组织中的成员资格的标志。证明商标是指由对某种商品或者服务具有监督能力的组织所控制,而由该组织以外的单位或者个人用于其商品或者服务,用以证明该商品或者服务的原产地、原料、制造方法、质量或者其他特定品质的标志。

(二)商标权

商标权是商标注册后,商标所有者依法享有的权益,它受到法律保护,未注册商标不受法律保护。商标权是以申请注册的时间先后为审批依据,而不以使用时间先后为审批依据。商标权一般包括排他专用权(或独占权)、转让权、许可使用权、继承权等。排他专用权是指注册商标的所有者享有禁止他人未经其许可而在同一种商品或服务或者类似商品或服务上使用其商标的权利。转让权是指商标所有者作为商标权人,享有将其拥有的商标转让给他人的权利。我国《商标法》规定,"转让注册商标的,转让人和受让人应当签订转让协议,并共同向商标局提出申请。受让人应当保证使用该注册商标的商品质量","转让注册商标经核准后,予以公告"。许可使用权是指商标权人依法通过商标使用许可合同允许他人使用其注册商标的权利。商标权人通过使用许可合同转让的是注册商标的使用权。继承权是指商标权人将自己的注册商标交给指定的继承人继承的权利,但这种继承必须依法办理有关手续。

二、商标权评估的程序

(一)明确评估目的

商标权评估目的即商标权发生的经济行为。从商标权转让方式来说,可以分为商标权转让和商标权许可使用。商标权转让是指转让方放弃商标权,转给受让方所有,实际上是商标所有权出售。商标权许可使用则是指拥有商标权的商标权人在不放弃商标所有权的前提下,特许他人按照许可合同规定的条款使用商标。商标权转让方式不同,评估价值也不一样。一般来说,商标所有权转让的评估值高于商标权许可使用的评估值。从股份制企业商标权评估情况来说,一般包括以商标权投资入股、商标权许可使用、商标权转让等。在股份制改造或股份公司上市时,出于股本结构、出资要求等原因,往往将商标权许可使用,这样做既可以保证股份制企业正常生产经营,又不影响其股权结构和出资规定。在这种情况下,不仅要对商标权进行评估,还应评估出年许可使用费标准,作为签订许可使用合同的依据。

(二)向委托方收集有关资料

收集的资料如下:①委托方概况。包括经营历史、现状以及经营业绩(如前3～5年财务报表)。②商标概况。包括商标注册有关的法律性证件、注册时间、注册地点、注册证书号、保护内容、商标的适用范围、商标的种类、商标的法律诉讼情况、商标的知名度、商标有无其他协议等。③商标产品的历史、现状与展望。包括市场环境、同行业情况、商标产品的信誉、市场占有率情况等。④商标的广告宣传等情况。⑤委托方未来经营规划。⑥未来财务数据预测。包括生产和销售预测、成本费用预测、损益预测。⑦相关产业政策、财税政策等宏观经济政策对其的影响。

(三)市场调研和分析

主要内容包括:产品市场需求量的调研和分析;商标现状和前景的分析;商标产品在客户中的信誉、竞争情况的分析;商标产品市场占有率的分析;财务状况分析(主要分析判断商标产品现有获利能力,为未来收益发展趋势预测提供依据);市场环境变化的风险分析;其他相关信息资料的分析。

(四)确定评估方法,收集确定有关指标

商标权评估较多采用收益法,但也不排斥采用市场法和成本法。由于商标的单一性,同类商标价格获取有难度,使得市场法应用受到限制。商标权的投入与产出具有弱对应性:有时设计创造商标的成本费用较低,其带来的收益却很大;而有时为设计创造某种商标的成本费用较高,比如为宣传商标投入了巨额的广告费,但带来的收益却不高。因此,采用成本法评估商标权时必须慎重。

运用收益法评估商标权主要是分析测算收益额、折现率和收益期限三项指标。收益额、折现率的分析测算前面已经述及,此处不再赘述。收益期限的确定是商标权评估时十分重要的问题。按照《商标法》的规定,商标权法律保护期限(注册)是 10 年,到期后可以续展。

(五)计算、分析、得出结论,完成评估报告

这是最后一步,标志着整个商标权评估程序的结束。

三、商标权评估的方法

商标权评估采用的方法一般为收益法,下面主要介绍说明收益法在商标权评估中的应用。

【做中学 7-11】 星海公司将一种已经使用了 50 年的注册商标转让。根据历史资料,该公司近 5 年使用这一商标的产品比同类产品的价格每件高 0.7 元,该公司每年生产 100 万件。该商标目前在市场上有良好的口碑,产品基本上供不应求。根据预测估计,如果在生产能力足够的情况下,这种商标产品每年生产 150 万件,每件可获超额利润 0.5 元,预计该商标能够继续获取超额利润的时间是 10 年。前 5 年保持目前超额利润水平,后 5 年每年可获取的超额利润为 32 万元,请评

估该项商标权的价值。

(1)首先计算其预测期内前5年中每年的超额利润：

150×0.5＝75(万元)

(2)根据公司的资金成本率及相应的风险率，确定其折现率为10%。

(3)确定该项商标权价值：

75×[(1+10%)⁵－1]÷[10%×(1+10%)⁵]＋32×[(1+10%)⁵－1]
÷[10%×(1+10%)⁵]×1÷(1+10%)⁵
＝75×3.790 7＋32×3.790 7×0.620 9
＝284.3＋75.316 7
＝359.616 7(万元)

由此确定商标权转让评估值为359.616 7万元。

【做中学7－12】 甲自行车厂将红鸟牌自行车的注册商标使用权通过许可使用合同允许给乙厂使用，使用时间为5年。双方约定，由乙厂每年按使用该商标新增利润的27%支付给甲厂，作为商标使用费。试评估该商标使用权价值。

评估过程如下：

首先，使用期限内新增利润总额取决于每辆车的新增利润和预计产量。对于产量的预测，应根据许可合同的有关规定及市场情况进行。如果许可合同中规定有地域界限，在预测时必须予以考虑，否则就可能造成预测量过大，导致评估值失实。根据评估人员预测，每辆车可新增净利润5元，第1年至第5年生产的自行车分别为40万辆、45万辆、55万辆、60万辆、65万辆。

由此确定每年新增净利润为：

第1年：40×5＝200(万元)

第2年：45×5＝225(万元)

第3年：55×5＝275(万元)

第4年：60×5＝300(万元)

第5年：65×5＝325(万元)

其次，确定分成率。按许可合同中确定的27%作为分成率。

再次，确定折现率。假设折现率为14%。

由此可以计算出每年新增净利润的折现值(见表7－5)。

表7－5　　　　　　　　　　　每年新增净利润的折现值

年　份	新增净利润额(万元)	折现系数	折现值(万元)
1	200	0.877 2	175.44
2	225	0.769 5	173.14
3	275	0.675 0	185.63
4	300	0.592 1	177.63
5	325	0.519 4	168.81
合　计			880.65

最后，按27%的分成率计算确定商标使用权的评估值为：

880.65×27%×(1－25%)≈178(万元)

任务五　著作权评估

一、著作权资产

(一)著作权的概念

著作权也称版权,是指著作权人对自己的著述和创作的作品所享有的权利。作品是指文学、艺术和科学领域内具有独创性,并能够以某种有形形式复制的智力创作成果。这种作品一般通过某种物质载体的形式来体现,如书籍、照片、录音带、录像带、光盘等。我国《著作权法》所称的作品包括:文字作品;口述作品;音乐、戏剧、曲艺、舞蹈作品;美术、摄影作品;电影、电视、录像作品;工程设计、产品设计图纸及其说明;地图、示意图等图形作品;计算机软件;民间文学艺术作品;法律、行政法规规定的其他作品。

著作权人享有的著作权包括人身权和财产权,具体划分为:①发表权,即决定作品是否公之于众的权利;②署名权,即表明作者身份、在作品上署名的权利;③修改权,即修改或授权他人修改作品的权利;④保护作品完整权,即保护作品不受歪曲、篡改的权利;⑤使用权和获得报酬权,即以复制、表演、播放、展览、发行、摄制电影、电视、录像,或者改编、翻译、注释、编辑等方式使用作品的权利,以及许可他人以上述方式使用作品并由此获得报酬的权利。

(二)著作权资产

1. 著作权资产的概念

著作权资产是指权利人所拥有或者控制的、能够持续发挥作用并且预期能带来经济利益的著作权的财产权益和与著作权有关权利的财产权益。并非所有的著作权都能成为资产评估中的著作权资产,著作权中能够持续发挥作用并且预期能为权利人带来经济利益的著作权才能够成为资产评估中的著作权资产。

2. 著作权资产的特征

(1)形式特征

著作权资产与相关有形资产以及其他无形资产共同发挥作用。对于一些特殊著作权资产,其不但与一些有形贡献资产共同发挥作用,甚至还可能与一些无形贡献资产共同发挥作用。

著作权资产与演绎作品共同发挥作用。我国《著作权法》规定,演绎作品著作权人行使自身作品著作权时,不能侵犯原创作品著作权人的权益。

著作权和与著作权有关权利共同发挥作用。例如剧场演出的话剧,一台话剧节目的剧本是享有著作权的,演出不能没有演员,并且一般情况下,演员具有十分重要的作用。因此,上述演出收益应该理解为剧本著作权与演员邻接权共同发挥作用的结果。

(2)法律特征

①著作权资产具有时效性。一般情况下,著作权的发表权、使用权和获得报酬权受法律保护的年限是有限制的,不同著作权具有不同的法律保护期限。例如,《伯尔尼公约》第7条规定,一般作品的保护期不少于作者有生之年加上死后50年,摄影作品和实用艺术作品不少于作品完成后25年,电影作品不少于公映后50年等。一旦有关的经济权利超过法律保护的期限,其权利自动失效。但是,著作权的精神权利,如署名权、修改权、保护作品完整权等往往不受保护期的限制。我国《著作权法》第22条规定:"作者的署名权、修改权、保护作品完整权的保护期不受限制。"

②著作权资产具有地域性。由于各国对著作权进行保护的法律不尽相同,可能在一个国家或地区受保护的某种项目,在另外一个国家或地区则不受保护,这主要取决于该国家或地区的法

律规定。

二、著作权资产价值的影响因素

(一)宏观经济状况

1. 著作权使用区域的社会环境

一个社会的著作权意识和政策导向对著作权价值有重要影响。只有在"政府软件正版化"背景下,通过实施诸如"著作权人才工程"等,构建出政府引导、社会广泛参与的著作权保护大联盟、大格局,著作权才能有更高的价值。

2. 著作权使用区域的经济环境

著作权产业的发展与区域经济发展密切相关,著作权交易发生在经济发达区域,其价值会高于经济落后区域。但是,文化消费又不同于实物消费,在满足消费者物质需求的同时,还可以满足消费者心理的需求,因此其消费对外部经济环境的反应相对具有弹性,尤其是在经济增长缓慢的时期,著作权产业可能会出现逆增长。

(二)市场需求状况

著作权作为一项特殊的资产,在参与市场交易时,其价值同样受到市场活跃程度及供求规律的影响。在著作权交易活跃的市场中,著作权价值就容易实现,一些畅销出版物、音像制品等,发生市场交易比较常见。当市场对某项著作权的供应大于需求时,其价值会降低;反之,价值会得到提升。市场相关作品的价值以及新版本作品也会影响到所估作品著作权的价值。市场竞争程度会影响到著作权价值的大小,同类作品的竞争激烈,作品的著作权价值实现也会受到影响。

(三)著作权所依托的作品

1. 作品所处的产业及相关政策

文学、艺术作品作为文化产品的一部分,其受产业政策影响尤其明显。一方面,国家对文化产业大力扶持和发展,出台了一系列相关产业发展政策;另一方面,国家对文化产品的导向作用也有明确的要求,倡导文化企业提供精神产品、传播思想信息、担负文化传承使命,必须始终把社会效益放在首位,实现社会效益和经济效益相统一。

2. 作品的类型

不同类型作品的著作权,其价值影响因素可能差别很大,例如同样是录音制品,流行音乐和经典音乐就有很大差别。不同类型作品的著作权,其法律规定也有不同,例如原创作品和演绎作品的差异。不同作品的传播方式不同,因此会影响其传播范围、传播效果及传播收益,例如文字作品可以通过广播方式进行传播,但美术、摄影作品就很难通过同样的方式传播,所以文字作品的广播权价值就比美术作品的广播权价值要大。

3. 作品的内容

①艺术性。著作权艺术上的独特性是其获得法律保护的依据,也是形成其价值的重要因素。作品的艺术性是指作品对读者产生的一种艺术感染力,是作品的创作投入、艺术形式、艺术技巧、作者的艺术素养和审美情趣的综合表现。艺术性强的作品,其使用价值相对艺术性弱的作品要高,因此其著作权资产的价值也就比较高。②时代性。作品的时代性主要是指作品与时代相呼应,顺应时代的要求,能较大程度地满足人们某方面的需求。时代性强的作品相对来说使用价值要大,著作权资产的价值也相对较高。③技术水平。著作权的创造难度大,复制风险也大,技术上的保密性和反侵权能力是衡量其价值的重要标准。

4. 作品作者的知名度

有些著作权的价值与创作者的知名度有很大关系,例如文字、摄影、动漫等创意设计作品,创作者知名度高,其作品更受欢迎,市场对其需求更大,未来取得收益多,价值也就更高。

5. 作品的生产制作能力

作品是著作权资产的载体,这些作品的生产制作能力决定了其供给量的大小。不同类型作品在创作人员、配套资源要求、创作流程等方面都存在差异。在著作权资产价值评估时,需要关注实施或运用著作权资产的企业供给能力的限制。

6. 作品的发表状态

在进行著作权评估过程中,必须考虑作品的发表状态,其对资产的价值有较大影响。首先,发表状态影响资产的剩余经济寿命;其次,发表状态还会影响作品的影响力和经济利益。发表是作品扩大受众范围的途径,作品通过这种方式能够被更多的受众接触,扩大其影响力,影响著作权能够带来的经济利益,从而影响其价值。

7. 作品的已传播情况

一般来讲,作品的已传播情况是指作品被人观看或者阅读的次数及其范围。随着网络技术的发展,优秀作品的传播速度会进一步加快,对于家喻户晓的作品,其社会影响力大,从而其著作权资产的价值相对较高。

(四)著作权的运营模式

1. 不同的著作权运营模式对著作权价值的实现具有较大影响

作品著作权涉及的财产权利类型众多,而一种作品可以衍生出更多类型的作品,且这些衍生品著作权的财产权利又以原始著作权权利为基础,从价值上来说,原始作品与衍生作品互相影响、互为基础。因此,最优的著作权运营模式就是寻求实现从原始作品到全部衍生作品的全作品链的、各种财产权利价值最大化的模式。

2. 不同的运营模式对著作权价值评估有不同的影响

对于产业链较长、作品著作权开发比较深入的模式,企业运作比较成熟,使得作品著作权各类权利的充分利用成为可能,同时原始作品转化为新作品也成为可能。这种情况下,如果涉及著作权的全部财产权利价值,就需要结合企业运营模式,充分考虑各类权利收益的实现途径和金额,并且需要考虑衍生收益的价值。

(五)著作权的法律状态

我国《著作权法》对作品的保护采用自动保护原则,即作品一旦产生,作者便享有著作权,不论登记与否都受法律保护。随着著作权纠纷越来越多,许多作者要求将自己的作品交著作权管理部门登记备案。作品办理登记后,则有了一个法律的初步证据。一旦发生侵权纠纷或权利归属纠纷,登记记录可以作为其是真实权利人的有力证明,降低著作权人在维护合法权益或对抗诉讼中的成本,从而间接影响著作权的价值。在著作权的评估过程中,作品登记证书可以作为该著作权稳定性、可靠性的依据。

三、著作权资产评估的技术方法

著作权资产评估实质上也就是对与著作有关的经济权利的评估。著作权的种类有很多,下面以图书及计算机软件为例,说明著作权资产评估的技术方法。

(一)图书著作权资产评估的技术方法

1. 市场法

著作权由于具有不可复制性,在参照物的选择上比较困难,所以市场法的选择也受到了限制。按图书出版的惯例,一般有两种稿酬支付方式:一种是按照千字稿酬的方式支付;另一种则是按照版税的方式支付。而按照千字稿酬的方式支付就是市场法的应用。

【做中学 7-13】 教师甲编写了一本资产评估方面的专业教材,共 30 万字。教师甲在和出版社商谈报酬时,双方约定采用千字稿酬的方式付酬,由出版社一次性买断出版权。此时,著作权价值由字数和每千字的单价决定。参照该作者以前的著作和市场类似著作的价格,双方商定为每千字 100 元,则该著作权的价值为:

300 000÷1 000×100＝30 000(元)

【提示】这种方法主要适用于销售量不是很大的图书,此时所有的风险一律由出版社来承担。

2. 收益法

采用收益法评估著作权时,主要考虑收益额、折现率和折现期三个指标。最难确定的是收益额,收益额取决于销售量、销售单价和版税,而销售单价、销售量和版税是相互影响的。一般情况下,图书的定价取决于图书的印刷成本、版税成本、发行成本和印刷数量的大小。此外,对于畅销的书籍,还要考虑国家法律对盗版的打击力度以及读者对盗版的态度。为了保障作者利益,有时候也可以采用千字稿酬加版税的方式,即出版社先按照千字稿酬的方式支付作者稿酬,当出版社加印时,再按照加印数量的销售额的一定比例支付作者版税。

【注意】对大多数图书而言,其发行量和销售量都有一个过程,此时就要严格按照收益法公式进行计算。

【做中学 7-14】 预计某图书定价为 24 元/册,在著作使用权合同 10 年期内的总发行量估计能够达到 50 000 册,前 5 年的年销售量为 7 000 册,后 5 年的年销售量为 3 000 册,版税率(即收入提成率)为 10%,稿酬的所得税税率为 20%(按应纳税额减征 30%),折现率为 10%。该著作使用权的价值评估过程为:

(1)前 5 年与后 5 年的年版税收入分别为:

7 000×24×10%＝16 800(元)

3 000×24×10%＝7 200(元)

(2)前 5 年与后 5 年的年所得税后版权收入分别为:

16 800－16 800×(1－20%)×20%×(1－30%)＝16 800－1 882＝14 918(元)

7 200－7 200×(1－20%)×20%×(1－30%)＝7 200－806＝6 394(元)

(3)该著作使用权价值为:

14 918×(P/A,10%,5)＋6 394×(P/A,10%,5)×(P/F,10%,5)＝71 601(元)

(二)计算机软件著作权资产评估的技术方法

计算机软件是作者将其思想通过计算机语言呈现出来的一种结果,属于著作权的一种,受知识产权的保护。随着计算机技术的迅猛发展和应用领域的极大拓展,计算机软件的重要性日益凸显,保护知识产权的呼声日益高涨,计算机软件的价值也越来越为人们所重视。对计算机软件进行估价是美国 IBM 公司于 1968 年首先提出来的,IBM 提出了计算机软件的单独估价以及硬件与软件价格分离的政策。在此之后,其他一些国家也开始了计算机软硬件价格的分离,进行计算机软件的评估。我国关于计算机软件的评估要晚于西方发达国家,由于我国现阶段正处于软件等高新技术起步建设阶段,面临着与西方发达国家不同的评估背景,因此,在考虑评估方法时,应使评估标准、评估方法的选择与评估目的相匹配,从而使计算机软件的评估更切合实际。

在评估计算机软件价值时,应通过对软件类型、软件规模、软件所处生存阶段以及相应技术文档的确认与读取等过程,选择软件评估方法、评估公式中的参数,以确定软件价值构成。

1. 成本法

对于大型系统软件,一般采用成本法进行评估。当需要对计算机软件产品定价,或者以计算机软件合资入股确定计算机软件价值时,也可以考虑采用成本法。

用成本法评估计算机软件价值时,具体可采用代码行成本估算法及参数成本法。

(1)代码行成本估算法。代码行成本估算法是把研制费用与有效源代码行数的估算联系起来,用以下两个公式来计算软件成本和工作量:

$$C = L \times a$$
$$E = L \div P$$

式中,C 为计算机软件的成本,E 为工作量,a 为每代码行成本,L 为该软件有效代码行总数,P 为生产率(行/人·月)。

估算代码行可以采用经验估算和历史数据估算两种方法。所谓经验估算,即将所要估算的软件与一个类似的已完成的程序进行比较,再对其统计行数进行适当调整以反映两者的不同之处。当类似项目的历史数据有效时,采用这种方法的效率最高。采用历史数据估算代码行,还需要采取某些传统的编码工作才能完成实际的程序规模,费时费钱,一般情况下,在对非常重要的程序估算时才使用。

(2)参数成本法。在计算机软件价值评估实务中,通常还可以使用参数成本法,其基本公式为:

$$P = C_1 + C_2$$

式中,P 为软件成本估算,C_1 为软件开发成本,C_2 为软件维护成本。

软件的开发成本 C_1 由软件的工作量 M 和单位工作量成本 W 所决定:

$$C_1 = M \times W$$

工作量 M 为在现有条件下重新开发此软件所需要的工作量,可采用 Doty 模型来确定。该模型将软件产品按应用领域分为四类,代码分成两类,通过大量的统计调查,将样本数据用最小二乘法建立模型,不同的情况采用不同的估算方式,从而得出不同软件所需要的开发时间。估算公式见表 7—6。

表 7—6　　　　　　　　　　Doty 模型估算公式

应用领域	估算公式	
	目标代码	源代码
综合	$M = 4.790 \times K0.991$	$M = 5.258 \times K1.057$
控制	$M = 4.573 \times K1.228$	$M = 4.089 \times K1.263$
科学	$M = 4.495 \times K1.068$	$M = 7.054 \times K1.109$
商业	$M = 2.895 \times K0.784$	$M = 4.495 \times K0.781$

注:K 为千行源程序代码条数或目标代码条数。

单位工作量成本 W 由直接成本、间接成本和期间费用构成,包括硬件购置费、软件购置费、人工费、培训费、通信费、基本建设费、财务费用、管理费用及其他费用。软件的维护成本主要由技术人员的工资以及软硬件的投入构成。

【做中学 7—15】 财务软件 AMT 由宏发公司开发,现欲将该软件转让给 A 公司。经评估专业人员调查了解,A 公司购买该软件的目的主要是节省开发时间,因此本次拟选用成本法进行评估,选用 Doty 模型。评估过程如下:

评估专业人员通过与宏发公司的开发人员、财务人员和管理人员沟通,对该软件的内部文件进行查阅审核,并通过对该软件开发期间的财务数据进行考察,得到如下信息:

该软件的源程序有效代码行数 K 为 40 千行,经管理人员统计,开发该软件的实际工作量为 72.5,开发该软件的直接费用、间接费用与期间费用之和为 25 000 元。根据 Doty 模型的估算公式,该软件的开发工作量 M 为：

$M=4.495\times K0.781=4.495\times 400.781=1\ 801.5$

目前,该系统由于不断地维护更新,能够在较高水平的硬件和软件环境下运行,维护成本大约等于开发成本的 25%,因此总的开发工作量 C 为：

$C=M\times(1+25\%)=1\ 801.5\times 1.25=2\ 251.88$

单位开发工作成本 W 为：

$W=25\ 000\div 72.5=344.83(元)$

总的软件评估值 P 为：

$P=2\ 251.88\times 344.83=776\ 515.78(元)$

2. 市场法

对计算机软件市场、技术市场和资本市场较发达的国家和地区来说,市场法是一种常用的评估计算机软件价值的方法。这种评估方法是通过在计算机软件市场、技术市场或资本市场上选择相同或近似的资产作为参照物,针对各种价值影响因素,主要是计算机软件的功能类比,将被评估计算机软件与参照物计算机软件进行价格差异的比较调整,分析各项调整结果,以确定被评估计算机软件的价值。

(1)直接比较法。当被评估软件在功能、外观、用途、系统条件以及成交时间与评估基准日等方面有相同的参照物时,可以采用直接比较法进行评估。

$$被评估软件的价值=参照物的交易价格\times 被评估资产的成新率$$

(2)类比调整法。当市场上只能找到与被评估软件的功能、外观、用途、系统条件以及成交时间等方面相似的参照物时,可以采用类比调整法进行评估。

$$被评估软件的价值=参照物的交易价格\times 综合调整系数\times 被评估资产的成新率$$

任务六　商誉评估

一、商誉的概念和特征

(一)商誉的概念

商誉通常是指企业在一定条件下,能获取高于正常投资报酬率的收益所形成的价值。企业由于所处地理位置的优势,或由于经营效率高、管理基础好、生产历史悠久、人员素质高等多种原因,与同行业企业相比较,可获得超额利润。

从历史渊源考察,20 世纪 60 年代以前所称的无形资产是一个综合体,商誉则是这个综合体的总称。20 世纪 70 年代以后,随着对无形资产确认、计量的需要,无形资产以不同的划分标准,形成各项独立的无形资产。现在所称的商誉,是指企业所有无形资产扣除各单项可确指无形资产以后的剩余部分。因此,商誉是不可确指的无形资产。

(二)商誉的特征

商誉具有如下特征：①商誉不能离开企业而单独存在,不能与企业可确指的资产分开出售。②商誉是多项因素作用形成的结果,但形成商誉的个别因素不能以任何方法单独计价。③商誉本身不是一项单独的、能产生收益的无形资产,而只是超过企业可确指的各单项资产价值之和的价值。④商誉是企业长期积累起来的一项价值。

二、商誉评估的方法

(一)割差法

割差法是将企业整体评估价值与各单项资产评估值之和进行比较,确定商誉评估值的方法。其基本公式为:

企业商誉评估值＝企业整体资产评估值－企业各单项资产评估值之和(含可确指无形资产)

企业整体资产评估值可以通过预测企业未来预期收益并进行折现或资本化获取。对于上市公司,也可以按股票市价总额确定。采取上述评估方法的理论依据是,企业价值与企业可确指的各单项资产价值之和是两个不同的概念。如果有两个企业,企业可确指的各单项资产价值之和大体相当,但由于经营业绩悬殊、预期收益悬殊,其企业价值自然相去甚远。企业中的各项资产,包括有形资产和可确指的无形资产,由于其可以独立存在和转让,评估价值在不同企业中趋同;但它们由于不同的组合、不同的使用情况和管理方式,使得运行效果不同,导致其组合的企业价值不同,会使各类资产组合后产生超过各单项资产价值之和的价值,即为商誉。商誉的评估值可能是正值,也可能是负值。当商誉为负值时,有两种可能:一种是亏损企业;另一种是收益水平低于行业或社会平均收益水平的企业。

【做中学 7－16】 星海公司进行股份制改组,根据公司过去经营情况和未来市场形势,预测其未来5年的净利润分别是13万元、14万元、11万元、12万元和15万元,并假定从第6年开始,以后各年净利润均为15万元。根据银行利率及企业经营风险情况确定的折现率和本金化率均为10%,并且采用单项资产评估方法评估确定该公司各单项资产评估价值之和(包括有形资产和可确指的无形资产)为90万元。试确定该公司的商誉评估值。

首先,采用收益法确定该公司整体评估值。

企业整体评估值＝13×0.909 1＋14×0.826 4＋11×0.751 3＋12×0.683 0＋15×0.620 9
　　　　　　　＋15÷10%×0.620 9
　　　　　　＝49.161 7＋93.135
　　　　　　＝142.296 7(万元)

其次,因为该公司各单项资产评估值之和为90万元,由此可以确定商誉评估值,即:

商誉评估值＝142.296 7－90＝52.296 7(万元)

(二)超额收益法

商誉评估值指的是企业超额收益的本金化价格。把企业超额收益作为评估对象进行商誉评估的方法称为超额收益法。根据被评估企业的不同,超额收益法又可分为超额收益本金化价格法和超额收益折现法两种方法。

1. 超额收益本金化价格法

超额收益本金化价格法是把被评估企业的超额收益经本金化还原来确定该企业商誉价值的一种方法。其计算公式为:

$$商誉的价值 = \frac{企业预期年收益额 - 行业平均收益率 \times 该企业的单项资产评估价值之和}{适用本金化率}$$

或

$$商誉的价值 = \frac{被评估企业单项资产评估价值之和 \times (被评估企业预期收益率 - 行业平均收益率)}{适用本金化率}$$

$$被评估企业预期收益率 = \frac{企业预期年收益额}{企业单项资产评估价值之和} \times 100\%$$

【做中学7—17】 星海公司的预期年收益额为20万元,该公司的各单项资产评估价值之和为80万元,公司所在行业的平均收益率为20%,并以此作为适用资产收益率。试求其商誉的价值。

商誉的价值=(200 000−800 000×20%)÷20%
=40 000÷20%
=200 000(元)

或

商誉的价值=800 000×(200 000/800 000−20%)÷20%
=800 000×(25%−20%)÷20%
=200 000(元)

超额收益本金化价格法主要适用于经营状况一直较好、超额收益比较稳定的企业。如果在预测企业预期收益时,发现企业的超额收益能维持若干年,这类企业的商誉评估就不宜采用超额收益本金化价格法,而应改按超额收益折现法进行评估。

2. 超额收益折现法

超额收益折现法是把企业可预测的若干年预期超额收益进行折现,并将其折现值确定为企业商誉价值的一种方法。其计算公式为:

$$商誉的价值 = \sum_{t=1}^{n} R_t (1+r)^{-t}$$

公式中,R_t 表示第 t 年企业预期超额收益,r 表示折现率,n 表示收益年限,$(1+r)^{-t}$ 表示折现系数。

【学中做7—1】 星海公司预计将在今后5年内保持其具有超额收益的经营态势。估计预期年超额收益保持在22 500元的水平上,该公司所在行业的平均收益率为12%,则:

商誉的价值=22 500×0.892 9+22 500×0.797 2+22 500×0.711 8+22 500×0.635 5
+22 500×0.567 4
=81 108(元)

或

商誉的价值=22 500×3.604 8=81 108(元)

任务七 体育无形资产评估

一、体育无形资产评估的概念

体育无形资产,是指特定主体拥有或者控制的,不具有实物形态,能持续发挥作用并能带来经济利益的体育资源。

体育无形资产评估,是指资产评估机构及其资产评估专业人员遵守法律、行政法规和资产评估准则,根据委托对评估基准日特定目的下的体育无形资产价值进行评定和估算,并出具资产评估报告的专业服务行为。

二、体育无形资产评估的评估对象和范围

(一)体育无形资产评估的评估对象

体育无形资产评估对象,是指体育无形资产的财产权益,或者特定体育无形资产组合的财产权益。体育无形资产不局限于无形资产会计科目核算的资产。符合资产评估准则关于体育无形资

产定义的,均可以构成体育无形资产评估对象。

执行体育无形资产评估业务,应当谨慎区分可辨认体育无形资产和不可辨认体育无形资产。

(1)可辨认体育无形资产包括著作权资产、商标资产、特殊标志资产、域名资产、专利资产、商业秘密资产、合同权益资产、客户关系资产、特许经营权资产和受到专门法律保护的其他体育无形资产等。

(2)不可辨认体育无形资产属于商誉,通常源自体育组织优越的地理位置、默契的团队配合、独特的组织文化等与同行相比具备的优势。

(二)体育无形资产评估的评估范围

评估范围应当由委托人根据评估目的和评估对象的具体情况合理确定。资产评估机构及其资产评估专业人员应当根据专业经验提出合理建议。

执行企业价值评估业务中的体育无形资产评估,应当根据会计政策、企业经营等情况,对被评估企业资产负债表表内以及表外的体育无形资产进行识别。

三、体育无形资产评估的辨认

体育无形资产评估业务,应当结合体育产业特征,合理识别各项可辨认体育无形资产。

(1)体育无形资产中的著作权资产,是指与体育有关的著作权的财产权益,以及与著作权有关权利的财产权益形成的资产。与体育有关的著作权通常包括体育赛事的电台广播权、电视转播权和信息网络传播权,体育活动使用的会徽、吉祥物著作权,体育组织开发或者购买的计算机软件等。

(2)体育无形资产中的商标资产,是指与体育有关的注册商标权益形成的资产。与体育有关的商标通常包括体育组织的注册商标,体育活动使用的名称、会徽、吉祥物的注册商标等。

(3)体育无形资产中的特殊标志资产,是指依法核准登记的体育类特殊标志专用权益形成的资产。体育类特殊标志通常包括体育活动使用的名称、会徽、吉祥物等。

(4)体育无形资产中的域名资产,是指与体育有关的互联网域名专用权益形成的资产。与体育有关的互联网域名通常包括体育组织的域名、体育活动的域名等。

(5)体育无形资产中的专利资产,是指与体育有关的专利权益形成的资产。与体育有关的专利通常包括体育活动使用的标贴、标牌、吉祥物等的外观设计专利,体育产品生产或者开发的专利等。

(6)体育无形资产中的商业秘密资产,是指与体育有关的商业秘密权益形成的资产。与体育有关的商业秘密通常包括体育组织拥有的会员名单、体育运动数据、体育训练和运动的技术诀窍、体育产品生产或者开发的专有技术等。

(7)体育无形资产中的合同权益资产,是指与体育有关的、依法成立的合同受益权益形成的资产。与体育有关的典型合同通常包括体育赛事活动合作合同,运动员、教练员入队协议,体育无形资产市场开发合同等。

(8)体育无形资产中的客户关系资产,是指与体育有关的客户关系受益权益形成的资产。与体育有关的客户关系通常包括体育赛事的赞助商资源、体育组织与会员或者供应商建立的客户关系等。

(9)体育无形资产中的特许经营权资产,是指与体育有关的特许经营权益形成的资产。与体育有关的特许经营通常包括体育产品的特许经营、体育赛事特许商品开发与销售、体育健身俱乐部加盟等。

(10)受到专门法律保护的其他体育无形资产,例如奥林匹克标志权利人拥有的专用权益形成的奥林匹克标志资产。《奥林匹克标志保护条例》规定的奥林匹克标志权利人包括国际奥林匹克委员会、中国奥林匹克委员会和中国境内申请承办奥林匹克运动会的机构、在中国境内举办的奥林匹克运动会的组织机构。

四、体育无形资产评估业务价值类型选择

体育无形资产评估业务,应当在考虑评估目的、市场条件、评估对象自身条件等因素的基础上,恰当选择价值类型。

(1)涉及出资、质押、税收和诉讼的,按照法律、行政法规或者合同的规定选择价值类型,法律、行政法规或者合同没有规定的,通常选择市场价值。

(2)涉及转让、许可使用的,通常选择市场价值或者投资价值。

(3)涉及财务报告的,根据会计准则要求选择相应的会计计量属性作为评估价值类型。

五、体育无形资产评估方法

确定体育无形资产价值的评估方法包括收益法、市场法和成本法三种基本方法及其衍生方法。执行体育无形资产评估业务,应当根据评估目的、评估对象、价值类型、资料收集等情况,分析上述三种基本方法的适用性,选择评估方法。

(一)收益法

采用收益法评估体育无形资产,应当根据无形资产的商业运营模式,考虑体育无形资产相关产品或者服务的运营主体资质、体育基础设施投入和管理水平、公众参与规模和参与度等因素,合理确定体育无形资产相关产品和服务的收益水平。

体育无形资产未来收益可以通过分析计算节省许可费、增量收益或者超额收益等方式进行预测,对应的具体方法分别为节省许可费折现法、增量收益折现法和多期超额收益折现法。

(1)体育无形资产评估的节省许可费折现法,是指基于拥有被评估体育无形资产未来可以节省许可费的预期,并对所节省许可费采用适当的折现率折现后累加,从而确定评估对象价值的一种评估方法。

体育无形资产的许可使用费可以参考评估对象已有许可使用合同约定的收费方式和收费水平,或者市场上相同或者类似无形资产的许可使用费率,结合评估对象未来发展情况进行分析预测。

预测体育无形资产许可使用费,应当关注无形资产许可使用方式、条件、范围、期限,以及无形资产相关商业活动的收入和成本分配机制、各方的权利和义务等合同约定事项对评估对象价值的影响。

(2)体育无形资产评估的增量收益折现法,是指基于使用被评估体育无形资产可以获得未来增量收益的预期,并对增量收益采用适当的折现率折现,从而确定评估对象价值的一种评估方法。增量收益通常是指使用被评估体育无形资产与不使用该资产相比增加的收益。

预测体育无形资产的增量收益,应当分析判断体育无形资产的增量收益是来自收入增长,还是来自成本费用节约,或者两者兼而有之。

预测体育无形资产的增量收益,应当了解体育无形资产的商业运营模式,合理分析在假设拥有和不拥有评估对象的前提下相关体育产品的知名度、影响力等运营效果。

(3)体育无形资产评估的多期超额收益折现法,是指将被评估体育无形资产实施主体未来预期收益中归属于被评估体育无形资产的预期超额收益进行折现累加,从而确定评估对象价值的一种评估方法。超额收益,通常是指从被评估体育无形资产与其他资产共同创造的各期整体收益中扣减其他资产贡献的收益后的余额。

与被评估体育无形资产共同发挥作用的其他相关资产通常包括营运资金、固定资产和其他无

形资产等。预测超额收益,应当对被评估体育无形资产权利主体的未来盈利预测进行分析,合理区分被评估体育无形资产与其他相关资产的收益贡献。

采用多期超额收益折现法评估体育无形资产,应当关注体育无形资产的时效性和生命周期特征,超过一定时限,未来收益水平将产生较大变化。

【注意】采用收益法评估体育无形资产,应当合理确定评估对象的收益期限。评估对象的收益期限取决于相关资产产生收益的时间。确定体育无形资产的收益期限,应当综合考虑相关体育产品的经济寿命期限、相关体育无形资产法律保护期限、合同有效期限、技术寿命期限和经济寿命期限等影响因素,按照孰短原则确定。

采用收益法评估体育无形资产,应当根据评估对象具体情况和收益预测具体方法的需要,恰当选择评估对象的收益口径。体育无形资产评估一般采用税前收益,具体收益指标主要包括收入、利润和现金流量等。

采用收益法评估体育无形资产,应当考虑与评估对象相关的法律风险、市场风险、经营风险、技术风险和财务风险等,合理确定折现率,并与收益口径保持一致。

估算体育无形资产折现率,可以采用风险累加、企业加权平均资本成本途径等方式。

(二) 市场法

采用市场法评估体育无形资产,应当根据所获取交易案例与评估对象的相似程度、交易案例相关数据的充分性和可靠性等因素,恰当选择可比交易案例。

采用市场法评估体育无形资产,可以根据各类评估对象的特点,分析判断交易价格修正法和价值比率修正法的适用性。

采用价值比率修正法评估体育无形资产,价值比率通常表现为交易价格或者价值与财务指标或者非财务指标之比。

采用市场法评估体育无形资产,应当分析评估对象与可比交易案例在交易时间、交易背景、交易标的及其相关体育产品的法律特征、经济特征和技术特征等方面的差异,并考虑该差异因素对无形资产价值的影响。

(1) 对与体育赛事相关的无形资产,个体特征差异因素主要包括赛事知名度与影响力、赛事盈利能力和赛事组织管理水平等。

(2) 对与体育专业人员相关的无形资产,个体特征差异因素主要包括体育专业人员的知名度与美誉度、专业技术水平与竞技状态、年龄与服役期限等。

(三) 成本法

采用成本法评估体育无形资产,应当分析无形资产投入成本与价值的相关程度,恰当考虑成本法的适用性。

采用成本法评估体育无形资产,应当结合评估对象和范围合理确定评估对象的重置成本。

重置成本包括合理的成本、税费和利润。资产评估专业人员应当结合形成无形资产所需的人员、材料、设备和场地等投入要素,合理确定评估对象的重置成本。

采用成本法评估体育无形资产,应当综合分析评估对象的价值变化规律,在量化分析的基础上,合理确定评估对象的贬值。

对同一无形资产采用多种评估方法时,应当对所获得的各种测算结果进行分析比较,形成合理评估结论。

任务八 数据资产评估

一、数据资产评估的概念

数据资产,是指特定主体合法拥有或者控制的,能进行货币计量的,且能带来直接或者间接经济利益的数据资源。

数据资产评估,是指资产评估机构及其资产评估专业人员遵守法律、行政法规和资产评估准则,根据委托对评估基准日特定目的下的数据资产价值进行评定和估算,并出具资产评估报告的专业服务行为。

二、数据资产评估的要求

执行数据资产评估业务,应当遵守法律、行政法规和资产评估准则,坚持独立、客观、公正的原则,诚实守信,勤勉尽责,谨慎从业,遵守职业道德规范,自觉维护职业形象,不得从事损害职业形象的活动。

【注意】执行数据资产评估业务,应当独立进行分析和估算并形成专业意见,拒绝委托人或者其他相关当事人的干预,不得直接以预先设定的价值作为评估结论。

执行数据资产评估业务,应当具备数据资产评估的专业知识和实践经验,能够胜任所执行的数据资产评估业务。缺乏特定的数据资产评估专业知识、技术手段和经验时,应当采取弥补措施,包括利用数据领域专家工作成果及相关专业报告等。

执行数据资产评估业务,应当关注数据资产的安全性和合法性,并遵守保密原则。

执行企业价值评估中的数据资产评估业务,应当了解数据资产作为企业资产组成部分的价值可能有别于作为单项资产的价值,其价值取决于它对企业价值的贡献程度。

【提示】数据资产与其他资产共同发挥作用时,需要采用适当方法区分数据资产和其他资产的贡献,合理评估数据资产价值。

执行数据资产评估业务,应当根据评估业务具体情况和数据资产的特性,对评估对象进行针对性的现场调查,收集数据资产基本信息、权利信息、相关财务会计信息和其他资料,并进行核查验证、分析整理和记录。

核查数据资产基本信息可以利用数据领域专家工作成果及相关专业报告等。资产评估专业人员自行履行数据资产基本信息相关的现场核查程序时,应当确保具备相应专业知识、技术手段和经验。

【注意】执行数据资产评估业务,应当合理使用评估假设和限制条件。

三、数据资产评估的评估对象

执行数据资产评估业务,可以通过委托人、相关当事人等提供或者自主收集等方式,了解和关注被评估数据资产的基本情况,例如,数据资产的信息属性、法律属性、价值属性等。

(1)信息属性主要包括数据名称、数据结构、数据字典、数据规模、数据周期、产生频率及存储方式等。

(2)法律属性主要包括授权主体信息、产权持有人信息,以及权利路径、权利类型、权利范围、权利期限、权利限制等权利信息。

(3)价值属性主要包括数据覆盖地域、数据所属行业、数据成本信息、数据应用场景、数据质量、数据稀缺性及可替代性等。

执行数据资产评估业务,应当知晓数据资产具有非实体性、依托性、可共享性、可加工性、价值易变性等特征,关注数据资产特征对评估对象的影响。

(1)非实体性是指数据资产无实物形态,虽然需要依托实物载体,但决定数据资产价值的是数据本身。数据资产的非实体性也衍生出数据资产的无消耗性,即其不会因为使用而磨损、消耗。

(2)依托性是指数据资产必须存储在一定的介质里,介质的种类包括磁盘、光盘等。同一数据资产可以同时存储于多种介质。

(3)可共享性是指在权限可控的前提下,数据资产可以被复制,能够被多个主体共享和应用。

(4)可加工性是指数据资产可以通过更新、分析、挖掘等处理方式,改变其状态及形态。

(5)价值易变性是指数据资产的价值易发生变化,其价值随应用场景、用户数量、使用频率等的变化而变化。

【提示】执行数据资产评估业务,应当根据数据来源和数据生成特征,关注数据资源持有权、数据加工使用权、数据产品经营权等数据产权,并根据评估目的、权利证明材料等,确定评估对象的权利类型。

四、数据资产评估的操作要求

执行数据资产评估业务,应当明确资产评估业务基本事项,履行适当的资产评估程序。需要关注影响数据资产价值的成本因素、场景因素、市场因素和质量因素。

(1)成本因素包括形成数据资产所涉及的前期费用、直接成本、间接成本、机会成本和相关税费等。

(2)场景因素包括数据资产相应的使用范围、应用场景、商业模式、市场前景、财务预测和应用风险等。

(3)市场因素包括数据资产相关的主要交易市场、市场活跃程度、市场参与者和市场供求关系等。

(4)质量因素包括数据的准确性、一致性、完整性、规范性、时效性和可访问性等。

资产评估专业人员应当关注数据资产质量,并采取恰当方式执行数据质量评价程序或者获得数据质量的评价结果,必要时可以利用第三方专业机构出具的数据质量评价专业报告或者其他形式的数据质量评价专业意见等。

【注意】数据质量评价采用的方法包括但不限于:层次分析法、模糊综合评价法和德尔菲法等。

同一数据资产在不同的应用场景下,通常会发挥不同的价值。资产评估专业人员应当通过委托人、相关当事人等提供或者自主收集等方式,了解相应评估目的下评估对象的具体应用场景,选择和使用恰当的价值类型。

五、数据资产评估的评估方法

确定数据资产价值的评估方法包括收益法、成本法和市场法三种基本方法及其衍生方法。执行数据资产评估业务,资产评估专业人员应当根据评估目的、评估对象、价值类型、资料收集等情况,分析上述三种基本方法的适用性,选择评估方法。

(一)数据资产评估的收益法

采用收益法评估数据资产时应当:

(1)根据数据资产的历史应用情况及未来应用前景,结合应用或者拟应用数据资产的企业经营状况,重点分析数据资产经济收益的可预测性,考虑收益法的适用性;

(2)保持预期收益口径与数据权利类型口径一致;

(3)在估算数据资产带来的预期收益时,根据适用性可以选择采用直接收益预测、分成收益预测、超额收益预测和增量收益预测等方式;

(4)区分数据资产和其他资产所获得的收益,分析与之有关的预期变动、收益期限、与收益有关的成本费用、配套资产、现金流量、风险因素;

(5)根据数据资产应用过程中的管理风险、流通风险、数据安全风险、监管风险等因素估算折现率;

(6)保持折现率口径与预期收益口径一致;

(7)综合考虑数据资产的法律有效期限、相关合同有效期限、数据资产的更新时间、数据资产的时效性、数据资产的权利状况以及相关产品生命周期等因素,合理确定经济寿命或者收益期限,并关注数据资产在收益期限内的贡献情况。

(二)数据资产评估的成本法

采用成本法评估数据资产时应当:

(1)根据形成数据资产所需的全部投入,分析数据资产价值与成本的相关程度,考虑成本法的适用性;

(2)确定数据资产的重置成本,包括前期费用、直接成本、间接成本、机会成本和相关税费等;

(3)确定数据资产价值调整系数,例如,对于需要进行质量因素调整的数据资产,可以结合相应质量因素综合确定调整系数;对于可以直接确定剩余经济寿命的数据资产,也可以结合剩余经济寿命确定调整系数。

(三)数据资产评估的市场法

(1)考虑该数据资产或者类似数据资产是否存在合法合规的、活跃的公开交易市场,是否存在适当数量的可比案例,考虑市场法的适用性。

(2)根据该数据资产的特点,选择合适的可比案例,例如,选择数据权利类型、数据交易市场及交易方式、数据规模、应用领域、应用区域及剩余年限等相同或者近似的数据资产。

(3)对比该数据资产与可比案例的差异,确定调整系数,并将调整后的结果汇总分析得出被评估数据资产的价值。通常情况下需要考虑质量差异调整、供求差异调整、期日差异调整、容量差异调整以及其他差异调整等。

【注意】对同一数据资产采用多种评估方法时,应当对所获得的各种测算结果进行分析,说明两种以上评估方法结果的差异及其原因和最终确定评估结论的理由。

六、数据资产评估的披露要求

无论是单独出具数据资产的资产评估报告,还是将数据资产评估作为资产评估报告的组成部分,都应当在资产评估报告中披露必要信息,使资产评估报告使用人能够正确理解评估结论。

单独出具数据资产的资产评估报告,应当说明下列内容:①数据资产基本信息和权利信息;②数据质量评价情况,评价情况应当包括但不限于评价目标、评价方法、评价结果及问题分析等内容;③数据资产的应用场景以及数据资产应用所涉及的地域限制、领域限制及法律法规限制等;④与数据资产应用场景相关的宏观经济和行业的前景;⑤评估依据的信息来源;⑥利用专家工作或者引用专业报告内容;⑦其他必要信息。

单独出具数据资产的资产评估报告,应当说明有关评估方法的下列内容:①评估方法的选择及其理由;②各重要参数的来源、分析、比较与测算过程;③对测算结果进行分析,形成评估结论的过程;④评估结论成立的假设前提和限制条件。

任务九　计算机软件著作权资产评估

一、计算机软件著作权资产评估的概念

计算机软件著作权资产是指计算机软件著作权人拥有或者控制的，能够持续发挥作用并且能带来经济利益的计算机软件著作权的财产权益，以及与计算机软件著作权有关权利的财产权益。

【注意】计算机软件著作权包括人身权利和财产权利。但计算机软件著作权资产不涉及计算机软件著作权的人身权利。

与计算机软件著作权有关权利，是计算机软件作品传播者等因其在传播作品过程中所做出的创造性劳动、投资或者其他贡献而被法律赋予的权利。例如，为推广使用某款计算机软件，需要制作软件使用教程的录音录像制品，其中录音录像制作者对其制作的录音录像制品，享有许可他人复制、发行、出租、通过信息网络向公众传播并获得报酬的权利。

计算机软件著作权资产评估，是指资产评估机构及其资产评估专业人员遵守法律、行政法规和资产评估准则，根据委托对评估基准日特定目的下的计算机软件著作权资产价值进行评定和估算，并出具资产评估报告的专业服务行为。

二、计算机软件著作权资产的评估对象

计算机软件，是指计算机程序及其有关文档，与《计算机软件保护条例》相关用语含义一致。

计算机程序是指为了得到某种结果而可以由计算机等具有信息处理能力的装置执行的代码化指令序列，或者可以被自动转换成代码化指令序列的符号化指令序列或者符号化语句序列。同一计算机程序的源程序和目标程序为同一作品。

文档是指用来描述程序的内容、组成、设计、功能规格、开发情况、测试结果及使用方法的文字资料和图表等，如程序设计说明书、流程图、用户手册等。

需特别说明的是，软件工程领域内所谓"软件"，除包含上述计算机程序及其有关文档外，还涉及运行计算机程序所需的数据。数据是指所有能输入计算机并能够被计算机程序处理的符号总称，如文字、数值、声音、图像和视频等。运行计算机程序所需的数据并不一定都涉及著作权，若其存在著作权，根据《中华人民共和国著作权法》和《计算机软件保护条例》的有关规定，其属于计算机软件以外的其他作品著作权。

对于计算机软件，通常有以下三种分类方法：

1. 按作用划分

根据《软件产品分类》(GB/T 36475—2018)国家标准，软件产品可以分为系统软件、支撑软件、应用软件、嵌入式软件、信息安全软件、工业软件和其他软件七大类。

2. 按规模划分

按照软件开发所需要的人员数量、开发期限以及源程序行数，通常将软件划分为微型、小型、中型、大型和超大型五种等级。

3. 按运营模式划分

计算机软件著作权财产权利的收益方式主要分为销售型（直接收益型）和使用型（间接收益型）。销售型是指通过销售计算机软件著作权相应作品获得直接收益。使用型是指通过使用该作品的方式实现间接收益。

需特别说明的是，实践中常见的计算机软件的合法复制品不属于计算机软件著作权资产，如通

过市场购买或者其他合法途径获得的通用财务软件产品。计算机软件合法复制品所有人拥有的是在不侵害软件著作权人合法权益的前提下，针对计算机软件的有限使用权，即使用合法复制品过程中的装入权、备份权和必要的修改权，并非通常意义上的计算机软件著作权资产。

计算机软件著作权的财产权利形式包括计算机软件著作权人享有的权利和转让或者许可他人使用的权利。

许可使用形式包括法定许可和授权许可。授权许可形式包括专有许可、非专有许可和其他形式许可等。

当评估对象为计算机软件著作权许可使用权时，应当明确具体许可形式、内容和期限。

在实践中，计算机软件的源程序往往会被转让或者许可给其他企业，而这些企业可能会利用源程序进行修改，从而形成新的计算机软件。因此，在评估时，应当注意区分自行修改的部分、被转让或者许可使用的部分，综合分析被评估单位拥有的计算机软件著作权资产范围。此外，计算机软件经常会发生版本升级的情况，升级后的计算机软件可能是全新的作品，也可能是在老版本基础上演绎而来的新作品。在评估时，应当关注版本升级对软件的功能、性能、安全性等方面进行的改进和完善，并合理考虑这些改进和完善是否构成计算机软件著作权资产的一部分。

计算机软件著作权财产权利种类通常包括：

(1) 复制权，即将计算机软件制作一份或者多份的权利。

(2) 发行权，即以出售或者赠与方式向公众提供计算机软件的原件或者复制件的权利。

(3) 出租权，即有偿许可他人临时使用计算机软件的原件或者复制件的权利，计算机软件不是出租的主要标的的除外。

(4) 信息网络传播权，即以有线或者无线方式向公众提供计算机软件，使公众可以在其选定的时间和地点获得计算机软件的权利。

(5) 翻译权，即将原计算机软件从一种自然语言文字转换成另一种自然语言文字的权利。

(6) 其他权利。

计算机软件著作权资产评估的评估对象通常存在下列组成形式：

(1) 单个计算机软件著作权中的单项财产权利，即计算机软件著作权全部财产权利中的某一项。

(2) 单个计算机软件著作权中的多项财产权利的组合，即计算机软件著作权全部财产权利中的多项组合。

(3) 分属于不同著作权的单项或者多项财产权利的组合，即计算机软件著作权全部财产权利中的单项或者多项，与其他作品著作权财产权利中的单项或者多项的组合。例如，游戏软件一般由游戏引擎和游戏资源两大部分组成。游戏引擎主要包括实现游戏功能的程序代码以及有关文档，属于计算机软件著作权资产；游戏资源包括程序运行所需图画、音乐、影像等数据内容，属于其他作品著作权资产。

(4) 计算机软件著作权中财产权利和与计算机软件著作权有关权利的财产权益的组合。

(5) 在权利客体不可分割或者不需要分割的情况下，计算机软件著作权资产与其他无形资产的组合。例如，计算机软件著作权与其相应的软件发明专利构成的组合。由于对计算机软件著作权的保护，主要致力于保护其表达形式，而软件发明专利的权利要求可延伸至开发软件所用的设计思想。在实践中，计算机程序的设计思想与其表达形式之间往往相互渗透，难以区分范围界限，因此通常作为一个整体资产组进行评估。

三、计算机软件著作权资产评估的操作要求

执行计算机软件著作权资产评估业务,需要结合计算机软件著作权资产的特点,重点考虑影响其价值的主要因素,通常包括以下内容:

(1)法律因素:计算机软件著作权及其相关权利的登记情况、权利属性、权利限制、权利维护情况、法定保护期限以及与其相关的其他无形资产权利等。

(2)经济因素:计算机软件著作权资产的取得成本、运营模式、获利状况、使用范围(如地域等)、市场需求、同类产品的竞争状况、剩余经济寿命、同类计算机软件近期的市场交易和成交价格情况、宏观经济发展以及相关行业政策、所属市场发展状况等。

(3)其他因素:计算机软件开发者(作者)和计算机软件著作权人的基本情况、计算机软件基本情况(包括开发技术情况、使用情况等)等。

四、计算机软件著作权资产评估的评估方法

确定计算机软件著作权资产价值的评估方法包括成本法、收益法和市场法三种基本方法及其衍生方法。执行计算机软件著作权资产评估业务,应当根据评估目的、评估对象、价值类型、资料收集等情况,分析上述三种基本方法的适用性,选择评估方法。

采用成本法评估计算机软件著作权资产,计算机软件著作权资产的价值由该资产的重置成本扣减各项贬值确定。其基本计算公式为:

$$评估值 = 重置成本 \times (1 - 贬值率)$$

或者

$$评估值 = 重置成本 - 功能性贬值 - 经济性贬值$$

(一)成本法

采用成本法评估计算机软件著作权资产,首先,需要了解计算机软件著作权资产形成的全部投入,分析计算机软件著作权资产价值与成本的相关程度。其次,关注计算机软件著作权的来源,以区分自行开发的软件、合作开发的软件和委托开发的软件,并采用不同的方式进行测算。最后,确定计算机软件著作权资产的重置成本,包括直接成本、间接费用、合理利润及相关税费等。对于合作开发的软件、委托开发的软件,如果计算机软件著作权交易市场中存在类似参照物,可以根据功能和技术先进性、适用性对参照物的价格进行适当调整,测算其重置成本。

采用成本法评估计算机软件著作权资产,需要合理确定贬值。计算机软件著作权资产贬值主要包括功能性贬值和经济性贬值。在确定计算机软件著作权资产贬值时,可以采用专家鉴定法和剩余经济寿命预测法等。

(二)收益法

采用收益法评估计算机软件著作权资产,计算机软件著作权资产作为经营资产产生收益时,其价值实现方式主要分为销售型和使用型。

收益法评估基本计算公式为:

$$P = \sum_{t=1}^{n} F_t \frac{1}{(1+i)^t}$$

式中,P 表示评估值;F_t 表示计算机软件著作权资产未来第 t 个收益期的收益额;n 表示剩余经济寿命期;t 表示未来第 t 年;i 表示折现率。

根据收益法基本公式,在获取计算机软件著作权资产相关信息的基础上,根据该计算机软件著作权资产或者类似计算机软件著作权资产的历史实施情况及未来应用前景,结合计算机软件著作

权资产实施或者拟实施企业经营状况，重点分析计算机软件著作权资产经济收益的可预测性，考虑收益法的适用性。

采用收益法评估计算机软件著作权资产，应当根据计算机软件著作权资产对应作品的运营模式、经营状况和未来规划等估算评估对象的预期收益。确定计算机软件著作权资产预期收益的方法有增量收益法、节省许可费法（包含收益分成法等）和超额收益法等。确定预期收益时，应当区分并剔除与委托评估的计算机软件著作权资产无关业务产生的收益，并关注计算机软件著作权资产对应产品或者服务所属行业的市场规模、市场地位及相关企业的经营情况。

采用收益法评估计算机软件著作权资产，剩余经济寿命需要综合考虑法律保护期限、相关合同约定期限、开发完成日期、首次发表日期、计算机软件著作权资产的权利状况、相关软件产品竞争情况，以及技术或者产品更新周期等因素确定。

采用收益法评估计算机软件著作权资产，应当合理确定折现率。折现率可以通过分析评估基准日的利率、投资回报率，以及计算机软件著作权实施过程中的技术、经营、市场、生命周期等因素确定。折现率可以采用风险累加法、回报率拆分法等方法确定。折现率口径应当与预期收益口径保持一致。

（三）市场法

采用市场法评估计算机软件著作权资产，基本操作如下：

（1）收集类似计算机软件著作权资产交易案例的市场交易价格、交易时间及交易条件等近期交易信息；

（2）选择具有比较基础的可比计算机软件著作权资产交易案例，通常不低于三个；

（3）收集评估对象近期交易信息；

（4）对可比交易案例和评估对象近期交易信息进行必要调整。

对同一计算机软件著作权资产采用多种评估方法时，应当对所获得的各种测算结果进行分析比较，形成合理评估结论。

五、计算机软件著作权资产评估的披露要求

编制计算机软件著作权资产评估报告需要反映计算机软件著作权资产的特点，通常包括下列内容：

（1）计算机软件开发者和计算机软件著作权人的基本情况；

（2）评估对象的具体组成情况，包括计算机软件基本情况（如软件名称、开发完成日期、首次发表日期、权利范围、开发技术情况、使用情况等）、计算机软件的创作形式、涉及的演绎作品等情况；

（3）评估对象包含的财产权利限制条件；

（4）与计算机软件著作权有关的权利情况；

（5）计算机软件著作权和与计算机软件著作权有关权利事项登记情况；

（6）与计算机软件相关的其他无形资产的情况；

（7）计算机软件产生收益的方式；

（8）计算机软件著作权剩余法定保护期限以及剩余经济寿命；

（9）对计算机软件著作权资产价值影响因素的分析过程；

（10）计算机软件著作权资产许可、转让、诉讼以及质押等情况；

（11）其他必要信息。

应知考核

一、单项选择题

1. 下列选项中,不属于无形资产的是( )。
   A. 债权性质的应收及预付账款　　　B. 土地使用权
   C. 计算机软件　　　　　　　　　　D. 非专利技术
2. 在下列无形资产中,不可辨认的无形资产是( )。
   A. 商标权　　　B. 土地使用权　　　C. 专营权　　　D. 商誉
3. 对大型系统软件一般采用( )进行评估。
   A. 成本法　　　B. 市场法　　　C. 收益法　　　D. 以上都可
4. ( )是商标权评估较多使用的方法。
   A. 成本法　　　B. 市场法　　　C. 收益法　　　D. 市场法和成本法
5. 下列选项中,不属于无形资产的是( )。
   A. 债权性质的应收及预付账款　　　B. 土地使用权
   C. 计算机软件　　　　　　　　　　D. 非专利技术

二、多项选择题

1. 非专利技术的特点有( )。
   A. 新颖性　　　B. 实用性　　　C. 获利性　　　D. 保密性
2. 自创无形资产重置成本的估算方法有( )。
   A. 核算法　　　B. 倍加系数法　　　C. 物价指数法　　　D. 剩余经济寿命预测法
3. 适用于无形资产评估的方法有( )。
   A. 市场法　　　B. 成本法　　　C. 收益法　　　D. 路线价法
4. 执行数据资产评估业务时,影响数据资产价值的因素包括( )。
   A. 成本因素　　　B. 场景因素　　　C. 市场因素　　　D. 质量因素
5. 影响无形资产评估价值的因素有( )。
   A. 效益因素　　　B. 机会成本　　　C. 技术成熟程度　　　D. 市场供需状况

三、判断题

1. 无形资产只存在无形损耗,不存在有形损耗。　　　　　　　　　　　　　　　　(　　)
2. 采用成本法评估无形资产时,不需要扣除其功能性贬值和经济性贬值。　　　　　(　　)
3. 无形资产的共益性是区别有形资产的一个重要特点。　　　　　　　　　　　　(　　)
4. 无形资产的使用期限,更主要是考虑其实际超额收益的期限。　　　　　　　　(　　)
5. 体育无形资产中的特殊标志资产通常包括会徽、吉祥物和体育组织的域名。　　(　　)

四、简述题

1. 简述影响无形资产评估价值的因素。
2. 简述无形资产评估的程序。
3. 简述无形资产评估的前提及对象。
4. 运用成本法评估无形资产时,如何选择无形资产重置成本的估算方法?
5. 在数据资产评估业务中,数据资产的特征有哪些?

应会考核

■ 观念应用

【背景资料】

某企业转让制药生产技术,经收集和初步测算已知下列资料:

(1)该企业与购买企业共同享有该制药生产技术,双方设计能力分别为600万箱和400万箱;

(2)该制药生产技术系国外引进,账面价值为500万元,已使用3年,尚可使用9年,3年通货膨胀率累计为10%;

(3)该项技术转让对该企业生产经营有较大影响,由于市场竞争,产品价格下降,在以后9年中减少的销售收入按现值计算为100万元,增加开发费以保住市场的追加成本按现值计算为30万元。

【考核要求】

根据上述资料,计算确定:

(1)该制药生产全套技术的重置成本净值;

(2)该无形资产转让的最低收费额评估值。

■ 技能应用

1. A企业转让显像管新技术,购买方用于改造年产30万个显像管的生产线。经对无形资产边际贡献因素的分析,测算在其寿命期间各年度分别可带来追加利润100万元、110万元、90万元、80万元,分别占当年利润总额的35%、30%、25%、20%。若折现率为10%,试评估该无形资产的利润分成率。

2. 某企业拟转让其拥有的某产品的商标使用权,该商标产品单位市场售价为1 000元/台,比普通商标同类产品单位售价高100元/台。拟购买商标企业年生产能力为100 000台,双方商定商标使用许可期为3年,被许可方按使用该商标的产品年销售利润的30%作为商标特许权使用费,每年支付一次,3年支付完价款。被许可方的正常销售利润率为10%,折现率按10%计算。根据上述条件计算该商标使用权的价格。

【技能要求】

请对上述内容进行计算。

■ 案例分析

由于产品结构调整,甲企业准备将其饮料生产的专有配方转让给A公司。根据双方协商,该专有技术的收益期限为4年,且按销售收入的4%分成。评估人员经测算,未来4年饮料的销售量分别是80吨、90吨、95吨、95吨,每吨售价10万元。根据技术所属行业和市场情况,评估人员确定的风险报酬率为6%,企业适用的所得税税率为25%,银行存款利率为4%。

【分析要求】

请帮助评估人员计算确定:

(1)专有技术的折现率;

(2)专有技术各年的净收益;

(3)专有技术的评估价值(计算结果以万元为单位,小数点后保留两位)。

项目实训

【实训项目】
无形资产评估。

【实训内容】
无形资产评估的基本程序及评估方法的应用。

【实训目的】
掌握不同的评估方法在无形资产评估中的应用,并加以区别。

【实训反思】
(1)掌握无形资产以及无形资产评估的特点。
(2)掌握无形资产评估的基本程序以及评估过程中不同阶段应注意的问题。
(3)掌握无形资产评估的收益法的思路、适用范围和应用。
(4)掌握专利权和非专利技术、商标权、商誉的评估方法与评估过程。
(5)将实训报告填写完整。

《无形资产评估》实训报告					
项目实训班级:		项目小组:		项目组成员:	
实训时间: 年 月 日		实训地点:		实训成绩:	
实训目的:						
实训步骤:						
实训结果:						
实训感言:						
不足与今后改进:						
项目组长评定签字:				项目指导教师评定签字:	

项目八　长期投资性资产评估

- **知识目标**

　　理解：长期投资性资产的概念；长期投资性资产评估的特点。
　　熟知：长期投资性资产评估的程序。
　　掌握：长期投资性资产评估的方法及应用。

- **技能目标**

　　在掌握长期投资性资产评估基本理论方法的基础上，能够学会用合理的方法对债券、股票进行评估，并灵活地运用各种方法。

- **素质目标**

　　通过对本项目的学习，加强对长期投资性资产评估的认识，能够用适当的方法评估债券、股票的价值。把学和做有机结合，做到学思用贯通、知信行统一，提高自己的职业道德素养。

- **思政目标**

　　能够正确地理解"不忘初心"的核心要义和精神实质；树立正确的世界观、人生观和价值观，做到学思用贯通、知信行统一；通过长期投资性资产评估知识，树立投资风险管理意识，加强风险预控，采取有力措施，切实降低风险，为安全投资保驾护航。

- **项目引例**

长期投资性资产评估方法的选用

　　被评估企业大华公司拥有 A 公司面值共 90 万元的非上市股票，从持股期间来看，每年股利分派相当于股票面值的 10%。评估人员通过调查了解到，A 公司只把税后利润的 80% 用于股利分配，另外 20% 用于公司扩大再生产。公司有很强的发展后劲，公司的股本利润率能保持在 15% 的水平上，折现率设定为 12%。试运用红利增长模型评估大华公司拥有的 A 公司股票。

　　引例导学：上述提到的只是一项长期投资性资产中的一个评估案例。那么，什么是长期投资性资产？债券投资和股票投资的评估方法有哪些？通过对本项目的学习，你将得到解答。

● **课程思政**

通过本项目中四个任务的学习，能按照长期股权投资评估的方法，结合财经法规和职业道德要求，自主解决长期股权投资评估业务中出现的常见问题。成为一名合格的评估人员，应重视自己，相信自己的能力；不断学习知识来充实自己；专心致志做事，提高工作效率，认真工作，刻苦务实，意志坚强，做一名优秀的评估人员。

任务一　长期投资性资产评估概述

一、长期投资性资产的概念

《国际会计准则第25号》指出："投资是指企业为了通过分配（如利息、使用费、股利和租金等）增加财富，为了资本增值，或者为了给投资企业带来诸如通过贸易关系所能获得的其他利益而持有资产。"

长期投资性资产是指不准备随时变现、持有时间超过1年以上的投资性资产。它包括债券投资、股票投资和长期股权投资等。由于长期投资性资产评估是以对其他企业享有的权益而存在的，因此，长期投资性资产评估主要是对长期投资性资产所代表的权益进行评估。

二、长期投资性资产的分类

（一）按长期投资性资产的性质，可分为权益性投资、债权性投资和混合性投资

（1）权益性投资，是指为了获取其他企业的权益或净资产而进行的投资，如对其他企业的股票投资、联营投资等。

（2）债权性投资，是指为了取得债权而进行的投资，如购买国库券、购买公司债券等。

（3）混合性投资，这种投资通常兼有权益性投资和债权性投资的性质，如企业购买优先股股票、购买可转换公司债券等。

（二）按长期投资性资产的形式，可分为实物资产投资、无形资产投资和证券资产投资

（1）实物资产投资，是指投资方以厂房、机器设备、材料等作为资本金进行的投资。

（2）无形资产投资，是指企业以专利权、专有技术、土地使用权等作为资本金进行的投资。

（3）证券资产投资，是指通过证券市场购买其他企业的股票和债券等进行的投资。

三、长期投资性资产评估的特点

长期投资性资产是以对其他企业享有的权益而存在的，所以长期投资性资产评估主要是对长期投资性资产所代表的权益进行评估。它的特点主要有以下几点：

（一）长期投资性资产评估是对投资资本的评估

从长期投资中的股权投资来看，尽管出资可能是实物资产、无形资产或货币资金，但是，如果将这些资产作为长期投资投入其他企业，相对于被投资者来讲，它们将不再被当作实物资产、无形资产或货币资金来看待，而是被作为资本来看待，发挥资本的作用。从这点来讲，对长期投资的评估实际上是对资本的评估。

（二）长期投资性资产评估是对被投资企业获利能力的评估

长期投资性资产中的长期股权性投资是投资者不准备随时变现、持有时间超过1年的对外投资，其根本目的是获取投资收益和实现投资增值。因此，被投资企业的获利能力就成为长期股权性

投资评估的决定因素。

(三)长期投资性资产评估是对被投资企业偿债能力的评估

由于长期投资性资产中的持有至到期投资到期要收回本息,被投资企业偿债能力的大小直接影响着投资企业债权到期收回本息的可能性。因此,被投资企业的偿债能力就成为持有至到期投资评估的决定因素。

四、长期投资性资产评估的程序

长期投资性资产评估一般按以下程序进行:

(1)明确长期投资性资产项目的有关详细内容。如投资种类、原始投资额、评估基准日余额、投资收益计算方法和历史收益额,长期投资性资产占被投资企业实收资本的比例和所有者权益的比例,以及相关会计核算方法等。

(2)判断长期投资性资产投入和收回金额计算的正确性与合理性,判断被投资企业资产负债表的准确性,对这些合理性的判断,需要必要的职业判断能力。

(3)根据长期投资性资产的特点选择合适的评估方法。可上市交易的债券和股票一般采用现行市价法进行评估,按评估基准日的收盘价确定评估值;非上市交易及不能采用现行市价法评估的债券和股票一般采用收益现值法,根据综合因素选择适宜的折现率,确定评估值。

(4)评定测算长期投资性资产的价值,得出评估结论。根据长期投资性资产不同的种类,选择相应的评估方法,得出相应的评估结论并分析其合理性。

任务二 长期债券性投资评估

一、债券的概念和特点

(一)债券的概念

债券是指政府、企业、银行等债务人为了筹集资金,按照法定程序发行,并向债权人承诺于指定日期还本付息的有价证券。

(二)债券的特点

债券投资和股票投资相比,具有以下特点:

(1)投资风险小。与股票投资相比,债券投资的风险比较小,安全性较高。因为无论是政府、企业还是银行等发行债券主体,都对其进行了严格的规定。如政府发行的债券由国家财政担保;银行发行债券要以其信誉及实力作保证;企业发行债券也有严格的条件,企业实力及发展前景一般较好。而且即使债券发行者出现财务困难,或者出现企业破产,在破产清算时债券持有者也拥有优先受偿权,比股票投资的安全性高。

(2)收益稳定。债券的收益主要是由债券的面值和债券的票面利率决定的,对两者在发行时就进行了约定,以后不随市场的变化而变化。一般情况下,为了吸引投资者,债券的票面利率比同期的银行存款利率高。所以,只要债券发行主体不发生较大的变故,债券的收益是比较稳定的。

(3)流动性强。我国目前发行的债券中,有相当部分是可流通债券,这种债券随时可以在证券市场上变现,变现能力较好,流动性较强。

二、债券投资的评估

债券作为有价证券的一种,从理论上讲,它的价格是收益现值的市场体现。当债券可以在市场上自由买卖、贴现时,债券的现行市价就是债券的评估值。当债券不能在市场上自由交易时,其价值就需要通过一定的途径和方法进行评估。

(一)上市交易债券的评估

上市交易的债券是指可以在市场上流通交易、自由买卖的债券,一般用现行市价法进行评估,按照评估基准日的收盘价确定评估值。如果在特殊情况下市场价格严重扭曲,不能代表实际价格,就应该按非上市债券进行评估。

采用现行市价法进行评估,应在评估报告中说明所用评估方法和结论与评估基准日的关系,并声明该评估结果应随市场价格变化而予以调整。

市场法下债券评估值的计算公式如下:

$$债券评估价值 = 债券数量 \times 评估基准日债券的市价(收盘价)$$

【做中学 8—1】 评估公司对某企业的长期债权投资进行评估,该长期债权投资是 5 年期的国库券 1 000 张,每张面值 100 元,年利率为 8%。该债券已上市交易,评估基准日的收盘价为 120 元/张。评估人员经分析调查认为该价格比较合理,则:

长期债券投资价值 = 1 000×120 = 120 000(元)

(二)非上市交易债券的评估

根据债券付息方式的不同,分为到期一次性还本付息债券和分次付息、到期一次性还本债券,评估时要采用不同的方法计算。

1. 到期一次性还本付息债券的评估

到期一次性还本付息债券是指平时不支付利息、到期后连本带利一次性返还的债券。该类债券评估值的计算可以采用下列公式:

$$P = F/(1+r)^n$$

公式中,P 表示债券的评估值,F 表示债券到期时本利和,r 表示折现率,n 表示从评估基准日到债券到期日的时间间隔(以年或月为单位)。

债券到期时本利和的计算要分单利计息和复利计息两种情况。

(1)债券本利和 F 用单利计算,其计算公式为:

$$F = A \times (1 + m \times i)$$

(2)债券本利和 F 用复利计算,其计算公式为:

$$F = A \times (1+i)^m$$

公式中,A 表示债券面值,i 表示债券利率,m 表示计息期限。

【做中学 8—2】 评估人员对某企业持有的作为其他债权投资入账的东丰化工厂发行的 4 年期债券进行价值评估。该债券是一次性还本付息的债券,面值 100 000 元,年利率 8%,不计复利,评估时债券持有已满 3 年,当时的国库券利率为 5%。评估人员经对东丰化工厂调查了解,认为该债券投资风险不大,取 2% 作为风险报酬率。以国库券的利率作为无风险报酬率,折现率定为 7%。则债券的评估值为:

$$F = A \times (1 + m \times i) = 100\ 000 \times (1 + 4 \times 8\%) = 132\ 000(元)$$

$$P = F/(1+r)^n = \frac{132\ 000}{1+7\%} = 123\ 364.49(元)$$

2. 分次付息、到期一次性还本债券的评估

$$P = \sum_{t=1}^{n} \frac{R_t}{(1+r)^t} + \frac{A}{(1+r)^n}$$

公式中,P 表示债券的评估值,t 表示评估基准日距收到利息日期限,n 表示评估基准日距到

期还本日期限，R_t 表示债券第 t 年的预期利息收益，r 表示折现率，A 表示债券面值。

【做中学 8—3】 承做中学 8—2，若该债券每年付一次利息，则债券的评估值为：

$$P = \sum_{t=1}^{n} \frac{R_t}{(1+r)^t} + \frac{A}{(1+r)^n} = \frac{100\,000 \times 8\%}{1+7\%} + \frac{100\,000}{1+7\%}$$

$$= 7\,476.64 + 93\,457.94$$

$$= 100\,934.58(元)$$

任务三　长期股权性投资评估

长期股权性投资按投资方式的不同，可以分为股票投资和股权投资。

一、股票投资的评估

(一)股票投资概述

1. 股票投资的概念

股票投资是指企业通过购买等方式取得被投资企业的股票而实现的投资行为。股票是由股份公司发行的，用以证明投资者股东身份及权益，并据以获得股息和红利的有价证券。股票表明股东与公司的约定关系，它其实是一种特殊的信用工具，所以股票投资虽然收益较高，但风险也大，如果被投资企业破产，投资人可能血本无归。对于股票的价值评估，一般分上市交易股票和非上市交易股票两类进行。

2. 股票的种类

股票的种类有很多，按不同的分类标准，有以下几类：按股票有无票面金额，可分为有面值股票和无面值股票；按票面是否记名，可分为记名股票和非记名股票；按股票所得权益的不同，可分为普通股和优先股；按股票是否上市，可分为上市股票和非上市股票。

3. 股票的价格形式

股票的价格有很多种表现形式，包括：

(1)票面价格，是指股份有限公司在发行股票时标明的每股股票的票面金额。

(2)发行价格，是指股份有限公司在发行股票时的出售价格，一般同一股票只能有一种发行价格。

(3)账面价格，是指股东持有的每一股股票在公司账面上所表现出来的净值。

(4)清算价格，是指公司清算时，每股股票所代表的真实价格。它是公司净资产与公司股票总数的比值。

(5)内在价值，是指一种理论价值或模拟市场价值。它是根据评估人员对股票未来收益的预测经过折现后得到的股票价格。股票的内在价值主要取决于公司的经营状况和发展前景等因素。

(6)市场价格，是指股票在证券市场上买卖的价格。在市场比较完善的情况下，股票的市场价格基本上能反映其内在价值；但在市场发育不健全的情况下，股票的市场价格与其内在价值会部分脱离。

【提示】 在以上几种股票价格中，与股票的价值评估有密切联系的是股票的清算价格、内在价值、市场价格，而另外三种价格与评估的联系并不大。

(二)上市股票投资的评估

上市股票是企业公开发行的、可以在证券交易所上市、自由交易的股票。

正常交易的股票随时都有市场价格。对上市股票的评估，在正常情况下一般可以采用现行市价法，按照评估基准日的收盘价确定评估值。所谓正常情况，是指股市发育正常，股票自由交易，没有非法炒作现象,这样市场价格就可以代表评估时点的股票价值;否则,市场价格就不能作为评估的依据,而应与非上市股票相同,以股票的内在价值为依据,通过股票发行企业的经营业绩、财务状况及获利能力,综合判断股票内在价值。另外,以控股为目的持有的上市公司股票,一般采用收益现值法进行评估。

上市股票评估值＝股票股数×评估基准日该股票市场收盘价

【做中学8－4】 评估人员对某企业持有的作为可供出售金融资产入账的东丰化工厂发行并已上市的10 000股股票进行价值评估,评估基准日股票收盘价为16元。则:

股票评估值＝10 000×16＝160 000(元)

【注意】依据市场价格得出的评估值,应在评估报告中说明所用方法,并申明该评估结果应随市场价格变化而予以调整。

(三)非上市股票投资的评估

非上市交易的股票,一般采用收益现值法评估,即综合分析股票发行主体的经营状况及风险、历史利润水平和分红情况、行业收益等因素,合理预测股票投资的未来收益,并选择合理的折现率确定评估值。

非上市股票按股东权利的不同,可分为普通股和优先股。普通股是在股东权利上没有任何限制的标准性股票,它没有固定的股利,完全取决于企业的经营状况和盈利水平;优先股是在股利分配和剩余财产分配上优先于普通股的股票。优先股的股利是固定的,一般情况下,要按事先确定的股利率支付股利,这一点与债券很相似。两者的区别是:债券的利息是在所得税前支付,而优先股的股利是在所得税后支付。所以,普通股的投资风险要大于优先股。

1. 普通股的评估

对非上市普通股的评估,主要是预测普通股的预期收益并折算到评估基准日,所以最重要的是确定普通股的预期收益和折现率。为此,要对股票发行企业有一个客观、全面、准确的了解与分析。具体包括:①股票发行企业的经营历史,包括盈利水平、收益分配情况等;②股票发行企业的发展前景,包括资产负债结构状况、资产质量、创利能力、市场竞争力、管理人员素质和创新能力等;③股票发行企业所在行业和宏观经济的现状、前景、经营风险,这有助于折现率的确定;④股票发行企业的股利分配政策。

股票发行企业的股利分配政策通常划分为固定红利型、红利增长型和分段型三种,股利分配政策直接影响着被评估股票的价值,不同类型的分配政策的具体评估方法也不相同。

(1)固定红利模型。该模型是假定股票发行企业每年分配的股利是固定的,并且在今后也能保持原有水平。在这种假设前提下,普通股股票评估值的计算公式为:

$$P=R/i$$

公式中,P表示股票的评估值,R表示股票下一年的红利额,i表示折现率。

【做中学8－5】 被评估企业拥有非上市普通股20 000股,每股面值1元。在持股期间,每年红利一直很稳定,收益率保持在20%左右。经评估人员了解分析,股票发行企业经营比较稳定,管理人员素质及能力较强,对今后收益预测,保持15%的红利收益是有把握的。对折现率的确定,评估人员根据发行企业行业特点及宏观经济情况,确定无风险利率为8%(国库券利率),风险利率为4%,则折现率为12%。根据上述资料,计算非上市股票评估值为:

$P=R/i=20\ 000×1×15\%/12\%=25\ 000(元)$

(2)红利增长模型。该模型适用于成长型企业股票评估。成长型企业发展潜力大,收益逐步提高。该模型的假设条件是发行企业并未将剩余收益分配给股东,而是追加投资扩大再生产,因此,红利呈增长趋势。在这种假设前提下,普通股股票评估值的计算公式为:

$$P = \frac{R}{r-g}$$

公式中，P 表示股票的评估值，R 表示股票未来收益额，r 表示折现率，g 表示股利增长率。

股利增长率 g 的计算方法：①历史数据分析法，它是在对历年红利分析的基础上，利用统计学方法计算出的历史平均增长速度，以此确定股利增长率；②发展趋势分析法，主要依据发行企业股利分配政策，以企业剩余收益中用于再投资的比例与企业净资产利润率相乘确定股利增长率。

【做中学 8－6】 某企业进行评估，其拥有非上市普通股 30 万股，每股面值 1 元。持有股票期间，每年股票收益率均在 15% 左右。据调查了解，股票发行单位每年以净利润的 60% 发放股利，其他 40% 用于追加投资。根据评估人员对企业经营状况的调查分析，认为该行业具有发展前途，该企业具有进一步发展的潜力。经发展趋势分析，评估人员认为其将保持每年 3% 的发展速度，净资产利润率将保持在 18% 的水平上，无风险报酬率为 10%（国库券利率），风险报酬率为 4%。则该股票评估值为：

$$P = \frac{R}{r-g} = \frac{300\,000 \times 1 \times 15\%}{10\% + 4\% - 40\% \times 18\%} \approx 661\,765(元)$$

（3）分段模型。前两种模型中，一种是股利固定，另一种是增长率固定，过于模式化，很难适用于所有的股票评估。针对实际情况，采用分段模型就比较客观。其计算方法是：第一段为能客观预测的股票收益期间或股票发行企业某一经营周期；第二段是以不易预测收益的时间为起点，将两段收益现值相加，得出评估值。实际计算时，第一段以预测收益直接折现，第二段可以采用固定红利模型或红利增长模型，收益额采用趋势分析法或客观假定。

【做中学 8－7】 某公司进行评估，其拥有另一股份公司非上市普通股 20 万股，每股面值 1 元。在持有期间，每年股票收益率均在 15% 左右。评估人员对该股份公司进行调查分析，认为前 3 年保持 15% 收益率是有把握的；第 4 年将进行技术改造，可使收益率提高 5 个百分点，并将持续下去。评估时国库券利率为 10%，因为该股份公司是公用事业单位，所以风险利率确定为 2%，折现率为 12%。则该股票评估值为：

$P =$ 前 3 年折现值＋第 4 年起折现值

$$= \frac{200\,000 \times 1 \times 15\%}{12\%} \times \left[1 - \frac{1}{(1+12\%)^3}\right] + \frac{200\,000 \times 1 \times 20\%}{12\% \times (1+12\%)^3} = 309\,315(元)$$

2. 优先股的评估

在正常情况下，优先股在发行时就已规定了股息率。评估优先股主要是判断股票发行主体是否有足够税后利润用于优先股的股息分配。这种判断是建立在对股票发行企业的全面了解和分析的基础上，包括股票发行企业生产经营情况、利润实现情况、股本构成中优先股所占的比重、股息率的高低以及股票发行企业负债情况等。如果股票发行企业资本构成合理、实现利润可观、具有很强的支付能力，那么优先股就基本上具备了"准企业债券"的性质，优先股的评估就变得不复杂了。评估人员可以事先确定股息率，计算出优先股的年收益额，然后进行折现或资本化处理，即可得出评估值。其计算公式为：

$$P = \sum_{t=1}^{\infty} \left[\frac{R_t}{(1+r)^t}\right] = \frac{A}{r}$$

公式中，P 表示优先股的评估值，R_t 表示第 t 年的优先股收益，r 表示折现率，A 表示优先股的年等额股息收益。

【做中学 8－8】 甲企业拥有乙企业 1 000 股优先股，每股面值 100 元，股息率为年息 17%。评估时，国库券利率为 10%。评估人员在对乙企业进行调查过程中，了解到乙企业的资本构成不尽合理,负债率较高,可能会对优先股股息的分配产生消极影响。因此,评估人员对甲企业拥有的乙企业优先股的风险报酬率定为5%,加上无风险报酬率10%,该优先股的折现率(资本化率)为15%。根据上述数据,该优先股评估值如下:

$$P = \frac{A}{r} = \frac{1\,000 \times 100 \times 17\%}{15} = 113\,333(元)$$

如果非上市优先股有上市的可能,持有人又有转售的意向,这类优先股可参照下列公式评估:

$$P = \sum_{t=1}^{n}\left[\frac{R_t}{(1+r)^t}\right] + \frac{F}{(1+r)^n}$$

公式中,F 表示优先股的预期变现价格,n 表示优先股的持有年限,其他变量的概念同前。

二、股权投资的评估

股权也称股东权益,是指投资人因投资而享有的权利。股权投资是投资主体以现金、实物资产或无形资产等直接投入被投资企业,取得被投资企业的股权,投资方不仅享有收益分配权,同时享有对经营管理的一定参与权,乃至控制权。投资双方的权利和义务,特别是投资方投资收益的分配形式和投资本金的处理方式都是由投资协议明确规定的。

股权投资按投资期限,可分为有限期股权投资和无限期股权投资两大类。

(一)有限期股权投资的评估

有限期股权投资,一般在有关协议、合同或章程中规定了投资期限。在投资期限内,投资方按投资收益的分配方式获取收益、分担风险;投资期满,按协议约定的方式处理所投入的本金。

对有限期股权投资的评估,要了解具体投资形式、收益获取方式及投资期满后投入资产的处置方式,用收益法进行评估。

1. 投资收益的分配形式

比较常见的分配形式有:①按投资方投资额占被投资企业实收资本的比例,参与被投资企业净利润的分配;②按被投资企业销售收入或利润的一定比例提成;③按投资方出资额的一定比例支付资金使用报酬等。

2. 投资期满时投入资本的处理方式

比较常见的方式有:①按投资时的作价金额以现金返还;②返还实际投入资产;③按期满时实投资产的变现价格或续用价格作价以现金返还。

3. 评估方法

对于有限期股权投资的评估,一般采用收益法,其计算公式为:

$$P = \sum_{t=1}^{n}\left[\frac{R_t}{(1+r)^t}\right] + \frac{M}{(1+r)^n}$$

公式中,P 表示股权投资的评估值,R_t 表示第 t 年的投资收益,M 表示收回的投资额,r 表示折现率,n 表示投资期限。

【做中学 8—9】 甲企业以10万元的现金、20万元的厂房向乙企业投资,占乙企业总资本的20%,协议约定投资期8年,按投资比例分配利润,期满时返还厂房,房屋年折旧率为5%,估计厂房收回时的价值为10.5万元。目前,乙企业生产已经稳定,有把握每年实现利润30万元,经分析,折现率定为15%。则甲企业长期股权投资的评估值为:

$$P = 300\,000 \times 20\% \times (P/A,15\%,8) + \frac{105\,000}{(1+15\%)^8} = 303\,562.5(元)$$

(二)无限期股权投资的评估

无限期股权投资是指没有约定投资期限的股权投资。对这类投资的评估,就是对投资者在被投资企业的股权价值的评估,其股权价值的高低取决于被投资企业的净资产余额和获利能力。

对于无限期股权投资,可以按非控股和控股两种类型分别处理:一是对于非控股股权投资的评估,基本上采用收益现值法,即根据历史上收益情况和被投资企业的未来经营情况及风险,预测未来收益,再用适当折现率折算为现值得出评估值。二是对于控股股权投资的评估,应对被投资企业进行整体评估,将通过整体评估确定的企业价值按照投资方股权份额计算该投资的评估值。整体评估以收益法为主,对被投资企业整体评估,基准日与投资方的评估基准日相同。

【做中学 8-10】 甲企业以 600 万元厂房向乙公司投资,占乙公司股权份额的 70%。现对甲企业的这笔长期股权投资进行评估。由于对乙公司的投资占控股地位,所以评估人员先对乙公司进行了整体评估,评估值为 6 000 万元。则甲企业股权投资的评估值为:

股权投资的评估值 = 6 000 × 70% = 4 200(万元)

任务四　长期投资基金评估

一、投资基金概述

投资基金是资产管理的一种方式,它是一种组合投资、专业管理、利益共享、风险共担的集合投资方式。基金管理机构设立基金公司,以基金公司的名义向投资者发行收益凭证,募集社会资金并交由专业的资金管理机构投资于各种资产,从而实现资金的保值增值。投资基金所投资的资产既可以是金融资产,如股票、债券、外汇,也可以是房地产、大宗能源、林权等其他资产。

投资基金按照资金募集的方式,可以分为公募基金和私募基金。投资基金按照投资的对象,可以分为证券投资基金和另类投资基金。证券投资基金是指投资于公开市场交易的权益、债券、货币期权等传统金融资产的基金,包括债券基金、股票基金、货币市场基金以及混合型基金。另类投资基金是指投资于传统对象以外的基金,主要有私募股权基金、风险投资基金、对冲基金、不动产、投资基金等。

二、证券投资基金评估

(1)投资基金评估是对基金资产净值的评估,是指通过对基金所拥有的全部资产以及全部负债按照一定的原则和方法进行估算,进而确定基金资产价值的过程。

(2)投资基金的价值评估是建立在对底层资产估值的基础上,底层资产包括货币、股票、债券、股权、其他衍生品等,在评估价值时,尽量对底层资产进行分析,评估投资基金的价值。

(3)计算投资基金净值时,应扣除基金对应的管理费和管理人员对应的超额收益。计算公式为:

基金资产净值 = 基金资产 - 基金负债

基金份额净值 = 基金资产净值 ÷ 基金总份额

【学中做 8-1】 某基金持有三种股票的数量分别为 150 万股、50 万股和 80 万股,每股的收盘价格分别为 30 元、20 元和 15 元,银行存款为 1 000 万元,对托管人或管理人应付未付报酬为 1 000 万元,应付税费为 500 万元,已售出的基金份额为 2 000 万份。计算出基金份额净值为:

基金份额净值 = [(150×30+50×20+80×15) - 1 000 - 500] ÷ 2 000 = 2.6(元)

三、合伙制基金评估

合伙制基金估值是指通过对基金所持有的全部资产及应承担的全部负债按一定的原则和方法进行评估与计算,最终确定基金资产净值的过程。目前行业较为常用的对股权投资基金进行估值的方式,是先根据估算方法确定基金投资的每一个单一投资项目的价值及项目价值总和,加上基金所持有的其他资产价值,再扣减基金应承担的费用等负债,最终得到基金资产净值。计算公式为:

$$基金资产净值＝项目价值总和＋其他资产价值－基金费用等负债$$

【注意】对于合伙制基金,普通合伙人和有限合伙人对应的份额估值有不同的价值内涵,也就是说,不必然等于股东全部权益与股东比例的乘积。合伙制基金评估中的普通合伙人享有的权益包括管理费收入、直接部分收益和超额收益部分。合伙制基金评估中有限合伙人享有的权益部分只有直接投资部分,还要扣除管理费以及满足超额收益下的普通合伙人权益部分。

应知考核

一、单项选择题

1. 股票的内在价值属于股票的( )。
   A. 账面价值　　　　B. 理论价格　　　　C. 无面额价值　　　　D. 发行价格
2. 适用于成长型企业股票评估的是( )。
   A. 固定红利模型　　B. 红利增长模型　　C. 分段模型　　　　D. 以上都可
3. 对到期一次性还本付息债券的评估,其评估的标的是( )。
   A. 债券本金　　　　B. 债券本金加利息　C. 债券利息　　　　D. 债券本金减利息
4. 股票的内在价值是由( )决定的。
   A. 股票的净资产额　　　　　　　　　　B. 股票的总资产额
   C. 股票未来收益折现值　　　　　　　　D. 股票的利润总额
5. 上市公司股票的清算价格是( )。
   A. 资产总额与总股数的比值　　　　　　B. 资产总额与流通股数的比值
   C. 净资产与总股数的比值　　　　　　　D. 净资产与上市流通股数的比值

二、多项选择题

1. 按股票所得权益的不同,可分为( )。
   A. 无面额股票　　　B. 面额股票　　　　C. 优先股　　　　　D. 普通股
2. 债权投资与股权投资相比较,其特点有( )。
   A. 收益相对稳定　　　　　　　　　　　B. 收益相对较高
   C. 具有较强的流动性　　　　　　　　　D. 投资风险较小、安全性较强
3. 非上市交易债券的评估类型有( )。
   A. 固定红利模型　　　　　　　　　　　B. 红利增长模型
   C. 到期一次性还本付息型　　　　　　　D. 分次付息、到期一次性还本型
4. 下列( )因素会影响到债券的评估价值。
   A. 票面价值　　　　B. 票面利率　　　　C. 折现率　　　　　D. 付息方式
5. 股票评估与股票的( )有关。
   A. 内在价值　　　　B. 账面价值　　　　C. 市场价值　　　　D. 清算价格

三、判断题

1. 债券评估是对被投资企业偿债能力的评估。　　　　　　　　　　　　　　　　( )
2. 在市场利率高于票面利率时,债券的发行价格大于其面值。　　　　　　　　　( )

3. 由于优先股在分配公司盈利、剩余财产权等方面有优先权,所以一般来说,其收益要高于普通股。（   ）
4. 收益法是评估非上市股票和债券的主要评估方法。（   ）
5. 普通股的投资风险小于优先股。（   ）

四、简述题
1. 简述长期投资性资产评估的特点。
2. 简述长期投资性资产评估的程序。
3. 简述上市交易债券评估和非上市交易债券评估的区别。
4. 简述上市股票评估和非上市股票评估的区别。
5. 简述有限期股权投资评估和无限期股权投资评估的区别。

应会考核

■ 观念应用

【背景资料】

甲企业持有乙企业发行的优先股200股,每股面值500元,股息率为12%。当前的国库券市场利率为8%,乙企业的风险报酬率为2%。甲企业打算3年后将这些优先股出售,预计出售时市场利率将上升2个百分点。

【考核要求】

试评估该批优先股的价值。

■ 技能应用

1. 被评估债券为2022年发行,面值100元,年利率为10%,3年期。2024年评估时,债券市场上面值为100元的同种同期债券交易价为110元。试问该债券的评估值应为多少？

2. 被评估债券为4年期一次性还本付息债券10 000元,年利率18%,不计复利,评估时债券的购入时间已满3年,当年的国库券利率为10%,评估人员通过对债券发行企业了解后认为应该考虑2%的风险报酬率。试计算该债券的评估值。

3. 假设被评估企业拥有C公司的非上市普通股10 000股,每股面值1元。在持有期间,每年的收益率一直保持在20%左右。经评估人员了解分析,股票发行企业经营比较稳定,管理人员素质高、管理能力强。在预测该公司以后的收益能力时,按稳健估计,今后若干年内,其最低的收益率仍然可以保持在16%左右。评估人员根据该企业的行业特点及当时宏观经济运行情况,确定无风险报酬率为4%（国库券利率）,风险报酬率为4%,则确定的折现率为8%。根据上述资料,计算评估值。

4. 某评估公司受托对D企业进行资产评估。D企业拥有某非上市公司的普通股20万股,每股面值1元。在持有股票期间,每年股票收益率（每股股利/每股面值）在12%左右。股票发行企业每年以净利润的60%用于发放股利,其余40%用于追加投资。根据评估人员对企业经营状况的调查分析,认为该行业具有发展前途,该企业具有较强的发展潜力。经过分析后认为,股票发行企业至少可保持3%的发展速度,净资产收益率将保持在16%的水平,无风险报酬率为4%,风险报酬率为4%,则确定的折现率为8%。计算该股票评估值。

【技能要求】

请对上述内容进行计算。

■ 案例分析

评估机构于2024年1月1日对某公司进行评估,该公司拥有甲企业发行的非上市普通股100万股,每股面值1元。经调查,由于甲企业产品老化,评估基准日以前的几年内,该股票的收益率每年都在前一年的基础上下降2%,2023年度的收益率为10%,如果甲企业没有新产品投放市场,预计该股票的收益率仍将保持每年在前一年的基础上下降2%。已知甲企业正在研制一种新产品,预计2年后新产品即可投放市场,并从投产当年起可使收益率提高并保持在15%左右,并且从投产后第3年起,甲企业将以净利润的75%发放股利,其余的25%用于企业追加投资,净资产利润率将保持在20%的水平。假设折现率为15%。

【分析要求】

计算被评估公司所持甲企业股票2024年1月1日的评估值。

项目实训

【实训项目】

长期投资性资产评估。

【实训内容】

长期投资性资产评估的基本程序及评估方法的应用。

【实训目的】

掌握不同的评估方法在长期投资性资产评估中的应用,并加以区别。

【实训反思】

(1)掌握长期投资性资产以及长期投资性资产评估的特点。

(2)掌握长期投资性资产评估的基本程序。

(3)掌握股票投资的评估、债券投资的评估、股票投资评估的应用。

(4)将实训报告填写完整。

《长期投资性资产评估》实训报告

项目实训班级:	项目小组:	项目组成员:
实训时间:　年　月　日	实训地点:	实训成绩:
实训目的:			
实训步骤:			
实训结果:			
实训感言:			
不足与今后改进:			
项目组长评定签字:		项目指导教师评定签字:

项目九　流动资产评估

● 知识目标

　　理解:流动资产的概念、类型和特点。
　　熟知:流动资产评估的特点;流动资产评估的程序。
　　掌握:实物类流动资产的评估;其他流动资产的评估。

● 技能目标

　　在掌握流动资产评估基本方法理论的基础上,能够学会用合理的方法对实物类、其他流动资产进行评估,并灵活地运用各种方法。

● 素质目标

　　通过对本项目的学习,加强对流动资产评估的认识,能够用适当的方法评估各类流动资产的价值。把学和做有机结合,做到学思用贯通、知信行统一,提高自己的职业道德素养。

● 思政目标

　　能够正确地理解"不忘初心"的核心要义和精神实质;树立正确的世界观、人生观和价值观,做到学思用贯通、知信行统一;通过流动资产评估知识,厘清相关概念和评估方法,不断提高专业技能,提升意识和观念,丰富职业认知。

● 项目引例

流动资产如何评估

　　星海公司产成品实有数量80台,每台实际成本为94元。该产品的材料费与工资、其他费用的比例为70∶30。根据目前有关资料,得出材料费用综合调整系数为1.20,工资、其他费用综合调整系数为1.08。该产品的评估值应为多少?

　　引例导学:上述提到的是一个流动资产的评估案例。那么,什么是流动资产?流动资产如何进行分类?企业如何进行流动资产评估?通过对本项目的学习,你将得到解答。

● **课程思政**

> 通过本项目中三个任务的学习，拓展对资产评估的认识，提高对流动资产评估相关内容辨析的能力；树立远大理想，担当时代责任，勇于砥砺奋斗，锤炼品德修为，坚定和树立理想，增强理论自信、文化自信；践行社会主义核心价值观，培养奋斗精神。

任务一 流动资产评估概述

一、流动资产的概念、类型和特点

（一）流动资产的概念

流动资产是指企业在生产经营活动中，可以在1年或超过1年的一个经营周期内变现或者耗用的资产。它是企业资产的重要组成部分，在企业资产评估中占有重要的地位。

（二）流动资产的类型

流动资产有多种分类方法，在实际评估工作中，一般将流动资产分为以下3种类型：

(1)实物类流动资产。实物类流动资产是指企业在生产经营过程中为销售或耗用而储备的有实物形态的资产，主要包括各种材料、在产品、半成品、低值易耗品、包装物等。实物类流动资产评估是流动资产评估的重要内容。

(2)货币类流动资产。货币类流动资产是指现金和各项存款等具有现金等价物性质的流动资产，主要包括现金、银行存款和短期内准备变现的短期投资。

(3)债权类流动资产。债权类流动资产是指没有一定的实物形态的、具有债权性质的流动资产，主要包括各种应收款项、预付款项、待摊费用等。

（三）流动资产的特点

与非流动资产相比，流动资产的特点主要表现在以下几个方面：

(1)周转速度快。周转速度快是流动资产最主要的特点，流动资产在使用中只经历一个生产经营周期就改变其实物形态，并将其全部价值转移到所形成的产品中去，构成成本费用的一个组成部分，然后从营业收入中得到补偿。判断一项资产是否为流动资产，关键看其周转情况。

(2)变现能力强。变现能力强是流动资产的一个显著特点。各种形态的流动资产都可以在较短的时间内出售或变卖，具有较强的变现能力，是企业对外支付和偿还债务的物质基础。当然，不同形态的流动资产，其变现速度是有区别的，按变现能力强弱排序，首先是货币资产，其次是短期投资，然后是较易变现的应收账款，最后是存货。

(3)形态多样性。流动资产存在的形态呈现多样性的特点。不同行业流动资产的存在形态千差万别，即使在同一行业的不同部门，流动资产的存在形态也有很大的差别。但总的来说，流动资产总是处于储备形态、生产形态、成品形态、货币资金形态及结算资金形态。流动资产按其存在形态，可以归结为四种类型：货币类流动资产，包括现金、各项存款及短期投资等；债权类流动资产，包括各种应收款项、预付款项；实物类流动资产，包括各种材料、产成品、在产品、商品等；其他流动资产。

二、流动资产评估的特点

（一）流动资产评估是单项评估

流动资产评估是以单项资产为评估对象，根据其自身的特点进行评估，不需要以其综合获利能力进行综合价值评估。

(二)流动资产评估要合理确定评估基准日

资产评估是确定资产在某一时点上的价值,而流动资产由于其流动性,使得不同形态的流动资产随时都在变化,不可能人为地停止流动资产的运转。因此,流动资产评估对时点的要求比较严格,所选评估基准日应尽可能在会计期末,或尽可能与资产评估结论利用的时间相一致,并在规定的时间进行盘点和清查,确定流动资产的数量和账面价值,防止重复和遗漏。

(三)评估要分清主次,遵循重要性原则

在流动资产评估之前必须认真进行资产清查,这直接影响着评估质量的好坏。由于流动资产往往数量较大、种类较多,清查工作量很大,因此,需要同时考虑评估的时间要求和评估成本。流动资产评估往往需要根据不同企业的生产经营特点和流动资产分布的特点,对其分清主次轻重,选择不同的方法进行清查和评估。清查采用的方法可以是抽查、重点清查和全面盘点。当在抽查核实中发现原始资料或清查盘点工作可靠性较差时,要扩大抽查范围,直至核查全部流动资产。

(四)流动资产的账面价值基本上可以反映其现值

由于流动资产周转速度快、变现能力强,无须考虑资产的功能性贬值因素(资产的实体性损耗的计算也只适用于低值易耗品、包装物以及滞留、积压物资的评估),在价格变化不大的情况下,资产的账面价值基本上可以反映流动资产的现值。因此,在特定的情况下,对流动资产较适合采用历史成本法评估。这就必然会使流动资产的评估对企业会计核算资料的依赖性比较强。

三、流动资产评估的程序

(一)确定评估对象与范围

进行流动资产评估前,首先要确定被评估资产的对象和范围,这是节约工作时间、保证评估质量的重要条件之一。流动资产一般作为单独的评估对象,不需要以其综合获利能力进行综合性价值评估。流动资产评估对象和评估范围应依据经济活动所涉及的资产范围而定。同时,应做好下列工作:

(1)鉴定流动资产类型。弄清被评估流动资产范围,必须注意划清流动资产与其他资产的界限,防止将不属于流动资产的机器设备等作为流动资产,也不得把属于流动资产的低值易耗品等作为其他资产,以避免重复评估和漏评估。

(2)查核流动资产产权。企业中存放的外单位委托加工材料、代保管的材料物资等,尽管存在于该企业中,但不得将其列入流动资产评估范围。此外,根据国家有关规定,抵押后的资产不得用于再投资,如该企业的流动资产已作为抵押物,则不能将其再转让或投资,这类流动资产也不得列入评估范围。

(3)核实流动资产资料。一份准确的被评估资产清单是正确估价资产的基础资料,被评估资产的清单应以实存数量为依据,而不是以账面记载情况为标准。

(二)对实物性流动资产进行质量检测和技术鉴定

对企业需要评估的材料、半成品、产成品、库存商品等流动资产进行检测和技术鉴定,目的是了解这部分资产的质量状态,以便确定其是否尚有使用价值,并核对其技术情况和等级状态与被评估资产清单的记录是否一致。对被评估资产进行技术检测是正确估计资产价值的重要基础,特别是对那些有时效要求的各种存货,如有保鲜期要求的食品和有有效期要求的药品、化学试剂等。存货在存放期内质量发生变化,会直接影响其市场价格,因此评估必须考虑各类存货的内在质量因素。对各类存货进行技术质量检测,可由被评估企业的有关技术人员、管理人员与评估专业人员合作完成。

(三)对权益性流动资产的基本情况进行分析

根据对被评估企业与债务人经济往来活动中的资信情况的调查,了解每一项债权资产的经济内容、发生时间的长短及未清理的原因等因素,综合分析确定这部分债权、票据等回收的可能、回收的时间、回收时将要发生的费用及风险。

(四)选择合理的流动资产评估技术方法

流动资产评估技术方法的选择,一是根据评估目的选择,二是根据不同种类流动资产的特点选择。如前所述,根据不同流动资产的特点,从评估角度将流动资产划分为四种类型,不同类型的流动资产对评估技术方法的选择有很大影响。对于实物性流动资产,可以采用市场法和成本法;对于存货中价格变动较大的,要考虑市场价格;对于买入价较低的,要按现价调整;对于买价提高的,除考虑市场价格外,还要分析最终产品价格是否相应提高,或存货本身是否具有按现价出售的现实可能性。对于货币性流动资产,其清查核实后的账面价值本身就是现值,不需要采用特殊技术方法进行评估,只需要对外币存款按评估基准日的国家外汇牌价进行折算。对于债权性流动资产评估,只适用按可变现净值进行评估。对于其他流动资产,应分别不同情况进行,其中有物质实体的流动资产,则应视其价值情形,采用与机器设备等相同的技术方法进行。

(五)评定估算流动资产,得出评估结论

经过上述评估程序对流动资产进行评估后,就可以得出相应的评估结论,出具评估报告。

任务二　实物类流动资产评估

实物类流动资产主要包括各种材料、在产品、产成品和低值易耗品。

一、材料的评估

(一)材料评估的内容

企业中的材料按其存放地点,可以分为库存材料和在用材料。在用材料在生产过程中已经形成产品或半成品,不再作为单独的材料存在,因此这里所说的材料评估是对库存材料的评估。库存材料包括各种主要材料、辅助材料、燃料、修理用备件、包装物等。

(二)库存材料的评估

对库存材料进行评估时,可以根据材料购进情况的不同,选择合适的评估方法。

1. 近期购进库存材料的评估

近期购进库存材料的库存时间较短,在市场价格变化不大的情况下,其账面价值与现行市价基本接近,评估时可以采用市场法或成本法,这两种评估方法得出的评估结果相差不大。

【做中学 9—1】 被评估企业中 A 材料系两个月前从外地购进,材料明细账的记载为:数量 6 000 千克,单价 500 元/千克,运杂费为 600 元。根据材料消耗的原始记录和清查盘点,评估时库存尚有 1 000 千克。根据以上资料,可以确定材料的评估值为:

$$材料评估值 = 1\,000 \times 500 + 600 \times \frac{1\,000}{6\,000} = 500\,100(元)$$

2. 购进批次间隔时间长、价格变化较大的库存材料的评估

这种库存材料的评估可以采用以下两种方法:一种是以最接近市场价格的那批材料的价格作为评估的计价基础;另一种是直接以评估基准日的市场价格作为评估的计价基础。

【做中学 9—2】 要对被评估企业的库存 B 材料进行评估,评估基准日为 2022 年 12 月 31 日。该材料分两批购进,第一批购进时间为 2021 年 1 月,购进 1 500 吨,单价为 450 元/吨;第二批购进

时间为2022年11月,购进2 000吨,单价为300元/吨。截至评估基准日,2021年购入的还剩100吨,2022年购入的还没有使用。因此,尚需评估的材料数量为2 100吨,应按照现行的市场价格300元/吨计算评估值如下:

材料评估值＝300×(100＋2 000)＝630 000(元)

3. 购进时间较早、市场上已脱销、没有现行市价的库存材料的评估

这类库存材料无法直接从市场上找到它的现行价格,只能采用其他方法来确定:通过寻找替代品的价格变动资料来修正该材料的价格;通过分析该材料在市场上的供需情况的变化来修正该材料的价格;通过市场上同类材料的平均物价指数来修正该材料的价格。

4. 滞留材料价值的评估

滞留材料是指企业从库存材料中清理出来需要进行处理的材料。这部分材料由于长期积压或保管不善等问题导致使用价值下降。对这类材料的评估,首先是对其数量和质量进行核查与鉴定,然后区别不同情况进行评估。

5. 盘盈、盘亏材料的评估

一是盘盈材料的评估。因为盘盈材料并没有历史成本资料,应采用现行市价法或重置成本法进行评估。二是盘亏材料的评估。盘亏材料并无实物,不存在评估的问题,应直接从待估材料申报中剔除。

二、在产品的评估

企业的在产品包括产品生产过程中尚未加工完毕的在制品和已加工完毕但不能单独对外销售的半成品。在此,外购的半成品视同材料评估,可直接对外销售的自制半成品视同产成品评估。由于在产品的数量不太容易核查清楚,而且对其进行评估还需要估计其完工程度,所以对在产品的评估应结合其特点,采用成本法或市场法。

(一)成本法

成本法是指根据清查核实、技术鉴定和质量检测的结果,按评估时的相关市场价格及费用水平重置同等级在产品所需要的合理的料、工、费来确定在产品的评估值。成本法中的具体方法有以下三种:

1. 价格变动系数调整法

对生产经营正常、会计核算水平较高的企业的在产品的评估,可参照实际发生的原始成本,根据到评估日的市场价格变动情况,调整成重置成本。评估的过程是:

(1)对被评估在产品进行技术鉴定,将其中超出正常范围的不合格在产品成本从总成本中剔除;

(2)分析原始成本,将非正常的不合理费用从总成本中剔除;

(3)分析原始成本中材料从其生产准备开始到评估日止市场价格变动情况,并测算出价格变动系数;

(4)分析原始成本中的工资薪酬、燃料、动力等制造费用从开始生产到评估日有无大的变动,是否做了调整,并测算出调整系数;

(5)根据技术鉴定、原始成本分析及价格变动系数的测算,调整成本,确定评估值,必要时还要从变现的角度修正评估值。

计算公式如下:

$$在产品的评估值＝原合理材料成本×(1＋价格变动系数)＋原合理工资和费用×(1＋合理工资和费用变动系数)$$

公式中，工资虽为直接费用，但在实际计算中较难确定，所以把它和费用等合并作为费用来计算。

2. 社会平均消耗定额和现行市价法

这种方法是指按照重置同类资产的社会平均成本来确定被评估资产的价值。在用此方法之前，先要掌握以下几点：被评估在产品的完工程度、被评估在产品有关工序的工艺定额、被评估在产品耗用材料的近期市场价格、被评估在产品的合理工时费用标准。

此方法的基本计算公式如下：

在产品的评估值＝在产品实有数量×(该工序单件材料工艺定额×单位材料现行市价
　　　　　　　＋该工序单件工时定额×正常工资费用)

对于工艺定额的选取，首先考虑行业统一标准，没有行业统一标准的，按照企业的现行标准。

【做中学 9—3】 某企业处于某一生产阶段的在产品有 300 件，已知每件的铝材消耗 50 千克，每千克市场单价 5 元；在产品累计单位工时定额 20 小时，每定额小时的燃料和动力费用定额 0.45 元、工资及附加费定额 10 元、车间经费定额 2 元、企业管理费用定额 4 元，该在产品不存在变现风险。则该在产品的评估值计算如下：

原材料成本＝300×50×5＝75 000(元)
工资成本＝300×20×10＝60 000(元)
费用成本＝300×20×(2＋4)＝36 000(元)
燃料和动力成本＝300×20×0.45＝2 700(元)
该在产品评估值＝75 000＋60 000＋36 000＋2 700＝173 700(元)

3. 约当产量法

约当产量法是指将在产品的数量，按其完工程度折算为相当于完工产品的数量(即约当产量)，然后根据产成品的重置成本和约当产量计算在产品评估值的方法。其计算公式为：

在产品评估值＝产成品重置成本×在产品约当产量
在产品约当产量＝在产品数量×在产品完工程度

其中，在产品的完工程度有多种确定方法，可以根据已完成工序(工时)占全部工序(工时)的比例来确定，也可以根据生产完成时间占生产周期的比例来确定。

【做中学 9—4】 某工厂在评估时，有在产品 20 件，材料随生产过程陆续投入。已知这批在产品的材料投入量为 75%，完工程度为 60%。该产品的单位定额成本为：材料定额 3 800 元、工资定额 400 元、费用定额 620 元。现确定该批在产品的评估值如下：

在产品材料约当产量＝20×75%＝15(件)
在产品工资、费用约当产量＝20×60%＝12(件)
在产品评估值＝15×3 800＋12×(400＋620)＝69 240(元)

(二)市场法

市场法是用同类在产品的市场销售价格，扣除销售过程中预计发生的费用后，确定在产品评估值的方法。这种方法适用于因产品下线，在产品不能进一步加工，只能对外销售情况的评估。一般来说，在产品的通用性强，能用于产品配件更换或用于维修等情况，其评估价值也较高；若在产品属于很难通过市场出售或调剂出去的专用配件等，则只能按废料回收价格进行评估。其基本计算公式如下：

在产品评估值＝在产品数量×市场可接受的不含税价格－预计销售过程中发生的税费
报废在产品的评估值＝可回收废料的数量×废料的单位现行回收价格

三、产成品的评估

产成品包括企业已经完工入库和已经完工并经过质量检验但尚未办理入库手续的产成品以及商品流通企业的库存商品。产成品可以直接对外销售,依据其变现的可能和市场接受的价格,通常可采用成本法和市场法进行评估。

(一)成本法

用成本法进行评估,主要根据生产、制造该项产成品全过程中发生的成本费用来确定产成品的评估值。具体可分为以下两种情况进行:

1. 评估基准日与产成品完工时间较接近,且物价变动不大时

这时可以直接按产成品账面成本确定。其计算公式为:

$$产成品评估值 = 产成品数量 \times 产成品账面单位成本$$

2. 评估基准日与产成品完工时间相距较长,成本费用变化较大时

这时的产成品评估值可按下面两种方法计算:

$$产成品评估值 = 产成品实有数量 \times (合理材料工艺定额 \times 材料单位现行价格 + 合理工时定额 \times 单位工时合理工资及费用开支)$$

$$产成品评估值 = 产成品实际成本 \times (材料成本比率 \times 材料综合调整系数 + 工资费用成本比率 \times 工资费用综合调整系数)$$

【做中学 9-5】 某企业在评估时产成品实有数量为 100 台,每台实际成本 500 元。根据会计核算资料,该产品生产成本中材料与工资、其他费用的比率为 3∶2。根据目前价格变动情况和其他相关资料,确定材料综合调整系数为 1.20,工资、费用综合调整系数为 1.10,由此可以确定该产品评估值为:

产成品评估值 = 100 × 500 × (60% × 1.2 + 40% × 1.1) = 58 000(元)

(二)市场法

市场法是指按不含税的可接受市场价格,扣除相关费用后确定产成品评估价值的方法。在应用市场法时,应注意以下几点:

(1)产成品的使用价值。评估人员要对产品本身的技术水平和内在质量进行鉴定,明确产品的使用价值及技术等级,进而确定合理的市场价格。

(2)分析产品的市场供求关系和市场前景。这样有利于产品的合理市场价格的确定。

(3)市场价格的选择应以公开市场上形成的产品近期交易价格为准,非正常交易情况下的交易价格不能作为评估的依据。

(4)对于产成品的实体性损耗,如表面的残缺等,可以根据其损坏程度,确定适当的调整系数来进行调整。

采用市场法进行评估时,市场价格中包含成本、税金、利润因素,对这部分利润和税金的处理,应视产成品评估的不同目的和评估性质而定。①如果产成品的评估是为了销售,应直接以现行的市场价格作为评估值,不需要考虑销售费用和税金的问题;②如果产成品的评估是为了投资等,这时税金要流出企业,销售费用也可以得到补偿,应从市价中扣除各种税金作为产成品的评估值。

【做中学 9-6】 某产品在评估基准日的账面价值为 392 500.54 元,评估中,根据厂方提供的年度会计报表及评估人员的清查得知,评估基准日该产品的库存数量为 50 000 件,单位成本 50 元/件,出厂价 60 元/件(含增值税),该产品的销售费用率为 3%,销售税金及附加占销售收入的 2%,利润率为 15%,该厂的增值税税率为 13%。计算过程如下:

产品的评估值 = 50 000 × (60/1.13) × (1 - 3% - 2% - 15%)

$$=50\,000\times53.10\times0.8$$
$$=2\,124\,000(元)$$

四、低值易耗品的评估

(一)低值易耗品评估的内容

低值易耗品是指虽不构成固定资产,但能多次使用而基本保持其实物形态的劳动资料。一方面,低值易耗品能多次使用并基本保持其实物形态,在使用过程中需要进行维修,报废时也有一定的残值,这与固定资产相类似;另一方面,因为低值易耗品的价值较低,常作为材料进行管理。可见,低值易耗品是一种特殊的劳动资料。不同行业对固定资产和低值易耗品的划分标准是不完全相同的,在评估过程中,判断劳动资料是否为低值易耗品,应视其在企业中的作用来定。

(二)低值易耗品的评估方法

1. 在库低值易耗品的评估

在库低值易耗品的评估可以根据具体情况,采用与库存材料评估相同的方法。库存材料评估的方法前面已进行了介绍,这里不再赘述。

2. 在用低值易耗品的评估

在用低值易耗品的评估,可以采用成本法。其计算公式为:

$$在用低值易耗品评估值 = 全新低值易耗品的成本价值 \times 成新率$$

全新低值易耗品的成本价值可按以下方法进行确定:在物价变动很小的情况下,直接采用低值易耗品的账面价值;在物价变动较大的情况下,可以直接用评估基准日的市场价格,还可以用账面价值乘以物价变动指数来确定。

由于低值易耗品的使用期限比较短,一般不考虑其功能性损耗和经济性损耗。在确定成新率时,应根据其实际损耗确定,一般不能按照其摊销方法(一次摊销或分次摊销)确定。成新率的计算公式为:

$$成新率 = (1 - 实际已使用月份/可使用月份) \times 100\%$$

【做中学 9—7】 某企业的某项低值易耗品原价为 800 元,预计使用期限为 1 年,截至评估基准日已使用了 9 个月,该低值易耗品的现行市场价格为 1 000 元。则该项低值易耗品的评估值为:

$$低值易耗品的评估值 = 1\,000 \times (1 - 9/12) = 250(元)$$

任务三 其他流动资产的评估

其他流动资产的评估主要包括货币性资产、应收款项、待摊及预付款项的评估。

一、货币性资产的评估

货币性资产是指以货币形态存在的资产,包括现金、银行存款和短期内准备变现的短期投资。

(一)现金、银行存款的评估

资产评估主要是对非货币性资产而言,货币性资产由于不会因时间的变化而产生差异,因此对货币资金的评估,尤其是对现金、银行存款的评估,主要是对数额的清查确认。要对现金进行盘点,并与现金日记账和现金总账核对,实现账实相符;对银行存款要进行函证,核实其实有数额。评估时要以核实后的实有值作为评估值,如有外汇存款,应按评估基准日的国家外汇牌价折算成人民币计算。

（3）资产评估报告限委托人和法律、行政法规规定的资产评估报告使用人使用；除此之外，其他任何机构和个人不能成为资产评估报告的使用人。

（4）资产评估报告使用人应当正确理解和使用评估结论，评估结论不等同于评估对象可实现价格，评估结论不应当被认为是对评估对象可实现价格的保证。

（5）资产评估报告使用人应当关注评估结论成立的假设前提、资产评估报告特别事项说明和使用限制。

（6）资产评估机构及其资产评估专业人员遵守法律、行政法规和资产评估准则，坚持独立、客观、公正的原则，并对所出具的资产评估报告依法承担责任。

（7）其他需要声明的内容。

【注意】以上准则的要求属于一般性声明，在执行具体资产评估业务时，资产评估人员还应根据评估项目的具体情况，调整或细化声明内容。

【提示】评估报告声明应当置于评估报告摘要之前。声明一般不需要零星签字盖章。

三、资产评估报告摘要

摘要是评估报告的浓缩，可以让使用者尽快了解评估报告的主要内容，通常提供资产评估业务的主要信息及评估结论。

资产评估师应当在评估报告正文的基础上编制评估报告摘要。每份资产评估报告的正文之前应有表达该报告书关键内容的摘要，用来让各有关方面了解该评估报告的主要信息。

评估人员在撰写评估报告时，应当简明扼要，以较少的篇幅，将评估报告书中的关键内容摘要并刊印在评估报告书正文之前，以便使各有关方了解该评估报告书提供的主要信息。资产评估报告摘要通常提供资产评估业务主要信息及评估结论，主要包括如下内容：①评估目的；②评估对象和评估范围；③价值类型及其定义；④评估基准日；⑤评估方法；⑥评估结论。

【注意】摘要应当与评估报告揭示的结果一致，不能有误导性内容。

该摘要与资产评估报告正文具有同等法律效力，由资产评估师、评估机构法定代表人及评估机构等签字盖章并注明提交日期。该摘要还必须与评估报告提示的结果一致，不得有误导性内容，并应当采用提醒文字提醒使用者阅读全文。评估报告摘要应当采用下述文字提醒评估报告使用者阅读全文："以上内容摘自评估报告正文，欲了解本评估项目的详细情况和合理理解评估结论，应当阅读评估报告正文。"

【提示】评估报告摘要应当置于评估报告正文之前。摘要一般不需要另行签字盖章。

四、资产评估报告正文

正文是评估报告的重要组成部分，资产评估报告正文应当包括下列内容：

（一）委托人及其他资产评估报告使用人

资产评估报告使用人包括委托人、资产评估委托合同中约定的其他资产评估报告使用人和法律、行政法规规定的资产评估报告使用人。在评估报告中应当阐明委托人和其他评其他资产评估报告使用人的身份，包括名称或类型。该名称可以是可确指的法人、自然人，也可以是不确指的类群体，如国有资产管理部门等。评估报告正文当介绍委托人、产权持有单位和业务委托合同约定的其他评估报告使用者的概况。委托人和业务委托合同约定的其他评估报告使用者概况信息一般包括：名称、法定住所及经营场所、法定代表人、注册资本及主要经营范围等。

（二）评估目的

资产评估报告载明的评估目的应当唯一。资产评估是为特定的经济行为服务的，评估报告应当说明本次评估经济行为的相关情况,并说明该经济行为获得批准的相关情况或者其他经济行为依据。目前,国内资产评估业务涉及的评估目的主要包括:转让定价评估目的,抵押和质押评估目的,公司设立、改制、增资评估目的,财务报告评估目的,税收评估目的,司法诉讼评估目的等。

(三)评估对象和评估范围

资产评估报告中应当载明评估对象和评估范围,并描述评估对象的基本情况。评估对象和评估范围是两个不同的概念,在评估报告中要注意进行区分。在企业价值评估中,评估对象可以是企业整体价值、股东全部权益价值或股东部分权益价值,与此对应的评估范围是评估对象涉及的资产及负债内容,包括房地产、机器设备、股权投资、无形资产、债权和债务等。在对单项资产的价值评估中,各具体准则都对评估对象进行了规范。比如在《文化企业无形资产评估指导意见》中就规定,文化企业无形资产评估对象,是指文化企业无形资产的财产权益,或者特定无形资产组合的财产权益。《资产评估执业准则——机器设备》规定机器设备的评估对象分为单台机器设备和机器设备组合对应的全部或者部分权益。单台机器设备是指以独立形态存在、可以单独发挥作用或者以单台的形式进行销售的机器设备。机器设备组合是指为了实现特定功能,由若干机器设备组成的有机整体。

(四)价值类型

资产评估报告应当说明选择价值类型的理由,并明确其定义。一般情况下可供选择的价值类型包括市场价值、投资价值、在用价值、清算价值和残余价值等。

(五)评估基准日

资产评估报告载明的评估基准日应当与资产评估委托合同约定的评估基准日保持一致,可以是过去、现在或者未来的时点。

(六)评估依据

资产评估报告应当说明资产评估采用的法律法规依据、准则依据、权属依据及取价依据等。

1. 法律和准则依据

法律依据应包括资产评估的有关法律、法规等,如《公司法》《证券法》《拍卖法》《国有资产评估管理办法》《资产评估行业财政监督管理办法》等。准则依据主要包括财政部发布的作为我国资产评估准则体系基础的《资产评估基本准则》,中国资产评估协会发布的《资产评估职业道德准则》《资产评估执业准则——资产评估报告》《资产评估执业准则——资产评估程序》等一系列程序性准则,以及《资产评估执业准则——企业价值》《资产评估执业准则——无形资产》等一系列实体性准则、指南和指导意见。资产评估专业人员应当根据与评估项目相关的原则,在评估报告中说明执行资产评估业务所采用的具体法律和准则依据。

2. 权属依据

资产法律权属状况本身是个法律问题,对资产的所有权及其他与所有权相关的财产权进行界定或发表意见需要履行必要的法律程序。因此,资产评估专业人员应当根据与评估项目相关的原则,在评估报告中说明执行资产评估业务所依托的评估对象的权属依据。权属依据通常包括国有资产产权登记证书,投资人出资权益的证明文件,与不动产、知识产权资产资源性资产、运输设备等动产相关的权属证书或其他证明文件,债权特有证明文件,从事特定业务所需的经营许可证书等。

3. 取价依据

取价依据应包括资产评估中直接或间接使用的企业提供的财务会计经营方面的资料,国家有关部门发布的统计资料和技术标准资料,以及评估机构收集的有关询价资料和参数资料等。由于统计口径不同等原因,不同部门发布同一指标的统计资料其结果可能存在差异,因此评估取价依据应当列示相关资料的名称,提供或发布的单位及时间等信息。

(七)评估方法

资产评估报告应当说明所选用的评估方法及其理由,因适用性受限或者操作条件受限等原因而选择一种评估方法的,应当在资产评估报告中披露并说明原因。根据《资产评估基本准则》,确定资产价值的评估方法包括市场法、收益法和成本法三种基本方法及其衍生方法。

(八)评估程序实施过程和情况

资产评估报告应当说明资产评估程序实施过程中现场调查、收集整理评估资料、评定估算等主要内容,一般包括:①接受项目委托,确定评估目的、评估对象与评估范围、评估基准日,拟定评估计划等过程;②指导被评估单位清查资产、准备评估资料,核实资产与验证资料等过程;③选择评估方法、收集市场信息和估算等过程;④评估结论汇总、评估结论分析、撰写报告和内部审核等过程。

(九)评估假设

资产评估报告应当披露所使用的资产评估假设。评估结论是在一定的假设前提下得出来的。资产评估师执行资产评估业务,应当科学合理地使用评估假设。在国际评估惯例中,资产评估假设主要包括前提假设、基本假设、具体假设、特别假设和非真实性假设等。资产评估人员应当合理使用评估假设,并在资产评估报告中披露所使用的资产评估假设。这既可以让评估结论构建基础更加合理,又可以让评估报告使用人能够正确理解评估结论。

(十)评估结论

资产评估报告应当以文字和数字形式表述评估结论,并明确评估结论的使用有效期。评估结论通常是确定的数值。经与委托人沟通,评估结论可以是区间值或者其他形式的专业意见。

(十一)特别事项说明

资产评估报告的特别事项说明包括:①权属等主要资料不完整或者存在瑕疵的情形。②委托人未提供的其他关键资料情况。③未决事项、法律纠纷等不确定因素。④利用专家工作及相关报告情况。⑤重大期后事项。⑥评估程序受限的有关情况、评估机构采取的弥补措施及对评估结论影响的情况。⑦其他需要说明的事项。资产评估报告应当重点提示资产评估报告使用人对特别事项予以关注。

(十二)资产评估报告使用限制说明

资产评估报告的使用限制说明应当载明:①使用范围。②委托人或者其他资产评估报告使用人未按照法律、行政法规规定和资产评估报告载明的使用范围使用资产评估报告的,资产评估机构及其资产评估专业人员不承担责任。③除委托人、资产评估委托合同中约定的其他资产评估报告使用人和法律、行政法规规定的资产评估报告使用人之外,其他任何机构和个人不能成为资产评估报告的使用人。④资产评估报告使用人应当正确理解和使用评估结论。评估结论不等同于评估对象可实现价格,评估结论不应当被认为是对评估对象可实现价格的保证。

(十三)资产评估报告日

资产评估报告载明的资产评估报告日通常为评估结论形成的日期,可以不同于资产评估报告的签署日。评估报告日不同于评估基准日,它是形成最终专业评估意见的日期,这一日期必须在评估报告中明确,以公历年、月、日的形式表现。

(十四)资产评估专业人员签名和资产评估机构印章

评估报告编制完成后,经资产评估机构对资产评估专业人员编制的评估报告复核认可,至少由两名承办该业务的资产评估专业人员签名,最后加盖资产评估机构的印章。对于国有资产评估报告,资产评估报告正文应当由至少两名承办该评估业务的资产评估师签名,并加盖资产评估机构印章。声明、摘要和评估明细表上通常不需要另行签名盖章。

五、附件

评估报告附件是附在资产评估报告后面的文件与资料,在评估报告中起到辅助说明的作用。评估报告阅读者根据评估报告中披露的附件的名称以及附件内容,能够判断评估报告的合法性,并在相应的评估工作底稿以及相关法律、行政法规和部门规章中找到相应的评估依据。评估报告附件的内容应当与评估目的、评估方法、评估结论相关联,在评估中形成的一些无关的操作资料不应当作为评估报告的附件。资产评估报告附件通常包括以下内容:

(1)评估对象所涉及的主要权属证明资料。权属依据证明材料主要包括企业产权登记证书、房屋所有权证书、专利证书、设备购置发票、交通运输设备的行驶证等。

(2)委托人和其他相关当事人的承诺函。委托人和其他相关当事人的承诺函在资产评估中,委托人和其他相关当事人的承诺是评估报告附件中不可缺少的一部分。资产评估专业人员在撰写评估报告时应当收集到针对本次评估项目的委托人和其他相关当事人的承诺函。委托人和相关当事方应当承诺,资产评估所对应的经济行为符合国家规定,出具的资产权属证明文件合法有效,提供的资料真实完整,在评估操作过程中不干预评估人员独立、客观、公正地执业。

(3)资产评估机构及签名资产评估专业人员的备案文件或者资格证明文件。评估报告应当将评估机构的备案公告、证券期货业务资格证书复印件,以及资产评估师的职业资格证书登记卡复印件作为评估报告附件进行装订。

(4)资产评估汇总表或者明细表。为了让委托人和其他评估报告使用人能够更好地了解委托评估资产的构成及具体情况,资产评估人员应当以报告附件的形式提供资产评估汇总表或明细表。

(5)资产账面价值与评估结论存在较大差异的说明。

评估报告附件置于资产评估报告的正文之后,以目录形式列出附件的名称,并将具体的文件、证明材料、函件、清单、证书等材料的原件或复印件装订其后。相关附件应当清晰、完整,内容应当与评估报告摘要、正文一致。如果附件为复印件,应当保证其真实性,内容与原件一致。

【提示】按有关规定需要进行专项审计的,应当将企业提供的与经济行为相对应的评估基准日专项审计报告(含会计报表和附注)作为评估报告附件。按有关规定无须进行专项审计的,应当将企业确认的与经济行为相对应的评估基准日企业财务报表作为评估报告附件。

【注意】如果引用其他机构出具的报告结论,根据现行有关规定,所引用的报告应当经相应主管部门批准(备案)的,应当将相应主管部门的相关批准(备案)文件作为评估报告附件。这部分的格式没有具体要求,但必须按统一规格装订。

任务三 资产评估报告的编制

一、资产评估报告编制的技术要点

资产评估报告编制的技术要点是指在资产评估报告制作过程中的主要技能要求,具体包括文字表达、格式与内容方面的技能要求以及复核与反馈等方面的技能要求等。

资产评估专业人员应在执行必要的评估程序后,编制并由所在评估机构出具评估报告,并在评估报告中提供必要信息,使评估报告使用人能够合理理解评估结论。资产评估专业人员应根据评估业务具体情况,提供能够满足委托人和其他评估报告使用人合理需求的评估报告。

(一)文字表达方面的技能要求

资产评估报告既是一份对被评估资产价值发表专业意见的重要法律文件,又是一份用来明确资产评估机构和资产评估专业人员工作责任的文字依据。其文字表达要求既要清楚、准确,又要提供充分的依据说明,还要全面地叙述整个评估的具体过程;表达内容必须明确,不得使用模棱两可的措辞;报告陈述既要简明扼要,又要把有关问题说明清楚,不得使用带有任何诱导、恭维和推荐性的陈述。

(二) 格式和内容方面的技能要求

对资产评估报告格式和内容方面的要求,按照现行政策规定,应该遵循资产评估报告准则,涉及企业、金融企业国有资产评估的,还应该分别遵循《企业国有资产评估报告指南》和《金融企业国有资产评估报告指南》的有关规定。

(三) 复核及反馈方面的技能要求

资产评估报告的复核与反馈也是资产评估报告制作的具体技能要求。评估专业人员通过对工作底稿、评估说明、评估明细表和报告正文的文字、格式及内容的复核和反馈,可以使有关错误、遗漏等问题在出具正式报告之前得到修正。对评估专业人员来说,资产评估工作是一项由多个评估专业人员同时作业的中介业务,每个评估专业人员都有可能因能力、水平、经验、阅历及理论方法的限制而产生工作盲点和工作疏忽,所以,对资产评估报告初稿进行复核就成为必要。就对被评估资产情况的熟悉程度来说,大多数资产委托人和占有方对委托评估资产的分布、结构、成新率等具体情况总会比评估机构和评估专业人员更熟悉,所以在出具正式报告之前征求委托人意见、收集反馈意见也很有必要。

对资产评估报告必须建立起多级复核和交叉复核制度,明确复核人的职责,防止流于形式的复核。收集反馈意见主要是通过委托人或评估对象产权持有人等熟悉资产具体情况的人员。对委托人或者产权持有人的反馈信息,评估专业人员应谨慎对待,本着独立、客观、公正的态度处理其反馈意见。

(四) 撰写报告应注意的事项

资产评估报告的制作技能除了需要掌握上述三个方面的技术要点外,还应注意以下事项:

(1) 实事求是,切忌出具虚假报告。报告必须建立在真实、客观的基础上,不能脱离实际情况,更不能无中生有。报告拟订人应是参与该项目并较全面了解该项目情况的主要评估专业人员。

(2) 坚持一致性原则,切忌表里不一。报告文字、内容前后要一致,摘要、正文、评估说明、评估明细表的内容与格式、数据要一致。

(3) 提交报告要及时、齐全和保密。在完成资产评估工作后,评估专业人员应按业务委托合同的约定时间及时将报告送交委托人;送交报告时,报告及有关文件要送交齐全;此外,还要做好客户保密工作,尤其是对评估涉及的商业秘密和技术秘密,更要加强保密工作。

(4) 评估机构应当在资产评估报告中明确评估报告使用人、报告使用方式,提示评估报告使用人合理使用评估报告。应注意防止报告的恶意使用,避免报告的误用,以合法规避执业风险。

(5) 资产评估专业人员执行资产评估业务,应当关注评估对象的法律权属,并在评估报告中对评估对象法律权属及其证明资料来源予以必要说明。资产评估专业人员不得对评估对象的法律权属提供保证。

(6) 资产评估专业人员执行资产评估业务受到限制而无法实施完整的评估程序时,应当在评估报告中明确披露受到的限制、无法履行的评估程序和采取的替代措施。

二、资产评估报告的编制步骤

(一) 整理工作底稿和归集有关资料

资产评估现场工作结束后,有关评估专业人员必须着手对现场工作底稿进行整理,按资产的性质进行分类。同时对有关询证函、被评估资产背景资料、技术鉴定情况和价格取证等有关材料进行归集和登记。对现场未予确定的事项,还需进一步落实和核查。这些现场工作底稿和有关资料都是编制资产评估报告的基础。

(二)评估明细表的数字汇总

在完成现场工作底稿和有关资料的归集任务后,评估专业人员应着手评估明细表的数字汇总。评估明细表的数字汇总应根据明细表的不同级次,先进行明细表汇总,然后分类汇总,再到资产负债表式的汇总。在数字汇总过程中应反复核对各有关表格数字的关联性和各表格栏目之间数字的勾稽关系,防止出错。

(三)评估初步数据的分析和讨论

在完成评估明细表的数字汇总、得出初步的评估数据后,应召集参与评估工作过程的有关人员,对资产评估报告的初步数据的结论进行分析和讨论,比较各有关评估数据,复核记录估算结果的工作底稿,对存在作价不合理的部分评估数据进行调整。

(四)编写资产评估报告

编写资产评估报告分两步完成,首先草拟出资产评估报告,然后与委托方沟通交流,听取其意见,在独立、客观、公正的前提下,修改完成资产评估报告。

(五)资产评估报告的签发与送交

资产评估专业人员撰写出资产评估正式报告后,经审核无误,应当由至少两名承办该项业务的资产评估专业人员签名,并加盖评估机构印章。法定评估业务的评估报告应当由至少两名承办该项业务的资产评估师签名,并加盖资产评估机构印章。

资产评估报告签发盖章后,即可连同评估说明及评估明细表送交委托人。

任务四 资产评估报告的使用

资产评估机构出具并提交资产评估报告后,意味着资产评估工作已基本完成。在资产评估报告的使用过程中,委托人及其他评估报告使用者应当认真阅读资产评估报告的内容,正确理解评估结果的含义,恰当使用资产评估报告,合理实施评估目的对应的经济行为。《资产评估法》第32条规定:"委托人或者评估报告使用人应当按照法律规定和评估报告载明的使用范围使用评估报告。委托人或者评估报告使用人违反前款规定使用评估报告的,评估机构和评估专业人员不承担责任。"资产评估报告的使用人不仅包括委托人,而且包括资产评估委托合同中约定和法律、行政法规规定的其他资产评估报告使用人,主要包括资产评估委托合同中约定的其他资产评估报告使用者、资产评估监管部门和其他相关部门等。资产评估机构及人员有义务帮助评估报告使用者正确理解资产评估报告的内容,指引其合理使用资产评估报告。

一、评估报告的使用者

根据《资产评估执业准则——资产评估报告》,资产评估报告使用人包括委托人、资产评估委托合同中约定的其他资产评估报告使用人和法律、行政法规规定的资产评估报告使用人。

资产评估报告的使用者必须在《资产评估业务委托合同》中予以明确约定。如果存在评估业务委托方之外的评估报告使用者,需要在评估报告中明确披露。

二、使用评估报告需要注意的问题

(一)委托方对资产评估报告的合理使用

委托方在收到受托评估机构送交的正式评估报告及有关资料后,可以依据评估报告所揭示的评估目的和评估结论,合理使用资产评估结果。从性质上说,资产评估结果和结论是资产评估师的一种专业判断和专业意见,并无强制执行力。在正常情况下,委托方完全可以在评估报告限定的条件下和范围内根据自身的需要合理使用评估报告及评估结论,并不一定完全按照评估结论一成不变地"遵照执行"。如果委托方直接使用了评估结论,那也是委托方的自主选择,并不是因为评估结论具有强制力。同时,评估报告及其结论虽无强制执行力,但评估结论也不得随意使用或滥用。委托方必须按照评估报告中所揭示的评估目的、评估结果的价值类型、评估结果成立的限制条件和适用范围正确地使用评估结论。

委托方在使用资产评估报告及其结果时必须满足以下几个方面的要求:①只能按评估报告所揭示的评估目的使用评估报告及其结论。一份评估报告只允许按一个用途使用。②评估报告只能由评估报告中限定的期望使用者使用,评估报告及其结论不适用于其他人。③只能在评估报告的有效期内使用报告。如果超过评估报告的有效期,原资产评估结果无效。④在评估报告的有效期内,资产评估数量发生较大变化时,应由原评估机构或者资产占有单位按原评估方法对评估报告作相应调整,然后才能使用。⑤涉及国有资产产权变动的评估报告及有关资料必须经国有资产管理部门或授权部门核准或备案后方可使用。⑥作为企业会计记录和调整企业账项使用的资产评估报告及有关资料,必须根据国家有关法规规定执行。

【提示】所有不按评估报告揭示的目的、期望使用者、价值类型、有效期等限制条件使用评估报告及其结论并造成损失的,应由使用者自负其责。

(二)资产评估管理机构对资产评估报告的核准、备案和检查

资产评估管理机构对资产评估报告书的核准、备案和检查也是对资产评估报告的一种使用。资产评估管理机构主要是指对资产评估进行行政管理的主管机关和资产评估行业自律管理的行业协会。资产评估管理机构对资产评估报告的核准、备案和检查是资产评估管理机构实现对评估机构的行政管理和行业自律管理的重要过程。

一方面,资产评估管理机构通过对评估机构出具的资产评估报告的核准、备案和检查,能大体了解评估机构从事评估工作的业务能力和组织管理水平。由于资产评估报告是反映资产评估工作过程的工作报告,资产评估管理机构通过对资产评估报告进行核准、备案和检查,能够对评估机构的评估质量做出客观的评价,从而能有的放矢地对评估机构的人员、技术和职业道德进行管理。

另一方面,国有资产评估报告能为国有资产管理提供重要的数据资料。通过对国有资产评估报告书的核准、备案和检查,以及统计与分析,可以及时了解国有资产占有、使用、转移状况以及增减值变动情况,进一步为加强国有资产管理服务。

当然,资产评估管理机构对评估报告书的使用也应该是全面和客观的,资产评估管理机构应结合评估项目的具体条件、评估机构的总体构思、评估机构设定的评估前提以及评估结果的价值类型和定义等,全面地评价评估报告和评估结论,避免就评估结论而论评估结论。

(三)其他有关部门对资产评估报告的合理使用

除了资产评估管理机构可以对资产评估报告进行核准、备案和检查外,法院、政府、证券监督管理部门、保险监督管理部门、市场监督管理部门、税务机关、金融机构等有关部门也经常使用资产评估报告。当然,这里也存在一个正确和合理使用评估报告和评估结果的问题。由于上述部门大多拥有或可以行使司法或行政权力,它们在使用资产评估报告及其结果时,往往伴随着司法和行政权力的使用,因此很容易把评估结论的咨询性与这些机关和部门的强制权力混为一谈,把资产评估结论的专业判断性与资产定价混为一谈。因而,具有司法行政权力的机关和部门正确并合理使用评估报告及其评估结论就显得尤为重要。

1. 政府对资产评估报告的使用

当政府作为国有资产所有者的代表进行国有企业改制时，对国有企业改制资产评估报告及其结论的使用应等同于普通的委托方使用资产评估报告，应按照普通委托方使用评估报告的要求去做。政府对改制企业交易价格的最终确定是政府作为资产所有者代表的自主选择，它既可以等同于评估机构出具的改制企业的评估结果，又可以不完全等同于评估机构的改制企业的评估结果。

【注意】资产评估结果仅仅是政府确定最终交易价格的参照和专业咨询意见。评估机构及其人员仅对评估结论的合理性负责，并不对改制企业的交易结果负责。

2．法院对资产评估报告的使用

法院通过司法程序解决财产纠纷和经济纠纷时，也大量使用资产评估报告及其结论来处理以资抵债等案件。法院是以仲裁者的身份使用评估结论的。评估结果一经法院裁决就必须依法执行，因此这里必须强调，资产评估不会因使用者的不同而改变其自身的性质，评估结论也不会因法院的使用而由专业咨询变成定价。评估结论无论如何都是对资产客观价值的估计值，而并不一定是这个客观值本身，包括法院在内的权力机关，无论是作为仲裁者还是作为执法者，都应合理使用评估结论，都应以资产评估报告及其结论为基础和参照，综合考虑经济纠纷双方的申辩和理由来裁定经济纠纷涉及的资产价值或以资抵债的数额（价格）。

3．证券监督管理部门对资产评估报告的使用

证券监督管理部门对资产评估报告的使用，主要是对申请上市的公司有关申报材料招股说明书中的有关资产评估数据的审核，以及对上市公司的股东配售发行股票时申报材料配股说明书中的有关资产评估数据的审核。根据有关规定，公开发行股票公司的信息披露至少要列示以下各项资产评估情况：①按资产负债表大类划分的公司各类资产评估前账面价值及固定资产净值；②公司各类资产评估净值，各类资产增减值幅度，各类资产增减值的主要原因。

【提示】公开发行股票的公司若采用非现金方式配股，其配股说明书的备查文件必须附上资产评估报告。

证券监督管理部门对资产评估报告和有关资料的使用，主要是为了保护公众投资者的利益和资本市场的秩序，以及加强对取得证券业务评估资格的评估机构及有关人员的业务管理。证券监督管理部门对资产评估报告和有关资料的使用实际上是对资产评估机构及其人员的业务监管，相当于资产评估管理部门对资产评估报告的使用，因此应参照资产评估管理部门使用评估报告的要求使用，全面、客观地使用评估报告。

4．保险监督管理部门、市场监督管理部门、税务、金融等其他部门对资产评估报告的使用

保险监督管理部门、市场监督管理部门、税务和金融等其他部门也在大量使用资产评估报告。这些部门使用资产评估报告时，也必须清楚地认识到资产评估结论只是一种专业判断和专家意见，而这些专业判断又是建立在一系列假设和前提基础之上的。在许多情况下，这些使用资产评估报告的部门必须全面理解和认识评估结论，并在此基础上结合本部门的资产业务做出自主决策。这并不是说因资产评估结论是一种专业判断和专家意见就可以减轻或豁免评估机构及其评估师的责任，而是说评估师应对评估程序以及评估结论的合理性负责。

任务五　资产评估档案

一、资产评估档案的基本概念

资产评估业务完成后，资产评估机构应当按照法律、行政法规和准则的规定建立健全资产评估档案管理制度并妥善管理资产评估档案。

资产评估档案，是指资产评估机构开展资产评估业务形成的反映资产评估程序实施情况、支持评估结论的工作底稿、资产评估报告及其他相关资料。纳入资产评估档案的资产评估报告应当包括初步资产评估报告和正式资产评估报告。

工作底稿是资产评估专业人员在执行评估业务过程中形成的反映评估程序实施情况、支持评估结论的工作记录和相关资料。评估基本程序包括明确业务基本事项、签订业务委托合同、编制资产评估计划、进行评估现场调查、收集整理评估资料、评定估算形成结论、编制出具评估报告、整理归集评估档案等内容。工作底稿是判断一个评估项目是否执行了这些基本程序的主要依据，应反映资产评估专业人员实施现场调查、评定估算等评估程序，支持评估结论。

二、资产评估工作底稿的内容

资产评估工作底稿一般分为管理类工作底稿和操作类工作底稿。

（一）管理类工作底稿

管理类工作底稿是指在执行资产评估业务过程中，为受理、计划、控制和管理资产评估业务所形成的工作记录及相关资料。管理类工作底稿通常包括以下内容：①评估业务基本事项的记录；②评估委托合同；③评估计划；④评估业务执行过程中重大问题处理记录；⑤评估报告的审核记录及其他相关资料。

以企业价值评估为例，上述5项内容可以细化为以下12个方面：

1. 评估业务基本事项

评估业务基本事项的工作底稿应反映以下内容：①评估项目的洽谈人、委托人名称，相关当事人（主要是产权持有人）名称、地址，以及法定代表人、企业性质、注册资金、经营期限、经营范围、联系人等基本情况；②相关当事人与委托人的关系；③评估报告使用人及与委托人、产权持有人等相关当事人的关系；④相关经济行为的背景情况及评估目的；⑤评估对象和评估范围；⑥评估范围内的资产状况，包括评估对象基本情况及资产分布情况，资产的数量及各类资产、负债账面值，资产质量现状，实物资产存放地，账外资产、或有资产、或有负债、特殊资产情况，资产历次评估、调账情况，相关当事人所处行业、法律环境、会计政策、股权状况等相关情况；⑦价值类型；⑧评估基准日；⑨评估假设、限制条件；⑩评估报告的类型、提交时间和方式；⑪评估服务费总额、支付时间和方式。

【注意】资产评估专业人员在项目承接洽谈阶段，应尽可能了解以上内容，以更好地控制评估风险。

2. 评估项目风险评价

评估项目风险评价的工作底稿应反映以下内容：①项目洽谈人通过对委托人和相关当事人的要求、评估目的、资产状况等基本情况的了解，对评估项目是否存在风险作出的判断；②风险可控情况，化解风险、防范风险的主要措施；③评估机构按规定流程，通过对评估项目基本情况了解、评估项目风险调查分析，对是否承接项目作出的决定或签署的意见。

3. 评估委托合同

评估委托合同的工作底稿应反映评估委托合同签订以及评估目的、评估对象和范围、评估基准日、价值类型、评估服务费、评估报告类型、评估报告提交时间和方式发生变更等的过程。

4. 评估计划

评估计划工作底稿的主要内容为：①对实施评估程序的具体步骤、时间进度、参与人员、技术方案等的安排；②在评估过程中根据情况变化作出的调整记录；③评估机构对评估计划的审核、批准情况。

5. 委托人、相关当事人提供的主要资料清单

该部分工作底稿应反映资产评估专业人员根据不同的评估方法、不同的评估对象，要求委托

人、相关当事人提供的相关评估资料。例如,对某一个大型国有企业整体资产价值的评估,要求提供的资料主要包括以下几个方面:①企业基本情况介绍;②针对本次评估项目的具体资料;③被评估单位财务资料;④被评估单位主要产品的生产和销售资料;⑤宏观经济形势的影响及行业竞争状况;⑥未来计划和预测资料。

6. 聘请相关专家的主要情况

评估项目聘用相关专家有关情况的工作底稿应反映需要聘请专家解决的问题,拟聘请专家个人的简况、专业或专长。

7. 评估过程中重大问题的处理记录

评估过程中重大问题的处理记录工作底稿应反映评估项目实施过程中,资产评估专业人员遇到重大问题逐级请示、根据批示意见处理的记录。

8. 委托人的反馈意见和管理部门评审意见

相关底稿可以反映委托人提供的反馈意见、国有资产等管理部门提出的评审意见以及评估机构及其资产评估专业人员对相关意见的处理信息等。

9. 评估报告审核情况

审核是评估机构保证评估质量、降低评估风险的重要手段,是评估机构的内部质量控制程序的重要组成部分。审核工作底稿应反映评估机构实施内部审核情况及审核意见。

10. 评估报告送达情况

评估报告送达可编制评估报告签收单,送交委托人时,由送交人签字、收件人签收,交接过程应形成相应的工作底稿。

11. 委托人、相关当事人等外部机构提供的与评估活动相关的工作底稿

相关的工作底稿包括:①与评估目的对应的经济行为文件;②经济行为方案(重组方案、改制方案等);③委托人、被评估单位的营业执照;④被评估单位的企业国有资产产权登记证;⑤被评估单位的合同、章程、验资报告;⑥被评估单位的评估基准日前3~5年的会计报表;⑦被评估单位的评估基准日及前3~5年的审计报告;⑧被评估单位的非经营性资产、负债、溢余资产情况说明;⑨委托人及被评估单位提供的重大未决事项、期后事项及其他特殊事项的材料及说明;⑩委托人、被评估单位出具的"关于进行资产评估有关事项的说明";⑪委托人、被评估单位承诺函等。

12. 资产评估专业人员在评估中形成的其他管理类工作底稿

资产评估专业人员在评估中形成的其他管理类工作底稿应于归档时一并保存。内容通常包括:①与委托人、相关当事人和其他中介机构往来的资料;②项目核准或备案文件;③专家讨论会记录;④资产评估专业人员认为需要保存的其他相关资料。

(二)操作类工作底稿

操作类工作底稿是指在履行现场调查、收集评估资料和评定估算程序时所形成的工作记录及相关资料。操作类工作底稿产生于评估工作的全过程,由资产评估专业人员及其助理人员编制,反映资产评估专业人员在执行具体评估程序时所形成的工作成果。

1. 操作类工作底稿的主要内容

(1)现场调查阶段收集的现场调查记录与相关资料。不同评估方法下的现场调查工作底稿内容不同,资产评估专业人员应根据评估目的和资产状况,合理确定资产(含负债)的调查量,并编制相应的工作底稿。内容一般包括以下几方面:①委托人、相关当事人申报的资产明细表及相关资料;②通过询问、核对、勘查、函证等方式获得的评估业务需要的基础资料;③核实评估对象的存在性和完整性,调查评估对象的品质和使用状况的记录;④查验实行登记制度的评估对象的法律权属证书过程;⑤因受客观条件限制,确实无法实施现场调查而采用适当的替代程序的情况;⑥与评估

业务相关的财务、审计等资料;⑦在现场调查阶段收集的与评估相关的资料。

(2)评估工作实施中收集的评估资料。在整个评估工作过程中,评估专业人员除了整理和收集管理类工作底稿外,还应收集所有与评估工作有关的操作类工作底稿,具体包括以下内容:①市场调查及数据分析资料;②相关的历史和预测资料;③询价记录;④其他专家鉴定及专业人士报告;⑤委托人及相关当事人提供的说明、证明和承诺;⑥其他相关资料。

(3)评估估算阶段形成的评定估算记录等相关资料。在评定估算阶段所做的工作,均需编制相应的工作底稿,以支持评估结论,一般包括以下内容:①根据不同的评估对象、资料收集情况等相关条件,选用与其相适应的评估方法的理由;②选取相应的计算公式的理由;③评定估算过程中收集的各类资产的定价依据;④与计算评估结论有关的各类参数的取值依据;⑤价值分析、计算、判断过程记录;⑥评估结论形成过程记录;⑦评定估算中形成的与评估相关的其他资料。

2. 操作类工作底稿的分类

按照评估方法划分,操作类工作底稿一般可分为成本法工作底稿、收益法工作底稿和市场法工作底稿。

(1)成本法(或资产基础法)工作底稿。资产评估专业人员运用资产基础法对企业进行整体价值评估时,应在工作底稿中反映被评估企业拥有的有形资产、无形资产以及应当承担的负债,记录根据其具体情况分别选用市场法、收益法、成本法的现场调查、评定估算过程。

(2)收益法工作底稿。资产评估专业人员采用收益法评估企业资产价值时,应与委托人充分沟通,获得委托人关于被评估企业资产配置和使用情况的说明,包括对非经营性资产、负债和溢余资产状况的说明。资产评估专业人员进行现场调查后,应汇集资产的账面值、调查值形成工作底稿。

资产评估专业人员应在与委托人和相关当事方协商并获得有关信息的基础上,采用适当的方法,对被评估企业前几年的财务报表中影响评估过程和评估结论的相关事项进行必要的分析调整,以合理反映企业的财务状况和盈利能力。工作底稿应完整地反映对企业资产、负债、盈利状况进行调整的原因,调整的内容、过程和结果,企业财务报表数据调整前后的变化。

资产评估专业人员应在工作底稿中反映以下内容:①对企业财务指标进行分析的过程;②对企业未来经营状况和收益状况进行的分析、判断和调整过程;③根据企业经营状况和发展前景,预测期内的资产、负债、损益、现金流量的预测结果,以及企业所在行业现状及发展前景,合理确定收益预测期以及预测期后的收益情况和相关终值的计算、收益现值的计算过程;④综合考虑评估基准日的利率水平、市场投资回报率、加权平均资金成本等资本市场相关信息和企业、所在行业的特定风险等因素,合理确定资本化率或折现率的过程。

在采用收益法对企业整体价值进行分析和评估时,企业如有非经营性资产、负债和溢余资产,评估专业人员应当编制相应的非经营性资产、负债和溢余资产的现场调查、评定估算工作底稿。

(3)市场法工作底稿。资产评估专业人员在采用市场法评估企业整体价值时,应在工作底稿中反映收集的参考企业、市场交易案例的资料,反映所选择的参考企业、市场交易案例与被评估企业具有可比性的资料。

资产评估专业人员应对被评估企业与参考企业、市场交易案例之间的相似性和差异性进行比较、分析、调整的过程以及对所选价值乘数计算的过程编制相应的工作底稿。

评估股东部分权益价值时的工作底稿应反映资产评估专业人员对流动性和控制权对评估对象价值影响的处理情况。

三、评估工作底稿的编制要求

评估工作底稿的编制不但直接影响到资产评估的质量,还是资产评估专业人员佐证自己在评估过程中客观、公正地履行程序的依据。资产评估专业人员在评估业务完成后,应及时整理工作底稿。评估工作底稿编制的具体要求包括:

(一)作为底稿的相关资料的确认

资产评估专业人员收集委托人或者其他相关当事人提供的资产评估明细表及其他重要资料作为工作底稿,应当由提供方对相关资料进行确认,确认方式包括签字、盖章或者法律允许的其他方式。资产评估项目所涉及的经济行为需要批准的,应当将批准文件归档。

(二)目录和索引号编制

细化的工作底稿种类繁多,不编制索引号和页码将很难查找,利用交叉索引和备注说明等形式能完整地反映工作底稿间的勾稽关系并避免重复。资产评估专业人员应当根据资产评估业务特点和工作底稿类别,编制工作底稿目录,建立必要的索引号,以反映工作底稿间的勾稽关系。

(三)底稿审核

工作底稿中应当反映内部审核过程。工作底稿一般是评估项目组成员在评估时编制的,由于种种原因,编制人可能产生差错、遗漏等问题,因此,在工作底稿的编制过程中,需要经过必要的审核程序,包括对文字、数字、计算过程等内容的审核。

四、评估工作底稿的归档

资产评估业务完成后,资产评估专业人员应将工作底稿与评估报告等归集形成评估档案后,及时向档案管理人员移交,并由所在资产评估机构按照国家有关法律、法规及评估准则的规定妥善管理。在工作底稿归档的具体工作中,评估机构应做到以下几个方面:

(一)评估档案归集

为了保证档案管理的规范性,资产评估机构应明确档案管理人员对评估业务档案进行管理。每项业务完成后,资产评估专业人员应及时安排完整归集归档资料,编制目录并装订成册,经检查合格后,移交档案管理人员。

(二)确定档案的内容及形式

档案的形式除了纸质文件,还有电子文档或其他介质形式。对于纸质文件,应分类并装订成册。资产评估委托合同、资产评估报告应当形成纸质文档。评估明细表、评估说明可以是纸质文档、电子文档或者其他介质形式的文档。

【提示】同时以纸质和其他介质形式保存的文档,其内容应当相互匹配,不一致的以纸质文档为准。

(三)电子文档的管理

由于电子文档或其他介质形式的业务档案存在着可修改以及经过长时间保存或技术进步等原因导致的数据难以读取等问题,具体操作中,评估机构、资产评估专业人员及档案管理人员应做到:

1. 做好电子文件收集、积累的基础工作

电子文件的特性决定了电子文件的收集不同于纸质档案,其收集、积累的范围、方法和要求也不同于纸质档案。对于工作底稿的电子档案应及时收集和整理,并建立与其相应的纸质文件之间的标识关系,尤其是对无纸化系统生成的电子文件,应有更严格的措施。必要时,应在收集、积累过程中制作备份文件,以免系统发生意外情况时电子文件信息丢失。

2. 严格电子文件的归档管理

电子文件归档是将应归档的电子文件经过整理确定档案属性后,从电子计算机的存储器或其他网络存储器上,拷贝或刻录到可脱机的存储载体上,以便长期保存的工作过程。

根据工作底稿的特性,通常将电子介质工作底稿与相关的纸质文件结合归档。在归档时间上,评估机构在将纸质工作底稿进行归档时应同时进行电子文档的归档。

为提高工作底稿电子文档的保存质量,工作底稿的电子文档可以刻录成光盘,与工作底稿的纸质文件存放在一起;对于工作底稿电子文档较少的项目,几个项目的电子文档可以放在一起。另外,评估机构还应配备相应的服务器,对公司一切工作底稿的电子文档进行备份。

3. 加强电子文件软件、硬件设施管理

为保证对工作底稿电子档案的管理,评估机构可以积极开辟电子档案存储的新途径,为档案管理部门配备必要的计算机刻录设备,对应归档的电子文件、数据资料采用通用格式的光盘存储。评估机构要及时修补管理软件的安全漏洞,对防火墙和防病毒软件实现自动升级,做好档案上传、下载的安全等级和访问权限管理。在硬件管理上,要进一步完善电子文件和计算机设备的保管设施和环境,保证电子介质档案的安全。

4. 重视和加快电子文件管理人员的培养

从事电子文件管理的人员需具备档案管理方面的基础知识和计算机信息技术等多方面的技术技能,评估机构在工作底稿电子文档管理中配备相应的专业管理人员,有利于提高管理的效率。

五、资产评估档案的保存

资产评估专业人员通常应当在资产评估报告日后 90 日内将工作底稿、资产评估报告及其他相关资料归集形成资产评估档案,并在归档目录中注明文档介质形式。重大或者特殊项目的归档时限为评估结论使用有效期届满后 30 日内。档案管理人员应登记造册、整齐存放、妥善保管,并定期(如每年年底)对档案进行核对,确保业务档案的安全、完整。对于电子文档或者其他介质的评估档案,资产评估机构应当在法定保存期限内妥善保存。

【提示】《资产评估法》规定,一般评估业务的评估档案保存期限不少于 15 年,法定评估业务的评估档案保存期限不少于 30 年。评估档案的保存期限,自资产评估报告日起算。

【注意】资产评估档案应当由资产评估机构集中统一管理,不得由原制作人单独分散保存。

六、评估档案的保密与查阅

评估档案涉及客户的商业秘密,评估机构、资产评估专业人员有责任为客户保密。评估机构应建立评估档案保密制度,并认真履行保密责任。

档案管理人员要加强保密观念,明确保密档案的范围和保密要求,严格执行公司内部的各项保密规定和纪律。

项目完成并归档后,资产评估机构不得对在法定保存期内的资产评估档案非法删改或者销毁。对违反规定并造成损失的人员,由档案行政管理部门、有关主管部门依法处理。

资产评估档案的管理应当严格执行保密制度。除下列情形外,资产评估档案不得对外提供:①国家机关依法调阅的;②资产评估协会依法依规调阅的;③其他依法依规查阅的。

【注意】公司评估专业人员需要查阅评估档案,应按规定办理借阅手续。

▼ 应知考核

一、单项选择题

1. 按评估报告的繁简程度,将资产评估报告类型划分为完整型、简明型和(　　)。
   A. 保留型　　　　　　　　　　B. 拒绝发表意见型
   C. 反对型　　　　　　　　　　D. 限制型

2. 按资产评估对象,资产评估报告可分为整体资产评估报告和(　　)。
　A. 单项资产评估报告　　　　　　B. 分项资产评估报告
　C. 单一资产评估报告　　　　　　D. 简单资产评估报告
3. 以下关于资产评估报告摘要与资产评估报告正文的关系描述中,不正确的是(　　)。
　A. 摘要与资产评估报告正文具有同等法律效力
　B. 摘要必须与资产评估报告揭示的结果一致,不得有误导性内容
　C. 声明、摘要和评估明细表上通常不需要另行签名盖章
　D. 摘要简单,不能够把专业的评估工作说清楚,其效力低于资产评估报告正文
4. 资产评估工作底稿一般分为管理类工作底稿和(　　)。
　A. 操作类工作底稿　　　　　　　B. 说明类工作底稿
　C. 评价类工作底稿　　　　　　　D. 使用类工作底稿
5. 评估档案的保存期限,起算日是(　　)。
　A. 资产评估报告日　　　　　　　B. 资产评估基准日
　C. 资产评估开始日　　　　　　　D. 资产评估结束日

二、多项选择题

1. 按照评估方法划分,操作类工作底稿一般可分为(　　)。
　A. 成本法工作底稿　　　　　　　B. 收益法工作底稿
　C. 市场法工作底稿　　　　　　　D. 管理类工作底稿
2. 以下关于电子文档的管理说法中,正确的有(　　)。
　A. 做好电子文件收集、积累的基础工作
　B. 严格电子文件的归档管理
　C. 加强电子文件软件、硬件设施管理
　D. 重视和加快电子文件管理人员的培养
3. 资产评估报告正文阐明的评估依据包括(　　)。
　A. 行为依据　　　　　　　　　　B. 法律法规依据和评估准则依据
　C. 产权依据　　　　　　　　　　D. 取价依据
4. 撰写资产评估报告应注意的事项有(　　)。
　A. 实事求是,切忌出具虚假报告
　B. 坚持一致性原则,切忌表里不一
　C. 提交报告要及时、齐全和保密
　D. 明确评估报告使用人、报告使用方式
5. 在评估报告中,评估报告的使用范围通常应明确的事项有(　　)。
　A. 评估报告只能用于评估报告载明的评估目的和用途
　B. 评估报告只能由评估报告载明的评估报告使用者使用
　C. 除法律规定及相关当事方另有约定外,未征得出具评估报告的评估机构同意,评估报告的内容不得被摘抄、引用或披露于公开媒体
　D. 评估报告在载明的结论使用有效期内使用

三、判断题

1. 资产评估报告摘要不具有法律效力,只是将资产评估报告中的关键内容列示在资产评估报

告正文之前，以便使有关各方了解该资产评估报告提供的主要信息，方便使用者使用。（   ）

2. 客户可以按照资产评估报告揭示的评估值对会计账目进行调整。（   ）

3. 资产评估专业人员不得对评估对象的法律权属提供保证。（   ）

4. 一般评估业务的评估档案保存期限不少于30年。（   ）

5. 法定评估业务的评估档案保存期限不少于15年。（   ）

四、简述题

1. 简述资产评估报告的作用。
2. 简述资产评估报告的内容要求。
3. 简述资产评估报告的编写步骤。
4. 简述资产评估报告编制的技术要点。
5. 简述资产评估工作底稿的内容。

应会考核

■ 观念应用

【背景资料】

李某系A资产评估公司的注册资产评估师、部门经理和项目负责人，于2023年5月8日与甲企业商讨房地产评估事宜。由于李某曾于2020年5月至2021年10月在甲企业财务部门任经理，双方比较熟悉，故甲企业以该企业房地产平均每平方米评估价值不低于8 000元为条件，决定是否委托A评估公司进行评估。李某为了评估公司的利益，口头承诺了甲企业的要求，并接受了甲企业的评估委托。李某按照资产评估协议书的要求在5日内完成了对甲企业房地产的评估，评估结果为每平方米7 300元。因李某曾对甲企业有过口头承诺，即不动产评估值不低于每平方米8 000元，李某认为7 300元/平方米与8 000元/平方米之差并未超过约定价格的10%，属于正常误差范围，而且资产评估本身就是一种估计，带有咨询性质，故以每平方米8 000元出具了评估报告；并打电话给本所已在外地开会一周的注册资产评估师周某，得到允许后，加盖李某本人和周某的注册资产评估师印章并签字，又以项目负责人的名义签字，加盖公章出具了资产评估报告，交予甲企业；同时将该评估报告送给在乙企业当顾问的评估专家赵某一份。

【考核要求】

请根据以上背景资料，指出4处违反资产评估行业规范的行为，并说明理由。

■ 技能应用

开达资产评估事务所于2023年8月6日至25日对洪利制衣厂的企业整体资产在2023年6月30日的市场价值进行了评估，评估报告于2023年8月30日提交给了委托人。

【技能要求】

请问该评估结果的有效时间截止到什么时候？

■ 案例分析

下面是大连××资产评估事务所出具的初步报告。

评估报告

大华电器有限责任公司：

我所接受贵公司委托，根据国家有关资产评估的规定和其他法律法规规定，对贵公司以与星海公司联营为目的的全部资产进行了评估。评估中结合贵公司的具体情况，实施了包括财产清查在内的我们认为必要的评估程序。现将评估结果报告如下：

1. 资产评估机构(略)。
2. 委托方和资产占有方(略)。
3. 评估目的：为贵公司与星海公司联营之目的，评估贵公司净资产现行价值。
4. 评估范围和对象：本次评估范围为大华公司拥有的全部资产、负债和所有者权益。评估对象为大华公司的整体资产。
5. 评估原则：根据国家国有资产管理及评估的有关法规，我所遵循独立性、科学性和客观性的评估工作原则，并以贡献原则、替代原则和预期原则为基础进行评估。
6. 评估依据：
(1)××省国有资产管理局《关于同意大华公司与星海公司联营的批复》；
(2)委托方提供的资产清单及其他资料；
(3)有关资产的产权证明及相关资料；
(4)委托方提供的有关会计凭证、会计报表及其他会计资料；
(5)与委托方资产取得、销售业务相关的各项合同及其他资料。
7. 评估基准日：2023年9月30日。
8. 评估方法：根据委托方评估目的和评估对象，此次评估方法为成本法，价格标准为重置成本标准。
9. 评估过程(略)。
10. 评估结果：在实施了上述评估程序和评估方法后，贵公司截至评估基准日的资产、负债和所有者权益价值为：资产总额41 504 342元；负债总额22 722 000元；净资产价值18 782 342元。
11. 评估结果有效期：根据国家有关规定，本报告有效期1年。自报告提交日2023年12月20日起至2024年12月19日止。
12. 评估说明：

(1)流动资产评估：

①货币资金账面价值421 588元，其中现金21 325元、银行存款400 263元，考虑到货币资金即为现值无须折现，经总账、明细账与日记账核实一致并对现金盘点无误后，按贴现值确认。

②应收账款账面价值5 481 272元，经与明细账核对，确认评估值为5 083 252元。

③存货账面价值11 072 460元，抽查比例为60%，在质量检测与抽查核实的基础上，确认评估值为10 852 500元。

④其他流动资产(略)。

流动资产账面价值18 845 502元，评估值为17 401 832元。

(2)长期投资评估(略)。

(3)固定资产评估(略)。

(4)其他资产评估(略)。

(5)负债审核确认(略)。

评估结果汇总表(简略格式)如表12—1所示。

表12—1　　　　　　　　　　评估结果汇总表(简略格式)　　　　　　　　　　单位：元

项　目	账面价值	评估值	增减值	增减率
流动资产	18 845 502	17 451 832	−1 393 670	−7.4%

续表

项　目	账面价值	评估值	增减值	增减率
固定资产	20 248 470	23 542 510	3 294 040	16.27%
长期投资	500 000	510 000	10 000	2%
资产总计	39 593 972	41 504 342	1 910 370	4.82%
流动负债	14 450 000	14 250 000	−200 000	−1.38%
长期负债	8 862 000	8 462 000	−400 000	−4.51%
负债合计	23 312 000	22 722 000	−60 000	−2.57%
净资产	16 281 972	18 782 342	2 510 370	15.42%

13. 其他事项说明(略)。

14. 评估结果有效的其他条件(略)。

15. 评估时间：本次评估工作自2023年10月4日起至2023年12月20日止，本报告提交日期为2023年12月20日。

中国注册资产评估师：××(签字盖章)

××资产评估事务所：(盖章)

2023年12月20日

【分析要求】

结合上述报告，回答下列问题：

(1)请找出评估报告中的错误。

(2)大华电器有限责任公司在使用该机构纠正错误后出具的正式报告时，应注意哪些问题？

项目实训

【实训项目】
资产评估报告的编制。

【实训内容】
资产评估报告的要素及编制技术。

【实训目的】
掌握资产评估报告编制的规范、要点和方法。

【实训反思】

(1)掌握资产评估报告的应有要素。

(2)掌握资产评估报告编制的基本技巧和方法。

(3)熟悉我国资产评估报告编制的规范与国际上的区别。

(4)将实训报告填写完整。

《资产评估报告的编制》实训报告		
项目实训班级：	项目小组：	项目组成员：
实训时间：　年　月　日	实训地点：	实训成绩：
实训目的：		
实训步骤：		
实训结果：		
实训感言：		
不足与今后改进：		
项目组长评定签字：		项目指导教师评定签字：

附　录

附表一　　　　　　　　　　　　　　　复利终值系数表

期数	1%	2%	3%	4%	5%	6%	7%	8%	9%	10%
1	1.010 0	1.020 0	1.030 0	1.040 0	1.050 0	1.060 0	1.070 0	1.080 0	1.090 0	1.100 0
2	1.020 1	1.040 4	1.060 9	1.081 6	1.102 5	1.123 6	1.144 9	1.166 4	1.188 1	1.210 0
3	1.030 3	1.061 2	1.092 7	1.124 9	1.157 6	1.191 0	1.225 0	1.259 7	1.295 0	1.331 0
4	1.040 6	1.082 4	1.125 5	1.169 9	1.215 5	1.262 5	1.310 8	1.360 5	1.411 6	1.464 1
5	1.051 0	1.104 1	1.159 3	1.216 7	1.276 3	1.338 2	1.402 6	1.469 3	1.538 6	1.610 5
6	1.061 5	1.126 2	1.194 1	1.265 3	1.340 1	1.418 5	1.500 7	1.586 9	1.677 1	1.771 6
7	1.072 1	1.148 7	1.229 9	1.315 9	1.407 1	1.503 6	1.605 8	1.713 8	1.828 0	1.948 7
8	1.082 9	1.171 7	1.266 8	1.368 6	1.477 5	1.593 8	1.718 2	1.850 9	1.992 6	2.143 6
9	1.093 7	1.195 1	1.304 8	1.423 3	1.551 3	1.689 5	1.838 5	1.999 0	2.171 9	2.357 9
10	1.104 6	1.219 0	1.343 9	1.480 2	1.628 9	1.790 8	1.967 2	2.158 9	2.367 4	2.593 7
11	1.115 7	1.243 4	1.384 2	1.539 5	1.710 3	1.898 3	2.104 9	2.331 6	2.580 4	2.853 1
12	1.126 8	1.268 2	1.425 8	1.601 0	1.795 9	2.012 2	2.252 2	2.518 2	2.812 7	3.138 4
13	1.138 1	1.293 6	1.468 5	1.665 1	1.885 6	2.132 9	2.409 8	2.719 6	3.065 8	3.452 3
14	1.149 5	1.319 5	1.512 6	1.731 7	1.979 9	2.260 9	2.578 5	2.937 2	3.341 7	3.797 5
15	1.161 0	1.345 9	1.558 0	1.800 9	2.078 9	2.396 6	2.759 0	3.172 2	3.642 5	4.177 2
16	1.172 6	1.372 8	1.604 7	1.873 0	2.182 9	2.540 4	2.952 2	3.425 9	3.970 3	4.595 0
17	1.184 3	1.400 2	1.652 8	1.947 9	2.292 0	2.692 8	3.158 8	3.700 0	4.327 6	5.054 5
18	1.196 1	1.428 2	1.702 4	2.025 8	2.406 6	2.854 3	3.379 9	3.996 0	4.717 1	5.559 9
19	1.208 1	1.456 8	1.753 5	2.106 8	2.527 0	3.025 6	3.616 5	4.315 7	5.141 7	6.115 9
20	1.220 2	1.485 9	1.806 1	2.191 1	2.653 3	3.207 1	3.869 7	4.661 0	5.604 4	6.727 5
21	1.232 4	1.515 7	1.860 3	2.278 8	2.786 0	3.399 6	4.140 6	5.033 8	6.108 8	7.400 2
22	1.244 7	1.546 0	1.916 1	2.369 9	2.925 3	3.603 5	4.430 4	5.436 5	6.658 6	8.140 3
23	1.257 2	1.576 9	1.973 6	2.464 7	3.071 5	3.819 7	4.740 5	5.871 5	7.257 9	8.954 3
24	1.269 7	1.608 4	2.032 8	2.563 3	3.225 1	4.048 9	5.072 4	6.341 2	7.911 1	9.849 7
25	1.282 4	1.640 6	2.093 8	2.665 8	3.386 4	4.291 9	5.427 4	6.848 5	8.623 1	10.835
26	1.295 3	1.673 4	2.156 6	2.772 5	3.555 7	4.549 4	5.807 4	7.396 4	9.399 2	11.918
27	1.308 2	1.706 9	2.221 3	2.883 4	3.733 5	4.822 3	6.213 9	7.988 1	10.245	13.110
28	1.321 3	1.741 0	2.287 9	2.998 7	3.920 1	5.111 7	6.648 8	8.627 1	11.167	14.421
29	1.334 5	1.775 8	2.356 6	3.118 7	4.116 1	5.418 4	7.114 3	9.317 3	12.172	15.863
30	1.347 8	1.811 4	2.427 3	3.243 4	4.321 9	5.743 5	7.612 3	10.063	13.268	17.449

续表

期数	12%	14%	16%	18%	20%	22%	24%	26%	28%	30%
1	1.1200	1.1400	1.1600	1.1800	1.2000	1.2200	1.2400	1.2600	1.2800	1.3000
2	1.2544	1.2996	1.3456	1.3924	1.4400	1.4884	1.5376	1.5876	1.6384	1.6900
3	1.4049	1.4815	1.5609	1.6430	1.7280	1.8158	1.9066	2.0004	2.0972	2.1970
4	1.5735	1.6890	1.8106	1.9388	2.0736	2.2153	2.3642	2.5205	2.6844	2.8561
5	1.7623	1.9254	2.1003	2.2878	2.4883	2.7027	2.9316	3.1758	3.4360	3.7129
6	1.9738	2.1950	2.4364	2.6996	2.9860	3.2973	3.6352	4.0015	4.3980	4.8268
7	2.2107	2.5023	2.8262	3.1855	3.5832	4.0227	4.5077	5.0419	5.6295	6.2749
8	2.4760	2.8526	3.2784	3.7589	4.2998	4.9077	5.5895	6.3528	7.2058	8.1573
9	2.7731	3.2519	3.8030	4.4355	5.1598	5.9874	6.9310	8.0045	9.2234	10.605
10	3.1058	3.7072	4.4114	5.2338	6.1917	7.3046	8.5944	10.086	11.806	13.786
11	3.4786	4.2262	5.1173	6.1759	7.4301	8.9117	10.657	12.708	15.112	17.922
12	3.8960	4.8179	5.9360	7.2876	8.9161	10.872	13.215	16.012	19.343	23.298
13	4.3635	5.4924	6.8858	8.5994	10.699	13.264	16.386	20.175	24.759	30.288
14	4.8871	6.2613	7.9875	10.147	12.839	16.182	20.319	25.421	31.691	39.374
15	5.4736	7.1379	9.2655	11.974	15.407	19.742	25.196	32.030	40.565	51.186
16	6.1304	8.1372	10.748	14.129	18.488	24.086	31.243	40.358	51.923	66.542
17	6.8660	9.2765	12.468	16.672	22.186	29.384	38.741	50.851	66.461	86.504
18	7.6900	10.575	14.463	19.673	26.623	35.849	48.039	64.072	85.071	112.46
19	8.6128	12.056	16.777	23.214	31.948	43.736	59.568	80.731	108.89	146.19
20	9.6463	13.744	19.461	27.393	38.338	53.358	73.864	101.72	139.38	190.05
21	10.804	15.668	22.575	32.324	46.005	65.096	91.592	128.17	178.41	247.06
22	12.100	17.861	26.186	38.142	55.206	79.418	113.57	161.49	228.36	321.18
23	13.552	20.362	30.376	45.008	66.247	96.889	140.83	203.48	292.30	417.54
24	15.179	23.212	35.236	53.109	79.497	118.21	174.63	256.39	374.14	542.80
25	17.000	26.462	40.874	62.669	95.396	144.21	216.54	323.05	478.90	705.64
26	19.040	30.167	47.414	73.949	114.48	175.94	268.51	407.04	613.00	917.33
27	21.325	34.390	55.000	87.260	137.37	214.64	332.96	512.87	784.64	1192.5
28	23.884	39.205	63.800	102.97	164.84	261.86	412.86	646.21	1004.3	1550.3
29	26.750	44.693	74.009	121.50	197.81	319.47	511.95	814.23	1285.6	2015.4
30	29.960	50.950	85.850	143.37	237.38	389.76	634.82	1025.9	1645.5	2620.0

附表二　　　　　　　　　　　　　　　复利现值系数表

期数	1%	2%	3%	4%	5%	6%	7%	8%	9%	10%
1	0.9901	0.9804	0.9709	0.9615	0.9524	0.9434	0.9346	0.9259	0.9174	0.9091
2	0.9803	0.9612	0.9426	0.9246	0.9070	0.8900	0.8734	0.8573	0.8417	0.8264
3	0.9706	0.9423	0.9151	0.8890	0.8638	0.8396	0.8163	0.7938	0.7722	0.7513
4	0.9610	0.9238	0.8885	0.8548	0.8227	0.7921	0.7629	0.7350	0.7084	0.6830
5	0.9515	0.9057	0.8626	0.8219	0.7835	0.7473	0.7130	0.6806	0.6499	0.6209
6	0.9420	0.8880	0.8375	0.7903	0.7462	0.7050	0.6663	0.6302	0.5963	0.5645
7	0.9327	0.8706	0.8131	0.7599	0.7107	0.6651	0.6227	0.5835	0.5470	0.5132
8	0.9235	0.8535	0.7894	0.7307	0.6768	0.6274	0.5820	0.5403	0.5019	0.4665
9	0.9143	0.8368	0.7664	0.7026	0.6446	0.5919	0.5439	0.5002	0.4604	0.4241
10	0.9053	0.8203	0.7441	0.6756	0.6139	0.5584	0.5083	0.4632	0.4224	0.3855
11	0.8963	0.8043	0.7224	0.6496	0.5847	0.5268	0.4751	0.4289	0.3875	0.3505
12	0.8874	0.7885	0.7014	0.6246	0.5568	0.4970	0.4440	0.3971	0.3555	0.3186
13	0.8787	0.7730	0.6810	0.6006	0.5303	0.4688	0.4150	0.3677	0.3262	0.2897
14	0.8700	0.7579	0.6611	0.5775	0.5051	0.4423	0.3878	0.3405	0.2992	0.2633
15	0.8613	0.7430	0.6419	0.5553	0.4810	0.4173	0.3624	0.3152	0.2745	0.2394
16	0.8528	0.7284	0.6232	0.5339	0.4581	0.3936	0.3387	0.2919	0.2519	0.2176
17	0.8444	0.7142	0.6050	0.5134	0.4363	0.3714	0.3166	0.2703	0.2311	0.1978
18	0.8360	0.7002	0.5874	0.4936	0.4155	0.3503	0.2959	0.2502	0.2120	0.1799
19	0.8277	0.6864	0.5703	0.4746	0.3957	0.3305	0.2765	0.2317	0.1945	0.1635
20	0.8195	0.6730	0.5537	0.4564	0.3769	0.3118	0.2584	0.2145	0.1784	0.1486
21	0.8114	0.6598	0.5375	0.4388	0.3589	0.2942	0.2415	0.1987	0.1637	0.1351
22	0.8034	0.6468	0.5219	0.4220	0.3418	0.2775	0.2257	0.1839	0.1502	0.1228
23	0.7954	0.6342	0.5067	0.4057	0.3256	0.2618	0.2109	0.1703	0.1378	0.1117
24	0.7876	0.6217	0.4919	0.3901	0.3101	0.2470	0.1971	0.1577	0.1264	0.1015
25	0.7798	0.6095	0.4776	0.3751	0.2953	0.2330	0.1842	0.1460	0.1160	0.0923
26	0.7720	0.5976	0.4637	0.3607	0.2812	0.2198	0.1722	0.1352	0.1064	0.0839
27	0.7644	0.5859	0.4502	0.3468	0.2678	0.2074	0.1609	0.1252	0.0976	0.0763
28	0.7568	0.5744	0.4371	0.3335	0.2551	0.1956	0.1504	0.1159	0.0895	0.0693
29	0.7493	0.5631	0.4243	0.3207	0.2429	0.1846	0.1406	0.1073	0.0822	0.0630
30	0.7419	0.5521	0.4120	0.3083	0.2314	0.1741	0.1314	0.0994	0.0754	0.0573

续表

期数	12%	14%	16%	18%	20%	22%	24%	26%	28%	30%
1	0.8929	0.8772	0.8621	0.8475	0.8333	0.8197	0.8065	0.7937	0.7813	0.7692
2	0.7972	0.7695	0.7432	0.7182	0.6944	0.6719	0.6504	0.6299	0.6104	0.5917
3	0.7118	0.6750	0.6407	0.6086	0.5787	0.5507	0.5245	0.4999	0.4768	0.4552
4	0.6355	0.5921	0.5523	0.5158	0.4823	0.4514	0.4230	0.3968	0.3725	0.3501
5	0.5674	0.5194	0.4761	0.4371	0.4019	0.3700	0.3411	0.3149	0.2910	0.2693
6	0.5066	0.4556	0.4104	0.3704	0.3349	0.3033	0.2751	0.2499	0.2274	0.2072
7	0.4523	0.3996	0.3538	0.3139	0.2791	0.2486	0.2218	0.1983	0.1776	0.1594
8	0.4039	0.3506	0.3050	0.2660	0.2326	0.2038	0.1789	0.1574	0.1388	0.1226
9	0.3606	0.3075	0.2630	0.2255	0.1938	0.1670	0.1443	0.1249	0.1084	0.0943
10	0.3220	0.2697	0.2267	0.1911	0.1615	0.1369	0.1164	0.0992	0.0847	0.0725
11	0.2875	0.2366	0.1954	0.1619	0.1346	0.1122	0.0938	0.0787	0.0662	0.0558
12	0.2567	0.2076	0.1685	0.1372	0.1122	0.0920	0.0757	0.0625	0.0517	0.0429
13	0.2292	0.1821	0.1452	0.1163	0.0935	0.0754	0.0610	0.0496	0.0404	0.0330
14	0.2046	0.1597	0.1252	0.0985	0.0779	0.0618	0.0492	0.0393	0.0316	0.0254
15	0.1827	0.1401	0.1079	0.0835	0.0649	0.0507	0.0397	0.0312	0.0247	0.0195
16	0.1631	0.1229	0.0930	0.0708	0.0541	0.0415	0.0320	0.0248	0.0193	0.0150
17	0.1456	0.1078	0.0802	0.0600	0.0451	0.0340	0.0258	0.0197	0.0150	0.0116
18	0.1300	0.0946	0.0691	0.0508	0.0376	0.0279	0.0208	0.0156	0.0118	0.0089
19	0.1161	0.0829	0.0596	0.0431	0.0313	0.0229	0.0168	0.0124	0.0092	0.0068
20	0.1037	0.0728	0.0514	0.0365	0.0261	0.0187	0.0135	0.0098	0.0072	0.0053
21	0.0926	0.0638	0.0443	0.0309	0.0217	0.0154	0.0109	0.0078	0.0056	0.0040
22	0.0826	0.0560	0.0382	0.0262	0.0181	0.0126	0.0088	0.0062	0.0044	0.0031
23	0.0738	0.0491	0.0329	0.0222	0.0151	0.0103	0.0071	0.0049	0.0034	0.0024
24	0.0659	0.0431	0.0284	0.0188	0.0126	0.0085	0.0057	0.0039	0.0027	0.0018
25	0.0588	0.0378	0.0245	0.0160	0.0105	0.0069	0.0046	0.0031	0.0021	0.0014
26	0.0525	0.0331	0.0211	0.0135	0.0087	0.0057	0.0037	0.0025	0.0016	0.0011
27	0.0469	0.0291	0.0182	0.0115	0.0073	0.0047	0.0030	0.0019	0.0013	0.0008
28	0.0419	0.0255	0.0157	0.0097	0.0061	0.0038	0.0024	0.0015	0.0010	0.0006
29	0.0374	0.0224	0.0135	0.0082	0.0051	0.0031	0.0020	0.0012	0.0008	0.0005
30	0.0334	0.0196	0.0116	0.0070	0.0042	0.0026	0.0016	0.0010	0.0006	0.0004

附表三　　　　　　　　　　　　　　　　　年金终值系数表

期数	1%	2%	3%	4%	5%	6%	7%	8%	9%	10%
1	1.000 0	1.000 0	1.000 0	1.000 0	1.000 0	1.000 0	1.000 0	1.000 0	1.000 0	1.000 0
2	2.010 0	2.020 0	2.030 0	2.040 0	2.050 0	2.060 0	2.070 0	2.080 0	2.090 0	2.100 0
3	3.030 1	3.060 4	3.090 9	3.121 6	3.152 5	3.183 6	3.214 9	3.246 4	3.278 1	3.310 0
4	4.060 4	4.121 6	4.183 6	4.246 5	4.310 1	4.374 6	4.439 9	4.506 1	4.573 1	4.641 0
5	5.101 0	5.204 0	5.309 1	5.416 3	5.525 6	5.637 1	5.750 7	5.866 6	5.984 7	6.105 1
6	6.152 0	6.308 1	6.468 4	6.633 0	6.801 9	6.975 3	7.153 3	7.335 9	7.523 3	7.715 6
7	7.213 5	7.434 3	7.662 5	7.898 3	8.142 0	8.393 8	8.654 0	8.922 8	9.200 4	9.487 2
8	8.285 7	8.583 0	8.892 3	9.214 2	9.549 1	9.897 5	10.260	10.637	11.029	11.436
9	9.368 5	9.754 6	10.159	10.583	11.027	11.491	11.978	12.488	13.021	13.580
10	10.462	10.950	11.464	12.006	12.578	13.181	13.816	14.487	15.193	15.937
11	11.567	12.169	12.808	13.486	14.207	14.972	15.784	16.646	17.560	18.531
12	12.683	13.412	14.192	15.026	15.917	16.870	17.889	18.977	20.141	21.384
13	13.809	14.680	15.618	16.627	17.713	18.882	20.141	21.495	22.953	24.523
14	14.947	15.974	17.086	18.292	19.599	21.015	22.551	24.215	26.019	27.975
15	16.097	17.293	18.599	20.024	21.579	23.276	25.129	27.152	29.361	31.773
16	17.258	18.639	20.157	21.825	23.658	25.673	27.888	30.324	33.003	35.950
17	18.430	20.012	21.762	23.698	25.840	28.213	30.840	33.750	36.974	40.545
18	19.615	21.412	23.414	25.645	28.132	30.906	33.999	37.450	41.301	45.599
19	20.811	22.841	25.117	27.671	30.539	33.760	37.379	41.446	46.019	51.159
20	22.019	24.297	26.870	29.778	33.066	36.786	40.996	45.762	51.160	57.275
21	23.239	25.783	28.677	31.969	35.719	39.993	44.865	50.423	56.765	64.003
22	24.472	27.299	30.537	34.248	38.505	43.392	49.006	55.457	62.873	71.403
23	25.716	28.845	32.453	36.618	41.431	46.996	53.436	60.893	69.532	79.543
24	26.974	30.422	34.427	39.083	44.502	50.816	58.177	66.765	76.790	88.497
25	28.243	32.030	36.459	41.646	47.727	54.865	63.249	73.106	84.701	98.347
26	29.526	33.671	38.553	44.312	51.114	59.156	68.677	79.954	93.324	109.18
27	30.821	35.344	40.710	47.084	54.669	63.706	74.484	87.351	102.72	121.10
28	32.129	37.051	42.931	49.968	58.403	68.528	80.698	95.339	112.97	134.21
29	33.450	38.792	45.219	52.966	62.323	73.640	87.347	103.97	124.14	148.63
30	34.785	40.568	47.575	56.085	66.439	79.058	94.461	113.28	136.31	164.49

续表

期数	12%	14%	16%	18%	20%	22%	24%	26%	28%	30%
1	1.0000	1.0000	1.0000	1.0000	1.0000	1.0000	1.0000	1.0000	1.0000	1.0000
2	2.1200	2.1400	2.1600	2.1800	2.2000	2.2200	2.2400	2.2600	2.2800	2.3000
3	3.3744	3.4396	3.5056	3.5724	3.6400	3.7084	3.7776	3.8476	3.9184	3.9900
4	4.7793	4.9211	5.0665	5.2154	5.3680	5.5240	5.6842	5.8480	6.0156	6.1870
5	6.3528	6.6101	6.8771	7.1542	7.4416	7.7396	8.0484	8.3684	8.6999	9.0431
6	8.1152	8.5355	8.9775	9.4420	9.9299	10.442	10.980	11.544	12.136	12.756
7	10.089	10.731	11.414	12.142	12.916	13.740	14.615	15.546	16.534	17.583
8	12.300	13.233	14.240	15.327	16.499	17.762	19.123	20.588	22.163	23.858
9	14.776	16.085	17.519	19.086	20.799	22.670	24.713	26.940	29.369	32.015
10	17.549	19.337	21.322	23.521	25.959	28.657	31.643	34.945	38.593	42.620
11	20.655	23.045	25.733	28.755	32.150	35.962	40.238	45.031	50.399	56.405
12	24.133	27.271	30.850	34.931	39.581	44.874	50.895	57.739	65.510	74.327
13	28.029	32.089	36.786	42.219	48.497	55.746	64.110	73.751	84.853	97.625
14	32.393	37.581	43.672	50.818	59.196	69.010	80.496	93.926	109.61	127.91
15	37.280	43.842	51.660	60.965	72.035	85.192	100.82	119.35	141.30	167.29
16	42.753	50.980	60.925	72.939	87.442	104.93	126.01	151.38	181.87	218.47
17	48.884	59.118	71.673	87.068	105.93	129.02	157.25	191.73	233.79	285.01
18	55.750	68.394	84.141	103.74	128.12	158.40	195.99	242.59	300.25	371.52
19	63.440	78.969	98.603	123.41	154.74	194.25	244.03	306.66	385.32	483.97
20	72.052	91.025	115.38	146.63	186.69	237.99	303.60	387.39	494.21	630.17
21	81.699	104.77	134.84	174.02	225.03	291.35	377.46	489.11	633.59	820.22
22	92.503	120.44	157.42	206.34	271.03	356.44	469.06	617.28	812.00	1 067.3
23	104.60	138.30	183.60	244.49	326.24	435.86	582.63	778.77	1 040.4	1 388.5
24	118.16	158.66	213.98	289.49	392.48	532.75	723.46	982.25	1 332.7	1 806.0
25	133.33	181.87	249.21	342.60	471.98	650.96	898.09	1 238.6	1 706.8	2 348.8
26	150.33	208.33	290.09	405.27	567.38	795.17	1 114.6	1 561.7	2 185.7	3 054.4
27	169.37	238.50	337.50	479.22	681.85	971.10	1 383.1	1 968.7	2 798.7	3 971.8
28	190.70	272.89	392.50	566.48	819.22	1 185.7	1 716.1	2 481.6	3 583.3	5 164.3
29	214.58	312.09	456.30	669.45	984.07	1 447.6	2 129.0	3 127.8	4 587.7	6 714.6
30	241.33	356.79	530.31	790.95	1 181.9	1 767.1	2 640.9	3 942.0	5 873.2	8 730.0

附表四　　　　　　　　　　　　　　　　年金现值系数表

期数	1%	2%	3%	4%	5%	6%	7%	8%	9%	10%
1	0.990 1	0.980 4	0.970 9	0.961 5	0.952 4	0.943 4	0.934 6	0.925 9	0.917 4	0.909 1
2	1.970 4	1.941 6	1.913 5	1.886 1	1.859 4	1.833 4	1.808 0	1.783 3	1.759 1	1.735 5
3	2.941 0	2.883 9	2.828 6	2.775 1	2.723 2	2.673 0	2.624 3	2.577 1	2.531 3	2.486 9
4	3.902 0	3.807 7	3.717 1	3.629 9	3.546 0	3.465 1	3.387 2	3.312 1	3.239 7	3.169 9
5	4.853 4	4.713 5	4.579 7	4.451 8	4.329 5	4.212 4	4.100 2	3.992 7	3.889 7	3.790 8
6	5.795 5	5.601 4	5.417 2	5.242 1	5.075 7	4.917 3	4.766 5	4.622 9	4.485 9	4.355 3
7	6.728 2	6.472 0	6.230 3	6.002 1	5.786 4	5.582 4	5.389 3	5.206 4	5.033 0	4.868 4
8	7.651 7	7.325 5	7.019 7	6.732 7	6.463 2	6.209 8	5.971 3	5.746 6	5.534 8	5.334 9
9	8.566 0	8.162 2	7.786 1	7.435 3	7.107 8	6.801 7	6.515 2	6.246 9	5.995 2	5.759 0
10	9.471 3	8.982 6	8.530 2	8.110 9	7.721 7	7.360 1	7.023 6	6.710 1	6.417 7	6.144 6
11	10.368	9.786 8	9.252 6	8.760 5	8.306 4	7.886 9	7.498 7	7.139 0	6.805 2	6.495 1
12	11.255	10.575	9.954 0	9.385 1	8.863 3	8.383 8	7.942 7	7.536 1	7.160 7	6.813 7
13	12.134	11.348	10.635	9.985 6	9.393 6	8.852 7	8.357 7	7.903 8	7.486 9	7.103 4
14	13.004	12.106	11.296	10.563	9.898 6	9.295 0	8.745 5	8.244 2	7.786 2	7.366 7
15	13.865	12.849	11.938	11.118	10.380	9.712 2	9.107 9	8.559 5	8.060 7	7.606 1
16	14.718	13.578	12.561	11.652	10.838	10.106	9.446 6	8.851 4	8.312 6	7.823 7
17	15.562	14.292	13.166	12.166	11.274	10.477	9.763 2	9.121 6	8.543 6	8.021 6
18	16.398	14.992	13.754	12.659	11.690	10.828	10.059	9.371 9	8.755 6	8.201 4
19	17.226	15.679	14.324	13.134	12.085	11.158	10.336	9.603 6	8.950 1	8.364 9
20	18.046	16.351	14.878	13.590	12.462	11.470	10.594	9.818 1	9.128 5	8.513 6
21	18.857	17.011	15.415	14.029	12.821	11.764	10.836	10.017	9.292 2	8.648 7
22	19.660	17.658	15.937	14.451	13.163	12.042	11.061	10.201	9.442 4	8.771 5
23	20.456	18.292	16.444	14.857	13.489	12.303	11.272	10.371	9.580 2	8.883 2
24	21.243	18.914	16.936	15.247	13.799	12.550	11.469	10.529	9.706 6	8.984 7
25	22.023	19.524	17.413	15.622	14.094	12.783	11.654	10.675	9.822 6	9.077 0
26	22.795	20.121	17.877	15.983	14.375	13.003	11.826	10.810	9.929 0	9.160 9
27	23.560	20.707	18.327	16.330	14.643	13.211	11.987	10.935	10.027	9.237 2
28	24.316	21.281	18.764	16.663	14.898	13.406	12.137	11.051	10.116	9.306 6
29	25.066	21.844	19.189	16.984	15.141	13.591	12.278	11.158	10.198	9.369 6
30	25.808	22.397	19.600	17.292	15.373	13.765	12.409	11.258	10.274	9.426 9

续表

期数	12%	14%	16%	18%	20%	22%	24%	26%	28%	30%
1	0.8929	0.8772	0.8621	0.8475	0.8333	0.8197	0.8065	0.7937	0.7813	0.7692
2	1.6901	1.6467	1.6052	1.5656	1.5278	1.4915	1.4568	1.4235	1.3916	1.3609
3	2.4018	2.3216	2.2459	2.1743	2.1065	2.0422	1.9813	1.9234	1.8684	1.8161
4	3.0373	2.9137	2.7982	2.6901	2.5887	2.4936	2.4043	2.3202	2.2410	2.1662
5	3.6048	3.4331	3.2743	3.1272	2.9906	2.8636	2.7454	2.6351	2.5320	2.4356
6	4.1114	3.8887	3.6847	3.4976	3.3255	3.1669	3.0205	2.8850	2.7594	2.6427
7	4.5638	4.2883	4.0386	3.8115	3.6046	3.4155	3.2423	3.0833	2.9370	2.8021
8	4.9676	4.6389	4.3436	4.0776	3.8372	3.6193	3.4212	3.2407	3.0758	2.9247
9	5.3282	4.9464	4.6065	4.3030	4.0310	3.7863	3.5655	3.3657	3.1842	3.0190
10	5.6502	5.2161	4.8332	4.4941	4.1925	3.9232	3.6819	3.4648	3.2689	3.0915
11	5.9377	5.4527	5.0286	4.6560	4.3271	4.0354	3.7757	3.5435	3.3351	3.1473
12	6.1944	5.6603	5.1971	4.7932	4.4392	4.1274	3.8514	3.6059	3.3868	3.1903
13	6.4235	5.8424	5.3423	4.9095	4.5327	4.2028	3.9124	3.6555	3.4272	3.2233
14	6.6282	6.0021	5.4675	5.0081	4.6106	4.2646	3.9616	3.6949	3.4587	3.2487
15	6.8109	6.1422	5.5755	5.0916	4.6755	4.3152	4.0013	3.7261	3.4834	3.2682
16	6.9740	6.2651	5.6685	5.1624	4.7296	4.3567	4.0333	3.7509	3.5026	3.2832
17	7.1196	6.3729	5.7487	5.2223	4.7746	4.3908	4.0591	3.7705	3.5177	3.2948
18	7.2497	6.4674	5.8178	5.2732	4.8122	4.4187	4.0799	3.7861	3.5294	3.3037
19	7.3658	6.5504	5.8775	5.3162	4.8435	4.4415	4.0967	3.7985	3.5386	3.3105
20	7.4694	6.6231	5.9288	5.3527	4.8696	4.4603	4.1103	3.8083	3.5458	3.3158
21	7.5620	6.6870	5.9731	5.3837	4.8913	4.4756	4.1212	3.8161	3.5514	3.3198
22	7.6446	6.7429	6.0113	5.4099	4.9094	4.4882	4.1300	3.8223	3.5558	3.3230
23	7.7184	6.7921	6.0442	5.4321	4.9245	4.4985	4.1371	3.8273	3.5592	3.3254
24	7.7843	6.8351	6.0726	5.4509	4.9371	4.5070	4.1428	3.8312	3.5619	3.3272
25	7.8431	6.8729	6.0971	5.4669	4.9476	4.5139	4.1474	3.8342	3.5640	3.3286
26	7.8957	6.9061	6.1182	5.4804	4.9563	4.5196	4.1511	3.8367	3.5656	3.3297
27	7.9426	6.9352	6.1364	5.4919	4.9636	4.5243	4.1542	3.8387	3.5669	3.3305
28	7.9844	6.9607	6.1520	5.5016	4.9697	4.5281	4.1566	3.8402	3.5679	3.3312
29	8.0218	6.9830	6.1656	5.5098	4.9747	4.5312	4.1585	3.8414	3.5687	3.3317
30	8.0552	7.0027	6.1772	5.5168	4.9789	4.5338	4.1601	3.8424	3.5693	3.3321

参考文献

[1] 中国资产评估协会. 资产评估基础[M]. 北京:中国财政经济出版社,2023.

[2] 中国资产评估协会. 资产评估相关知识[M]. 北京:中国财政经济出版社,2023.

[3] 中国资产评估协会. 资产评估实务(一)[M]. 北京:中国财政经济出版社,2023.

[4] 中国资产评估协会. 资产评估实务(二)[M]. 北京:中国财政经济出版社,2023.

[5] 李贺. 资产评估基础[M]. 2版. 上海:上海财经大学出版社,2020.

[6] 刘玉平,马海涛. 资产评估原理[M]. 2版. 北京:中国人民大学出版社,2020.

[7] 朱荣,赵振洋. 资产评估原理[M]. 大连:东北财经大学出版社,2023.

[8] 宜国萍. 资产评估实务[M]. 上海:立信会计出版社,2021.

[9] 姜楠,王景升. 资产评估[M]. 6版. 大连:东北财经大学出版社,2023.

[10] 朱柯. 资产评估[M]. 6版. 大连:东北财经大学出版社,2021.

[11] 刘淑琴. 资产评估实务[M]. 大连:东北财经大学出版社,2019.

[12] 何雨谦. 资产评估学[M]. 3版. 大连:东北财经大学出版社,2023.

[13] 唐振达. 资产评估理论与实务[M]. 4版. 大连:东北财经大学出版社,2021.

[14] 中国资产评估协会,http://www.cas.org.cn.

[15] 秒懂百科,https://haokan.baidu.com.